JN046059

司法書士

最強の模試 2024

簗瀬 徳宏 著

東京法経学院

はじめに

司法書士試験は，例年およそ12,000～13,000人が受験し，上位600～700人の選ばれた者のみが合格する非常に難関な試験です。

2024年の司法書士本試験は，7月7日に実施される予定となっています。

本試験直前期は，今までの学習の成果がきちんとアウトプットできるかを確認するとともに，苦手科目の発見・克服に努めなければなりません。

そこで本学院では，受験生の皆様が最新の法改正に基づいた問題演習をより実戦的に行っていただけるよう，例年どおり，本書『司法書士 最強の模試2024』を発行する運びとなりました。

本書は，本試験形式の模擬試験2回分を収録した実戦問題集です。各回ともに近年の出題傾向を分析したうえで，本年度出題が予想される論点の問題を，定評ある本学院が実施した公開模試の中から良問を厳選して収録しております。

なお，本書に収録した問題・解説は，令和6年4月1日現在の施行法令に基づいております。

本試験をシミュレートした本書を通じて，今まで学習してきた事項が正確に身についているかどうかを確認するとともに，試験時間内に実力を出し切れるようトレーニングをしながら，本試験攻略の糸口をつかんでください。

結びになりますが，本書をご利用いただきました皆様が2024年7月の司法書士試験において，その実力を十分に発揮され，合格という栄冠を勝ち取られることを祈念しております。

2024年3月

東京法経学院 専任講師

簗 瀬 徳 宏

本書の特徴と使い方

1　本書の特徴　～2024年7月の司法書士本試験をシミュレート～

本書『司法書士 最強の模試2024』は，司法書士本試験と同一の形式で問題を収録した司法書士受験対策用の予想問題集です。本試験形式の模擬試験を2回分収録しております。

本書に収録した問題は，本学院でこれまでに実施した公開模擬試験の問題を中心に，本年度出題が予想される論点の問題を厳選し，再編集したものです。

各回とも本試験と同じく，午前の部（択一式35問）及び午後の部（択一式35問＋記述式2問）で構成しています。なお，本書に収録しました問題編・解説編は，令和6年4月1日現在の施行法令に基づいております。

2　本書の使い方

本書に収録した模擬試験は，本試験と同一の時間で解答するようにしてください。解答が終わりましたら，自己採点を行い，採点後に判明した弱点科目・論点については，問題をしっかり復習するとともに，基本書・過去問集等に戻りしっかり知識を定着させておきましょう。

①　試験時間及び配点

各回の試験時間及び問題の配点は下の表のとおりです。各回ともに択一式70問と記述式2問で満点が280点になります。

区分	試験時間	択一式	記述式
午前の部	2時間	1問3点（×35問＝105点満点）	―
午後の部	3時間	1問3点（×35問＝105点満点）	不動産登記・商業登記各35点満点（併せて70点満点）

※　なお，記述式問題の採点にあたりましては，各解説編の採点基準を参考にしてください。

②　解答用紙

各回に択一式・記述式の両方の解答用紙を掲載してあります。適宜拡大してご利用ください。なお，本試験の記述式答案用紙は，A3判の両面印刷です。

3　受験データ（筆記試験の合格点）

令和5年度（2023年）	満点280点中211.0点以上が合格。午前の部の多肢択一式問題については，満点105点中78点，午後の部の多肢択一式問題については，満点105点中75点，記述式問題については，満点70点中30.5点にそれぞれ達しない場合には，不合格になりました。

目次

過去7年の本試験択一式出題論点一覧

平成29年　午前の部

科目	問	出題のテーマ
憲法	1	職業選択の自由
	2	財政
	3	条約
民法	4	成年被後見人と被保佐人の比較
	5	錯誤
	6	消滅時効
	7	物権的請求権
	8	不動産の物権変動
	9	占有回収の訴え
	10	地上権と地役権
	11	担保物権
	12	抵当権
	13	法定地上権
	14	根抵当権
	15	非典型担保
	16	債務不履行
	17	債権者代位権
	18	敷金
	19	不当利得
	20	婚姻と縁組における氏
	21	未成年後見
	22	遺贈の遺言と相続の遺言との異同
	23	遺留分
刑法	24	住居侵入罪
	25	正当防衛
	26	横領罪
商法・会社法	27	株式会社の設立
	28	公開会社の種類株式
	29	自己株式と自己新株予約権
	30	取締役会
	31	補欠の監査役
	32	取締役会設置会社の計算等
	33	合同会社
	34	組織変更
	35	商人（小商人，会社及び外国会社を除く）の商号

午後の部

科目	問	出題のテーマ
民事訴訟法 民事保全法 民事執行法	1	訴訟能力
	2	訴訟費用
	3	当事者の出頭
	4	確定判決の効力
	5	支払督促
	6	民事保全
	7	間接強制
司法書士法	8	司法書士の業務
供託法	9	供託物の払渡請求
	10	執行供託
	11	供託に関する書類の閲覧，事項の証明
不動産登記法	12	申請情報
	13	登記原因証明情報
	14	登記の抹消
	15	官公署の登記手続関与
	16	財産管理人等が行う登記申請
	17	書面申請における添付書類の原本還付請求
	18	登記申請に成年後見人等が関与する場合
	19	相続における不動産登記申請
	20	所有権の登記名義人が遺言を作成して死亡した場合
	21	買戻しの特約の登記
	22	地役権の登記
	23	仮処分の登記
	24	仮登記
	25	根抵当権の設定の仮登記
	26	信託の登記
	27	登録免許税
商業登記法	28	株式会社の設立の登記
	29	商業登記における登記申請の添付書類
	30	取締役会設置会社における募集株式の発行による変更の登記
	31	新株予約権の登記
	32	一時監査役，一時会計監査人
	33	合同会社の登記
	34	公告方法全般
	35	一般財団法人

平成30年　午前の部

科目	問	出題のテーマ
憲法	1	プライバシーの権利
	2	法の下の平等
	3	条例制定権
民法	4	無効及び取消し
	5	代理
	6	時効の中断・停止
	7	物権的請求権
	8	即時取得の判例や効果
	9	相隣関係の判例・条文
	10	共有
	11	地役権
	12	担保物権の性質
	13	留置権
	14	抵当権の効力
	15	集合動産譲渡担保
	16	詐害行為取消権
	17	弁済
	18	契約の解除
	19	委任契約と請負契約の異同
	20	夫婦の財産関係
	21	認知
	22	遺産分割の法律関係
	23	相続人不存在
刑法	24	文書偽造の罪
	25	自首
	26	人の生命・身体に対する罪
商法・会社法	27	株式会社の設立
	28	譲渡制限株式の取得
	29	新株予約権
	30	株式会社と取締役との間の取引
	31	監査役設置会社の監査役
	32	持分会社
	33	社債管理者
	34	吸収合併
	35	場屋の主人が負う商法上の損害賠償の責任

午後の部

科目	問	出題のテーマ
民事訴訟法 民事保全法 民事執行法	1	訴訟の承継
	2	確認の訴え
	3	文書の証拠調べ
	4	簡易裁判所の訴訟手続
	5	再審
	6	民事保全
	7	執行文
司法書士法	8	司法書士又は司法書士法人の業務
供託法	9	供託の申請手続
	10	弁済供託の可否
	11	担保（保証）供託
不動産登記法	12	登記の可否
	13	各種登記の登記事項
	14	電子申請による不動産登記申請
	15	代位による登記
	16	登記申請の却下事由
	17	登記識別情報通知書及び登記完了証の交付
	18	書面による申請又は嘱託における印鑑証明書の添付
	19	登記識別情報の提供
	20	所有権の保存の登記の申請
	21	所有権の登記名義人が死亡した場合の，相続人の登記の申請
	22	賃借権の登記の申請
	23	質権の登記
	24	抵当権又は根抵当権の登記
	25	信託の登記
	26	仮登記
	27	登録免許税
商業登記法	28	登記所への印鑑の提出
	29	株式会社の設立の登記
	30	募集株式の発行による変更の登記
	31	種類株式の登記
	32	解散後の株式会社の登記
	33	吸収合併による変更の登記
	34	特例有限会社の登記
	35	合資会社及び合同会社の登記

令和元年　午前の部

科目	問	出題のテーマ
憲法	1	外国人の人権
	2	立法
	3	独立行政委員会の合憲性
民法	4	未成年者
	5	条件
	6	取得時効
	7	混同
	8	物権変動
	9	占有権の効力
	10	添付
	11	共有
	12	動産質権
	13	抵当権の効力
	14	抵当権の消滅
	15	集合動産譲渡担保
	16	保証
	17	債権譲渡
	18	契約の成立
	19	責任無能力者の監督義務者等の責任
	20	実親子関係
	21	養子縁組
	22	遺言
	23	特別受益
刑法	24	共同正犯
	25	放火罪
	26	名誉毀損罪
商法・会社法	27	株式会社の設立
	28	株式の分割と株式無償割当て
	29	新株予約権付社債
	30	株主による議決権の行使
	31	取締役会
	32	剰余金の配当
	33	持分会社
	34	合併
	35	商法上の仲立人

午後の部

科目	問	出題のテーマ
民事訴訟法 民事保全法 民事執行法	1	民事訴訟における管轄
	2	処分権主義
	3	口頭弁論
	4	証人尋問及び当事者尋問
	5	裁判によらない訴訟の完結
	6	仮の地位を定める仮処分命令
	7	債務名義
司法書士法	8	司法書士会
供託法	9	弁済供託の受諾
	10	供託金の払渡請求手続
	11	執行供託
不動産登記法	12	電子申請の手続
	13	相続又は合併を登記原因とする所有権の移転の登記の登記原因証明情報
	14	農地に関する登記
	15	相続人のあることが明らかでない場合における登記
	16	権利能力なき社団と登記
	17	時効取得による登記
	18	賃借権及び地役権の登記
	19	賃借権の登記
	20	抵当権の登記
	21	根抵当権の登記
	22	抹消された登記の回復
	23	仮登記
	24	前登記事項
	25	第三者の承諾を証する情報
	26	法定相続情報一覧図
	27	機械器具目録又は工場財団目録の記録の変更の登記
商業登記法	28	株式会社の設立の登記
	29	株式の登記
	30	株主割当てによる募集株式の発行による変更の登記
	31	新株予約権の登記
	32	株式会社又は合同会社の資本金の額の登記
	33	清算人会設置会社でない株式会社の清算人の登記
	34	合名会社又は合資会社の登記
	35	一般社団法人及び一般財団法人の登記

令和２年　午前の部

科目	問	出題のテーマ
憲法	1	表現の自由
	2	法定の手続の保障等
	3	司法権の範囲・限界
民法	4	不在者の財産の管理及び失踪の宣告
	5	無権代理と相続
	6	条件と期限
	7	不動産の物権変動
	8	占有
	9	相隣関係
	10	共有
	11	不動産保存の先取特権
	12	不動産質権
	13	抵当権全般
	14	根抵当権
	15	譲渡担保権
	16	保証人に対する情報提供義務
	17	定型約款
	18	解約手付
	19	消費貸借契約
	20	親権者等
	21	成年後見制度
	22	相続の承認及び放棄
	23	遺言
刑法	24	責任
	25	未遂
	26	詐欺罪
商法・会社法	27	発起人等の責任
	28	公開会社における募集株式の発行
	29	取締役の任期
	30	監査役会設置会社の会計監査人
	31	株式会社の解散及び清算
	32	持分会社
	33	株式と社債との異同
	34	吸収分割
	35	匿名組合

午後の部

科目	問	出題のテーマ
民事訴訟法	1	送達
	2	弁論主義
	3	争点及び証拠の整理手続の比較
	4	証拠保全
	5	既判力
民事保全法	6	保全命令
民事執行法	7	民事執行全般
司法書士法	8	司法書士の業務を行うことができない場合
供託法	9	電子情報処理組織による供託の手続
	10	弁済供託
	11	担保(保証)供託
不動産登記法	12	常に付記登記によってする登記
	13	前提登記の要否
	14	代位による登記
	15	添付情報
	16	住所を証する情報
	17	登記名義人の氏名又は住所についての変更の登記又は更正の登記
	18	持分放棄による登記
	19	相続による登記
	20	一定の期間又は期日を登記事項とする権利の登記
	21	抵当権の登記
	22	処分禁止の登記
	23	仮登記の可否
	24	単独申請に係る登記の分類
	25	審査請求
	26	利益相反行為についての承認を証する情報
	27	登録免許税
商業登記法	28	商業登記制度
	29	株式会社の役員等の変更の登記
	30	会社法上の公開会社でない株式会社における 募集株式の発行による変更の登記
	31	株式会社の資本金の額の変更の登記
	32	解散した株式会社又は特例有限会社及び合同会社の登記の比較
	33	株式会社の組織再編の登記
	34	持分会社の登記
	35	各種法人の登記

令和3年　午前の部

科目	問	出題のテーマ
憲法	1	思想・良心の自由と信教の自由
	2	経済的自由
	3	内閣
民法	4	成年後見制度
	5	錯誤
	6	消滅時効
	7	土地の所有権又は賃借権に基づく請求権
	8	物権変動
	9	占有訴権
	10	地上権又は地役権
	11	先取特権
	12	権利質
	13	抵当権の効力
	14	根抵当権
	15	譲渡担保権
	16	弁済
	17	相殺
	18	売買
	19	賃貸借
	20	婚姻又は離婚
	21	親権
	22	遺産分割等
	23	遺言執行者
刑法	24	故意
	25	強盗罪
	26	盗品等に関する罪
商法・会社法	27	株式会社の設立
	28	特別支配株主の株式等売渡請求
	29	新株予約権
	30	会計参与設置会社
	31	監査等委員会設置会社
	32	株式会社の事業譲渡等
	33	持分会社
	34	会社の公告
	35	倉庫営業

午後の部

科目	問	出題のテーマ
民事訴訟法	1	訴訟能力・法定代理
	2	期日及び期間
	3	訴訟行為の方式
	4	書証
	5	判決又は決定
民事保全法	6	保全命令全般
民事執行法	7	強制執行全般
司法書士法	8	司法書士又は司法書士法人の業務
供託法	9	供託所の管轄
	10	弁済供託
	11	供託金の利息の払渡し
不動産登記法	12	登記の申請
	13	官庁又は公署が行う登記の嘱託
	14	登記官の職権による登記の抹消
	15	登記の目的及び登記原因
	16	図面等の添付情報
	17	登記識別情報の通知
	18	所有権の移転の登記
	19	相続又は遺贈を登記原因とする所有権の移転の登記
	20	所有権の登記の抹消
	21	抵当権の設定の登記の抹消の申請
	22	根抵当権の元本確定の登記
	23	敷地権付き区分建物の登記
	24	配偶者居住権の登記
	25	不正な登記の防止
	26	仮登記の本登記に必要な登記の登録免許税
	27	登録免許税
商業登記法	28	発起設立の方法による株式会社の設立の登記
	29	株式会社の役員等の変更の登記
	30	募集株式の発行による変更の登記
	31	株式会社の吸収合併による変更の登記
	32	株主リスト
	33	持分会社の登記
	34	一般財団法人の登記
	35	登録免許税

令和４年　午前の部

科目	問	出題のテーマ
憲法	1	人格権又は人格的利益
	2	法の下の平等
	3	国会
民法	4	未成年者
	5	代理
	6	時効の完成猶予・更新
	7	登記を要する物権変動
	8	即時取得
	9	物権の得喪全般
	10	地上権
	11	担保物権全般の比較
	12	法定地上権
	13	留置権
	14	権利質
	15	譲渡担保権
	16	多数当事者の債権及び債務
	17	第三者のためにする契約
	18	使用貸借
	19	事務管理
	20	身分行為に係る同意・承諾又は許可
	21	成年後見監督人
	22	相続欠格及び廃除
	23	配偶者の居住の権利
刑法	24	因果関係
	25	強制わいせつ罪又は強制性交等罪
	26	窃盗罪
商法・会社法	27	株式会社の設立
	28	株券発行会社
	29	株式の担保化
	30	株主総会又は取締役会
	31	取締役
	32	株式会社の計算等
	33	持分会社全般
	34	株式会社の組織再編等
	35	商人の商業使用人

午後の部

科目	問	出題のテーマ
民事訴訟法	1	訴訟告知
	2	訴訟記録の閲覧等
	3	訴えの利益
	4	当事者の出頭
	5	控訴
民事保全法	6	民事保全全般
民事執行法	7	執行文
司法書士法	8	司法書士又は司法書士法人
供託法	9	供託の申請手続
	10	弁済供託
	11	執行供託
不動産登記法	12	主登記又は付記登記によってなされる登記
	13	持分等の記録の要否
	14	申請情報の内容
	15	登記の原因
	16	不動産登記の添付情報
	17	登記識別情報を提供することができない場合
	18	代理権限証明情報
	19	登記原因についての第三者の許可，同意又は承諾を証する情報
	20	不動産登記の申請全般
	21	相続による登記全般
	22	地役権の登記
	23	抵当権の登記と質権の登記の登記事項の比較
	24	根抵当権者又は債務者につき相続が生じた場合の登記
	25	抵当権又は根抵当権の仮登記
	26	仮登記の抹消
	27	登録免許税
商業登記法	28	募集設立の方法による株式会社の設立の登記
	29	株式に関する登記
	30	株式会社の機関の変更の登記
	31	会社の変更の登記等
	32	株式会社の組織再編の登記
	33	解散した株式会社に係る登記
	34	組織変更の登記
	35	一般社団法人の登記

令和5年　午前の部

科目	問	出題のテーマ
憲法	1	社会権
	2	違憲審査権
	3	財政
民法	4	後見，保佐及び補助
	5	意思表示
	6	無権代理
	7	不動産の物権変動全般
	8	囲繞地通行権
	9	添付
	10	共有
	11	担保物権全般
	12	留置権
	13	先取特権
	14	動産質
	15	根抵当権
	16	履行遅滞に陥る時期
	17	債権者代位権
	18	請負
	19	委任
	20	養子
	21	未成年後見
	22	相続の限定承認
	23	遺言
刑法	24	刑法の場所的適用範囲
	25	狭義の共犯
	26	親族間の犯罪に関する特例
商法・会社法	27	株式会社の設立
	28	株式会社の定款
	29	異なる種類の株式
	30	株主総会
	31	議事録の閲覧等の請求
	32	持分会社
	33	社債
	34	会社の合併
	35	個人商人の商号

午後の部

科目	問	出題のテーマ
民事訴訟法	1	管轄
	2	共同訴訟
	3	訴訟費用
	4	証人尋問及び当事者尋問
	5	督促手続
民事保全法	6	保全命令全般
民事執行法	7	不動産の強制競売
司法書士法	8	司法書士又は司法書士法人に対する懲戒
供託法	9	供託金の払渡請求手続
	10	供託の通知
	11	弁済供託の受託
不動産登記法	12	登記の可否
	13	電子申請
	14	登記原因とその日付
	15	一の申請情報による登記
	16	判決による登記
	17	所有権の保存の登記
	18	共有の不動産に係る登記
	19	時効取得を登記原因とする所有権の移転の登記
	20	買戻しの特約の登記
	21	区分建物の登記
	22	地上権の登記
	23	抵当権の設定の登記
	24	根抵当権の登記
	25	不動産登記に関する法令における期間の定め
	26	添付書面の原本の還付請求
	27	登録免許税
商業登記法	28	印鑑の提出等及び電子証明書の発行
	29	株式会社の設立の登記
	30	新株予約権の登記
	31	取締役及び代表取締役に関する登記
	32	取締役会設置会社における資本金の額の変更の登記
	33	株式交付による変更の登記
	34	外国会社の登記
	35	一般社団法人の登記

第1回
問題編

午前の部

〈択一式〉
憲法
民法
刑法
商法・会社法

午後の部

〈択一式〉
民訴法・民保法・民執法
司士法・供託法
不動産登記法
商業登記法

〈記述式〉
不動産登記
商業登記

第1回　午前の部　試験問題
注意点

⑴　後掲の答案用紙の該当欄の記入例に従って，受験地，受験番号，氏名を必ず記入してください。

⑵　試験時間は，2時間です。

⑶　試験問題は，すべて多肢択一式で，全部で35問あり，105点満点です。

⑷　解答は，答案用紙の解答欄に，正解と思われるものの番号の枠内を，答案用紙に印刷されているマーク記入例に従い，濃く塗りつぶす方法で示してください。

⑸　各試験問題の正解は，すべて一つです。したがって，解答欄へのマークは，各問につき1か所だけにしてください。二つ以上の箇所にマークがされている欄の解答は，無効とします。解答の訂正をする場合には，プラスチックの消しゴムで完全に消してから，該当欄の枠内をマークしてください。

⑹　答案用紙への記入は，**鉛筆（B又はHB）**を使用してください。

⑺　該当欄の枠内をマークしていない解答及び**鉛筆**を使用していない解答は，無効とします。

⑻　答案用紙は，汚したり，折り曲げたりしないでください。

⑼　試験時間中，不正行為があったときは，その者の受験は直ちに中止され，その答案は，無効なものとして扱われます。

⑽　試験問題に関する質問には，一切お答えいたしません。

⑾　本書自体又はその違法コピーの販売・購入は，著作権法違反として刑事罰の対象となりますので，それらの行為を禁じます。

第１問　次の対話は，国民主権の内容に関する教授と学生との対話である。教授の質問に対する次のアからオまでの学生の解答のうち，**正しいもの**の組合せは，後記１から５までのうち，どれか。

教授：　今日は国民主権の内容について考えていきましょう。まず，「主権」という言葉には場面に応じて複数の意味があることは知っていますね。では，そのうち主権という言葉が国家権力の対外的独立性を指す概念として使われている例を挙げてみてください。

学生：ア　はい，ポツダム宣言第８項は「日本国の主権は，本州，北海道，九州及び四国並びに吾等の決定する諸小島に局限せらるべし」と規定していますが，当該条項で用いられている「主権」はこの意味で用いられていると思います。

教授：　「主権」という言葉は日本国憲法前文の中にも何度か登場しますね。前文第１段の「ここに主権が国民に存することを宣言し，この憲法を確定する。」という部分で用いられている「主権」は，どのような意味ですか。

学生：イ　ここでの「主権」は，歴史的に見ると，封建領主に対する最高性を主張した理論に基づいたものですので，統治権の対内的最高性を意味します。

教授：　次に，国民主権にいう「国民」とは誰を指しているのかが問題となりますね。この点については，大きく分けて，観念的に捉える立場と，具体的に捉える立場の二つがありますが，それぞれの立場から「国民」の内容はどのように考えられていますか。

学生：ウ　観念的に捉える立場からは，日本国籍を有する者の全体，あるいは過去・現在・将来を通じて継続する単一体としての国民と考えられています。他方，具体的に捉える立場からは，有権者全体と考えられています。

教授：　憲法の採用する国民主権の意味については，フランスにおける主権論を用いて説明されることがありますね。人民主権とも呼ばれるプープル主権と，国民主権とも呼ばれるナシオン主権の二つの立場がありますが，選挙制度との関係ではどのように考えられていますか。

学生：エ　どちらの立場も，絶対君主の主権を否定する中で生み出されたものですが，プープル主権の考え方は直接民主制を指向しています。

教授：　主権論は代表者と選挙民の関係の捉え方にもかかわりがありますね。この問題について，二つの主権論はどのように考えていますか。

学生：オ　プープル主権では，代表者は選挙民の意思に拘束されないのに対し，ナシオン主権では，代表者は原則として選挙民の意思に拘束されると考えるのが一般的です。

１　アイ　　２　アオ　　３　イウ　　４　ウエ　　５　エオ

第２問　憲法の明文で規定されていない権利・自由に関する次のアからオまでの記述のうち，**判例の趣旨に照らし正しいもの**の組合せは，後記１から５までのうち，どれか。

ア　何人も，その承諾なしに，みだりにその容ぼう・姿態を撮影されない自由を有するから，犯罪捜査の必要性がある場合は，本人の同意や令状がなくても，警察官が犯人の容ぼう等を撮影することは一定の要件の下で許されるが，その際に第三者が写らないようにしなければならない。

イ　指紋は，それ自体では個人の私生活や人格，思想，信条，良心等個人の内心に関する情報となるものではないが，何人も個人の私生活上の自由の一つとして，みだりに指紋の押なつを強制されない自由を有する。それゆえ，在留外国人の指紋押なつ制度は，国家機関が正当な理由なく指紋の押なつを強制するものであり，憲法第13条の趣旨に反し，許されない。

ウ　髪型の自由は，自己決定権として憲法第13条によって保障されるものである。それゆえ，非行を防止する目的で高校生らしい髪型を維持するよう求める校則の定めが，社会通念上不合理なものとはいえないとしても，これに反した生徒を退学させることは許されない。

エ　住民基本台帳ネットワークシステムにより行政機関が住民の本人確認情報を収集，管理又は利用する行為は，当該住民がこれに同意していなくても，個人に関する情報をみだりに第三者に開示又は公表されない自由を侵害するものではない。

オ　大学が講演会に出席する学生らから提供を受けた氏名や住所，電話番号も，プライバシーに係る情報として法的保護に値し，たとえ大学が警備上の必要から当該情報を警察に提供したにしても，あらかじめ学生らにその旨を説明して同意を求めることが特別困難であるような事情が認められなかった場合には，不法行為を構成する。

１　アイ　　２　アオ　　３　イウ　　４　ウエ　　５　エオ

第３問　国会議員の地位等に関する次のアからオまでの記述のうち，**正しいもの**の組合せは，後記１から５までのうち，どれか。

ア　国会議員は国会の会期中には逮捕されることはなく，国会会期前に逮捕されていた場合は，会期中各議院の要求があれば釈放される。

イ　国会議員は国庫から相当額の歳費を受けることが保障されているが，これを在任中減額されないことまでは保障されていない。

ウ　国会議員は，それぞれその属する議院における資格に関する争訟の裁判に服することがあるが，これにより議員の資格を失ったときは，その無効を求めて通常の裁判所に出訴することは妨げられない。

エ　国会議員は，議院での演説について院外で責任を問われることはないが，その演説が議事進行の妨げになるとして，議長の行使する警察権に服することはある。

オ　各議院における決議要件は，原則として，出席議員の過半数であるが，資格争訟で議員の議席を失わせる場合，秘密会を開く場合，議員を除名する場合，衆議院で可決し参議院でこれと異なった議決をした法律案を衆議院で再び議決する場合及び憲法改正の発議の場合には，出席議員の３分の２以上となる。

１　アイ　　２　アウ　　３　ウオ　　４　イエ　　５　エオ

第４問　住所及び不在者の財産の管理に関する次のアからオまでの記述のうち，**判例の趣旨に照らし誤っているもの**は，幾つあるか。

ア　各人の生活の本拠がその者の住所とされるが，都市公園内に不法に設置されたテントを起居の場所としている者は，当該テントにおいて日常生活を営んでいるとしても，当該テントの所在地に住所を有しているとはいえない。

イ　住所が知れない場合には，居所が住所とみなされ，また，日本に住所を有していない者は，準拠法を定める法律に従いその者の住所地法によるべき場合を除き，その者が日本人又は外国人のいずれであるかを問わず，日本における居所がその者の住所とみなさる。

ウ　ある行為について仮住所を選定したときは，その行為に関しては，その仮住所が住所とみなされる。

エ　不在者の財産管理人が作成する不在者の財産の目録について，その作成に係る費用は，管理人の選任の請求が利害関係人によりなされたときは当該利害関係人が支出しなければならないが，検察官の請求によりなされたときは，不在者の財産の中から支出することができる。

オ　不在者の財産管理人は，家庭裁判所の命令がなくても，不在者の財産の管理及び返還について，相当の担保を提供しなければならない。

１　０個　　２　１個　　３　２個　　４　３個　　５　４個

第５問　復代理等に関する次のアからオまでの記述のうち，**判例の趣旨に照らし正しいもの**の組合せは，後記１から５までのうち，どれか。

ア　復代理人は代理人の名において法律行為を行うが，その効果は本人に帰属する。

イ　復代理人が委任事務を処理するにあたり，相手方から動産を受け取った場合において，それを代理人に引き渡したときでも，本人に対する受領物引渡義務も消滅する。

ウ　代理人がやむを得ない事由があるとして復代理人を選任した場合には，当該代理人が任意代理人であると，法定代理人であるとを問わず，本人に対してその選任及び監督についての責任のみを負う。

エ　受寄者は，寄託者の承諾を得なければ，寄託物を第三者に保管させることができないが，受任者は，委任者の許諾を得たときのほか，やむを得ない事由があるときでなければ，復受任者を選任することができない。

オ　遺言執行者は，遺言者がその遺言に別段の意思を表示したときを除き，自己の責任で第三者にその任務を行わせることができるが，第三者に任務を行わせることについてやむを得ない事由があるときは，遺言執行者は，相続人に対してその選任及び監督についての責任のみを負う。

１　アウ　　２　アエ　　３　イウ　　４　イオ　　５　エオ

第６問　条件に関する次のアからオまでの記述のうち，**判例の趣旨に照らし正しいもの**は，幾つあるか。

ア　解除条件付法律行為がされた場合において，その条件が成就したときは，その法律行為は，その法律行為の時にさかのぼって効力を失う。

イ　条件付法律行為の当事者は，条件の成否が未定の間であれば，条件の成就によって生ずる相手方の利益を侵害しても不法行為となることはない。

ウ　条件の成否が未定である間における当事者の権利義務は，一般の規定に従い，処分し，相続し，若しくは保存し，又はそのために担保を供することができる。

エ　条件が成就することによって利益を受ける当事者が不正にその条件を成就させたときは，その条件は成就しなかったものとみなされる。

オ　贈与契約に，贈与者が欲するときは贈与した物を返還するものとする旨の条件を付したとしても，その贈与契約は，有効である。

１　0個　　２　1個　　３　2個　　４　3個　　５　4個

第７問　物権的請求権に関する次のアからオまでの記述のうち，**判例の趣旨に照らし正しいもの**の組合せは，後記１から５までのうち，どれか。

ア　甲土地の所有者Aは，Bが所有する乙土地上に甲土地のための通行地役権の設定を受けた。その後，Bが乙土地上に大型トラック丙を駐車してAによる乙土地の通行を妨げた場合，Aは，Bに対して通行地役権に基づき丙の撤去を請求することができる。

イ　A，B及びCが甲土地を持分３分の１ずつで共有している場合，Cは単独では，甲土地を何の権原もなく占有するDに対して甲土地の明渡しを請求することができない。

ウ　A所有の甲土地にBが無権原で乙建物を建てた。Bは資産隠匿のため，知り合いのCと通謀して乙建物の所有権登記をC名義とした。その後，乙建物はDに譲渡されている。この場合，Cは自らの意思に基づいて建物所有権登記を経由したのであるから，AはCに対して，所有権に基づき，乙建物の収去及び甲土地の明渡しを請求することができる。

エ　Aが所有する甲土地にBのために抵当権が設定され，その登記がされた後，Cは，甲土地上にAが所有する樹木を何の権原もなく伐採し始めた。この場合，Bは，被担保債権の弁済期前であっても，Cに対して伐採の禁止を請求することができる。

オ　Aの所有する自動車がBの所有する山林に無断で放置され，20年が経過した場合において，BがAに対して所有権に基づく妨害排除請求権の行使として自動車の撤去を求めたときは，Aは，妨害排除請求権の消滅時効を援用してBの請求を拒むことができる。

１　アイ　　２　アエ　　３　イオ　　４　ウエ　　５　ウオ

第８問　登記請求権に関する次のアからオまでの記述のうち，**判例の趣旨に照らし正しいもの**の組合せは，後記１から５までのうち，どれか。

ア　不動産の売主は，買主に対し，登記をする義務を負うが，不動産の賃貸人も，賃貸借契約には売買の規定が準用されるので，賃借人に対して，登記をする義務を負う。

イ　配偶者居住権は，これを登記したときは，その不動産について物権を取得した者その他の第三者に対抗することができるが，居住建物の所有者は，配偶者居住権を取得した配偶者に対し，当然には，配偶者居住権の設定の登記を備えさせる義務は負わない。

ウ　不動産の所有権者ではないＡが登記書類を偽造して所有権保存登記をして登記記録上所有者となっている場合は，当該不動産の真正の所有者であるＢは，所有権保存登記の抹消を請求することはできるが，Ａに対して所有権移転登記を請求することはできない。

エ　Ａ所有の土地がＡからＢへ，ＢからＣへと順次売却されたが，所有権の登記名義が依然としてＡにある場合には，Ｃは，Ａ及びＢの同意がなければ，直接ＡからＣへの所有権移転登記手続を請求することはできないが，Ｂの同意がなくても，Ｂに代位してＡに対し，ＡからＢへの所有権移転登記手続を請求することはできる。

オ　Ａ及びＢが共有する土地のＢの持分がＣに売り渡され，その旨の登記がされたものの，当該持分の売買契約が虚偽表示により無効である場合には，Ｂのみならず，Ａも，Ｃに対し，その持分権に基づき，当該登記の抹消登記手続を請求することができる。

１　アイ　　２　アウ　　３　イエ　　４　ウオ　　５　エオ

第９問　次の対話は，ＢがA所有の土地を賃借し，占有していた場合において，Ｂが死亡し，その相続人Ｃが現実の占有を開始した場合に関する教授と学生との対話である。教授の質問に対する次のアからオまでの学生の解答のうち，**判例の趣旨に照らし誤っているもの**の組合せは，後記１から５までのうち，どれか。

教授：　この場合，被相続人Ｂの占有は他主占有ですから，Ｃが相続により取得する占有も当然に他主占有ということになりますか。

学生：ア　はい。「相続があったこと」だけをもって，他主占有が直ちに自主占有に変わるわけではありません。判例も，相続イコール民法第185条の「新権原」にあたる，と単純に述べているわけではありません。

教授：　ということは，Ｃが長年この土地の占有を継続したとしても，この土地を時効取得する余地はないわけですか。

学生：イ　いいえ，Ｃが現実に開始した占有が所有の意思に基づくものであると認められる場合には，Ｃの占有は自主占有となり，必要期間の占有継続によって，当該土地を時効取得することができます。

教授：　君は「占有の二面性」を肯定するわけですね。つまり，Ｃは相続によって承継した占有とは別に，相続人固有の占有権を取得する，と考えるわけですね。

学生：ウ　はい，民法第187条第１項の「占有者の承継人」には，包括承継人も含まれる，というのが判例の立場ですから，これに基づいて考えれば，そのような「占有の二面性」も肯定されると思います。

教授：　このような事案に関する判例を見ると，自主占有であることを主張するために，相続人が相続をきっかけとして相続財産に対する事実上の占有を開始したこと，相続人が相続によって所有権を取得したものと考え，公租公課を自分の名義で支払っていること，それらについて真の権利者が何ら異議を述べなかったことが要件とされていると考えられますが，これらの要件は，主として誰の利益を守るために要求されているのでしょうか。

学生：エ　最初の占有者に所有の意思がない場合には，相続人がいつまで経っても時効取得することができないというのは，特定承継が生じた場合と比較して均衡を失するため，主としてＣのような相続人について時効取得の道を開くために要求されているものと解されます。

教授：　Ｃが取得時効の成立を主張する場合に，Ｃの占有が自主占有であるか又は自主占有でないかを立証すべきなのは誰ですか。

学生：オ　取得時効の成立を争う相手方において，それを立証する必要があります。

(参考)

民法

(占有の性質の変更)

第185条　権原の性質上占有者に所有の意思がないものとされる場合には，その占有者が，自己に占有をさせた者に対して所有の意思があることを表示し，又は新たな権原により更に所有の意思をもって占有を始めるのでなければ，占有の性質は，変わらない。

（占有の承継）

第187条　占有者の承継人は，その選択に従い，自己の占有のみを主張し，又は自己の占有に前の占有者の占有を併せて主張することができる。

2　省略

1　アイ　　2　アオ　　3　イウ　　4　ウエ　　5　エオ

第10問　用益権に関する次のアからオまでの記述のうち，**判例の趣旨に照らし誤っているもの**の組合せは，後記１から５までのうち，どれか。なお，別段の慣習及び借地借家法その他の特別法は考慮しないものとする。

ア　地上権及び地役権は，50年を超える存続期間を定めて設定することができるのに対し，永小作権及び賃借権は，50年を超える存続期間を定めて設定することはできない。

イ　地上権の目的である土地とその隣地との境界線上に設けられたブロック塀は，設置の時期が何時であっても，地上権者と隣地の所有者の共有に属するものと推定される。

ウ　永小作人は，不可抗力により収益について損失を受けたというだけでは，小作料の免除又は減額を請求することはできないが，不可抗力によって，引き続き２年以上全く収益を得ず，又は３年以上小作料より少ない収益を得たときは，その権利を放棄することができる。

エ　設定行為により，自己の費用で地役権の行使のために工作物の修繕をする義務を負担したときでも，当該承役地の所有者は，いつでも，当該地役権に必要な土地の部分の所有権を放棄して地役権者に移転し，その義務を免れることができる。

オ　共有の性質を有する入会権の目的である土地の売却代金債権は，入会権者らに総有的に帰属する。

１　アウ　　２　アエ　　３　イウ　　４　イオ　　５　エオ

第11問　次の対話は，民法上の担保物権及び譲渡担保権に関する教授と学生の対話である。教授の質問に対する次のアからオまでの学生の解答のうち，**判例の趣旨に照らし誤っているものは**，幾つあるか。

教授：　まず，目的物という点で，抵当権と譲渡担保権との間に違いはありますか。

学生：ア　譲渡担保権は動産や債権に対しても設定することができますが，抵当権は不動産以外の権利には設定することができません。

教授：　次に，将来の債権を担保するために設定することができるか，あるいは成立するかという点で，質権と留置権の間に違いはありますか。

学生：イ　質権は将来の債権を担保するためにも設定することができますが，留置権はそもそも被担保債権の弁済期が到来していなければ成立しませんから，将来の債権を担保するために成立することはありません。

教授：　では，物上代位性という点で，先取特権と譲渡担保権との間に違いはありますか。

学生：ウ　違いはありません。先取特権は，一般の先取特権についても，物上代位性があります。また，譲渡担保権にも物上代位性が認められています。

教授：　ところで，抵当権においては，利息その他の定期金を請求することができるときでも，原則として，満期となった最後の２年分に限って優先弁済権を主張することができるとされているけれども，質権の場合はどうですか。

学生：エ　動産質権の場合にはそのような制限はありません。また，不動産質権の場合はそもそも利息を請求することはできませんから，このようなことは問題となりません。

教授：　最後に，被担保債権が譲渡された場合，別段の特約がないとして，留置権や質権はどうなりますか。

学生：オ　留置権も質権も，被担保債権が譲渡されても，目的物である動産が譲受人に引き渡されなければ，消滅します。

１　１個　　２　２個　　３　３個　　４　４個　　５　５個

第12問　不動産賃貸の先取特権に関する次のアからオまでの記述のうち，**判例の趣旨に照らし誤っているもの**の組合せは，後記１から５までのうち，どれか。

ア　賃借人が契約で定めた用法に違反して建物を使用したため，建物の一部が損傷し，損害が生じた場合には，賃貸人は，その損害賠償請求権を被担保債権として先取特権を行使することができる。

イ　建物賃貸の先取特権の目的物は，建物の常用に供するために建物内に存置された動産であることを要し，賃借人がある一定の期間継続して存置するため賃借建物内に持ち込んだ動産については，建物賃貸の先取特権の効力は及ばない。

ウ　建物の賃借権が適法に譲渡された場合は，不動産賃貸の先取特権は，譲渡以前の譲渡人の債務について，譲受人がその建物内に備え付けた動産の上に及ぶ。

エ　賃貸人が敷金を受け取っている場合には，賃貸借の継続中であっても，賃貸人は，敷金をもって弁済を受けることができない債権の部分についてのみ先取特権を有する。

オ　賃借人がその建物内に備え付けた動産が友人から借り受けたものであった場合は，その動産を建物内に備え付けた当時，賃貸人が賃借人所有の動産と信ずるについて過失がなかったとしても，賃貸人は，その動産について先取特権を行使することはできない。

１　アエ　　２　アオ　　３　イウ　　４　イオ　　５　ウエ

第13問　抵当権の効力の及ぶ範囲に関する次のアからオまでの記述のうち，**判例の趣旨に照らし正しいもの**の組合せは，後記１から５までのうち，どれか。

ア　土地に設定された抵当権は，その土地について対抗力を有する地上権者が抵当権設定前に植栽した樹木には効力が及ばない。

イ　ＡのＢに対する金銭債権を担保するために，Ｂ所有の甲土地及びその上の乙建物に抵当権が設定され，その旨の登記をした後に，ＣがＢから乙建物を賃借して使用収益していた場合に，ＣがＢの承諾を得て取り替えた乙建物の内外を遮断するガラス戸には，Ａの抵当権の効力が及ばない。

ウ　抵当権が設定された土地に備え付けられた石灯籠が従物である場合には，石灯籠が抵当権の設定前に備え付けられていた場合でも，抵当権の効力は，その石灯籠には及ばない。

エ　Ａが甲土地の所有者であるＢから甲土地を賃借し，その土地上に乙建物を建設した後，Ｃに対する債務を担保するためにその建物に抵当権を設定した場合において，この抵当権が実行されたときは，事前にＢの承諾がなければ，乙建物の買受人Ｄは，賃借権を取得することはない。

オ　抵当権の被担保債権の履行が遅滞となった場合は，抵当権の実行による差押えの前後を問わず，その後に生じた抵当不動産の果実には抵当権の効力が及ぶ。

１　アエ　　２　アオ　　３　イウ　　４　イオ　　５　ウエ

第14問　Aは，AとBとの間の一定の継続的取引契約から生じるAのBに対する債権を担保するため，B所有の甲不動産及びC所有の乙不動産について，共同根抵当権の設定登記を受けている。その根抵当権の元本が確定したものとして，根抵当権の消滅請求又は極度額の減額請求に関する次のアからオまでの記述のうち，**正しいもの**の組合せは，後記１から５までのうち，どれか。

ア　BのみがAに対して極度額の減額請求をした場合は，乙不動産について減額の効果は生じない。

イ　現に存する債務の額が極度額の範囲内であっても，以後２年間に生ずべき利息及び損害金を加えた額が極度額を超えるときは，B及びCは，極度額の減額請求をすることはできない。

ウ　CがAに対して根抵当権の消滅請求をして根抵当権を消滅させた場合，Cは，Aに代位してその権利を行うことができる。

エ　甲不動産及び乙不動産について，EがAの後順位で共同根抵当権を有している場合，Eは，Aの根抵当権の消滅請求をすることができる。

オ　甲不動産についてDが賃借権を有しているとしても，Dに，常に，根抵当権の消滅請求が認められるというわけではない。

１　アイ　　２　アエ　　３　イオ　　４　ウエ　　５　ウオ

第15問　再売買の予約と所有権留保に関する次のアからオまでの記述のうち，**判例の趣旨に照らし正しいもの**の組合せは，後記１から５までのうち，どれか。

ア　再売買が予定されている売買契約の形式の契約がなされている場合は，その契約の目的が担保であって，その目的の範囲内で所有権の移転をするにすぎない場合であっても，当該契約は再売買の予約である。

イ　所有権留保は通常売買契約の代金債権の担保とされることが多いので，その実行方法としては，売買契約を解除し，原状回復請求権を行使して物の引渡しを請求するという形式が採られる。

ウ　売買の目的動産に所有権留保が設定されている場合に，買主から当該動産を買い受けた第三者は，その引渡しを受ければ，売主（所有権留保権者）に所有権を対抗することができる。

エ　売買の目的動産に所有権留保が設定されている場合に，買主の債権者が当該動産を差し押さえたときには，所有権を留保した売主は，第三者異議の訴えを提起することができない。

オ　所有権留保の目的である動産が第三者の土地の上に放置されている場合，所有権を留保した者は，弁済期が到来するまでは，特段の事情がない限り，当該動産の撤去義務や不法行為責任を負わない。

１　アイ　　２　アウ　　３　イオ　　４　ウエ　　５　エオ

第16問　物の保存又は財産の管理についての注意義務に関する次のアからオまでの記述のうち，**誤っているもの**は，幾つあるか。

ア　債権の目的が特定物の引渡しであるときは，債務者は，原則として，その引渡しをするまで，契約その他の債権の発生原因及び取引上の社会通念に照らして定まる善良な管理者の注意をもって，その物を保存する義務を負う。

イ　債権者が債務の履行を受けることを拒み，又は受けることができない場合において，その債務の目的が特定物の引渡しであるときは，債務者は，履行の提供をした時からその引渡しをするまで，自己の財産に対するのと同一の注意をもって，その物を保存すれば足りる。

ウ　特定物の贈与契約の贈与者も，無償の受寄者も，自己の財産に対するのと同一の注意をもって，贈与の目的物，寄託物を保管すれば足りる。

エ　相続人は，相続の承認又は放棄をするまでの間は，その固有財産におけるのと同一の注意をもって，相続財産を管理すれば足りるが，相続の放棄をした者は，その放棄の時に相続財産に属する財産を現に占有しているときは，相続人又は相続人不存在にける相続財産の清算人に対して当該財産を引き渡すまでの間，自己の財産におけるのと同一の注意をもって，その財産を保存しなければならない。

オ　後見人は，善良な管理者の注意をもって，後見の事務を処理する義務を負うが，親権者は，自己のためにするのと同一の注意をもって，その管理権を行えば足りる。

1　0個　　2　1個　　3　2個　　4　3個　　5　4個

第17問　指図証券に関する次のアからオまでの記述のうち，**誤っているもの**の組合せは，後記１から５までのうち，どれか。

ア　指図証券の譲渡は，その証券に譲渡の裏書をして譲受人に交付しなければ，債務者その他の第三者に対抗することができない。

イ　何らかの事由により指図証券の占有を失った者がある場合において，その所持人が裏書の連続によりその権利を証明するときは，その所持人は，悪意又は重大な過失によりその証券を取得したときを除き，その証券を返還する義務を負わない。

ウ　指図証券の債務者は，その証券に記載した事項及びその証券の性質から当然に生ずる結果を除き，その証券の譲渡前の債権者に対抗することができた事由をもって譲受人に対抗することができない。

エ　指図証券の弁済は，債務者の現在の住所においてしなければならない。

オ　指図証券の債務者は，その債務の履行について期限の定めがあるときであっても，その期限が到来した後に所持人がその証券を提示してその履行の請求をした時から遅滞の責任を負う。

１　アウ　　２　アエ　　３　イエ　　４　イオ　　５　ウオ

第18問　契約の成立に関する次のアからオまでの記述のうち，**誤っているもの**の組合せは，後記１から５までのうち，どれか。

ア　契約の当事者は，法令の制限内において，契約の内容を自由に決定することができる。

イ　契約は，契約の内容を示してその締結を申し入れる意思表示に対して相手方が承諾をしたときに成立する。

ウ　ＡがＢに対し，承諾の期間を申込みから１週間と定めて撤回の権利の留保なく契約の申込みをし，その２日後に申込みを撤回したが，Ｂは申込みから５日後に承諾した。この場合は，ＡＢ間に契約は成立しない。

エ　ＡがＢに対して契約の申込みの通知を発した後に死亡したが，Ａが自らが死亡したとすればその申込みは効力を有しない旨の意思を表示していない場合でも，ＢがＡの申込み到達後にＡ死亡の事実を知ったにもかかわらず承諾した場合は，Ａの相続人とＢの間に契約は成立しない。

オ　隔地者間の契約は，承諾の通知を発した時に成立するのが原則であるが，申込者の意思表示又は取引上の慣習により承諾の通知を必要としない場合には，契約は，承諾の意思表示と認めるべき事実があった時に成立する。

１　アイ　　２　アウ　　３　イエ　　４　ウオ　　５　エオ

第19問　ＡがＢに自己所有の甲土地を賃貸した場合に関する次のアからオまでの記述のうち，**判例の趣旨に照らし誤っているもの**の組合せは，後記１から５までのうち，どれか。

ア　ＡとＢの間の賃貸借契約において特約がない場合，Ｂが小規模で閉鎖的な株式会社であり，株式の譲渡及び役員の交代により実質的な経営者が交代したが，その実体に変化がないときは，ＡはＢに対して賃借権の無断譲渡を理由に本件賃貸借契約を解除することができない。

イ　ＡとＢの間の賃貸借契約において「賃借人が契約当事者を実質的に変更したときは賃貸人は違約金を請求することができる」旨の特約がなされていた場合において，Ｂが吸収分割により契約上の地位をＣに承継させたときは，Ａは，Ｂに対して違約金債務の履行を請求することができる。

ウ　Ｂが甲土地上に建てた建物にＣのために譲渡担保権を設定した場合，いまだ譲渡担保権が実行されておらず，譲渡担保権設定者による受戻権の行使が可能であれば，たとえ，Ｃが建物の引渡しを受けて使用又は収益をしていたとしても，ＡはＢに対して賃借権の無断譲渡を理由に本件賃貸借契約を解除することはできない。

エ　ＢがＡの承諾を得てＣに甲土地を転貸したが，ＡとＢの間の賃貸借契約がＢの債務不履行によるＡの解除により終了した場合，ＢとＣの間の転貸借は，原則として，ＡがＢとの間の賃貸借契約を解除した時に，ＢのＣに対する債務の履行不能により終了する。

オ　ＢがＡの承諾を得てＣに甲土地を転貸した場合，Ｂの賃料延滞を理由として賃貸借契約を解除するには，Ｂに対して催告すれば足り，Ｃに対して延滞賃料の支払の機会を与えなければならないものではない。

１　アイ　　２　アオ　　３　イウ　　４　ウエ　　５　エオ

第20問　親族の範囲に関する次のアからオまでの記述のうち，**正しいもの**は，幾つあるか。

ア　Ａと婚姻関係にない女との間に生まれた未認知の子Ｂは，Ａの親族に当たる。

イ　Ａの妻の弟が婚姻をした相手方Ｂは，Ａの親族に当たる。

ウ　Ａの妻の母Ｂは，Ａの父Ｃの親族に当たる。

エ　Ａの従姉妹の夫Ｂは，Ａの親族に当たる。

オ　Ａの母と母の後夫との間に生まれた嫡出子が婚姻をした相手方Ｂは，Ａの親族に当たる。

１　０個　　２　１個　　３　２個　　４　３個　　５　４個

第21問　氏に関する次のアからオまでの記述のうち，**正しいもの**は，幾つあるか。

ア　出生した子は必ずしも当然に父母の氏を称するわけではないし，養子は必ずしも常に養親の氏を称することになるわけではない。

イ　Ａ女にはＢ男との間に生まれＢ男から認知を受けた子Ｃがおり，ＣがＡ女の氏を称していた場合において，Ａ女がＢ男との婚姻によってＢ男の氏を称することとしたとしても，Ｃは，Ａ女とＢ男の婚姻によって当然にＢ男の氏を称するわけではない。

ウ　父又は母と氏が異なるために家庭裁判所の許可を得て改氏した未成年の子は，成年に達した時から１年以内であれば，家庭裁判所の許可を得て，戸籍法の定めるところにより届け出ることによって，従前の氏に復することができる。

エ　養子は，養親の死亡後に離縁をした場合には，縁組の日から７年を経過していなくても，離縁の日から３か月以内に戸籍法の定めるところにより届け出ることによって，離縁の際に称していた氏を称することができる。

オ　甲の氏を称して婚姻している甲男と乙女のうち甲男が死亡した場合，婚姻によって氏を改めた乙女は，甲男の死亡後３か月以内に限り，戸籍法の定めるところにより届け出ることによって婚姻前の氏に復することができる。

１　1個　　２　2個　　３　3個　　４　4個　　５　5個

第22問　遺言の撤回及び取消しに関する次のアからキまでの記述のうち，**判例の趣旨に照らし正しいもの**は，幾つあるか。

ア　公正証書遺言をした後に，これと抵触する自筆証書遺言をした場合も，公正証書遺言は撤回したものとみなされる。

イ　遺言者が自筆証書である遺言書の文面全体に故意に斜線を引いた場合は，故意に遺言書を破棄したとして遺言を撤回したものとみなされる。

ウ　被相続人が，Ａを受遺者として甲土地を遺贈した後，甲土地をＢに贈与し，その後死亡した場合も，甲土地をＢに贈与した後，Ａを受遺者として甲土地を遺贈し，その後死亡した場合も，ＡＢのいずれが先に所有権移転登記を備えたかにより，甲土地の所有権の帰属が決まる。

エ　遺言を撤回した後，その撤回行為を，詐欺又は強迫を理由に取り消した場合とは異なり，錯誤を理由に取り消しても，遺言の効力は回復しない。

オ　当初の遺言を遺言の方式に従って撤回した遺言者が，さらにその撤回遺言を遺言の方式に従って撤回した場合，遺言書の記載に照らし，遺言者の意思が当初の遺言の復活を希望するものであることが明らかなときは，当初の遺言の効力が復活する。

カ　第１遺言において，これが最終の遺言である旨が明示されている場合には，第２遺言がなされてもその効力は認められない。

キ　遺言者の妻を扶養することを負担とする特定遺贈があった場合，受遺者がその負担した義務を履行しないときは，その遺贈は，効力を生じない。

１　１個　　２　２個　　３　３個　　４　４個　　５　５個

第23問　特別の寄与に関する次のアからオまでの記述のうち，**誤っているもの**の組合せは，後記１から５までのうち，どれか。

ア　被相続人に対して無償で療養看護その他の労務の提供をしたことにより被相続人の財産の維持又は増加について特別の寄与をした被相続人の親族（以下，「特別寄与者」という。）は，相続人でなければ，相続の放棄をした者及び相続欠格事由に該当し又は廃除によってその相続権を失った者でも，相続の開始後，相続人に対し，特別寄与者の寄与に応じた額の金銭（以下「特別寄与料」という。）の支払を請求することができる。

イ　特別寄与者から，特別寄与料の支払の請求を受けた相続人が数人ある場合には，各相続人は，特別寄与料の額に当該相続人の相続分を乗じた額を負担する。

ウ　特別寄与料の支払について，当事者間に協議が調わないとき，又は協議をすることができないときは，特別寄与者は，家庭裁判所に対して協議に代わる処分を請求することができる。この場合，家庭裁判所は，寄与の時期，方法及び程度，相続財産の額その他一切の事情を考慮して，特別寄与料の額を定める。

エ　寄与分も特別寄与料の額も，被相続人が相続開始の時において有した財産の価額から遺贈の価額を控除した残額を超えることができない。

オ　特別寄与者が相続の開始及び相続人を知った時から６箇月を経過したとき，又は相続開始の時から10年を経過したときは，特別寄与者は特別寄与料の支払について，家庭裁判所に対して協議に代わる処分を請求することはできない。

１　アウ　　２　アオ　　３　イウ　　４　イエ　　５　エオ

第24問　不真正不作為犯に関する次のアからオまでの記述のうち，**判例の趣旨に照らし誤っているもの**は，幾つあるか。

ア　川で釣りをしていたＡが，おぼれている隣人Ｂの子供Ｃを発見したが，面倒なことにはかかわりたくなかったため，容易に救助することができたにもかかわらず，Ｃが溺れ死んでもかまわないと思って放置したところ，Ｃが溺死した場合，Ａには，不作為による殺人罪が成立する。

イ　Ａが，自己の子供Ｂを殺した後，死体をそのまま犯行現場に放置して立ち去った場合には，不作為による死体遺棄罪が成立する。

ウ　建物の火気責任者であるＡが，自己の過失により火を出したが，容易に消火することができたにもかかわらず，自己の失策が発覚することをおそれ，延焼の危険を知りながら放置し逃走したため，当該建物が焼損した場合，Ａには，不作為による放火罪が成立する。

エ　被保佐人Ａが，被保佐人であることを隠して貸金業者Ｂを錯誤に陥らせ，金銭消費貸借契約を締結した上で，Ｂから金銭の交付を受けた場合，Ａには，不作為による詐欺罪が成立する。

オ　代金を支払う意思のないＡが，そのことを隠してＢの経営する旅館で飲食・宿泊した後，友人を見送ると偽って逃走した場合，Ａには，不作為による詐欺罪が成立する。

１　０個　　２　１個　　３　２個　　４　３個　　５　４個

第25問　正当防衛に関する次のアからオまでの記述のうち，**判例の趣旨に照らし正しいもの**の組合せは，後記１から５までのうち，どれか。

ア　ＢがＡに対して殴りかかってきたので，Ａはこれを避けつつＢを殴り返したところ，Ｂは横転して頭部を地面に強打し動かなくなった。Ａはこの状況を認識しつつ，専ら攻撃の意思に基づいてＢの腹部を蹴った。その後，Ｂは頭部の打撲が原因となり死亡した。この場合，一連の行為を１個の過剰な防衛行為として，Ａに過剰防衛が成立する。

イ　ＢがＡに対して折り畳み式机を投げて来たので，Ａはこれを Ｂに向かって投げ返した。これにより反撃が困難な状況になっているＢに対してＡが顔面を殴打する暴行を加えた。この場合，Ａには全体として１個の過剰防衛が成立する。

ウ　Ｂが鉄パイプでＡの頭部を殴打しその後も攻撃しようとしたため，Ａは逃げ出した。ＢはＡを追いかける途中の階段で勢い余って踊り場から体が乗り出してしまったが，鉄パイプは握りしめたままであった。この様子を見たＡはＢの足を持ち上げて踊り場から下に落とした。この場合，Ａの反撃が相当な程度を超えるものであったとしても，Ａには過剰防衛は成立しない。

エ　ＣがＡとＢに殴りかかってきたので，Ａ及びＢは共謀してＣに反撃した。Ｃが逃げ出したが，ＢのみがＣを追撃し，さらに暴行を加えた。Ｂに過剰防衛が成立する場合でも，ＡにＣを追撃する意思がなかったときは，Ａには正当防衛が成立する。

オ　ＡとＢとが口論をしていたところ，ＡはＢの頭部を殴打して逃げ去った。Ｂは，Ａを自転車で追跡して，自転車に乗ったままＡの首を殴打したので，Ａは所持していた棒でＢを殴打し，傷害を負わせた。この場合，Ａに正当防衛が成立する。

１　アウ　　２　アエ　　３　イエ　　４　イオ　　５　ウオ

第26問　公務の執行を妨害する罪に関する次のアからオまでの記述のうち，**判例の趣旨に照らし誤っているもの**は，後記１から５までのうち，どれか。

ア　仮処分による差押えの表示が第三者により既に剥離損壊された後に，債務者が差押え物件を搬出移転した場合も，封印等破棄罪が成立する。

イ　強制執行を妨害する目的で，強制執行を受け，若しくは受けるべき財産を隠匿し，損壊し，若しくはその譲渡を仮装し，又は債務の負担を仮装する行為のほか，強制執行を受け，又は受けるべき財産について，その現状を改変して，価格を減損し，又は強制執行の費用を増大させる行為については，強制執行妨害目的財産損壊等罪が成立するが，金銭執行を受けるべき財産について，無償その他の不利益な条件で，譲渡をし，又は権利の設定をする行為については，強制執行妨害目的財産損壊等罪は成立しない。

ウ　偽計又は威力を用いて，立入り，占有者の確認その他の強制執行の行為を妨害した場合のほか，強制執行の申立てをさせず又はその申立てを取り下げさせる目的で，申立権者又はその代理人に対して暴行又は脅迫を加えた場合にも，強制執行行為妨害等罪が成立する。

エ　偽計又は威力を用いて，公の競売又は入札の公正を害すべき行為をした者には，競売等妨害罪が成立する。

オ　特定の者を落札者とするため，他の者は一定の価格以下に入札しないことを協定する行為に加わったときは，自ら入札を希望しない者でも，入札希望者に影響を及ぼしうる地位にあれば，談合罪が成立する。

１　アウ　　２　アオ　　３　イウ　　４　イエ　　５　エオ

第27問　会社法総則に関する次のアからオまでの記述のうち，**判例の趣旨に照らし正しいもの**の組合せは，後記１から５までのうち，どれか。

ア　不正の目的をもって，自己の会社であると誤認されるおそれのある商号の使用によって営業上の利益を侵害され，又は侵害されるおそれがある会社は，その営業上の利益を侵害する者又は侵害するおそれがある者に対し，その侵害の停止又は予防を請求することができる。

イ　会社の本店又は支店の事業の主任者であることを示す名称を付した使用人は，取引の相手方が善意・無過失である場合には，当該本店又は支店の事業に関し，一切の裁判外の行為をする権限を有するものとみなされる。

ウ　事業を譲り受けた会社（以下「譲受会社」という。）が事業を譲渡した会社（以下「譲渡会社」という。）の商号を引き続き使用する場合には，事業を譲り受けた後，遅滞なく，譲受会社が，その本店の所在地において譲渡会社の債務を弁済する責任を負わない旨を登記するか又は第三者に対しその旨の通知をした場合を除き，その譲受会社も，譲渡会社の事業によって生じた債務を弁済する責任を負う。

エ　譲受会社が譲渡会社の商号を引き続き使用する場合において，譲渡会社の事業によって生じた債権について，譲受会社にした弁済は，弁済者が善意でかつ重大な過失がないときは，その効力を有する。

オ　預託金会員制のゴルフクラブの名称がゴルフ場の事業主体を表示するものとして用いられている場合において，会社分割に伴いゴルフ場の事業が他の会社又は設立会社に承継され，事業を承継した会社が上記名称を引き続き使用しているとしても，事業の譲渡ではなく，会社分割がなされたのであるから，上記会社は，会員が分割をした会社に交付した預託金の返還義務を負うことはない。

１　アイ　　２　アエ　　３　イウ　　４　ウオ　　５　エオ

第28問　会社の承認を得ないでなされた譲渡制限株式の譲渡の効力については，その譲渡は当事者間においても無効であるとする「絶対説」と，譲渡当事者間においては有効であるとする「相対説」の二つの説がある。次のアからオまでの記述のうち，**相対説の根拠となり得るもの**は，幾つあるか。

ア　株式の譲渡は，本来自由であるべきである。

イ　会社にとって好ましくない者が株主となることを防止することが，譲渡制限株式の趣旨である。

ウ　譲渡制限株式を取得した株式取得者は，会社に対し，当該譲渡制限株式を取得したことについて承認をするか否かの決定をすることを請求することができる。

エ　会社が株主からの承認請求を拒絶して指定買取人を指定した場合には，指定買取人が代金を支払うと，株式は，株主から指定買取人に移転する。

オ　株式は，会社と株主との間の法律関係であることを重視すべきである。

１　１個　　２　２個　　３　３個　　４　４個　　５　５個

第29問　株式，新株予約権及び株式会社の発行する社債の異同に関する次のアからオまでの記述のうち，**誤っているもの**の組合せは，後記１から５までのうち，どれか。

ア　株券，新株予約権証券及び社債券は，非訟事件手続法に定める公示催告手続によって無効とすることができる。

イ　株券，新株予約権証券又は社債券の発行されていない株式（振替株式を除く。），新株予約権（振替新株予約権及び無記名新株予約権を除く。）又は社債（振替社債及び無記名社債を除く。）の譲渡は，その株式，新株予約権又は社債を取得した者の氏名又は名称及び住所を株主名簿，新株予約権原簿又は社債原簿に記載し，又は記録しなければ，株式会社のみならず，その他の第三者にも対抗することができない。

ウ　株式，新株予約権又は社債が２以上の者の共有に属するときは，共有者は，当該株式，新株予約権又は社債についての権利を行使する者１人を定め，株式会社に対し，その者の氏名又は名称を通知しなければ，株式会社が同意しない限り，当該権利を行使することができない。

エ　株式，新株予約権又は社債の発行に当たり，募集事項の決定の内容として定める募集株式，募集新株予約権又は募集社債の払込金額がこれらを引き受ける者に特に有利な金額であるときは，取締役は，募集事項の決定を行う株主総会において，当該募集をすることを必要とする理由を説明しなければならない。

オ　清算株式会社も，募集株式，募集新株予約権又は募集社債の発行をすることができる。

１　アイ　　２　アエ　　３　イウ　　４　ウオ　　５　エオ

第30問　株主総会の招集に関する次のアからオまでの記述のうち，**正しいもの**の組合せは，後記１から５までのうち，どれか。なお，特例有限会社については考慮しないものとする。

ア　定時株主総会は，１年に１回，毎事業年度の終了後一定の時期に招集しなければならない。

イ　取締役会設置会社でない株式会社においては，総株主の議決権の100分の３（これを下回る割合を定款で定めた場合にあっては，その割合）以上の議決権を有する株主は，取締役に対し，株主総会の目的である事項（当該株主が議決権を行使することができる事項に限る。）及び招集の理由を示して，株主総会の招集を請求することができる。

ウ　株主による適法な株主総会の招集請求がなされたにもかかわらず，請求があった日から８週間（これを下回る期間を定款で定めた場合にあっては，その期間）以内に招集の手続が行われない場合には，請求をした株主は，裁判所の許可を得て，株主総会を招集することができる。

エ　取締役は，株主（株主総会において決議をすることができる事項の全部につき議決権を行使することができない株主を除く。）の数が1,000人以上である場合には，当該株式会社が金融商品取引法第２条第16項に規定する金融商品取引所に上場されている株式を発行している株式会社であって法務省令で定めるものである場合を除き，株主総会に出席しない株主が書面によって議決権を行使することができる旨を定めなければならない。

オ　公開会社でない取締役会設置会社においては，株主総会を招集するには，株主総会に出席しない株主が書面又は電磁的方法によって議決権を行使することができることを定めたときでも，取締役は，株主総会の日の１週間前までに，株主に対してその通知を発すれば足りる。

１　アウ　　２　アオ　　３　イウ　　４　イエ　　５　エオ

第31問　取締役等選任権付株式に関する次のアからオまでの記述のうち，**正しいもの**の組合せは，後記１から５までのうち，どれか。なお，本問における株式会社は，指名委員会等設置会社以外の株式会社であり，また，公開会社でない株式会社であるものとする。

ア　ある種類の株式の内容として，当該種類株主を構成員とする種類株主総会において会計監査人を選任する旨を定めることはできないが，会計参与を選任する旨を定めることはできる。

イ　ある種類の株式の内容として，当該種類株主を構成員とする種類株主総会において監査役を選任する旨を定める場合，当該種類の株式の内容として，他の種類株主と共同して監査役を選任する旨を定めることはできない。

ウ　ある種類の株式の内容として，当該種類株主を構成員とする種類株主総会において監査役を選任する旨を定める場合で，当該種類の株式の内容として，選任する監査役の数を変更する条件を定めたときは，当該条件が成就したときにおける変更後の選任する監査役の数をも定めなければならない。

エ　ある種類の株式の内容として，当該種類株主を構成員とする種類株主総会において社外取締役を選任する旨を定めることはできない。

オ　ある種類の株式の内容として，当該種類株主を構成員とする種類株主総会において取締役を選任する旨の定款の定めは，会社法又は定款で定めた取締役の員数を欠いた場合において，そのために当該員数に足りる数の取締役を選任することができないときは，廃止されたものとみなされる。

１　アウ　　２　アエ　　３　イエ　　４　イオ　　５　ウオ

第32問　合同会社に関する次のアからオまでの記述のうち，**誤っているもの**の組合せは，後記１から５までのうち，どれか。

ア　合同会社が新たに社員を加入させる場合において，新たに社員となろうとする者が定款の変更をした時にその出資に係る払込み又は給付の全部又は一部を履行していないときは，その者は，当該出資の履行をすることにより合同会社の社員となる権利を失う。

イ　合同会社の債権者は，裁判所の許可を得なければ，当該合同会社の計算書類について閲覧又は謄写の請求をすることができない。

ウ　合同会社は，損失のてん補の場合のほか，出資の払戻しのためにも，その資本金の額を減少することができる。

エ　合同会社が資本金の額を減少する場合には，当該合同会社の債権者は，当該合同会社に対し，資本金の額の減少について異議を述べることができる。

オ　合同会社は，定款又は総社員の同意によって，当該合同会社が定款で定めた存続期間の満了，定款で定めた解散の事由の発生又は総社員の同意によって解散した場合における当該合同会社の財産の処分の方法を定めることができない。

１　アイ　　２　アオ　　３　イウ　　４　ウエ　　５　エオ

第33問　社債管理者及び社債管理補助者に関する次のアからオまでの記述のうち，**正しいもの**の組合せは，後記１から５までのうち，どれか。

ア　会社は，社債を発行する場合において，各社債の金額が１億円以下であるときは，社債管理者を定め，社債権者のために，弁済の受領，債権の保全その他の社債の管理を行うことを委託しなければならない。

イ　会社は，社債管理者を設置する義務がない場合には，社債が担保付社債である場合を除き，社債管理補助者を定め，社債権者のために，社債の管理の補助を行うことを委託しなければならない。

ウ　社債管理者は，銀行，信託会社又はこれらに準ずるものとして法務省令で定める者でなければならないが，社債管理補助者については，その資格は制限されていない。

エ　社債管理者は，社債権者に対し，善良な管理者の注意をもって社債の管理を行わなければならないが，社債管理補助者も，社債権者に対し，善良な管理者の注意をもって社債の管理の補助を行わなければならない。

オ　２以上の社債管理補助者があるときは，社債管理補助者は，各自，その権限に属する行為をしなければならないが，社債管理補助者が社債権者に生じた損害を賠償する責任を負う場合において，他の社債管理補助者も当該損害を賠償する責任を負うときは，これらの者は，連帯債務者とするとされている。

１　アイ　　２　アエ　　３　イウ　　４　ウオ　　５　エオ

第34問　組織変更に関する次のアからオまでの記述のうち，**正しいもの**の組合せは，後記１から５までのうち，どれか。

ア　合資会社が組織変更をする場合には，組織変更後の株式会社は，組織変更後の株式会社の商号について，組織変更計画の定めに従い，株主総会の決議によって定款の変更をしなければならない。

イ　組織変更をする株式会社の新株予約権の新株予約権者は，当該株式会社に対し，自己の有する新株予約権を公正な価格で買い取ることを請求することができる。

ウ　組織変更をする合同会社は，債権者が一定の期間内に異議を述べることができる旨等の公告を，官報のほか，定款の定めに従い，時事に関する事項を掲載する日刊新聞紙に掲載する方法又は電子公告の方法によりするときは，知れている債権者に対する各別の催告を省略することができる。

エ　組織変更をする株式会社及び合同会社は，組織変更計画備置開始日から組織変更がその効力を生ずる日までの間，組織変更計画の内容等を記載し，又は記録した書面又は電磁的記録をその本店に備え置かなければならない。

オ　組織変更後の株式会社は，組織変更がその効力を生じた日から６か月間，組織変更に関する事項を記載し，又は記録した書面又は電磁的記録をその本店に備え置かなければならない。

１　アイ　　２　アオ　　３　イウ　　４　ウエ　　５　エオ

第35問　商法総則・商行為に関する次のアからオまでの記述のうち，**誤っているもの**の組合せは，後記１から５までのうち，どれか。

ア　営業につき商人からその商号の使用を許された者が，営業活動上惹起された交通事故に基づく不法行為上の損害賠償義務者であることを前提として，被害者との間で単にその支払金額と支払方法を定めるにすぎない示談契約を締結した場合には，当該商人は，当該示談契約の締結に当たって当該商人が営業主であると誤認した被害者に対し，当該示談契約に基づき支払うべきものとされた損害賠償債務を弁済する責任を負う。

イ　商人が平常取引をする者からその営業の部類に属する契約の申込みを受けたときは，遅滞なく，契約の申込みに対する諾否の通知を発しなければならず，これを怠ったときは，その商人は，当該契約の申込みを承諾したものとみなされる。

ウ　委託を受けた商人がその営業の範囲内において委託者のために行為をした場合には，委託者との間で報酬についての合意がないときであっても，その委託者に対し，相当な報酬を請求することができる。

エ　交互計算は，商人間のみならず，商人と商人でない者との間で平常取引をする場合は，一定の期間内の取引から生ずる債権及び債務の総額について相殺をし，その残額の支払をすることを約することによって，その効力を生ずる。

オ　問屋は，取引所の相場がある物品の販売の委託を受けたときでも，自ら買主となることはできない。

１　アウ　　　２　アオ　　　３　イウ　　　４　イエ　　　５　エオ

第1回　午後の部　試験問題

注意点

(1)　後掲の答案用紙の該当欄の記入例に従って，受験地，受験番号，氏名を必ず記入してください。

(2)　試験時間は，3時間です。

(3)　試験問題は，多肢択一式（第1問から第35問まで）と記述式（第36問及び第37問）から成り，配点は，多肢択一式が105点満点，記述式が70点満点です。

(4)　①　**多肢択一式問題の解答**は，多肢択一式答案用紙の解答欄に，正解と思われるものの番号の枠内を，マーク記入例に従い，濃く塗りつぶす方法で示してください。正解は，すべて一つです。したがって，解答欄へのマークは，各問につき1か所だけにしてください。二つ以上の箇所にマークがされている欄の解答は，無効とします。解答を訂正する場合には，プラスチック消しゴムで完全に消してから，該当欄の枠内をマークしてください。

②　答案用紙への記入は，**鉛筆（B又はHB）**を使用してください。該当欄の枠内をマークしていない解答及び鉛筆を使用していない解答は，無効とします。

(5)　**記述式問題の解答**は，所定の答案用紙に記入してください。所定の箇所に書ききれないときは，その用紙の裏面を使用してください。答案用紙への解答の記入は，**万年筆又はボールペン**（いずれも黒色のインクに限ります。ただし，インクがプラスチック消しゴムで消せるものを除きます。）を使用してください。所定の答案用紙以外の用紙に記入した解答及び上記万年筆又はボールペン以外の鉛筆等の筆記具によって記入した解答は，その部分につき無効とします。答案用紙の会員番号及び氏名欄以外の箇所に，特定の氏名等を記入したものは，無効とします。

(6)　答案用紙は，汚したり，折り曲げたりしないでください。また，書損じをしても補充しません。

(7)　試験時間中，不正行為があったときは，その者の受験は直ちに中止され，その答案は，無効なものとして扱われます。

(8)　試験問題に関する質問には，一切お答えいたしません。

(9)　本書自体又はその違法コピーの販売・購入は，著作権法違反として刑事罰の対象となりますので，それらの行為を禁じます。

第１問　第一審における管轄裁判所がする移送に関する次のアからオまでの記述中の①から⑩までの［　　］内に，「簡易裁判所」あるいは「地方裁判所」の語句を入れて正しい文章とした場合，**「簡易裁判所」の語句が当てはまるもの**は，幾つあるか。

ア　被告の申立てがなされた場合には，その申立ての前に被告が本案について弁論をした場合を除き，［①］は，不動産に関する訴訟について，訴訟の全部又は一部をその所在地を管轄する［②］に移送しなければならない。

イ　［③］は，当事者の衡平を図るために必要があると認めるときは，職権で，他の管轄権を有する［④］に移送することができる。

ウ　［⑤］は，被告が本案についての弁論をした後でも，当事者の申立て及び相手方の同意があれば，訴訟を著しく遅滞させない限り，その所在地を管轄する［⑥］に訴訟の全部又は一部を移送しなければならない。

エ　［⑦］は，相当と認めるときは，職権で，その所在地を管轄する［⑧］に移送することができる。

オ　被告が［⑨］の管轄に属する反訴を提起した場合，［⑩］は，原告の申立てによって，本訴及び反訴を移送しなければならない。

１　5個　　２　6個　　３　7個　　４　8個　　５　9個

第２問　訴訟能力に関する次のアからオまでの記述のうち，**誤っているもの**の組合せは，後記１から５までのうち，どれか。

ア　成年被後見人が訴訟を提起した場合，裁判所は，原則として，補正を命じなければならず，成年後見人がこれを追認すれば遡って有効となる。

イ　未成年者も，法定代理人から目的を定めて処分を許された財産に関する訴訟については，自ら訴訟行為をすることができる。

ウ　未成年者は，人事訴訟事件についても完全な訴訟能力を有するわけではないので，法定代理人の同意を得なければ，自ら訴訟行為を行うことができない。

エ　保佐人の同意を得ずに被保佐人が相手方の提起した訴え又は上訴について訴訟行為を行ったとしても，保佐人は，それを取り消すことができない。

オ　外国人は，その本国法によれば訴訟能力を有しない場合でも，日本の法律によれば訴訟能力を有すべきときは，訴訟能力者とみなさる。

１　アエ　　２　アオ　　３　イウ　　４　イエ　　５　ウオ

第３問　確認の利益に関する次のアからオまでの記述のうち，**判例の趣旨に照らし正しいもの**の組合せは，後記１から５までのうち，どれか。

ア　相続開始後に遺言の無効確認を求める訴えは，遺言が有効であるとすればそれから生ずべき現在の特定の法律関係が存在しないことの確認を求めるものと解される場合であっても，確認の利益を欠く。

イ　共同相続人間における遺産確認の訴えは，特定の財産が現に共同相続人による遺産分割前の共有関係にあることの確認を求めるものと解される場合であっても，確認の利益を欠く。

ウ　共同相続人間において，具体的相続分についてその価額又は割合の確認を求める訴えは，確認の利益を欠く。

エ　建物賃貸借契約の継続中に賃借人が賃貸人に対し敷金返還請求権の存在の確認を求める訴えは，賃貸人が賃借人の敷金交付の事実を争って敷金返還義務を負わないと主張している場合であっても，確認の利益を欠く。

オ　訴訟係属中に訴訟代理人の代理権の有無が争われた場合に提起された別訴による訴訟代理権を証する書面の真否確認の訴えは，確認の利益を欠く。

１　アイ　　２　アオ　　３　イエ　　４　ウエ　　５　ウオ

第４問　裁判によらない訴訟の完結に関する次のアからオまでの記述のうち，**判例の趣旨に照らし正しいもの**の組合せは，後記１から５までのうち，どれか。

ア　被告が本案について答弁書を提出した後，原告が訴えの取下書を提出し，被告がこれに対する同意を確定的に拒絶した場合には，後に被告が改めて同意をしても，当該訴えの取下げは効力を生じない。

イ　当事者双方が裁判外で訴えを取り下げる旨の合意をし，被告がその合意の存在を口頭弁論又は弁論準備手続の期日において主張立証した場合には，訴えの取下げがあったものとみなされる。

ウ　請求の認諾は，口頭弁論の期日においてしなければならず，和解の期日においてはすることができない。

エ　訴訟上の和解によって訴訟が終了したが，その後その和解の内容である私法上の契約が債務不履行により解除されるに至ったとしても，そのことによっては，一旦終了した訴訟は復活しない。

オ　裁判所は，当事者双方のための衡平を考慮し，職権で，事件の解決のために適当な和解条項を定めることができ，当事者双方がその和解条項の告知を受けたときは，訴訟上の和解が調ったものとみなされる。

１　アウ　　２　アエ　　３　イエ　　４　イオ　　５　ウオ

第５問　訴え提起前の和解に関する次のアからオまでの記述のうち，**誤っているもの**の組合せは，後記１から５までのうち，どれか。

ア　訴え提起前の和解の申立ては，訴額にかかわらず，相手方の普通裁判籍の所在地を管轄する簡易裁判所に，当事者双方の共同の申立てにより行わなければならない。

イ　訴え提起前の和解の申立てに当たっては，請求の趣旨及び原因を表示するだけでなく，当事者間の争いの実情も表示する必要がある。

ウ　訴え提起前の和解が調わない場合において，和解の期日に出頭した当事者双方の申立てがあるときは，裁判所は，直ちに訴訟の弁論を命ずる。この場合，和解の申立てをした者は，その申立てをした時に訴えを提起したものとみなされるので，移行後の訴訟につき手形訴訟による審理及び裁判を求めたいときは，移行申立ての際にその旨の申述をしなければならない。

エ　申立人又は相手方が和解の期日に出頭しない場合には，和解が調わないものとみなされる。

オ　訴え提起前の和解については，和解条項案の書面による受諾の規定も，裁判所等が定める和解条項の規定も適用されない。

１　アエ　　２　アオ　　３　イウ　　４　イオ　　５　ウエ

第６問　民事保全の総則に関する次のアからオまでの記述のうち，**誤っているもの**の組合せは，後記１から５までのうち，どれか。

ア　民事保全の命令（以下「保全命令」という。）は，申立てにより，裁判所が，民事保全の執行（以下「保全執行」という。）は，申立て又は職権により，裁判所又は執行官が行うが，裁判所が行う保全執行に関しては民事保全法の規定により執行処分を行うべき裁判所をもって，執行官が行う保全執行の執行処分に関してはその執行官の所属する地方裁判所が保全執行裁判所となる。

イ　民事保全の手続に関する裁判は，口頭弁論を経ないですることができるが，口頭弁論を開いた場合も，裁判の形式は判決ではなく決定となる。

ウ　保全命令の申立てを却下する決定及びこれに対する即時抗告を却下する決定は，債権者には告知する必要があるが，債務者に対しては告知することを要しない。

エ　保全命令に関する手続における口頭弁論の調書については，裁判長の許可を得て，証人，鑑定人若しくは当事者本人の陳述又は検証の結果の記載を省略することができる。

オ　民事保全法の規定により担保を立てるには，担保を立てるべきことを命じた裁判所又は保全執行裁判所の所在地を管轄する地方裁判所の管轄区域内の供託所に金銭又は担保を立てるべきことを命じた裁判所が相当と認める有価証券を供託する方法その他最高裁判所規則で定める方法のほか，当事者が特別の契約をしたときは，その契約によることができる。

１　アイ　　２　アウ　　３　イエ　　４　ウオ　　５　エオ

第７問　強制執行に対する不服申立てに関する次のアからオまでの記述のうち，**正しいもの**の組合せは，後記１から５までのうち，どれか。

ア　民事執行の手続に関する裁判に対しては，特別の定めがある場合に限り，執行抗告をすることができ，この抗告は執行停止の効力を有する。

イ　仮執行の宣言を付した判決に基づく強制執行については，当該判決に表示された請求権の存在について異議があったとしても，債務者は，当該判決が確定する前には請求異議の訴えを提起することはできない。

ウ　売買代金の支払請求を認容した確定判決を債務名義として不動産に対し強制執行がされた場合，債務者は，当該売買契約を債権者の詐欺によるものとして取り消したことを理由として請求異議の訴えを提起することができる。

エ　執行文付与に対する異議の訴えも，請求異議の訴えも，異議の事由が数個あるときは，債務者は，同時にこれを主張しなければならない。

オ　執行文付与に対する異議の訴え又は請求異議の訴えの提起があった場合において，異議のため主張した事情が法律上理由があるとみえ，かつ，事実上の点について疎明があったときは，受訴裁判所は，申立てにより，終局判決において執行停止の裁判等をするまでの間，担保を立てさせ，若しくは立てさせないで強制執行の停止を命じ，又はこれとともに，担保を立てさせて強制執行の続行を命じ，若しくは担保を立てさせて既にした執行処分の取消しを命ずることができるが，第三者異議の訴えの提起があった場合はできない。

１　アイ　　２　アウ　　３　イエ　　４　ウオ　　５　エオ

第８問　司法書士の欠格事由に関する次のアからカまでの記述のうち，**正しいもの**は，幾つあるか。

ア　懲役刑の執行を猶予された者は，執行猶予期間中は司法書士となる資格を有しないが，猶予期間を経過した後は，他に欠格事由がない限り，司法書士となる資格を有する。

イ　司法書士試験に合格した者が未成年者，成年被後見人又は被保佐人である場合は，司法書士の登録を受け，業務を行うことはできない。

ウ　破産手続開始の決定を受けて３年を経過しない者は，司法書士となる資格を有しない。

エ　公務員であって分限免職の処分を受け，その処分の日から３年を経過しない者は，司法書士となる資格を有しない。

オ　司法書士が業務の禁止の処分を受けたとしても，処分後３年が経過した後は，再登録をすれば，業務を行うことができる。

カ　懲戒処分により，公認会計士の登録を抹消され，若しくは土地家屋調査士，弁理士，税理士若しくは行政書士の業務を禁止され，又は税理士であった者であって税理士業務の禁止の懲戒処分を受けるべきであったことについて決定を受け，これらの処分の日から３年を経過しない者は，司法書士となる資格を有しない。

１　１個　　２　２個　　３　３個　　４　４個　　５　５個

第９問　供託の申請手続に関する次のアからオまでの記述のうち，**誤っているもの**の組合せは，後記１から５までのうち，どれか。

ア　振替国債の供託書には，供託振替国債の銘柄，金額，利息の支払期及び元本の償還期限を記載しなければならない。

イ　供託者が振替国債を供託しようとするときは，その振替国債の銘柄，利息の支払期及び償還期限を確認するために必要な資料を提示しなければならない。

ウ　供託者が株券を供託しようとするときは，その還付を受けた者が直ちに権利を取得できるように裏書し，又は譲渡証書を添付しなければならない。

エ　登記された法人が供託しようとするときは，供託書に記載された代表者の資格につき登記官の確認を受けた供託書を提出することによって，代表者の資格を証する登記事項証明書の提示に代えることができる。

オ　継続的給付に係る金銭の供託をするために供託カードの交付を受けた者が，当該供託カードを提示して，当該継続的給付について供託をしようとするときは，供託書に記載する供託の原因たる事実については，当該供託カードの交付の申出をした際に供託書に記載した事項と同一でない事項のみを記載すれば足りる。

１　アウ　　２　アオ　　３　イウ　　４　イエ　　５　エオ

第10問　供託に関する書類の閲覧及び供託に関する事項の証明についての次のアからオまでの記述のうち，**誤っているもの**の組合せは，後記１から５までのうち，どれか。

ア　供託及び取戻しの権限の委任を受けた者は，供託に関する書類の閲覧を請求することができる。

イ　供託に関する書類の閲覧申請書には，閲覧申請者の市町村長又は登記所の作成した印鑑証明書は原則として添付する必要はあるが，供託につき利害関係を有することを証する書面を添付する必要はない。

ウ　供託に関する事項についての証明申請書には，証明を申請する事項を記載することを要するが，証明申請の目的を記載することは要しない。

エ　供託に関する事項についての証明申請書には，証明を請求する事項を記載した書面を，証明の請求数に応じて添付しなければならない。

オ　支配人その他登記のある代理人によって供託に関する事項についての証明を請求する場合は，代理人であることを証する登記事項証明書を提示すれば足りる。

１　アウ　　２　アオ　　３　イウ　　４　イエ　　５　エオ

第11問　民事保全法の保全命令に係る担保供託に関する次のアからオまでの記述のうち，**正しいもの**の組合せは，後記１から５までのうち，どれか。

ア　保全命令に係る担保供託は，手続上迅速性を要する場合が多いので，常に，債権者の住所地の供託所に供託することができる。

イ　保全命令に係る担保供託は，振替国債によってすることはできない。

ウ　保全命令に係る担保供託は，第三者が当事者に代わってすることはできない。

エ　保全命令に係る担保供託につき被供託者が還付請求をするときは，供託物払渡請求書に被担保債権の存在を証する書面を添付しなければならない。

オ　供託者が死亡し，その唯一の相続人が訴訟承継人である旨の記載がなされている担保取消決定正本を添付して，当該相続人が取戻請求をする場合でも，相続を証する書面の添付を省略することはできない。

１　アイ　　２　アウ　　３　イオ　　４　ウエ　　５　エオ

第12問　次の文章中の空欄に後記の語群から適切なものを選んで入れると，わが国の不動産登記制度に関する文章となる。後記の語群中，**空欄に入ることのない語句があるが，その入らない語句の個数**は，後記１から５までのうち，どれか。なお，空欄中には，同一の語句が入ることがある。

「わが国の不動産登記制度は，不動産の（　　　）と（　　　）を記録した一定の公簿を公開することで，（　　　）と円滑に資するための制度です。そして，不動産登記制度は，その成り立ちの違いから，（　　　）と権利に関する登記に分かれています。

まず，表示に関する登記は不動産の（　　　）を公示するものですから，（　　　）はないが，（　　　）は不動産の（　　　）を公示するものですから，（　　　）があるという違いがあります。

次に，その登記申請義務に違いがあり，（　　　）については（　　　）があり，（　　　）については，原則として，私的自治の原則から（　　　）はありません。

そして，登記官の（　　　）については，（　　　）については（　　　）が認められていますが，（　　　）については，登記官には（　　　）しか認められていません。

また，（　　　），（　　　）のいずれも，（　　　）あるいは（　　　）の方法によって登記を申請することができます。

さらに，（　　　）（　　　）（　　　）（　　　）（　　　）によって，（　　　）が消滅することがないことが（　　　）と（　　　）に共通しています。」

【語群】

権利に関する登記　　表示に関する登記　　登記識別情報　　形式的確定力
公信力　　書面申請　　電子申請　　対抗力　　代表者の交替　　委任による代理人の権限　　権利関係　　申請義務　　実質的審査権　　形式的審査権
審査権限　　物理的効果　　物理的現況　　公的制度　　後見人の代理権消滅
会社の合併による消滅　　親権者の変更　　不動産取引の安全　　本人の死亡

１　３個　　２　４個　　３　５個　　４　６個　　５　７個

第13問　不動産登記の効力に関する次のアからオまでの記述のうち，**正しいもの**は，幾つあるか。

ア　土地に関する売買契約の締結後，売買による所有権移転の登記の申請が受理され，登記識別情報が通知された場合には，何らかの事情で当該登記が実行されていないときでも，第三者に当該売買による所有権の移転を対抗することができる。

イ　甲及び乙の共有名義とされている不動産について，丙への持分放棄による甲持分全部移転の登記を申請することができる。

ウ　登記記録上，存続期間が満了している地上権については，登記官が，職権で抹消の登記をすることができる。

エ　共同根抵当権の設定は，共同根抵当権の設定登記の際に共同担保の旨の登記をしなければ，効力を生じない。

オ　条件付所有権移転の仮登記をした場合において，条件の成就により本登記をしたとき，当該所有権移転の登記は，本登記の実行の時から第三者に対抗することができる。

１　0個　　２　1個　　３　2個　　４　3個　　５　4個

第14問　次のアからオまでの登記のうち，**常に主登記で登記が実行されるもの**は，幾つあるか。

ア　順位変更の登記

イ　賃借権の先順位抵当権に優先する同意の登記

ウ　根抵当権の分割譲渡の登記

エ　敷地権である旨の登記

オ　工場財団に属した旨の登記

１　０個　　２　１個　　３　２個　　４　３個　　５　４個

第15問　甲登記所の管轄に属する乙土地の所有権の登記名義人であるAが死亡し，Aに配偶者B及び子Cがいる場合における，被相続人Aの法定相続情報一覧図に関する次のアからオまでの記述のうち，**誤っているもの**の組合せは，後記１から５までのうち，どれか。

ア　甲登記所の法定相続情報一覧図つづり込み帳に被相続人Aの一覧図がつづり込まれている場合において，乙土地について，AからB及びCへの相続を登記原因とする所有権の移転の登記を申請するときは，法定相続情報一覧図の写しを提供して，相続があったことを証する市町村長その他の公務員が職務上作成した情報の提供に代えることができる。

イ　Bは，相続があったことを証する公務員が職務上作成した情報として，被相続人Aの法定相続情報一覧図の写しを提供して，Aが通知を受けた乙土地の登記識別情報の失効の申出をすることはできない。

ウ　Bが相続の放棄をしたため，乙土地を単独で相続したCがAからCへの相続を原因とする所有権の移転の登記を申請する場合は，添付情報として，被相続人Aの法定相続情報一覧図の写しを提供することによって，Bの相続放棄に係る相続放棄申述受理証明書の提供を省略することができる。

エ　BがAの相続人から廃除されたため，Cが乙土地を単独で相続したとして，AからCへの相続を登記原因とする所有権の移転の登記を申請する場合は，法定相続情報一覧図には，廃除された推定相続人の氏名，生年月日及び被相続人との続柄の記載は要しないとされているが，添付情報として，相続人をCのみとする被相続人Aの法定相続情報一覧図の写しを提供することによって，Bが廃除された旨の記載がされていることを証する戸籍の全部事項証明書の提供を省略することができる。

オ　AからB及びCへの相続を登記原因とする所有権の移転の登記を申請する場合において，被相続人Aの法定相続情報一覧図の写しにB及びCの住所が記載されているときは，B及びCの住所を証する市町村長が職務上作成した情報の提供を省略することができる。

１　アエ　　２　アオ　　３　イウ　　４　イオ　　５　ウエ

第16問　胎児に関する登記に関する次のアからカまでの記述のうち，**正しいもの**は，幾つあるか。

ア　被相続人の妻とその胎児を共同相続人とする相続による所有権移転登記を申請する場合でも，登記原因証明情報の一部として，被相続人の妻が懐胎していることを証する書面を添付する必要はない。

イ　胎児の出生前に，母が胎児の法定代理人として遺産分割協議をしたとしても，当該遺産分割に基づく相続の登記を申請することはできない。

ウ　所有権の登記名義人Ａが死亡し，その相続人が妻Ｂと胎児Ｃのみである場合，Ｂは，自己の作成に係るＣに相続分がない旨の特別受益証明書を添付して，自己の単独名義とする所有権移転登記を申請することはできない。

エ　所有権の登記名義人Ａが，婚姻外の関係にあるＢの胎児を認知した後，その胎児の出生前にＡについて相続が開始した場合，相続による所有権移転の登記の申請書には「亡父Ａ母Ｂ胎児」と記載する。

オ　胎児とその母名義の相続登記後，胎児が死体で生まれた場合において，他に相続人がいないときは，当該相続登記について，錯誤を登記原因として，母を単独の登記名義人とする更正登記を申請することができるが，胎児のみを所有者とする相続の登記がされた後，胎児が死体で生まれたときは，錯誤を登記原因として相続の登記の抹消を申請する必要がある。

カ　相続を登記原因とし，胎児を登記名義人とする所有権の移転の登記をした場合において，その胎児が生きて生まれたときは，出生を登記原因としてその氏名の変更の登記を申請すれば足り，住所の変更の登記を申請する必要はない。

１　0個　　２　1個　　３　2個　　４　3個　　５　4個

第17問　判決による登記に関する次のアからオまでの記述のうち，**正しいもの**は，幾つあるか。

ア　売買を原因として所有権移転の登記手続を命ずる判決において，売買日付が主文にも理由中にも表示されていない場合は，登記原因及びその日付を「年月日不詳売買」として登記の申請をすることはできない。

イ　登記手続を命ずる判決がなされたとしても，その判決の主文，事実又は理由中に権利の変動原因が何ら明示されていないときは，当該判決によって登記の申請をすることはできない。

ウ　ＡからＢ，ＢからＣへといずれも売買による所有権移転があった場合に，Ａから直接Ｃへの所有権移転の登記手続を命ずる判決があったときは，それにより直接ＡからＣへの所有権移転の登記の申請をすることができるが，申請情報としてＡＢ間及びＢＣ間の登記原因及びその日付を提供しなければならない。

エ　判決に基づく所有権移転の登記の申請をする場合には，登記義務者の登記識別情報，印鑑証明書，登記権利者の住所証明情報の提供を要しない。

オ　登記名義人甲から不動産を取得した乙が，甲の相続人Ａに対する甲から乙への所有権移転の登記手続を命ずる確定判決を提供して登記の申請をする場合には，相続を証する情報を提供する必要がある。

１　0個　　２　1個　　３　2個　　４　3個　　５　4個

第18問　次の対話は，Ａが相続人なくして死亡した場合におけるＡを登記名義人とする不動産についてする登記に関する教授と学生との対話である。教授の質問に対する次のアからオまでの学生の解答のうち，**誤っているもの**の組合せは，後記１から５までのうち，どれか。

教授：　当該不動産について亡Ａ相続財産の名義とする登記名義人の氏名の変更の登記を申請する場合に，Ａが死亡する以前にその住所を移転していたことから，登記記録上の住所と死亡時の住所が異なるときは，当該相続財産法人名義とする氏名の変更の登記と併せて，一の申請情報により，住所の移転による登記名義人の住所の変更の登記を申請することができますか。

学生：ア　この場合は，一の申請情報により申請することができますが，被相続人が死亡してから相続人不存在による登記名義人の氏名の変更の登記の申請をするまでの間に町名又は地番の変更や住居表示が実施された場合には一の申請情報により申請することはできません。

教授：　当該不動産について相続財産の清算人が亡Ａ相続財産の名義とする登記名義人の氏名の変更の登記を申請するときは，相続財産の清算人の権限を証する情報としていかなる情報を提供する必要がありますか。

学生：イ　相続財産の清算人の権限を証する情報としては，家庭裁判所の相続財産の清算人の選任審判書謄本のほか，家庭裁判所による相続財産の清算人の選任の公告がされた官報をもってこれに代えることもできるとされています。

教授：　当該不動産について債権者が競売の申立てをするにあたり，Ａが死亡していたことから，執行裁判所において特別代理人が選任された場合には，当該不動産について差押えの登記をする前提として，相続財産法人名義とする登記名義人の氏名の変更の登記を，当該特別代理人が申請することができますか。

学生：ウ　本件の特別代理人は，急を要する場合において競売の申立てをするために選任されたものであり，相続財産法人をその限りにおいて代理する者にすぎないのであって，相続財産の管理・清算権限を有しない以上，相続財産法人名義とする登記名義人の氏名の変更の登記を申請することはできないものと考えます。

教授：　では，相続人が不分明の不動産について，相続財産の清算人の選任手続を経ることなく，当該不動産の被相続人の債権者が，競売申立受理証明を代位原因を証する情報として提供して，当該不動産の登記名義人の氏名を相続財産法人名義に変更する代位の登記を申請することはできますか。

学生：エ　はい。代位により登記を申請することはできます。

教授：　当該不動産がＡ及びＢの共有の名義である場合に，当該Ａの持分について特別縁故者への相続財産の分与処分のないことが確定した場合は，いかなる登記を申請しますか。

学生：オ　「特別縁故者不存在確定」を登記原因として，Ｂへの持分の移転の登記を申請します。この場合の登記原因日付は，民法第958条の２第２項の期間内に特別縁故者からの相続財産の分与の申立てがされなかったときは申立期間の満了日の翌日，申立期間内に申立てがされたがその申立てが却下されたときはその却下の審判が確定した日の翌日とするとされています。

（参考）

民法

（持分の放棄及び共有者の死亡）

第255条

共有者の一人が，その持分を放棄したとき，又は死亡して相続人がないときは，その持分は，他の共有者に帰属する。

（特別縁故者に対する相続財産の分与）

第958条の２　前条の場合において，相当と認めるときは，家庭裁判所は，被相続人と生計を同じくしていた者，被相続人の療養看護に努めた者その他被相続人と特別の縁故があった者の請求によって，これらの者に，清算後残存すべき相続財産の全部又は一部を与えることができる。

２　前項の請求は，第952条第２項の期間の満了後３箇月以内にしなければならない。

1　アイ　　2　アオ　　3　イウ　　4　ウエ　　5　エオ

第19問　敷地権の登記をした区分建物及び敷地権の目的である土地の登記に関する次のアからオまでの記述のうち，**誤っているもの**の組合せは，後記１から５までのうち，どれか。

ア　地上権が敷地権である場合には，敷地権の目的である土地についてのみの所有権移転の登記の申請は，その登記原因が，当該地上権が敷地権となった後に生じた場合でも，することができる。

イ　規約により建物の敷地とされた土地について敷地権である旨の登記がされた後に，専有部分を目的として設定されている抵当権の追加担保として，その敷地権について抵当権設定の登記をすることはできない。

ウ　土地が敷地権の目的となる前に設定の登記がされていた当該土地のみを目的とする根抵当権についての極度額の増額変更の登記の申請は，その登記原因が，当該土地が敷地権の目的となった後に生じたものである場合でも，することができる。

エ　土地の所有権について敷地権である旨の登記がされた後に，その所有権の帰属について争いが生じた場合には，その土地についてのみ処分禁止の仮処分の登記をすることができる。

オ　土地の所有権について敷地権である旨の登記がされた後であっても，当該土地のみを時効取得することはできるが，その土地について所有権移転の登記を申請するには，敷地権が敷地権でなくなったことによる区分建物の表示の変更の登記を申請して，敷地権の表示の登記及び敷地権である旨の登記が抹消された後に，申請する必要がある。

１　アイ　　２　アエ　　３　イウ　　４　ウオ　　５　エオ

第20問　譲渡担保の登記に関する次のアからオまでの記述のうち，**誤っているもの**の組合せは，後記１から５までのうち，どれか。

ア　譲渡担保による所有権移転の登記の登記事項として，被担保債権の発生原因及びその内容を登記することができる。

イ　譲渡担保による所有権移転の登記の登記事項の一部として「債権全額及び利息の合計額を弁済すれば，直ちに債務者に対し所有権移転の登記を行う」旨の特約事項を登記することはできないが，この特約を買戻しの特約の登記として同時に申請することはできる。

ウ　譲渡担保を登記原因とする所有権移転の仮登記は申請することができるが，所有権移転請求権の仮登記を申請することはできない。

エ　譲渡担保を登記原因とする所有権移転登記を了した債権者（譲渡担保権者）が，被担保債権を売り渡すとともに譲渡担保権をも売り渡した場合の所有権移転登記の登記原因は，「譲渡担保の売買」である。

オ　譲渡担保を登記原因とする所有権移転登記がなされている場合に，譲渡担保契約が解除されたため担保不動産を返還する場合は，「譲渡担保契約解除」を登記原因として，所有権移転登記をすることもできる。

１　アイ　　２　アウ　　３　イエ　　４　ウオ　　５　エオ

第21問　所有権の更正の登記に関する次のアからオまでの記述のうち，**誤っているもの**の組合せは，後記１から５までのうち，どれか。

ア　所有権の登記名義人をＡからＡ及びＢとする更正の登記がなされた後，Ａ及びＢからＢとする更正の登記を申請することはできないが，所有権の登記名義人をＡからＡ及びＢとする更正の登記がされた後，再度，Ａ及びＢからＡとする更正の登記を申請することはできる。

イ　遺贈によるＡからＢへの所有権移転の登記を，相続によるＡからＢへの所有権一部移転の登記に更正する登記の申請は，することができる。

ウ　Ａ単有名義の不動産に，Ｃ名義の地上権の登記がなされている場合，Ａ名義の登記をＡＢ共有名義に更正するときは，Ｃの承諾を証する情報又はＣに対抗することができる裁判があったことを証する情報を提供しなければならない。

エ　Ｂの債権者がＸのみであり，Ｘが債権者代位によって，Ａ名義の不動産についてＡからＢＣへ相続を原因とする所有権移転登記を申請した場合に，ＢＣ共有名義の登記をＢ単有の登記に更正するときでも，Ｘの承諾を証する情報又はＸに対抗することができる裁判があったことを証する情報を提供することを要する。

オ　ＡからＢに対する売買を登記原因とする所有権の移転の登記がされた後，登記名義人をＢ及びＣ，各持分を２分の１とする所有権の更正の登記を申請した場合において，当該所有権の更正の登記が完了したときは，登記識別情報は，ＢにもＣにも通知される。

１　アイ　　２　アウ　　３　イオ　　４　ウエ　　５　エオ

第22問　賃借権の先順位抵当権に優先する同意の登記に関する次のアからオまでの記述のうち，**誤っているもの**の組合せは，後記１から５までのうち，どれか。

ア　先順位で登記された根抵当権の仮登記に，後順位で登記された賃借権の登記が優先する同意の登記の申請をすることもできるし，当該賃借権が仮登記されたものである場合にも，申請することができる。

イ　賃借権の先順位抵当権に優先する同意の登記は，当該賃借権の登記名義人を登記権利者，賃借権の登記名義人に優先する全ての抵当権の登記名義人を登記義務者とする共同申請により行う。

ウ　賃借権の先順位抵当権に優先する同意の登記の申請をする場合には，登記の目的は「何番賃借権の何番抵当権，何番抵当権，何番根抵当権に優先する同意」とし，登記原因は「令和〇〇年〇月〇日合意」とする。

エ　賃借権の先順位抵当権に優先する同意の登記の登録免許税は，先順位抵当権の件数１件につき1,000円である。

オ　賃借権の先順位抵当権に優先する同意の登記がされた後，その賃借権の賃料を増額する変更の登記を申請する場合は，同意を与えた総先順位抵当権者の承諾を証する情報を提供しなくても，当該登記は付記によってなされる。

１　アイ　　２　アオ　　３　イウ　　４　ウエ　　５　エオ

第23問　先取特権の保存の登記に関し，次のＡ欄には先取特権の種類を，Ｂ欄には添付情報を，Ｃ欄には登記の申請情報の内容の一部を，それぞれ掲げたものである。後記アからオまでのうち，**先取特権の種類と各登記の添付情報及び申請情報の内容の組合せが正しいもの**は，幾つあるか。

Ａ欄　イ　宅地造成による不動産工事の先取特権
　　　ロ　建物新築による不動産工事の先取特権
　　　ハ　不動産売買の先取特権
　　　ニ　一般の先取特権

Ｂ欄　甲　登記義務者の印鑑証明書
　　　乙　登記義務者の登記識別情報

Ｃ欄　Ⅰ　不動産の表示
　　　Ⅱ　設計書に定めた不動産の表示
　　　Ⅲ　利息

	Ａ欄	Ｂ欄	Ｃ欄
ア	イ	甲	Ⅱ
イ	ロ	乙	Ⅱ
ウ	ハ	甲	Ⅲ
エ	ニ	甲	Ⅲ
オ	イ	乙	Ⅰ

１　０個　　２　１個　　３　２個　　４　３個　　５　４個

第24問　抵当権の移転の登記に関する次のアからオまでの記述のうち，**誤っているもの**の組合せは，後記1から5までのうち，どれか。

ア　抵当権付債権の転付命令が確定したときは，抵当権を取得した債権者は，「年月日債権転付命令」を登記原因として，単独で抵当権移転の登記を申請することができる。

イ　A名義の抵当権についてBのための移転の付記登記がある場合において，真正な登記名義の回復を登記原因とする，BからAへの抵当権移転の登記は申請することができるが，Aを抵当権者とする抵当権設定の登記がなされている場合に，真正な登記名義の回復を登記原因として，AからBへの抵当権移転の登記を申請することはできない。

ウ　抵当権者Xが連帯債務者A，B，C及びDに対して有している債権のうち，Dに対する債権のみをYに譲渡した場合は，「年月日債権譲渡（連帯債務者Dに係る債権）」を登記原因とする抵当権一部移転の登記を申請することができる。

エ　代位弁済を原因とする抵当権の一部移転の登記により登記名義人となった準共有者が，さらに登記記録上の残債権の全部を代位弁済した場合は，登記記録上の残債権額を代位弁済額として，当該抵当権移転登記の申請情報とする必要がある。

オ　AからBへの抵当権移転の登記をAからB及びCへの抵当権移転の登記に更正する登記を申請する場合は，後順位の抵当権者の承諾を証する情報を提供する必要はない。

1　アエ　　2　アオ　　3　イウ　　4　イエ　　5　ウオ

第25問　根抵当権の譲渡の登記に関する次のアからオまでの記述のうち，**誤っているもの**の組合せは，後記１から５までのうち，どれか。

ア　根抵当権の分割譲渡の場合，分割前の根抵当権について民法第370条ただし書の別段の定めが登記されているときでも，その定めを申請情報に記載することはできない。

イ　Ａを根抵当権者とする確定前の根抵当権（極度額金１億円）をＢ，Ｃ，Ｄの３名に１つの契約で同時に一部譲渡した場合，その登記の登録免許税は金15万円である。

ウ　譲受人を複数とする共有根抵当権の共有者の権利の譲渡の登記の申請をすることはできない。

エ　根抵当権の全部譲渡とともに，既発生の債権の譲渡があったときは，その債権は当該根抵当権によって当然に担保される。

オ　根抵当権者をＡ，極度額を1,000万円とする順位１番の根抵当権の元本が確定した後，Ａは，被担保債権のうち，Ｂに300万円，Ｃに900万円，Ｄに1,200万円の債権をそれぞれ一部譲渡した場合において，Ｂ・Ｃ・Ｄの順又はＤ・Ｃ・Ｂの順で根抵当権一部移転の登記を申請するときの登録免許税は，いずれの場合も，Ｂの登記については300万円，Ｃについては900万円，Ｄについては1,000万円をそれぞれ課税標準とし，これに1,000分の２の税率を乗じた額である。

１　アウ　　２　アエ　　３　イエ　　４　イオ　　５　ウオ

第26問　信託の登記に関する次のアからオまでの記述のうち，**誤っているもの**の組合せは，後記１から５までのうち，どれか。

ア　信託の登記の申請は，当該信託に係る権利の保存，設定，移転又は変更の登記の申請と同時に，一の申請情報によってしなければならないが，信託の登記は，受託者が単独で申請することができる。

イ　甲土地についてＡを受益者，Ｂを信託管理人とする所有権の移転の登記及び信託の登記を申請する場合において，Ｂの氏名又は名称及び住所を登記したときでも，Ａの氏名又は名称及び住所も登記する必要がある。

ウ　裁判所書記官は，受託者の解任の裁判があったとき，信託管理人若しくは受益者代理人の選任若しくは解任の裁判があったときは，職権で，遅滞なく，信託の変更の登記を登記所に嘱託しなければならない。

エ　信託の併合により，不動産に関する権利が一の信託の信託財産に属する財産から他の信託の信託財産に属する財産となった場合における当該権利に係る当該一の信託についての信託の登記の抹消及び当該他の信託についての信託の登記の申請は，信託の併合による権利の変更の登記の申請と同時，一の申請情報によってしなければならない。

オ　信託財産が不動産所有権の場合において，複数受託者の一部の者が死亡により任務が終了したことで，受託者が他の残存受託者のみになったときは，受託者のためにされた所有権移転登記の登記名義人氏名変更の登記を申請しなければならない。

１　アウ　　２　アエ　　３　イウ　　４　イオ　　５　エオ

第27問　所有権に関する仮登記に基づき本登記を申請する場合における登記上の利害関係を有する第三者に関する次のアからオまでの記述のうち，**正しいもの**の組合せは，後記１から５までのうち，どれか。

ア　所有権に関する仮登記がされた後に，その不動産の所有者から当該不動産を譲り受けたとしても，所有権の移転の登記をしていない者は，当該第三者に当たらない。

イ　所有権に関する仮登記がされた後に，仮差押えの登記がされたときは，当該仮差押えの登記の登記名義人は，当該第三者に当たらない。

ウ　所有権に関する仮登記がされた後に，仮登記がされる前から存在する抵当権の登記について変更の登記がされたとしても，当該抵当権の登記の登記名義人は，当該第三者に当たることはない。

エ　所有権に関する仮登記がされた後に，相続による所有権の移転の登記がされたときは，当該所有権の移転の登記の登記名義人である相続人は，当該第三者に当たらない。

オ　所有権の移転の仮登記を対象とする処分禁止の仮処分の登記がされている場合において，当該仮登記に基づく所有権の移転の本登記の申請をするときは，当該仮処分の債権者は，当該第三者に当たる。

１　アイ　　２　アエ　　３　イウ　　４　ウオ　　５　エオ

第28問　嘱託による登記に関する次のアからオまでの記述のうち，**正しいもの**の組合せは，後記1から5までのうち，どれか。

ア　清算人の解任の裁判があったときは，裁判所書記官は，職権で，遅滞なく，当該清算株式会社の本店の所在地を管轄する登記所にその登記を嘱託しなければならない。

イ　会社の組織変更の無効の訴えに係る請求を認容する判決が確定した場合には，裁判所書記官は，職権で，遅滞なく，会社の本店の所在地を管轄する登記所に，組織変更後の会社についての解散の登記及び組織変更をする会社についての設立の登記を嘱託しなければならない。

ウ　他の登記所の管轄区域内への本店移転の決議につき不存在，無効又は取消しの判決が確定した場合は，裁判所書記官は，同時申請等の本店移転の登記申請と同様の手続により登記の嘱託をしなければならない。

エ　役員選任の株主総会決議の無効確認の判決が確定し，その登記が嘱託された場合は，当該役員の登記が登記記録上既に抹消されて現に効力を有しないときでも，当該登記の嘱託は却下されない。

オ　株主総会の決議が存在しないことの確認の訴えを認容する判決が確定した場合に，裁判所書記官から，その登記の嘱託がなされた場合には，登記官は，当該株主総会で決議した事項に関する登記を抹消するとともに，当該登記によって，かつて抹消された登記事項があるときは，その登記を回復しなければならない。

1　アエ　　2　アオ　　3　イウ　　4　イオ　　5　ウエ

第29問　株主全員の同意書等に関する次のアからオまでの記述のうち，**正しいもの**の組合せは，後記１から５までのうち，どれか。

ア　種類株式発行会社でない会社が，その発行する全部の株式の内容として，会社が一定の事由が生じたことを条件として当該株式を取得できる旨の定款の定めを変更した場合は，定款の定めを設ける場合とは異なり，当該変更登記を申請する場合に株主全員の同意書を添付する必要はない。

イ　種類株式発行会社が，ある種類株式の内容として会社法第322条第１項の種類株主総会の決議を要しない旨を，当該種類の株式発行後に，定款で定め，その登記を申請する場合は，当該種類の株主全員の同意書を添付しなければならない。

ウ　募集株式の引受けの申込みの前後を問わず，払込期日を延期した場合は，株式引受人全員の同意書を添付しなければ，募集株式の発行の登記の申請は受理されない。

エ　新株予約権の行使期間を延長する旨の登記を申請する場合は，新株予約権者全員の同意書を添付しなくても，当該登記の申請は受理される。

オ　種類株式発行会社が株主割当てによる募集株式の発行の登記を申請する場合において，募集株式の発行決議の日と申込期日との間に２週間の期間が存しないときは，株主全員の同意書を添付しなければ，当該登記の申請は受理されない。

１　アウ　　２　アエ　　３　イエ　　４　イオ　　５　ウオ

第30問　次の対話は，個人商人の商号の登記に関する教授と学生との対話である。教授の質問に対する次のアからオまでの学生の解答のうち，**正しいもの**は，幾つあるか。

教授：　個人商人の商号の登記について質問します。個人商人の商号の登記の登記すべき事項は何ですか。

学生：ア　個人商人の商号の登記の登記すべき事項は，商号，営業の種類，営業所の３つです。

教授：　商業登記法上，商号の登記が制限を受けるのは，どのような場合ですか。

学生：イ　商業登記法上，商号の登記が制限を受けるのは，商号が他人の既に登記した商号と同一であり，かつ，その営業所の所在場所が当該他人の商号の登記に係る営業所（会社にあっては，本店）の所在場所と同一であるときです。

教授：　個人商人は，同一の営業についても，複数の商号を使用することができますか。

学生：ウ　いいえ，個人商人は，営業の種類が異なれば，営業の種類ごとに異なる商号を使用することはできますが，個人商人といえども，同一の営業については，複数の商号を使用することはできません。

教授：　登記所に商号の登記の申請がなされた場合，その登記所の登記官は，営業の種類の適格性について審査することになりますが，同一の営業について数か所の登記所において商号の登記をしている個人商人から，さらに他の登記所に同一の商号の登記の申請がなされた場合も，その登記所の登記官は，営業の種類の適格性について審査しなければなりませんか。

学生：エ　いいえ，この場合は，営業の種類の適格性について審査する必要はありません。

教授：　個人商人が商号を譲渡した場合，商号の譲渡による変更の登記の申請人は誰ですか。

学生：オ　商号の譲渡による変更の登記は，譲渡人のみならず，譲受人からも，申請することができます。ただし，譲受人が申請する場合には，譲渡人の承諾書が添付書面となります。

１　１個　　２　２個　　３　３個　　４　４個　　５　５個

第31問　株式会社の設立の登記に関する次のアからオまでの記述のうち，**誤っているもの**の組合せは，後記１から５までのうち，どれか。

ア　発起設立の場合において，設立時取締役及び設立時監査役を定款で定めたときは，設立時取締役及び設立時監査役の選任に関する書面として，定款を添付することができる。

イ　発起設立の場合，定款で設立時取締役を選任していないときは，設立時取締役の選任につき発起人の全員の同意があったことを証する書面を添付しなければならない。

ウ　設立しようとする株式会社が指名委員会等設置会社及び監査等委員会設置会社でない取締役会設置会社である場合において，設立時取締役４名のうちから設立時代表取締役を選定するときは，３名の設立時取締役が出席しその過半数の２名が設立時代表取締役の選定に賛成した旨の記載のある書面を設立時代表取締役の選定を証する書面として添付することはできない。

エ　設立の登記の申請書に添付された発起人の一致を証する書面に，本店の所在場所を決定した旨の記載がないときでも，創立総会議事録に本店の所在場所まで特定して決定した旨の記載がされていれば，その設立の登記の申請はすることができる。

オ　現物出資の目的財産について定款に記載された価額の総額が資本金の額の５分の１を超えない場合には，検査役の調査報告を記載した書面及びその附属書類を添付することを要しない。

１　アウ　　２　アエ　　３　イエ　　４　イオ　　５　ウオ

第32問　発行可能株式総数の変更の登記に関する次のアからオまでの記述のうち，**誤っているもの**は，幾つあるか。

ア　現に１種類のみの株式を発行している株式会社が，株式の分割の効力発生日における発行可能株式総数をその日の前日の発行可能株式総数に株式の分割により増加する株式の総数の株式の分割前の発行済株式の総数に対する割合を乗じて得た数の範囲内で増加する変更の登記を申請する場合には，当該登記の申請書には，株主総会議事録を添付する必要はない。

イ　会社法上の公開会社でない株式会社が株式の譲渡制限に関する定めを廃止したことによって公開会社となる場合には，当該定款変更後の発行可能株式総数が定款変更の効力発生日における発行済株式の総数の４倍を超えるときでも，当該定めの廃止による変更の登記を申請することができる。

ウ　株式の併合をした株式会社は，発行可能株式総数に係る定款の変更をしたものとみなされたことによって発行可能株式総数に変更が生じた場合には，株式の併合による変更の登記と併せて，発行可能株式総数の変更の登記を申請しなければならない。

エ　株式の併合をした株式会社が公開会社である場合における発行可能株式総数の変更の登記については，発行可能株式総数の変更の登記をした後の発行可能株式総数が株式の併合による変更の登記をした後の発行済株式の総数の４倍以下となるものでなければならない。

オ　自己株式の消却をした株式会社は，公開会社であるとしても，発行済株式の総数の変更の登記と併せて，発行可能株式総数の変更の登記を申請する必要はない。

１　０個　　２　１個　　３　２個　　４　３個　　５　４個

第33問　監査役会設置会社の登記に関する次のアからオまでの記述のうち，**正しいもの**の組合せは，後記１から５までのうち，どれか。なお，代理人により登記を申請する場合の委任状については，いずれも添付されているものとする。

ア　監査役会設置会社において監査役を選任した場合，監査役の就任による変更の登記の申請書には，株主総会議事録，監査役が就任を承諾したことを証する書面及び本人確認証明書並びに取締役が監査役の選任に関する議案を株主総会に提出することにつき監査役会が同意したことを証する監査役会議事録を添付しなければならない。

イ　監査役４名の監査役会設置会社が，監査役４名中３名が出席した監査役会の決議において，２名の賛成により，会計監査人が欠けたため，一時会計監査人の職務を行うべき者を選任した旨の記載のある監査役会議事録を添付してなされた登記の申請は，受理される。

ウ　公開会社である大会社において，監査役がＡ，Ｂ，Ｃ，Ｄの４名，社外監査役としてＡ，Ｂの２名が登記されている場合において，監査役Ａの辞任届のみを添付してなされた監査役の変更の登記の申請は，監査役の員数につき定款に別段の定めがない場合には受理される。

エ　公開会社である大会社において，監査役がＡ，Ｂ，Ｃ，Ｄの４名，社外監査役としてＡ，Ｂの２名が登記されており，Ｃが監査役の互選で常勤監査役とされている場合において，監査役Ｃの辞任届のみを添付してなされた監査役の変更の登記の申請は，監査役の員数につき定款に別段の定めがない場合には受理される。

オ　監査役会設置会社が，監査役会を設置する旨の定款の定めを廃止したときは，監査役が負う責任の制限に関する定款の定めが登記されている場合でも，社外監査役の登記の抹消の登記も申請する必要がある。

１　アイ　　２　アウ　　３　イエ　　４　ウオ　　５　エオ

第34問　持分会社の種類の変更の登記に関する次のアからオまでの記述のうち，**正しいもの**の組合せは，後記１から５までのうち，どれか。

ア　合資会社が総社員の同意によりその社員の全部を有限責任社員とする定款の変更をすることにより合同会社に種類の変更をする場合においては，当該種類の変更後の合同会社についてする登記の申請書には，当該種類の変更後の合同会社の定款を添付しなければならない。

イ　合名会社がその社員の全部を有限責任社員とする定款の変更をすることにより合同会社に種類の変更をする場合において，当該合名会社の社員が当該合名会社においてあらかじめ定めた当該定款の変更の効力発生日までに当該種類の変更後の合同会社に対する金銭の出資に係る払込みを完了していないときは，当該合同会社についてする登記の申請書には，当該効力発生日の変更についての総社員の同意書を添付しなければならない。

ウ　合資会社の唯一の無限責任社員の退社により当該合資会社が合同会社に種類の変更をする場合における当該種類の変更後の合同会社についてする登記の申請書にも，当該合資会社の社員が当該合同会社に対する出資に係る払込み及び給付の全部を履行したことを証する書面を添付する必要がある。

エ　合名会社がその社員の全部を有限責任社員とする定款の変更をすることにより合同会社となった場合において，合同会社についてする設立の登記の申請書には，債権者に対して異議を述べることができる旨を官報に公告し，かつ，知れている債権者には各別に催告をしたことを証する書面を添付しなければならない。

オ　合名会社が資本金の額を1,000万円とする合同会社に種類を変更した場合の設立の登記の登録免許税は，金３万円である。

１　アエ　　２　アオ　　３　イウ　　４　イエ　　５　ウオ

第35問　一般社団法人及び一般財団法人の登記に関する次のアからオまでの記述のうち，**正しいもの**の組合せは，後記１から５までのうち，どれか。

ア　一般社団法人の設立において，定款に主たる事務所の所在場所の定めがない場合，設立登記の申請書には，設立時理事の過半数により主たる事務所の所在場所を決定したことを証する書面を添付しなければならない。

イ　一般社団法人も一般財団法人も，定款で理事会及び監事を置く旨を定めている場合には，その定めを登記する必要がある。

ウ　一般財団法人を設立するに際して，定款に設立者の拠出財産として，1,000万円の土地が記載されている場合は，一般財団法人の設立登記の申請書には，当該土地を給付したことを証する書面を添付する必要はあるが，検査役の調査報告書を添付する必要はない。

エ　一般社団法人と一般財団法人とが新設合併をする場合には，合併をする一般社団法人が合併契約の締結の日までに基金の全額を返還していない場合でも，合併により設立する法人を一般財団法人とする設立の登記の申請をすることができる。

オ　解散後も監事を置く旨の定款の定めのない，大規模一般財団法人ではない一般財団法人が定款で定めた存続期間の満了により解散したときは，既存の監事について任期満了による退任の登記を申請しなければならない。

１　アエ　　２　アウ　　３　イエ　　４　イオ　　５　ウオ

第36問　司法書士法務太郎が，登記記録に別紙１のような登記事項の記録（登記事項一部省略）がなされている土地（以下「甲土地」という。）について，関係当事者全員から，後記の事実関係を聴取し，これらの事実関係及び別紙２により生ずる権利変動に基づく登記の申請手続に必要な全ての書類を受領するとともに，これらの登記の申請手続及び登記識別情報の受領について代理することの依頼を受けた。

また，司法書士法務太郎は，別紙３のような登記事項の記録（登記事項一部省略）がなされている土地（以下，「乙土地」という。）について，関係当事者全員から，別紙４の書類に基づいて必要となる登記の申請手続について代理することの依頼を受けた。

以上に基づき，下記の問１から問３に答えなさい。

問１　司法書士法務太郎が甲土地について令和６年７月９日申請した各登記のうち，１番目，２番目，３番目及び最後に申請した登記の申請書に記載すべき申請情報の内容のうち，登記の目的，登記記録の「権利者その他の事項欄」に記録される事項に関する申請情報及び当該記録される事項に含まれない申請人に関する申請情報（以下「申請事項等」という。），添付情報，課税価格並びに登録免許税額を，第36問答案用紙（以下「別紙答案用紙」という。）の第１欄に記載しなさい。

なお，３件の登記申請ですむ場合は，最後に申請する登記の申請書の登記の目的欄に「登記不要」と記載しなさい。

問２　司法書士法務太郎が乙土地について令和６年７月９日に申請した登記の申請書に記載すべき申請情報の内容のうち，登記の目的，申請事項等，添付情報並びに登録免許税額を，別紙答案用紙の第２欄に記載しなさい。

なお，２件以上申請する必要がある場合でも，最初に申請した登記の申請書に記載すべき申請情報のみを記載すれば足りる。

問３　下記の設問の解答を別紙答案用紙の第３欄に記載しなさい。なお，各設問は，本問の事例とは関係していないし，各設問に相互の関連はないものとする。

⑴　根抵当権者Ａ社がＢ社に吸収合併された後に根抵当権設定者に破産手続開始決定がされ，既にその旨の登記が経由されている場合において，Ａ社からＢ社への合併を登記原因とする根抵当権の移転登記が申請された場合，登記実務上，根抵当権の譲渡又は一部譲渡を登記原因とする根抵当権の移転登記の申請については，元本の確定の登記又はその確定を推認させる登記が既にされているときには，当該移転登記の登記原因の日付が元本の確定又はその確定を推認させる登記の登記原因の日付より前であっても，これを受理することはできないこととされていることから，本件根抵当権の移転登記の申請も，受理することはできないと解すべきか。

⑵　甲会社を根抵当権者とする根抵当権の元本確定の登記後，一部代位弁済による乙信用保証協会への根抵当権一部移転の登記が経由されている不動産について，申請書に譲渡債権額を記載して，甲会社の合併を登記原因とする丙会社への根抵当権者甲持分全部移転の登記を申請する場合の登録免許税は，どのように取り扱われるか。

⑶　同一の根抵当権の債務者として登記されているA，B，C及びDの４社のうちA社が債務者でないE社に吸収合併された場合における根抵当権の変更登記の登記原因及び変更後の債務者の表示は，登記記録にどのように記録されるか。

⑷　根抵当権者Aの根抵当権に対し，B会社が転根抵当権の設定を受けた。その後，B会社がC会社に吸収合併された場合において，合併後の日付によるC会社の承諾証明情報を提供したAと根抵当権設定者による根抵当権抹消の登記の申請は，受理されるか。それとも前提としてB会社からC会社への転根抵当権移転の登記を申請する必要があるか。

⑸　元本確定前の根抵当権の「債務者たる会社」を「設定者（物上保証人）たる会社」が吸収合併した場合，設定者（物上保証人）たる会社は，民法第398条の９第３項本文の規定により，上記根抵当権の担保すべき元本の確定を請求することができるか。

⑹　設立の日の１週間前に株式会社の設立に際して発起人が現物出資として不動産の給付をした場合における現物出資による所有権の移転の登記の登記原因の日付は，会社の設立の登記がなされた日でよいか。

⑺　持分会社の設立時に社員が不動産を出資の目的とした場合の所有権の移転の登記の登記原因及び登記原因日付は，どのようにしたらよいか。

（事実関係）

1　効力発生日を令和５年５月１日として，株式会社青山興産（本店　東京都港区青山一丁目１番１号）が，株式会社赤坂商事（本店　東京都港区赤坂三丁目３番３号）を吸収合併した旨の登記が令和５年５月９日になされた。

2　効力発生日を令和６年５月１日として，株式会社銀座物産（本店　東京都中央区銀座九丁目８番７号）が，株式会社青山興産（本店　東京都港区青山一丁目１番１号）を吸収合併した旨の登記が令和６年５月８日になされた。

3　効力発生日を令和６年５月25日として，株式会社田園興業（本店　東京都千代田区三宅坂一丁目１番２号）が，株式会社成城企画（本店　東京都世田谷区成城一丁目５番６号）を吸収合併した旨の登記が，令和６年５月30日になされた。

4　効力発生日を令和６年６月１日として，株式会社銀座物産（本店　東京都中央区銀座九丁目８番７号）が合同会社銀座物産（本店　東京都中央区銀座九丁目８番７号）に組織変更し解散した旨の登記が令和６年６月６日なされた。

5　令和６年６月10日，合同会社銀座物産につき，本店を「東京都中央区銀座五丁目４番３号」に移転した旨の登記が，令和６年６月12日になされた。

6　別紙２の元本確定請求通知書が，令和６年６月20日に株式会社法経銀行に配達証明付書留郵便にて到達した。

（事実関係に関する補足）

1　本問の関係当事者間には，事実関係及び別紙に記載されている権利義務以外には，実体上の権利義務関係は，存在しない。

2　旧債務者秋山紅葉と新債務者春秋観光株式会社の代表取締役秋山紅葉とは，同一人物である。

3　別紙４の法律行為が有効となるために春秋観光株式会社（取締役会設置会社）の承認決議が必要な場合には，当該決議は令和６年７月３日に有効になされているものとする。

4　登記上の利害関係を有する第三者の承諾を要する場合には，申請日までに，当該第三者の承諾を得ている。

5　司法書士法務太郎は，事実関係の発生の順序及び登記を申請すべき順序に従い申請した。なお，これで決定できない場合は甲区にかかる登記，同区の登記については順位番号の早い登記にかかるものを先に申請したものとする。

6　司法書士法務太郎は，申請件数及び登録免許税の額が最も少なくなるように登記を申請した。

7　司法書士法務太郎は，単独申請が可能な登記については，単独申請で申請したものとする。

8　司法書士法務太郎は，登記の申請は，令和６年７月９日に，管轄登記所に書面を提出する方法（ただし，磁気ディスクを提出する方法を除く。）により行った。

9　令和６年１月１日現在の甲土地の課税価格は，金180,890,500円，乙土地の課税価格は，金１億円である。

（答案作成に当たっての注意事項）

1　別紙答案用紙の各項目の欄に申請すべき登記の申請情報等の内容を記載するに当たり，記載すべき情報等がない場合には，その欄に「なし」と記載すること。

2　答案用紙の申請事項等欄に解答を記載するに当たっては，次の要領で行うこと。

①　申請人については，「権利者」，「義務者」，「申請人」，「所有者」，「抵当権者」，「（被相続人）」等の申請人の資格も記載する。

②　持分の表示が必要な場合は，持分の表示も記載する。

③　住所又は本店は，申請人については，第１欄の１番目に申請する登記を除き，記載することを要しない。

④　代表機関の資格及び氏名は，第１欄の１番目に申請する登記を除き，記載することを要しない。

⑤　会社法人等番号を提供して申請するものとするが，会社法人等番号を記載することを要しない。

3　各登記の申請書に添付すべき書面は，利害関係人の承諾書を含め，全て調えられているものとする。なお，添付情報のうち，登記申請に際して有効期限の定めがあるものは，登記の申請時において，全て有効期限内のものであるものとする。

4　添付情報欄の記載については，下記の要領に従うこと。

①　添付情報の解答は，その登記の申請に必要な添付情報を後記【添付情報一覧】から選択し，その記号（アからシまで）を記載する。

②　「ア」については，別紙のみで登記原因証明情報足り得る場合には，ア（別紙２）と記載し，それ以外の場合には，不動産登記令及び不動産登記令の別表において，特定の情報に限定されている場合にのみ，当該情報を括弧書で「ア（○○○）」の要領で具体的な書面も記載する。

③　「イ」については，「イ（Ａの甲区２番）」の要領で，誰のどの登記にかかるものを提供するのかを順位番号で特定して記載する。なお，不動産登記規則第67条の規定により提供されたとみなされる登記識別情報についても記載する。

④　「ウ」については，「ウ（Ａ）」の要領で，誰に関するものを提供するのかを記載する。

⑤　「エ」については，「エ（Ａ）」の要領で，誰に関するものを提供するのか記載する。なお，一定の資格に基づく者についてはその資格も記載することを要する。

⑥　「オ，カ，キ，ク」については，「ク（Ａ）」の要領で，誰に関するものを提供するのか記載する。なお，会社の場合には「ク（株式会社Ａの株主総会議事録）」の要領で，会社のいかなる書類を提供するのかを記載する。

⑦　「ケ」については，「ケ（Ａの住民票の写し）」の要領で，誰に関するいかなるものを提供するのか記載する。なお，住民票コードを提供して添付を省略する取扱いはしない。また，印鑑に関する証明書は，登記名義人の住所を証する情報としては使用しないものとする。

⑧　「サ」については，委任状以外の書面を添付する場合にのみ当該書面も括弧書で「サ（○

○)」の要領で記載する。

⑨　「シ」については，必要となる添付情報を「シ（○○情報」の要領で記載する。

⑩　会社法人等番号を提供して添付を省略することができる場合でも，添付を省略する取扱いはしないものとする。

5　登録免許税が免除され，又は軽減される場合には，その根拠となる法令の条項を登録免許税額欄に登録免許税額（非課税である場合は，その旨）とともに記載する。

なお，登録免許税額の算出について，登録免許税法以外の租税特別措置法等の特別法令による税の減免の規定の適用はないものとする。

6　数字を記載する場合には，算用数字を使用すること。

7　別紙答案用紙の各欄に記載する文字は字画を明確にし，訂正，加入又は削除をするときは，訂正は訂正すべき字句に線を引き，近接箇所に訂正後の字句を記載し，加入は加入する部分を明示して行い，削除は削除すべき字句に線を引いて，訂正，加入又は削除をしたことが明確に分かるように記載すること。ただし，押印や字数を記載することは要しない。

【添付情報一覧】

ア　登記原因証明情報
イ　登記識別情報
ウ　司法書士法務太郎が作成した本人確認情報
エ　申請人の印鑑証明書
オ　登記原因につき第三者の許可を証する情報
カ　登記原因につき第三者の同意を証する情報及び当該情報の作成者の印鑑に関する証明書
キ　登記原因につき第三者の承諾を証する情報及び当該情報の作成者の印鑑に関する証明書
ク　登記上の利害関係を有する第三者の承諾を証する情報及び当該情報の作成者の印鑑に関する証明書
ケ　住所証明情報
コ　会社法人等番号
サ　代理権限証明情報
シ　その他添付する必要のある情報

別紙１　甲土地の登記事項証明書（抜粋）

表題部（土地の表示）		調製	平成４年９月22日	不動産番号	【省略】
地図番号	【省略】	筆界特定	余白		
所在	【省略】			余白	
①　地番	②　地目	③　地積　　㎡		原因及びその日付〔登記の日付〕	
【省略】	宅地	【省略】		余白	
余白	余白	余白		昭和63年法務省令第37号附則第２条第２項の規定により移記 平成４年９月22日	

権　利　部（甲区）　（所有権に関する事項）			
順位番号	登記の目的	受付年月日・受付番号	権利者その他の事項
1	所有権移転	【省略】	【省略】
	余白	余白	昭和63年法務省令第37号附則第２条第２項の規定により移記 平成４年９月22日
2	所有権移転	平成26年４月23日 第3321号	原因　平成26年４月７日現物出資 所有者　港区赤坂三丁目３番３号 株式会社赤坂商事

権　利　部（乙区）　（所有権以外の権利に関する事項）			
順位番号	登記の目的	受付年月日・受付番号	権利者その他の事項
1	根抵当権設定	令和４年４月７日 第2789号	原因　令和４年４月７日設定 極度額　金5,000万円 債権の範囲　金銭消費貸借取引　手形債権　小切手債権　電子記録債権 債務者　世田谷区成城一丁目５番６号 株式会社成城企画 根抵当権者　新宿区北新宿三丁目４番５号 株式会社法経銀行 （取扱店　成城支店）

これは登記記録に記録されている現に効力を有する事項の全部を証明した書面である。

令和６年６月26日
東京法務局世田谷出張所　　　　登記官　○○○○　印

別紙２

元本確定請求通知書

令和６年６月19日

東京都新宿区北新宿三丁目４番５号
　根抵当権者　株式会社法経銀行　御中

東京都中央区銀座五丁目４番３号
　物上保証人　合同会社銀座物産
　　代表社員　御幸祐輔　㊞

当会社は，貴行を根抵当権者，東京都世田谷区成城一丁目５番６号株式会社成城企画を債務者として末尾記載の不動産のうえに設定登記された根抵当権（令和４年４月７日東京法務局世田谷出張所受付第2789号順位１番）の設定者の地位にあるところ，東京都千代田区三宅坂一丁目１番２号株式会社田園興業から配達証明書留郵便（令和６年６月７日配達）にて「株式会社田園興業が令和６年５月25日株式会社成城企画を吸収合併した」旨の通知を受けましたので，本日，民法第398条の９第３項本文の規定により，上記根抵当権の担保すべき元本の確定を請求いたします。

不動産の表示
（甲土地の表示がある）

別紙３　乙土地の登記事項証明書（抜粋）

表題部（土地の表示）		調製	平成４年９月22日	不動産番号	【省略】
地図番号	【省略】	筆界特定	余白		
所在	【省略】			余白	
①　地番	②　地目	③　地積　　㎡		原因及びその日付〔登記の日付〕	
【省略】	宅地	【省略】		余白	
余白	余白	余白		昭和63年法務省令第37号附則第２条第２項の規定により移記 平成４年９月22日	

権　利　部（甲区）　（所有権に関する事項）			
順位番号	登記の目的	受付年月日・受付番号	権利者その他の事項
1	所有権移転	【省略】	【省略】
	余白	余白	昭和63年法務省令第37号附則第２条第２項の規定により移記 平成４年９月22日
2	所有権移転	平成26年３月３日 第2545号	原因　平成26年３月３日交換 所有者　品川区品川四丁目４番４号 春秋観光株式会社

権　利　部（乙区）　（所有権以外の権利に関する事項）			
順位番号	登記の目的	受付年月日・受付番号	権利者その他の事項
1	根抵当権設定	令和３年５月10日 第5678号	原因　令和３年５月10日設定 極度額　金1,500万円 債権の範囲　請負取引　賃貸借取引 債務者　品川区品川四丁目４番４号 秋山紅葉 根抵当権者　新宿区新宿一丁目１番１号 株式会社山海開発

これは登記記録に記録されている現に効力を有する事項の全部を証明した書面である。

令和６年６月26日
東京法務局世田谷出張所　　　　　　　　登記官　○○○○　印

別紙４

根抵当権変更契約証書

令和６年６月23日

東京都新宿区新宿一丁目１番１号
根抵当権者　株式会社山海開発
代表取締役　水中勝夫　㊞
東京都品川区品川四丁目４番４号
設定者兼新債務者　　春秋観光株式会社
代表取締役　秋山紅葉　㊞
東京都品川区品川四丁目４番４号
旧債務者　秋山紅葉　㊞

第１条　根抵当権設定者は，令和３年５月10日付根抵当権設定契約（以下，原契約という。）により，後記不動産のうえに設定した根抵当権（令和３年５月10日東京法務局世田谷出張所受付第5678号登記済）の債務者を次のように変更することを約定いたしました。

債務者
変更前　東京都品川区品川四丁目４番４号
秋山紅葉
変更後　東京都品川区品川四丁目４番４号
春秋観光株式会社

第２条　新債務者は，別に差入れた取引約定書の各条項を承認のうえ，旧債務者が根抵当権者に対して負担している下記債務の全額を併存的に引受け，旧債務者と連帯して債務履行の責を負います。

引受債務
①　令和３年10月25日請負取引による債務，金300万円（弁済期　令和５年７月２日）
②　令和４年１月20日賃貸借取引による債務，金200万円（弁済期　令和６年５月30日）

第３条　根抵当権設定者は，第１条の根抵当権の被担保債権の範囲を次のとおり変更することを約定いたしました。

被担保債権の範囲
変更前　①　請負取引による債権
②　賃貸借取引による債権
変更後　①　請負取引による債権
②　売買取引による債権
③　前条によって引受けた債権

第４条　省略
（中略）

不動産の表示
（乙土地）

第37問　司法書士法務太郎は，令和６年６月26日に事務所を訪れた別紙１の登記がされている会社（以下「申請会社」という。）の代表者から，別紙１から別紙３までの書類のほか必要書類の交付を受け，別紙４のとおり事情を聴取した。司法書士法務太郎は，登記すべき事項や登記のための要件などを説明したところ，申請すべき登記の申請書の作成及び登記の申請代理を依頼された。司法書士法務太郎は，この依頼に基づき，同日付で，申請会社の管轄登記所に登記の申請をした。

また，司法書士法務太郎は，令和６年７月18日に事務所を訪れた申請会社の代表者から，別紙５及び別紙６の書類のほか必要書類の交付を受け，別紙７のとおり事情を聴取した。司法書士法務太郎は，登記すべき事項や登記のための要件などを説明したところ，申請すべき登記の申請書の作成及び登記の申請代理を依頼された。司法書士法務太郎は，この依頼に基づき，同日付で，申請会社の管轄登記所に登記の申請をした。

以上に基づき，次の問１から問３に答えなさい。

問１　司法書士法務太郎が令和６年６月26日に申請をした登記に関し，当該登記の申請書に記載すべき事項のうち，登記の事由，登記すべき事項，課税標準金額，登録免許税の額並びに添付書面の名称及び通数を，第37問答案用紙（以下「別紙答案用紙」という。）の第１欄の該当部分に記載しなさい。

問２　司法書士法務太郎が令和６年７月18日に申請をした登記に関し，当該登記の申請書に記載すべき事項のうち，登記の事由，登記すべき事項，課税標準金額，登録免許税の額並びに添付書類の名称及び通数を別紙答案用紙の第２欄の該当部分に記載しなさい。

問３　依頼された登記の申請に関して，司法書士として登記の申請を代理すべきでない事項（会社法上登記すべき事項とされていない事項を除く。）があるときは，当該申請を代理すべきでない登記及びその理由を別紙答案用紙の第３欄に簡潔に記載しなさい。なお，登記の申請を代理すべきでない事項がない場合には，「ない」と記載し，登記の申請を代理すべきでない登記が２つ以上あるときは，①②の番号を付して解答すること。

（答案作成に当たっての注意事項）

1　申請会社においては，明記されている場合を除き，定款に法令の規定と異なる別段の定めはないものとする。

2　別紙中，（省略），（中略）又は（以下省略）と記載されている部分は，有効な記載があるものとする。

3　申請書以外の電磁的記録に記録することができる事項についても，「別添ＣＤ－Ｒのとおり」等とはせず，答案用紙の該当欄に直接記載すること。

4　登記すべき事項については，区ごとに整理して記載することを要しない。

5　登録免許税額を記載するにあたっては，数個の課税区分がある場合には，定額課税のみであるとしても，あわせてその内訳を記載することを要する。

6　登記申請書の添付書面については，全て適式に調えられており，所要の記名・押印がなされているものとする。なお，別紙３の取締役会議事録には，出席取締役及び監査役が市町村に登録している印鑑が押印されている。

7　登記申請書の添付書面の記載については，下記の要領に従うこと。

①　登記の申請書に添付すべき書面について，他の書面を援用することができることが明らかなときは，これを援用しなければならない。

②　株主の氏名又は名称，住所及び議決権数等を証する書面（株主リスト）を記載する場合において，各議案を通じて株主リストに記載する各株主についての内容が変わらないときは，その通数は１通を添付するものとする。

③　就任承諾を証する書面を記載する場合には，その資格を特定して記載すること。

④　登記の申請書に添付する必要のない書面については，解答欄に記載してはならない。

8　解答欄の各欄に記載すべき事項がない場合には，該当の欄に「なし」と記載すること。

9　東京都新宿区を管轄する登記所は東京法務局新宿出張所であり，東京都港区を管轄する登記所は東京法務局港出張所である。

10　登記の申請は，電子情報処理組織による商業登記事務は考慮せず，窓口による書面申請をするものとする。

11　登記の申請に伴って必要となる印鑑の提出手続は，適式にされているものとする。

12　登記申請の懈怠については，考慮しない。

13　数字を記載する場合には，算用数字を使用すること。

14　別紙答案用紙の各欄に記載する文字は字画を明確にし，訂正，加入又は削除をするときは，訂正は訂正すべき字句に線を引き，近接箇所に訂正後の字句を記載し，加入は加入する部分を明示して行い，削除は削除すべき字句に線を引いて，訂正，加入又は削除をしたことが明確に分かるように記載すること。ただし，押印や字数を記載することは要しない。

別紙１

令和６年６月23日現在の株式会社新宿産業の登記事項証明書の内容の抜粋

会社法人等番号	０１２３－４５－６７８９０１	
商　号	株式会社新宿産業	
本　店	東京都新宿区北新宿一丁目１番１号	
公告をする方法	官報に掲載してする	
目　的	１　鉄鉱石，石炭の輸入販売 ２　前号に附帯する一切の事業	
単元株式数	５株	
発行可能株式総数	8000株	
発行済株式の総数並びに種類及び数	発行済株式の総数 2000株	
資本金の額	金１億円	
株式の譲渡制限に関する規定	当会社の株式を譲渡により取得するには，取締役会の承認を要する。	
役員に関する事項	取締役　甲野一郎	令和４年６月25日重任
	取締役　乙野二郎	令和４年６月25日重任
	取締役　丙野三郎	令和４年６月25日重任
	東京都杉並区高井戸二丁目２番２号 代表取締役　甲野一郎	令和４年６月25日重任
	監査役　丁野四郎	令和４年６月25日重任
支 店	１ 東京都港区麻布三丁目３番３号	
取締役会設置会社に関する事項	取締役会設置会社	
監査役設置会社に関する事項	監査役設置会社	

別紙２

令和６年６月23日開催の定時株主総会の議事の概要

令和６年６月23日午前10時から，当会社本店会議室において，定時株主総会を開催した。

発行済株式の総数（自己株式100株）　2,000株
株主総数　６名
議決権を行使することができる株主の数　５名
議決権を行使することができる株主の議決権の数　380個
議決権を行使することができる出席株主の数　４名
議決権を行使することができる出席株主の議決権の数　330個
出席した取締役及び監査役
（中略）
株主総会の議長　代表取締役甲野一郎
本議事録の作成に係る職務を行った取締役　代表取締役甲野一郎

議事の経過の要領及びその結果
定刻，代表取締役甲野一郎は，議長席に着き，開会を宣し，本日の出席株主の状況及びその議決権の個数を報告し，本総会は有効に成立した旨を述べて，直ちに議事に入った。

第１号議案　事業報告の報告及び計算書類の承認に関する件
議長は，令和５年度（令和５年５月１日から令和６年４月30日まで）の事業報告の内容の報告がなされた後，別紙計算書類（省略）の承認の可否を議場に諮ったところ，満場一致で承認可決された。

第２号議案　定款一部変更の件
議長は，下記のとおり定款の一部を変更したい旨を述べ，その可否を議場に諮ったところ，株主３名この議決権280個の賛成をもってこれを承認可決した。

記

変更案	現行定款
第２条（目的） 当会社は，次の事業を行うことを目的とする。 １　鉄鉱石，石炭の輸入販売 <u>２</u>　<u>H型鋼材の輸入販売</u> <u>３</u>　<u>前各号</u>に附帯する一切の事業	第２条（目的） 当会社は，次の事業を行うことを目的とする。 １　鉄鉱石，石炭の輸入販売 （追加） <u>２</u>　<u>前号</u>に附帯する一切の事業

※下線は変更部分である。

第３号議案　定款一部変更の件

議長は，下記のとおり定款の一部を変更したい旨を述べ，その可否を議場に諮ったところ，株主２名この議決権220個の賛成をもってこれを承認可決した。

記

変更案	現行定款
第４条（発行可能株式総数） 当会社の発行可能株式総数は，１万6,000株とする。	第４条（発行可能株式総数） 当会社の発行可能株式総数は，8,000株とする。
（削除）	第６条（株式の譲渡制限） 当会社の株式を譲渡により取得するには，取締役会の承認を要する。
第20条（取締役の任期） 取締役の任期は，選任後３年以内に終了する事業年度のうち最終のものに関する定時株主総会の終結の時までとする。	第20条（取締役の任期） 取締役の任期は，選任後２年以内に終了する事業年度のうち最終のものに関する定時株主総会の終結の時までとする。

※下線は変更部分である。

第４号議案　取締役及び監査役選任の件

議長は，取締役及び監査役を選任する必要がある旨を述べ，その選任方法を諮ったところ，出席株主中から，「議長の指名に一任」との発言があり，満場異議なくこれを承認したので，議長は下記の者をそれぞれ指名し，これらの者につき，その可否を諮ったところ，満場一致をもってこれを承認可決した。なお，戊野五郎を除く被選任者はそれぞれ席上，即時にその就任を承諾した。

記

取締役　甲野次郎　　取締役　乙野健二　　取締役　赤井花子　　取締役　白井二郎

取締役（社外取締役）　青井三郎

監査役　戊野五郎

第５号議案　定款一部変更の件

議長は，下記のとおり定款の一部を７月１日をもって変更したい旨を述べ，その可否を議場に諮ったところ，満場一致をもってこれを承認可決した。

記

変更案	現行定款
第16条の２（電子提供措置） 　当会社は株主総会の招集に際し，株主総会参考書類等の内容である情報について，電子提供措置をとるものとする。	（新設）

※下線は変更部分である。

（以下省略）

別紙３

令和６年６月23日開催の取締役会の議事の概要

令和６年６月23日午後１時から，当会社本店会議室において，取締役及び監査役全員出席の下，取締役会を開催した。

定刻，取締役赤井花子は，定款の規定により，議長となり，開会を宣し，議事に入った。

議案　代表取締役選定の件

議長は，当会社の代表取締役１名を選定したい旨を述べ，慎重に協議した結果，出席取締役の全員一致をもって下記の者を選定した。なお，被選定者は，席上即時にその就任を承諾した。

記

東京都新宿区新宿二丁目２番２号
代表取締役　白井二郎

（以下省略）

別紙４

司法書士法務太郎が令和６年６月26日に聴取及び確認した事項

1　別紙１の取締役及び監査役は，選任と同時に就任を承諾している。
2　監査役に選任された戊野五郎は，申請会社の親会社である株式会社シンジュク・ホールディングスの取締役であり，引き続き同社の取締役を務める意向であり，現在その職を辞するつもりはない。
3　監査役に選任された戊野五郎は，令和６年６月23日開催の定時株主総会の終結後，直ちに監査役に就任する旨の就任承諾書を申請会社に提出している。
4　申請会社の定款には，以下の定めがある。
(1)　当会社の定時株主総会は，事業年度末日の翌日から２か月以内に招集し，臨時株主総会は必要の際随時これを招集する。
(2)　当会社の事業年度は，毎年５月１日から翌年４月30日までの１年とする。
(3)　監査役の任期は，選任後４年以内に終了する事業年度のうち最終のものに関する定時株主総会の終結の時までとする。

別紙５

令和６年７月９日開催の臨時株主総会の議事の概要

令和６年７月９日午前10時から，当会社本店会議室において，臨時株主総会を開催した。

発行済株式の総数（自己株式100株）　2,000株
株主総数　６名
議決権を行使することができる株主の数　５名
議決権を行使することができる株主の議決権の数　380個
議決権を行使することができる出席株主の数　４名
議決権を行使することができる出席株主の議決権の数　300個
出席した取締役及び監査役
（中略）
株主総会の議長　代表取締役白井二郎
本議事録の作成に係る職務を行った取締役　代表取締役白井二郎

議事の経過の要領及びその結果
定刻，代表取締役白井二郎は，議長席に着き，開会を宣し，本日の出席株主の状況及びその議決権の個数を報告し，本総会は有効に成立した旨を述べて，直ちに議事に入った。

議案　定款一部変更の件
議長は，令和６年７月10日付をもって，下記のとおり定款の一部を変更したい旨を述べ，その可否を議場に諮ったところ，株主２名この議決権200個の賛成をもってこれを承認可決した。

記

変更案	現行定款
第７条（単元株式数） 当会社の単元株式数は，（　※　）株とする。	第７条（単元株式数） 当会社の単元株式数は，５株とする。

※下線は変更部分である。

（以下省略）

（注）上記（※）には，この決議の時点で，法令上認められる最大の数が記載されているものとする。

別紙６

令和６年７月９日開催の取締役会の議事の概要

令和６年７月９日午後１時から，当会社本店会議室において，取締役及び監査役全員出席の下，取締役会を開催した。

定刻，代表取締役白井二郎は，定款の規定により，議長となり，開会を宣し，議事に入った。

第１号議案　特別取締役による議決の定めの設定の件

議長は，特別取締役による議決の定めを設定したい旨を述べ，慎重に協議した結果，出席取締役の全員一致をもってこれを承認可決した。

第２号議案　特別取締役選定の件

議長は，特別取締役３名を選定したい旨を述べ，慎重に協議した結果，出席取締役の全員一致をもって下記の者を選定した。なお，被選定者は，それぞれ席上就任を承諾した。

記

特別取締役　乙野健二，同赤井花子，同白井二郎

第３号議案　募集株式の発行等の件

議長は，下記のとおり，その発行する株式又は自己株式を引き受ける者の募集を行いたい旨を述べ，慎重に協議した結果，出席取締役の全員一致をもってこれを承認可決した。

記

１　募集株式の数　2,000株（このうち100株については自己株式を交付する。）

２　払込金額　１株につき金８万円

３　割当方法　第三者割当て

４　払込期日　令和６年７月16日

５　増加する資本金の額及び資本準備金の額

増加する資本金の額は，資本金等増加限度額に８分の５を乗じて得た額とし，増加する資本準備金の額は，資本金等増加限度額から増加する資本金の額を控除した額とする。

６　払込取扱場所　銀行名：株式会社ひかり銀行東京支店

口座名義：株式会社新宿産業

口座番号：普通預金0011223

（以下省略）

別紙７

司法書士法務太郎が令和６年７月18日に聴取及び確認した事項

1　申請会社の取締役甲野次郎，同乙野健二，同赤井花子は，いずれも業務執行取締役である。

2　令和６年７月９日開催の取締役会における募集事項として決定された募集株式の払込金額は，募集株式を引き受ける者に特に有利な金額には当たらない。

3　申請会社は，令和６年７月９日，募集に応じて募集株式の引受けの申込みをしようとする者に対し，会社法所定の事項を通知し，その通知は翌日までにそれらの者に到達している。そして，令和６年７月11日までに，奥野六郎から1,200株，山本七郎から600株及び石川八郎から600株について，募集株式の引受けの申込みがあった。

4　令和６年７月12日，申請会社の代表取締役は，奥野六郎に1,000株，山本七郎に500株及び石川八郎に500株の募集株式の割当てを行う旨を決定し，各申込者に対し当該申込者に割り当てる募集株式の数を通知し，その通知は，翌日までに各申込者に到達している。

5　申請会社の自己株式１株の帳簿価額は金８万円である。

6　奥野六郎，山本七郎及び石川八郎は，払込期日である令和６年７月16日，払込金額の全額をそれぞれ所定の払込取扱金融機関に払い込んでおり，当会社の預金通帳には，この払込みの事実が記載されている。

7　申請会社は，令和６年７月９日開催の取締役会において発行の決議がされた募集株式の発行に関し，同日付で各株主に対して募集事項を通知し，その通知は，翌日までに各株主に到達しており，その通知期間を短縮することについて，株主ごとの個別の書面により全員の同意を得ている。

8　代表取締役白井二郎は，令和６年７月10日，定時株主総会の承認を得た貸借対照表等の公告に代えて，貸借対照表に記載された事項を申請会社のホームページに掲げ，不特定多数の者がインターネットを利用してその情報の提供を受けることができる状態に置く措置を執ること及びそのＵＲＬを決定した。なお，そのＵＲＬは，下記のとおりである。

　　ｈｔｔｐ：／／ｗｗｗ．ｓｈｉｎｊｙｕｋｕｓａｎｇｙｏｕ．ｃｏ．ｊｐ／ｋｅｓｓａｎ／ｉｎｄｅｘ．ｈｔｍｌ

9　申請会社は，金融商品取引法第24条第１項の規定により有価証券報告書を内閣総理大臣に提出しなければならない株式会社ではない。

第1回　午前の部　択一式　答案用紙

問						問					
問1	1	2	3	4	5	問21	1	2	3	4	5
問2	1	2	3	4	5	問22	1	2	3	4	5
問3	1	2	3	4	5	問23	1	2	3	4	5
問4	1	2	3	4	5	問24	1	2	3	4	5
問5	1	2	3	4	5	問25	1	2	3	4	5
問6	1	2	3	4	5	問26	1	2	3	4	5
問7	1	2	3	4	5	問27	1	2	3	4	5
問8	1	2	3	4	5	問28	1	2	3	4	5
問9	1	2	3	4	5	問29	1	2	3	4	5
問10	1	2	3	4	5	問30	1	2	3	4	5
問11	1	2	3	4	5	問31	1	2	3	4	5
問12	1	2	3	4	5	問32	1	2	3	4	5
問13	1	2	3	4	5	問33	1	2	3	4	5
問14	1	2	3	4	5	問34	1	2	3	4	5
問15	1	2	3	4	5	問35	1	2	3	4	5
問16	1	2	3	4	5						
問17	1	2	3	4	5						
問18	1	2	3	4	5						
問19	1	2	3	4	5						
問20	1	2	3	4	5						

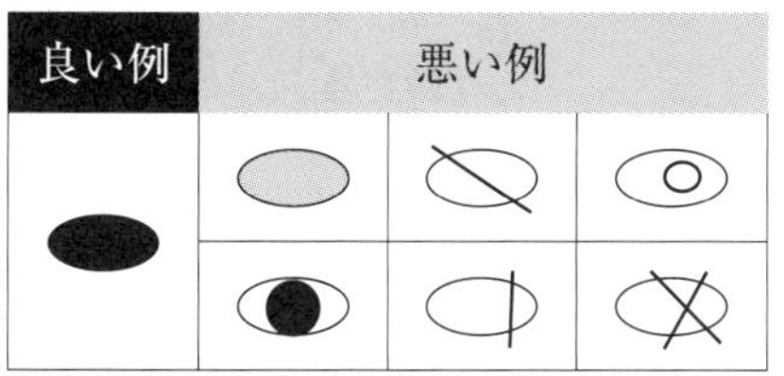

受験地		受験番号	
氏名			

第1回　午後の部　択一式　答案用紙

問1	1	2	3	4	5	問21	1	2	3	4	5
問2	1	2	3	4	5	問22	1	2	3	4	5
問3	1	2	3	4	5	問23	1	2	3	4	5
問4	1	2	3	4	5	問24	1	2	3	4	5
問5	1	2	3	4	5	問25	1	2	3	4	5
問6	1	2	3	4	5	問26	1	2	3	4	5
問7	1	2	3	4	5	問27	1	2	3	4	5
問8	1	2	3	4	5	問28	1	2	3	4	5
問9	1	2	3	4	5	問29	1	2	3	4	5
問10	1	2	3	4	5	問30	1	2	3	4	5
問11	1	2	3	4	5	問31	1	2	3	4	5
問12	1	2	3	4	5	問32	1	2	3	4	5
問13	1	2	3	4	5	問33	1	2	3	4	5
問14	1	2	3	4	5	問34	1	2	3	4	5
問15	1	2	3	4	5	問35	1	2	3	4	5
問16	1	2	3	4	5						
問17	1	2	3	4	5						
問18	1	2	3	4	5						
問19	1	2	3	4	5						
問20	1	2	3	4	5						

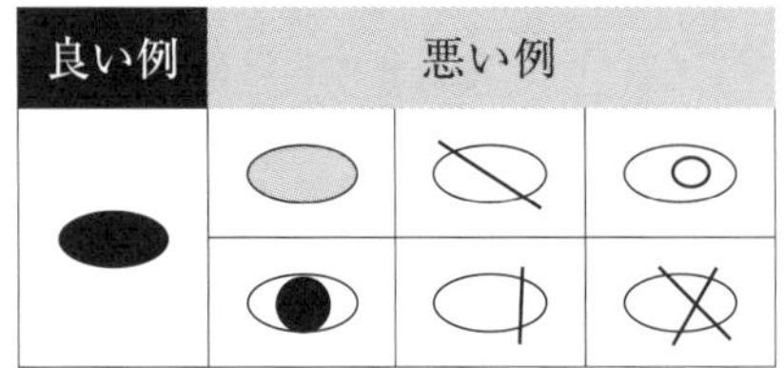

受験地		受験番号	
氏名			

第三十六問　不動産登記記述式　答案用紙①

第１欄

１番目に申請した登記の申請書

登記の目的	
申請事項等	
添付情報	
課税価格	
登録免許税額	

※

２番目に申請した登記の申請書

登記の目的	
申請事項等	
添付情報	
課税価格	
登録免許税額	

※

第三十六問　不動産登記記述式　答案用紙②

司法書士　最強の模試二〇二四　第一回

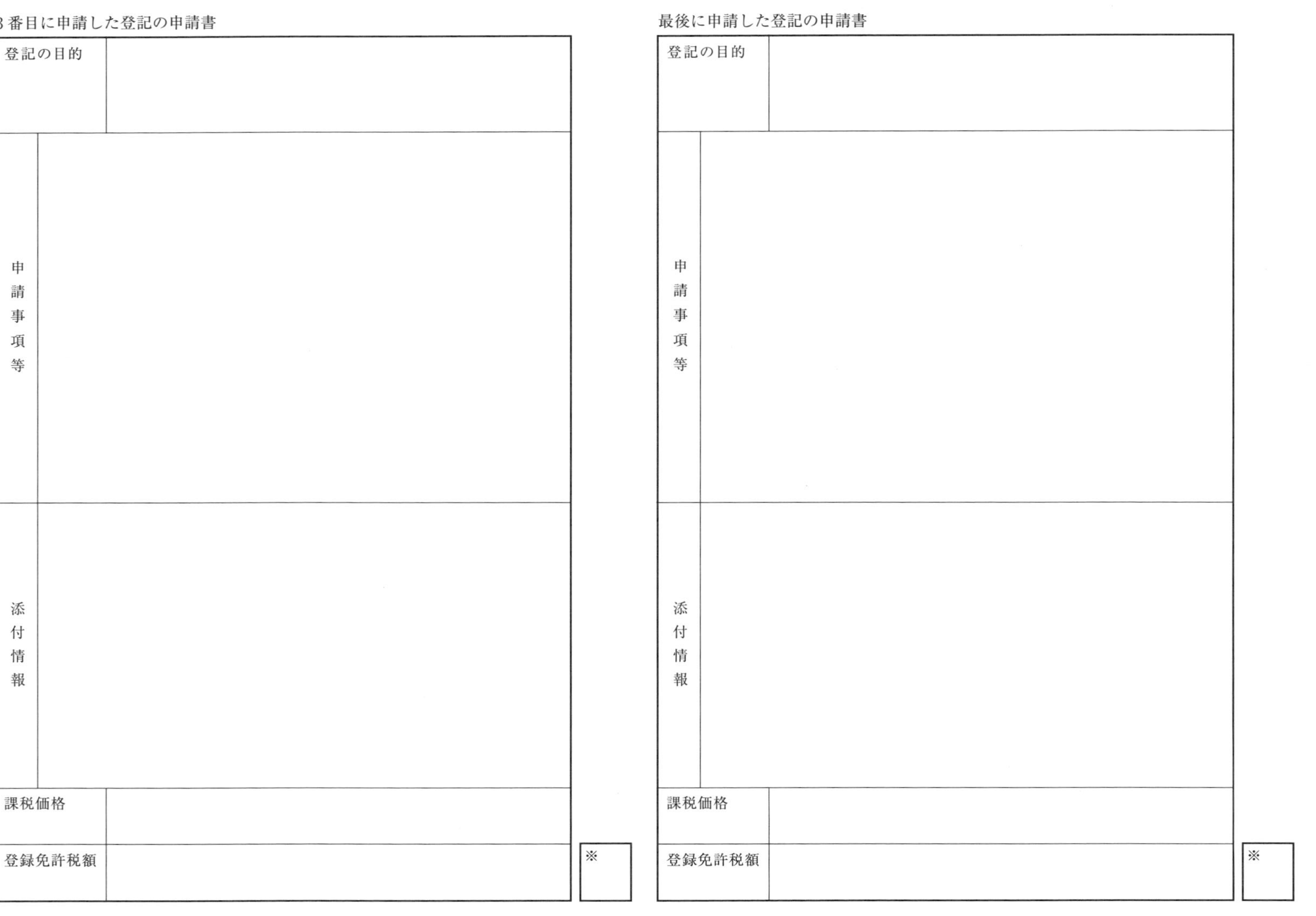

3番目に申請した登記の申請書

登記の目的	
申請事項等	
添付情報	
課税価格	
登録免許税額	

※

最後に申請した登記の申請書

登記の目的	
申請事項等	
添付情報	
課税価格	
登録免許税額	

※

第三十六問　不動産登記記述式　答案用紙③

司法書士　最強の模試二〇二四　第一回

第２欄

登記の目的	
申請事項等	
添付情報	
登録免許税額	

※

第３欄

(1)	
(2)	
(3)	
(4)	
(5)	
(6)	
(7)	

※

第36問 ※

第三十七問　商業登記記述式　答案用紙①

司法書士　最強の模試二〇二四　第一回

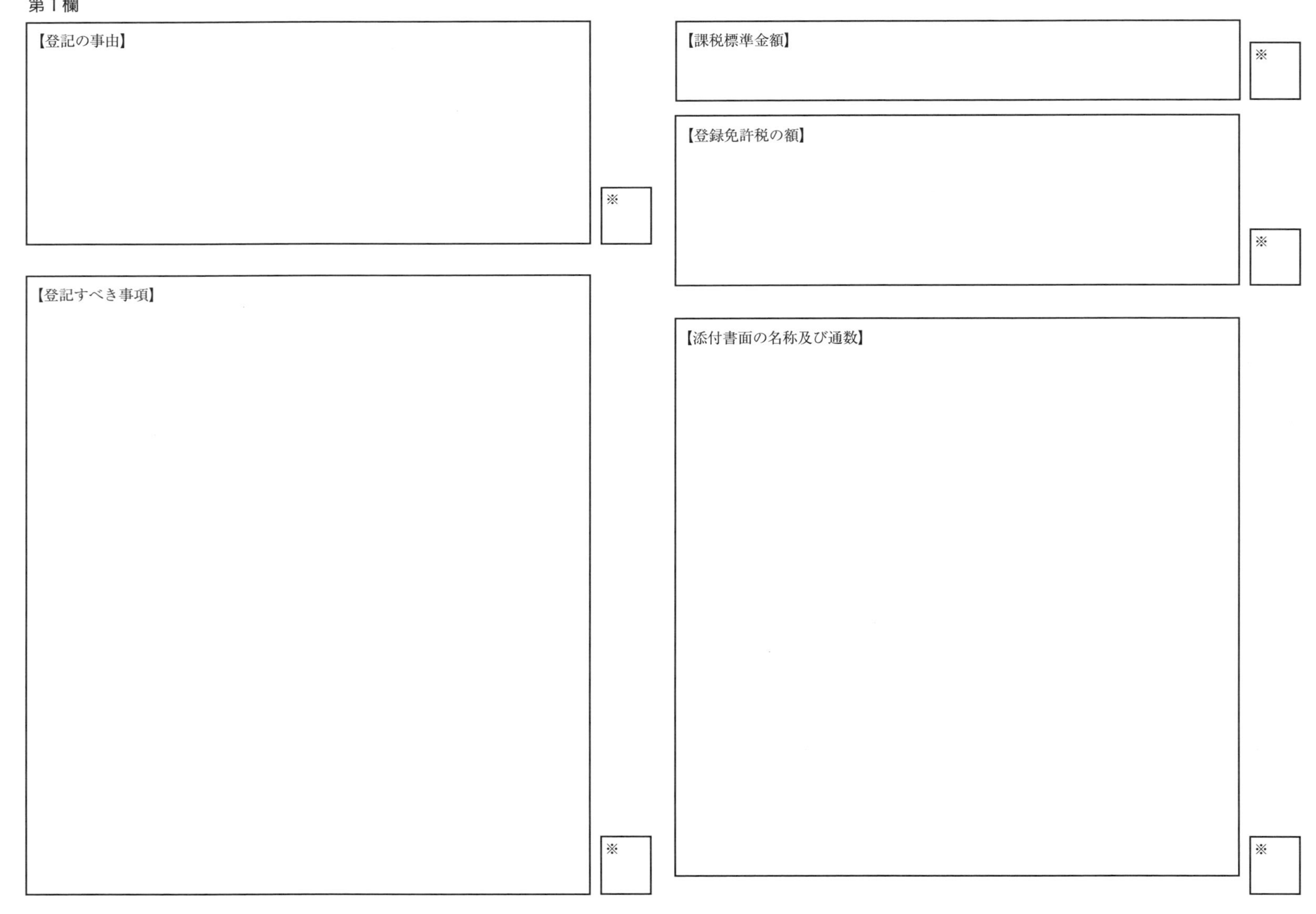

第１欄

【登記の事由】

※

【登記すべき事項】

※

【課税標準金額】

※

【登録免許税の額】

※

【添付書面の名称及び通数】

※

第三十七問　商業登記記述式　答案用紙②

司法書士　最強の模試二〇二四　第一回

第２欄

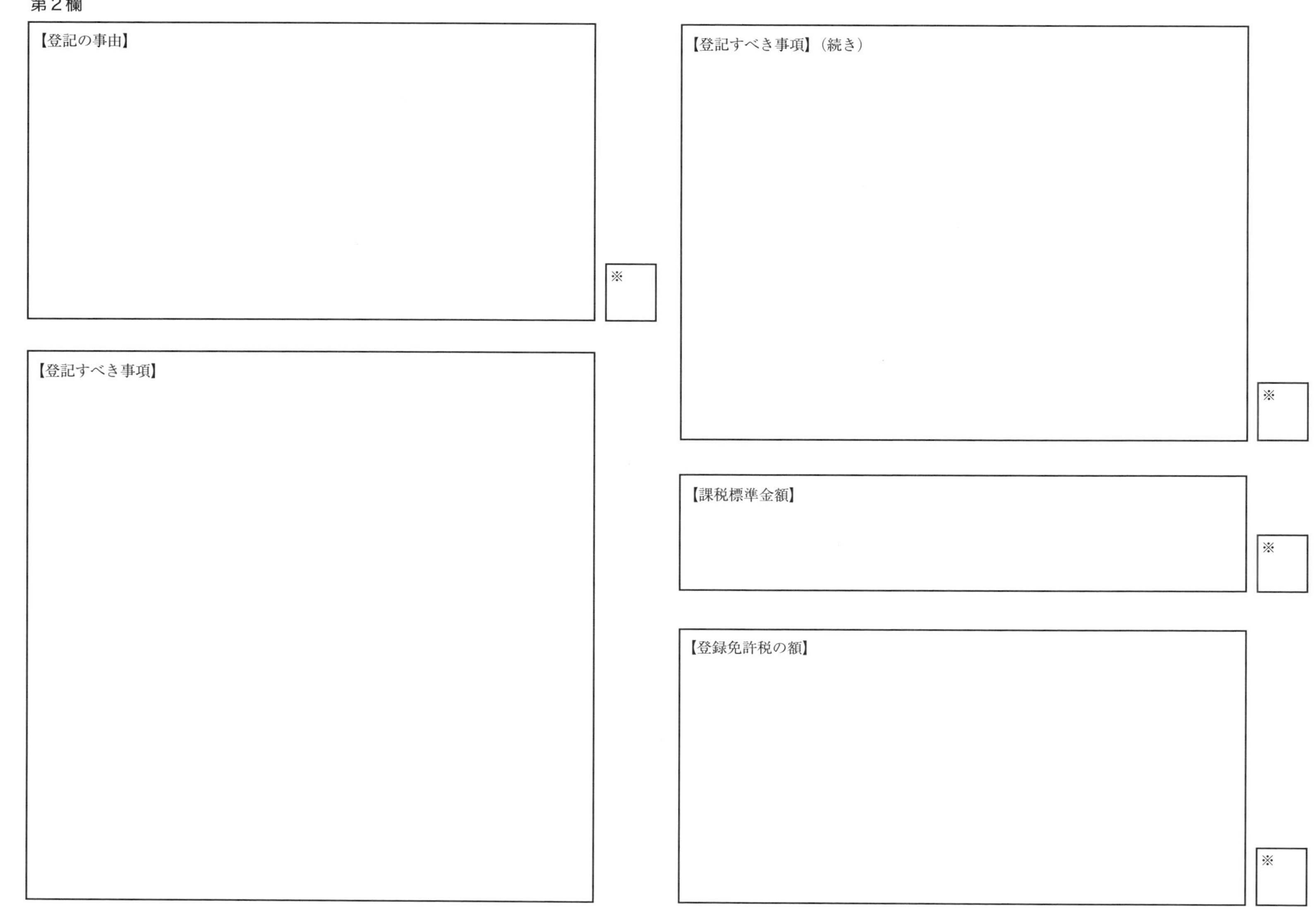

【登記の事由】

※

【登記すべき事項】

【登記すべき事項】（続き）

※

【課税標準金額】

※

【登録免許税の額】

※

第三十七問　商業登記記述式　答案用紙③

司法書士　最強の模試二〇二四　第一回

【添付書面の名称及び通数】

※

第３欄　登記の申請を代理すべきでない登記及びその理由

※

第37問

※

第2回
問題編

第2回　午前の部　試験問題

注意点

(1) 後掲の答案用紙の該当欄の記入例に従って，受験地，受験番号，氏名を必ず記入してください。

(2) 試験時間は，2時間です。

(3) 試験問題は，すべて多肢択一式で，全部で35問あり，105点満点です。

(4) 解答は，答案用紙の解答欄に，正解と思われるものの番号の枠内を，答案用紙に印刷されているマーク記入例に従い，濃く塗りつぶす方法で示してください。

(5) 各試験問題の正解は，すべて一つです。したがって，解答欄へのマークは，各問につき1か所だけにしてください。二つ以上の箇所にマークがされている欄の解答は，無効とします。解答の訂正をする場合には，プラスチックの消しゴムで完全に消してから，該当欄の枠内をマークしてください。

(6) 答案用紙への記入は，**鉛筆（B又はHB）**を使用してください。

(7) 該当欄の枠内をマークしていない解答及び**鉛筆**を使用していない解答は，無効とします。

(8) 答案用紙は，汚したり，折り曲げたりしないでください。

(9) 試験時間中，不正行為があったときは，その者の受験は直ちに中止され，その答案は，無効なものとして扱われます。

(10) 試験問題に関する質問には，一切お答えいたしません。

(11) 本書自体又はその違法コピーの販売・購入は，著作権法違反として刑事罰の対象となりますので，それらの行為を禁じます。

第１問　次の対話は，検閲と事前抑制に関する教授と学生との対話である。教授の質問に対する次のアからオまでの学生の解答のうち，**誤っているもの**の組合せは，後記１から５までのうち，どれか。

教授：　今日は表現の自由に関する問題のうち，検閲と事前抑制について考えましょう。まず検閲の意義を，判例はどのように解していますか。

学生：ア　行政権が，思想内容等の表現物を対象とし，その全部又は一部の発表の禁止を目的として，対象とされる一定の表現物につき網羅的一般的に，発表前にその内容を審査したうえ，不適当と認めるものの発表を禁止することと定義しています。

教授：　それでは，裁判所がプライバシーの侵害を理由として，出版物の出版を事前に差し止めることは許されますか。

学生：イ　はい，その表現内容が真実でないか又は専ら公益を図る目的のものでないことが明白で，被害者に重大で著しく回復困難な損害を生ずるおそれがあるときは，例外的に許されるとするのが判例の立場です。

教授：　では，判例で，具体的にどのような事例が検閲に該当するか問題になりましたか。

学生：ウ　税関検査が検閲に該当すると争われた事件で，判例は，輸入が禁止されることになっても，海外では発表済みであるから，発表を禁止したことにならず，検閲にあたらないとしています。

教授：　教科書検定制度も問題となりましたね。

学生：エ　はい。国が小・中学校などの教科書の内容を事前に検定する教科書検定制度も問題となりましたが，判例は，これが検閲に当たることを認めたものの，あくまで教科書として発行できないにとどまり，一般図書としての発行は何ら禁じられていないので，合憲であると判断しています。

教授：　最後に，受刑者のその親族でない者との間の信書の発受の制限については，判例はどのように解していますか。

学生：オ　判例は，受刑者のその親族でない者との間の信書の発受の制限が問題となった事件において，表現の自由を保障した憲法第21条の規定の趣旨，目的にかんがみると，受刑者のその親族でない者との間の信書の発受は，受刑者の性向，行状，監獄内の管理，保安の状況，当該信書の内容その他の具体的事情の下で，これを許すことにより，監獄内の規律及び秩序の維持，受刑者の身柄の確保，受刑者の改善，更生の点において放置することのできない程度の障害が生ずる相当の蓋然性があると認められる場合に限って，これを制限することが許されるとしています。

１　アウ　　２　アオ　　３　イウ　　４　イエ　　５　エオ

第２問　裁判官の身分保障に関する次のアからオまでの記述のうち，**正しいもの**の組合せは，後記１から５までのうち，どれか。

ア　裁判官が心身の故障のために職務を執ることができない場合は，裁判官の罷免事由となるが，単に一時的な故障にすぎないときには，たとえそれが重大であったとしても，心身の故障のために職務を執ることができない場合には当たらない。

イ　憲法上，裁判官の懲戒処分は，行政機関が行うことができないと定められているが，国民の代表機関である国会によるのであれば，裁判官の懲戒処分をすることができる。

ウ　最高裁判所は，長官を含めて15人の裁判官で構成されることが法律によって定められているが，この法律を改正して，最高裁判所裁判官の人数を減少させることは，裁判官の身分保障を害することになり許されない。

エ　最高裁判所の長たる裁判官以外の裁判官，及び下級裁判所の裁判官は，いずれも内閣によって任命され，その任期は10年である。

オ　最高裁判所の裁判官は，疾病のため一定期間以上にわたり服務し得ない場合でも報酬を減額されないし，懲戒処分を受けた場合でもこれに基づいて減給されることはない。

１　アウ　　２　アオ　　３　イウ　　４　イエ　　５　エオ

第３問　憲法第73条第３号で，内閣が条約を締結するには，事前に，時宜によっては事後に，国会の承認を経ることが要求されており，事前に国会の承認を得られなかった場合は，条約は成立しないことは明らかであるが，事後に国会の承認が得られなかった条約の効力については争いがある。次のアからオまでの記述のうち，**有効であると解する立場からの記述の組合せとして正しいもの**は，後記１から５までのうち，どれか。

ア　不承認の法的効果が条約締結の前後で異なると考えるのは奇異であるから，同一に解すべきである。

イ　憲法の規定する要件が充たされていないのに国際法上は無効ではないとすると，行政庁等はこれを行為規範とすべきか否かが容易に判明せず，混乱が生じてしまう。

ウ　権限のある者が行った行為を信頼してはいけないというのは，法的安定性を害し妥当でない。法的安定性を確保する見地から，法的効果は一律に決すべきである。

エ　他国の法の条文の意義や解釈を責任をもって判断せよというのは無理を強いるものであり，各国の調査能力等により結論が左右されるのはおかしい。

オ　国内法上の制約は国際法レベルにおける国家意思の表明に何ら影響を及ぼさないというのは極端な考え方であり，国内法を重視する解釈で一貫させるべきである。

１　アイ　　２　アウ　　３　イオ　　４　ウエ　　５　エオ

第４問　法律行為又は意思表示に関する次のアからオまでの記述のうち，**判例の趣旨に照らし誤っているもの**の組合せは，後記１から５までのうち，どれか。

ア　アラレ菓子の製造販売業者が硼砂（ほうしゃ）が有毒性物質であることを知り，これを混入して製造したアラレ菓子の販売を食品衛生法が禁止していることを知りながら，あえてこれを製造のうえ，その販売業者に継続的に売り渡す契約は，いわゆる取締法規に違反しているが，公の秩序又は善良の風俗に反する法律行為として無効となることはない。

イ　Ａは自己所有地の賃貸等の事務や他の土地の所有権移転登記手続をＢに任せていたが，Ｂは，Ａから預かっていた書類と実印を使ってＢへ所有権移転登記をし，そのうえで当該土地をＣに売却した。この場合，Ａが合理的な理由なく登記識別情報通知書を数か月間にわたってＢに預けたままにし，Ｂの言うままに印鑑証明書を交付した上，ＢがＡの面前で登記申請書にＡの実印を押捺したのにその内容を確認したり使途を問いただしたりすることなく漫然とこれを見ていたなどの事情がある場合に，Ｃが当該土地の所有権を取得するには，ＡＢ間の事情について善意無過失であることを要する。

ウ　相手方の強迫行為により完全に意思の自由を失って贈与の意思表示をした者は，その意思表示の取消しをしなくても，相手方に対し，贈与した物の返還を請求することができる。

エ　強迫によって抵当権を放棄しその登記を抹消した者は，後日その放棄行為を取り消したときは，抹消回復登記をしない間でも，当該抹消登記後に抵当権を取得した善意・無過失の第三者に対しても，対抗することができる。

オ　意思表示は，表意者が相手方を知ることができず，又はその所在を知ることができないときは，公示の方法によってすることができる。この公示による意思表示は，最後に官報に掲載した日又はその掲載に代わる掲示を始めた日から１週間を経過した時に，相手方に到達したとみなされるが，この場合，表意者が相手方を知らないこと又はその所在を知らないことについて過失があったときは，到達の効力を生じない。

１　アウ　　２　アオ　　３　イウ　　４　イエ　　５　エオ

第５問　表見代理に関する次のアからオまでの記述のうち，**判例の趣旨に照らし誤っているもの**の組合せは，後記１から５までのうち，どれか。

ア　第三者に対して他人に代理権を与えた旨を表示した者は，その他人が代理権を与えられていないことを当該第三者が知り又は過失により知らなかったことを証明して，表見代理の責任を免れることができる。

イ　代理権授与の表示による表見代理に関する民法第109条第１項は，法定代理については適用されない。

ウ　約束手形が，Ａの代理人Ｂにより，その権限を超えて振り出された場合，手形受取人Ｃがその権限があるものと信ずべき正当な理由を有しないときは，Ｃから当該手形を転得したＤが民法第110条の「第三者」として保護されることはない。

エ　民法第112条の代理権消滅後の表見代理が成立するには，表見代理行為の相手方が，代理人の代理権消滅前に，当該代理人と取引をしたことがあることを要する。

オ　ＢがＡから授与された代理権が消滅したにもかかわらず，Ａの代理人と称して，相手方Ｃとの間で，従前の代理権の範囲を超えて行為をした場合は，Ｃにおいて，Ｂに代理権があると信じたことにつき正当な理由があるときでも，Ａは，Ｂの代理行為について責任を負わない。

１　アウ　　２　アオ　　３　イウ　　４　イエ　　５　エオ

第６問　次の対話は，取得時効に関する教授と学生との対話である。教授の質問に対する次のアからオまでの学生の解答のうち，**判例の趣旨に照らし誤っているもの**の組合せは，後記１から５までのうち，どれか。

教授：　今日は，取得時効の勉強をしましょう。まず，取得時効の要件に関して質問します。所有権の取得時効の目的物は「他人の物」と規定されていますが，不動産の占有権原が所有権の場合，即ち，自己の物を占有している場合でも，所有権の取得時効が成立しますか。

学生：ア　はい，成立します。

教授：　所有権の取得時効の要件として，「所有の意思」が必要とされていますが，どのくらいの年齢であれば，「所有の意思」を有することができるのでしょうか。

学生：イ　はっきり年齢を区切ることは難しいですが，判例は，15歳くらいに達した者に，不動産について，所有権の取得時効の要件である自主占有をすることができることを認めています。ですから，遅くとも15歳程度に達すれば「所有の意思」を有するということができると思います。

教授：　今度は，「平穏の占有」について質問します。不動産所有者その他占有の不法を主張する者から異議を受けたり，不動産の返還，占有者名義の所有権移転登記の抹消手続の請求があった場合，平穏の占有といえるでしょうか。

学生：ウ　「平穏の占有」とは，占有者がその占有を取得し，又は保持するについて，暴行強迫などの違法強暴の行為を用いていない占有をいいます。ですから，不動産所有者その他占有の不法を主張する者から異議を受けた程度では，占有が平穏でなくなるものではありません。しかし，不動産の返還，占有者名義の所有権移転登記の抹消手続の請求があった場合には，もはやその占有は平穏ではなくなります。

教授：　では，所有権の取得時効の要件である「所有の意思」，「善意」及び「無過失」について立証責任を負うのは，誰ですか。

学生：エ　「所有の意思」，「善意」及び「無過失」それぞれにつき，いずれも時効取得を争う者が，占有者に所有の意思がないこと，占有者が悪意であること，及び占有者に過失があることを立証しなければなりません。

教授：　民法第163条は，所有権以外の財産権についての取得時効を規定していますが，これに賃借権が含まれることについてはあまり争いがありません。では，賃借権の時効取得を認めた具体例をあげてみてください。

学生：オ　他人の土地につき所有者と称する者との間で締結された賃貸借契約に基づいて，賃借人が，平穏公然に土地の継続的な用益をし，かつ賃料の支払を継続しているようなときです。このような場合は，土地所有者に対する関係において土地の賃借権を時効取得することができます。

１　アイ　　２　アエ　　３　イオ　　４　ウエ　　５　ウオ

第７問　次のアからオまでの記述のうち，**判例の趣旨に照らし誤っているもの**の組合せは，後記１から５までのうち，どれか。なお，ＡＢ間において所有権の移転の時期について特段の合意はなされていないことを前提とする。

ア　Ａは，Ｃに無断で，自己の名で，Ｃの所有する甲土地を，Ｂへ売却した。その後，Ａは，Ｃから甲土地の所有権を取得し，当該土地の引渡しを受けた。この場合，Ａが，Ｂからの甲土地の引渡請求を拒否しているとしても，甲土地の所有権はＢに帰属する。

イ　Ａは，所定の期日にＢの住所地にりんご300個を持参し，その引渡しと同時にＢが代金を支払う旨の売買契約を締結した。その後，Ａは，履行期日にりんご300個をＢの住所地に持参したが，りんごの一部が腐敗していたので，Ｂが受取りを拒絶したとしても，当該りんごの所有権はＢに帰属する。

ウ　債務者Ａは，本来の給付に代えて自己の所有する甲土地の所有権を移転する合意を債権者Ｂとした。この場合，甲土地の所有権の登記名義は依然としてＡにあるとしても，甲土地の所有権はＢに帰属する。

エ　Ａは，Ｂとの愛人関係を維持することを条件に，自己の所有する既登記の甲建物をＢに贈与し，これを引き渡し，その旨の所有権移転登記をした。この場合，甲建物の所有権はＢには帰属しない。

オ　甲土地の所有者Ａから乙建物の建築工事を請け負った請負人Ｂが自ら材料を提供して工事をし，乙建物を完成させた場合において，Ａが乙建物の完成前に，請負代金の全額を契約で定めた支払期日までにＢに支払っていたときは，乙建物のＡに対する引渡しがされていなくても，乙建物の所有権はＡに帰属している。

１　アウ　　２　アオ　　３　イウ　　４　イエ　　５　エオ

第８問　次の対話は，動産の物権変動等に関する教授と学生との対話である。教授の質問に対する次のアからオまでの学生の解答のうち，**判例の趣旨に照らし正しいもの**の組合せは，後記１から５までのうち，どれか。

教授：　民法第178条は，動産に関する物権の譲渡の対抗要件について定めていますが，同条の「引渡し」には，どのような場合が含まれますか。

学生：ア　現実の引渡しだけでなく，簡易の引渡しや指図による占有移転が含まれますが，占有改定は含まれません。

教授：　同じく民法第178条の「第三者」の範囲に，賃借人や受寄者は含まれますか。

学生：イ　賃借人と受寄者は，いずれも「第三者」に含まれます。

教授：　無権利者や不法行為者も，引渡しを受けなければ対抗できない「第三者」にあたりますか。

学生：ウ　いいえ，あたりません。無権利者や不法行為者に対しては，引渡しを受けなくても対抗することができます。

教授：　物権変動の公示という観点からは，理想的には，動産についても登記制度に相当する制度が望ましいといえるものの，現実的ではありませんね。しかし，特定の動産についてのみ登記・登録制度が設けられていますが，どのようなものがありますか。

学生：エ　船舶，自動車のほか，航空機などにも登記・登録制度が設けられています。

教授：　立木の売買に関して，譲受人は明認方法を施したが，その後明認方法が消滅したものとします。明認方法の消滅後，第三者が譲渡人との間で取引関係に入った場合，譲受人はその第三者に対して立木の所有権を対抗することができますか。

学生：オ　はい，いったん明認方法を施した以上，譲受人は第三者に対して，対抗することができます。

１　アイ　　２　アエ　　３　イオ　　４　ウエ　　５　ウオ

第９問　次の対話は，即時取得の成否に関する教授と学生の対話である。教授の質問に対する次のアからオまでの学生の解答のうち，**判例の趣旨に照らし正しいもの**は，幾つあるか。

教授：　ＡはＣから預かっていた登録自動車を，Ｃの許可なく自己の所有物としてＢに売却し，現実に引き渡しました。この場合，Ｂは当該自動車を即時取得しますか。

学生：ア　自動車は動産ですので，Ｂが善意無過失であったときには，即時取得します。

教授：　では，ＡはＣから横領した貴金属をＣの代理人としてＢに売却し，現実に引き渡したという場合はどうですか。

学生：イ　即時取得は代理権の欠缺をも治癒する制度ですので，Ｂは善意無過失であったときには，即時取得します。

教授：　Ａの所有に属するとしてテレビが強制執行に付されたが，そのテレビはＣの所有する物でした。この場合，買受人であるＢが善意無過失で競落すれば，Ｂはテレビの所有権を取得できますか。

学生：ウ　いいえ。即時取得は取引安全保護のための制度ですから，強制競売における競落には適用はなく，Ｂが善意無過失であったとしても，Ｂはテレビの所有権を即時取得できません。

教授：　ＡはＣから預かったパソコンをＣの許可なく自己の所有物としてＢに売却し，その後もＡが引き続きパソコンをＢのために所持することになりました。この場合，Ｂは当該パソコンを即時取得しますか。

学生：エ　ＢはＡから占有改定によってパソコンの占有を取得しているにすぎないので，Ｂが善意無過失であったとしても，Ｂは当該パソコンを即時取得しません。

教授：　即時取得が成立するためには，取得者は善意のみならず無過失でなければなりませんが，無過失は取得者が立証しなければなりませんか。

学生：オ　いいえ。占有者が，占有物の上に行使する権利は，適法に有するものと推定されますので，即時取得を主張する者は，無過失を立証する責任は負いません。

１　１個　　２　２個　　３　３個　　４　４個　　５　５個

第10問　相隣関係に関する次のアからオまでの記述のうち，**判例の趣旨に照らし誤っているもの**の組合せは，後記１から５までのうち，どれか。なお，別段の慣習はないものとする。

ア　土地の所有者は，隣地の竹木の枝が境界線を越えるときは，その竹木の所有者に，その枝を切除させることができるが，竹木の所有者を知ることができず，又はその所在を知ることができないときは，土地の所有者は，その枝を切り取るため必要な範囲内で，隣地を使用することができる。

イ　自動車による通行を前提とする民法第210条第１項に基づく通行権が成立するためには，囲繞地について自動車による通行を認める必要性さえあれば足りる。

ウ　土地の所有者は，他の土地に設備を設置し，又は他人が所有する設備を使用しなければ電気，ガス又は水道水の供給その他これらに類する継続的給付を受けることができないときは，継続的給付を受けるため必要な範囲内で，他の土地に設備を設置し，又は他人が所有する設備を使用することができる。

エ　土地の所有者は，隣地から水が自然に流れて来るのを妨げてはならないし，直接に雨水を隣地に注ぐ構造の屋根その他の工作物を設けてはならない。

オ　井戸，用水だめ，下水だめ，肥料だめ，池，穴蔵又はし尿だめを掘るには境界線から２メートル以上の距離を保たなければならないが，導水管を埋め，又は溝若しくは堀を掘るには，境界線からその深さの２分の１以上の距離を保たなければならないが，１メートルを超えることを要しない。

１　アウ　　２　アオ　　３　イエ　　４　イオ　　５　ウエ

第11問　地役権に関する次のアからオまでの記述のうち，**判例の趣旨に照らし誤っているもの**の組合せは，後記１から５までのうち，どれか。

ア　地役権を設定する際には，地役権者が承役地の所有者に対して支払うべき土地使用の対価の額を定めなければならない。

イ　通行地役権が既に設定され，登記がなされている土地を承役地として，重ねて眺望のために工作物を築造しないことを目的とする地役権を設定することができる。

ウ　甲土地の所有者Ａが，隣地であるＢ所有の乙土地の泉から20年以上にわたり水を汲んでいた場合，Ａは汲水地役権を時効取得することができる。

エ　要役地の共有者が承役地上に地役権を時効取得しそうな場合，地役権を行使する共有者の１人について時効の完成猶予の事由があっても，時効は，各共有者のために進行する。

オ　承役地の所有者は，地役権の行使を妨げない範囲内において，その行使のために承役地の上に設けられた工作物を使用することができるが，この場合には，承役地の所有者は，その利益を受ける割合に応じて，工作物の設置及び保存の費用を分担しなければならない。

１　アウ　　２　アオ　　３　イウ　　４　イエ　　５　エオ

第12問　留置権に関する次のアからオまでの記述のうち，**判例の趣旨に照らし正しいもの**の組合せは，後記１から５までのうち，どれか。

ア　賃貸借契約の目的物である土地が譲渡された場合，賃借人は，土地の譲受人に対し賃借権を対抗することができないときであっても，賃借権は土地に関して生じた債権であるので，留置権を行使して土地の明渡しを拒絶することができる。

イ　土地が二重売買され，第二の買主へ所有権移転登記がされた場合，第一の買主は，第二の買主からの土地明渡し請求に対して，自己への所有権移転が履行不能となったことを理由として得た損害賠償請求権をもって，当該土地につき留置権を主張することができる。

ウ　建物の賃借人が，賃貸借終了後，有益費の償還請求権を被担保債権として留置権を行使している場合において，賃貸人の請求により裁判所がその償還について期限を許与したときは，留置権は消滅する。

エ　AがBの所有する甲建物を権原がないことを知りながら占有を開始した場合であっても，その後にAが甲に関して生じた債権を取得したときは，Aは，その債権の弁済を受けるまで，甲を留置することができる。

オ　土地の賃貸借の終了後に，借地人であった者が借地の留置権に基づき当該土地上の建物を第三者に賃貸するには，債務者の承諾を得なければならない。

１　アイ　　２　アエ　　３　イオ　　４　ウエ　　５　ウオ

第13問　質権において，質権者が質物を任意に設定者に返還した場合，これによって質権が消滅するかについて，

A説：　質権は消滅せず，動産質の場合は第三者に対抗することができなくなるにすぎない。

B説：　質権そのものが消滅する。

という２つの説が対立しているが，次のアからオまでの記述のうち，**適切でないもの**の組合せは，後記１から５までのうち，どれか。

ア　A説よりB説の方が，占有による公示の機能を重視している。

イ　B説は，動産所有権移転の対抗要件が占有改定で足りることを根拠としている。

ウ　B説は，不動産質権が登記によって公示されることを重視している。

エ　A説は，質物の継続占有を動産質権の第三者に対する対抗要件としている民法第352条の反対解釈に素直である。

オ　B説よりA説の方が，取引の安全を図ることができる。

(参考)

民法

(動産質の対抗要件)

第352条　動産質権者は，継続して質物を占有しなければ，その質権をもって第三者に対抗することができない。

１　アイ　　２　アオ　　３　イウ　　４　ウエ　　５　エオ

第14問　法定地上権に関する次のアからオまでの記述のうち，**判例の趣旨に照らし正しいもの**の組合せは，後記１から５までのうち，どれか。

ア　土地及び建物に順位１番の共同抵当が設定された後，当該建物が取り壊され，同土地上に土地所有者所有の新建物が建築された。当該新建物について，土地抵当権者のために順位１番の抵当権が設定されたときは，新建物の建築後，抵当権設定前に，新建物に設定された抵当権の被担保債権に優先する国税債権が存在する場合であっても，特段の事情がない限り，新建物のために法定地上権が成立する。

イ　土地及び同土地上の建物を所有するＡは，当該土地のみにＢのための抵当権を設定した。建物の登記がＡの前主であるＣ名義であった場合であっても，Ａは，土地を競売によって買い受けたＤに対して，法定地上権を主張することができる。

ウ　Ａ所有の甲土地上にＡの子であるＢ所有の乙建物がある場合において，ＢがＣのために乙建物に抵当権を設定した後，Ａが死亡してＢが単独で甲土地を相続し，その後，抵当権が実行され，Ｄが競落したときは，乙建物について法定地上権が成立する。

エ　ＡとＢが共有する甲土地上にＡが所有する乙建物があるところ，Ａが甲土地の共有持分について抵当権を設定した場合において，抵当権の実行によりＣがその共有持分を取得したときは，法定地上権が成立する。

オ　法定地上権の成立後に建物の競落があり，建物を競落して法定地上権を承継した者は，その建物所有権を取得した後の地代支払義務を負担すべきであるが，それ以前の未払い地代については，その債務の引受けをしない限り，これを当然には負担しない。

１　アエ　　２　アオ　　３　イウ　　４　イオ　　５　ウエ

第15問　譲渡担保の法的構成については，次の二つの見解がある。

第１説　譲渡担保の目的物の所有権は，譲渡担保権者が有している。

第２説　譲渡担保の目的物の所有権は，譲渡担保権設定者のもとにとどまっており，譲渡担保権者が有するのは，担保権である。

これらの見解に対する次のアからオまでの記述のうち，**「この説」が第１説を指すもの**の組合せは，後記１から５までのうち，どれか。

ア　この説は，他説に比べて，当事者の合理的意思を重視するものである。

イ　この説によると，被担保債権の弁済期前に譲渡担保権者から目的動産の譲渡を受けた第三者は，有効に所有権を取得することはない。

ウ　この説は，登記実務や民事執行上の取扱いを根拠としている。

エ　この説によれば，動産の所有者が譲渡担保権を設定してこれを占有改定により引き渡した後，善意無過失の第三者のため更に譲渡担保権を設定して現実の引渡しをした場合，後の譲渡担保権者が譲渡担保権を実行したときは，前の譲渡担保権者は後の譲渡担保権者が弁済に充てた後の余剰金から，優先弁済を受けることになる。

オ　この説によると，譲渡担保権設定者から目的不動産を譲り受けた第三者は，登記を得ている譲渡担保権者に対してその権利を対抗することができない。

１　アウ　　２　アエ　　３　イエ　　４　イオ　　５　ウオ

第16問　次の対話は，選択債権に関する教授と学生との対話である。教授の質問に対する次のアからオまでの学生の解答のうち，**正しいもの**は，幾つあるか。

教授：　選択債権とは，数個の給付の中から選択によって定まる１個の給付を目的とする債権のことをいいますが，この給付を選択する権利は，特約がない場合には，誰が有することになりますか。

学生：ア　給付を受けるのは債権者ですから，債権者がその内容を決定する選択権を有しています。

教授：　では，選択権を特約によって第三者が有するとすることもできますが，その場合，選択の意思表示は，債権者又は債務者のいずれかに対してなされれば足りますか。

学生：イ　いいえ。双方に対してする必要があります。

教授：　具体例で考えてみましょう。売主Ａが二つの花瓶のうちいずれか一方を選択して買主Ｂに給付する旨の売買契約が締結された後に，Ｂの過失で一方の花瓶が割れてしまったとします。この場合，Ａは残ったもう一つの花瓶をＢに引き渡さなければならなくなりますか。

学生：ウ　その場合，債権は残存するものに特定しませんから，Ａは残ったもう一つの花瓶をＢに引き渡す必要はありません。

教授：　それでは，第三者Ｃの過失で一方の花瓶が割れてしまった場合は，Ａは残ったもう一つの花瓶をＢに引き渡さなければならなくなりますか。

学生：エ　この場合は，債権は残存するものに特定しますから，Ａは残ったもう一つの花瓶をＢに引き渡さなければなりません。

教授：　選択権の行使によって確定した債権の効力は，いつから生じますか。

学生：オ　選択は，第三者の権利を害しない限り，債権の発生の時にさかのぼってその効力を生ずるとされています。

１　０個　　２　１個　　３　２個　　４　３個　　５　４個

第17問　債権の譲渡に関する次のアからオまでの記述のうち，**誤っているもの**の組合せは，後記１から５までのうち，どれか。

ア　将来発生すべき債権を目的とする債権譲渡契約は，その目的とされる債権が発生する相当程度の可能性が契約締結時に認められないときは，無効である。

イ　当事者が債権の譲渡を禁止し，又は制限する旨の意思表示をしたときであっても，債権（預貯金債権を除く。）の譲渡は，その効力を妨げられないが，譲渡制限の意思表示がされたことを知り，又は重大な過失によって知らなかった譲受人その他の第三者に対しては，債務者は，その債務の履行を拒むことができ，かつ，譲渡人に対する弁済その他の債務を消滅させる事由をもってその第三者に対抗することができる。

ウ　譲渡制限の意思表示がされた債権（預貯金債権を除く。）に対する強制執行をした差押債権者は，当該債権に譲渡制限の意思表示がされたことを知っていたとしても，転付命令によって当該債権を取得することができる。

エ　譲渡制限の意思表示がされた債権が譲渡された場合，譲受人が譲渡制限の意思表示がされたことを過失なく知らなかったときであっても，債務者は，弁済の責任を免れるために，その債権の全額に相当する金銭を供託することができる。

オ　譲渡制限の意思表示がされた債権の全額が譲渡された場合において，譲渡人について破産手続開始の決定があったときは，債権譲渡について第三者対抗要件を備えた譲受人は，債務者にその債権の全額に相当する金銭の供託をするよう請求することができる。

１　アイ　　２　アウ　　３　イエ　　４　ウオ　　５　エオ

第18問　次のアからカまでの（　　　）に「買戻し」又は「再売買の予約」のいずれかを入れて文章を完成させた場合，**民法によれば，「再売買の予約」を入れたときのみ内容が適切になるもの**は，幾つあるか。

ア　（　　　）の目的物は，不動産に限定されない。

イ　（　　　）の代金は，買主が支払った代金と契約の費用を加えた額に限られない。

ウ　（　　　）の対抗要件は，最初の売買契約における所有権移転登記に，付記登記をすることであり，売買契約と同時になされなければならない。

エ　（　　　）の権利は，譲渡の対象となり，義務者の承諾は不要である。

オ　（　　　）は消滅時効にかかるほかは，その権利行使期間に制限はない。

カ　目的物が第三者に譲渡された場合，（　　　）の権利の行使は，譲受人に対してなす必要がある。

１　０個　　　２　１個　　　３　２個　　　４　３個　　　５　４個

第19問　不法行為に関する次のアからオまでの記述のうち，**判例の趣旨に照らし正しいもの**の組合せは，後記１から５までのうち，どれか。

ア　建物の賃借人が，過失による出火により借家を全焼させた上，近隣の住宅まで延焼させてしまった場合，当該過失が軽過失にとどまる場合は，当該賃借人は，近隣の住民に対しても，建物の賃貸人に対しても，責任を負わない。

イ　精神上の障害により自己の行為の責任を弁識する能力を欠く状態にある間に他人に損害を加えた者は，過失によって一時的にその状態を招いたとしても，損害賠償の責任を負わない。

ウ　路上でナイフを振り回して襲ってきた暴漢から自己の身を守るために他人の家の窓を割って逃げ込んだ者には，正当防衛が成立する。

エ　交通事故により介護を要する状態となった被害者が加害者に対する損害賠償請求訴訟の係属中に事故とは別の原因で死亡した場合は，被害者の相続人は，加害者に対し，死亡後の期間についての介護費用を交通事故による損害として請求することはできない。

オ　不法行為による損害賠償の請求権は，不法行為の時から20年間行使しないときは，除斥期間の経過によって消滅する。

１　アイ　　　２　アオ　　　３　イウ　　　４　ウエ　　　５　エオ

第20問　婚姻の要件に関する次のアからオまでの記述のうち，**判例の趣旨に照らし誤っているもの**の組合せは，後記１から５までのうち，どれか。

ア　婚姻は，男も女も，18歳になれば，することができるが，原則として父母の同意を得なければならない。

イ　前婚の協議離婚が離婚意思を欠き無効であるために重婚状態が生じた場合であっても，その後に後婚が離婚により解消されたときは，重婚者本人が死亡したときとは異なり，特段の事情がない限り，重婚を理由として後婚の取消しを求めることはできない。

ウ　女は，前婚の解消又は取消しの日から起算して100日を経過した後でなければ，再婚をすることができない。

エ　実子とその実親の弟とは，一方の特別養子縁組により親族関係が終了した後も，婚姻することができない。

オ　Ａ女がＢ女の養子になっている場合において，Ｂ女がＣ男と婚姻し，その後ＡＢ間の離縁が成立した後，Ｂ女がＣ男と離婚した場合は，Ａ女はＣ男と婚姻することができる。

１　アウ　　２　アエ　　３　イエ　　４　イオ　　５　ウオ

第21問　親権の喪失・停止等に関する次のアからオまでの記述のうち，**正しいもの**の組合せは，後記１から５までのうち，どれか。

ア　父又は母による虐待又は悪意の遺棄があるときその他父又は母による親権の行使が著しく困難又は不適当であることにより子の利益を著しく害するときは，２年以内にその原因が消滅する見込みがあるときを除き，家庭裁判所は，子の親族，未成年後見人，未成年後見監督人又は検察官の請求により，その父又は母について，親権喪失の審判をすることができるが，子を親権喪失の審判の申立権者に含めると，親子関係を再構築することができなくなるから，子は，親権喪失の審判を請求することができない。

イ　父又は母による親権の行使が困難又は不適当であることにより子の利益を害するときは，家庭裁判所は，子，その親族，未成年後見人，未成年後見監督人又は検察官の請求により，その父又は母について，親権停止の審判をすることができるが，家庭裁判所は，親権停止の審判をするときは，その原因が消滅するまでに要すると見込まれる期間，子の心身の状態及び生活の状況その他一切の事情を考慮して，２年を超えない範囲内で，親権を停止する期間を定める必要がある。

ウ　家庭裁判所は，親権喪失の申立てに対して，子の心身の状態及び生活の状況その他一切の事情を考慮して，親権の一部を制限する審判をすることができる。

エ　父又は母による管理権の行使が困難又は不適当であることにより子の利益を害するときは，家庭裁判所は，子，その親族，未成年後見人，未成年後見監督人又は検察官の請求により，その父又は母について，管理権喪失の審判をすることができる。

オ　親権喪失，親権停止又は管理権喪失の審判の原因が消滅したときは，家庭裁判所は，本人，その親族又は検察官の請求によって，それぞれ親権喪失，親権停止又は管理権喪失の審判を取り消すことができる。

１　アウ　　２　アオ　　３　イエ　　４　イオ　　５　ウエ

第22問　相続財産の範囲に関する次のアからオまでの記述のうち，**判例の趣旨に照らし正しいもの**の組合せは，後記１から５までのうち，どれか。

ア　相続人は，相続開始の時から，一身専属的な性質を有するものを除き，被相続人の財産に属した一切の権利義務を承継するが，不法行為による慰謝料請求権は，被害者自身の精神的損害を補填するためのものであるから相続財産には含まれない。

イ　相続人が数人ある場合において，被相続人が祖先の祭祀を主宰すべき者を指定していなかったとしても，被相続人が所有していた墳墓は，遺産分割の対象とならない。

ウ　共同相続された定期貯金債権のみならず，普通預金債権及び通常貯金債権も，相続開始と同時に当然に相続分に応じて分割されることはなく，遺産分割の対象となるが，各共同相続人は，遺産に属する預貯金債権のうち相続開始の時の債権額の３分の１に当該共同相続人の法定相続分を乗じた額（標準的な当面の必要生計費，平均的な葬式の費用の額その他の事情を勘案して預貯金債権の債務者ごとに法務省令で定める額を限度とする。）については，当該共同相続人が遺産の一部の分割によりこれを取得したものとみなして，単独でその権利を行使することができる。

エ　相続開始後，遺産分割前に共同相続人の１人が，相続財産に属する財産を処分した場合，当該財産は遺産分割の対象となる相続財産ではなくなるため，残余の相続財産について遺産分割を行い，共同相続人間の不公平が生じたときには，別途訴訟等により回復する必要がある。

オ　遺産である賃貸不動産から相続開始後に生じた賃料債権についても，遺産分割によって当該不動産を取得した者が，相続開始時に遡って取得する。

１　アイ　　２　アオ　　３　イウ　　４　ウエ　　５　エオ

第23問　相続の承認及び放棄に関する次のアからオまでの記述のうち，**判例の趣旨に照らし正しいもの**の組合せは，後記１から５までのうち，どれか。

ア　被保佐人は，相続の限定承認をするには保佐人の同意を得てしなければならないが，相続の放棄をするには保佐人の同意を得る必要はない。

イ　共同相続人各人が自己のために相続があったことを知った時期が異なる場合には，最後に知った者の熟慮期間が満了するまで，他の相続人も限定承認をすることができる。

ウ　相続人が相続の承認又は放棄をしないで死亡した場合におけるその者の相続人が相続の承認又は放棄をすべき期間の起算点としての「自己のために相続の開始があったことを知った時」とは，相続の承認又は放棄をしないで死亡した者の相続人が，当該死亡した者からの相続により，当該死亡した者が承認又は放棄をしなかった相続における相続人としての地位を，自己が承継した事実を知った時をいう。

エ　限定承認をした相続人が数人ある場合には，家庭裁判所は，相続人の申立てがあるときは，相続人の中から，相続財産の清算人を選任しなければならないが，この相続財産の清算人は，相続人のため，これに代わって，相続財産の管理及び債務の弁済に必要な一切の行為をする権限を有する。

オ　相続人が債権者を害する目的で相続の放棄をした場合，債権者は，その相続の放棄の取消しを裁判所に請求することができる。

１　アエ　　２　アオ　　３　イウ　　４　イエ　　５　ウオ

第24問　中止犯に関する次のアからオまでの記述のうち，**判例の趣旨に照らし正しいもの**は，幾つあるか。

ア　Aは，Bと口論となり，両手でBを突き飛ばしたところ，Bは路上に倒れて頭を打って動かなくなった。Aは悪いことをしたと反省し，Bを病院に担ぎ込んだ。Bの負傷は，放置すれば死に至るほど，重大なものであったが，手当てが早かったので一命を取り留めた。この場合，Aに中止未遂が成立する。

イ　AはB宅に盗みに入ることを計画し，B宅に侵入した。そしてB宅で物色を始めたが，Bが警察に通報したことに気付いて犯行を断念し，何も盗まずに逃走した。この場合，Aに中止未遂は成立しない。

ウ　放火の実行に着手したAが，その結果の発生を防止するために真剣に努力したとしても，結果の発生を防止したことにつき他人の援助を受けたときは，中止犯は成立しない。

エ　Aは，不同意性交目的でB女宅に忍び込んだが，その直後に，良心の呵責を感じ，B女を発見する前に，B女宅から退去した。この場合，Aに中止未遂は成立しない。

オ　殺人を計画して凶器を用意したAが，実行に着手する前に悔悟して計画を取りやめたとしても，刑が免除されることはない。

1　0個　　2　1個　　3　2個　　4　3個　　5　4個

第25問　信用及び業務に対する罪に関する次のアからオまでの記述のうち，**判例の趣旨に照らし正しいもの**の組合せは，後記１から５までのうち，どれか。

ア　信用毀損罪は，経済的な側面における人の社会的な評価を保護するものであり，同罪における「信用」には，人の支払能力又は支払意思に対する社会的な信頼だけでなく，販売される商品の品質に対する社会的な信頼も含まれる。

イ　偽計業務妨害罪における「偽計」とは，人を欺罔し，あるいは人の錯誤又は不知を利用することをいい，電話料金の支払を免れるための機器を電話回線に取り付けて課金装置の作動を不能にする行為は，これに該当しない。

ウ　威力業務妨害罪における「威力」は，客観的にみて被害者の自由意思を制圧するに足りる勢力であればよく，現実に被害者が自由意思を制圧されたことを要しない。

エ　威力業務妨害罪における「威力」は，被害者の面前で行使される必要があるので，被害者が執務のために日頃使っている机の引き出しに猫の死骸をひそかに入れた場合，後に被害者がこれを発見するに至ったとしても，威力業務妨害罪は成立しない。

オ　人の業務に使用する電子計算機に対して不正な指令を入力した場合，その指令の内容が人の業務を妨害するおそれのあるものであれば，当該電子計算機の動作に影響を及ぼしていなくても，電子計算機損壊等業務妨害罪の既遂犯が成立し得る。

１　アウ　　２　アオ　　３　イウ　　４　イエ　　５　エオ

第26問　放火罪に関する次のアからオまでの記述のうち，**判例の趣旨に照らし誤っているもの**の組合せは，後記１から５までのうち，どれか。

ア　他人が所有する現住家屋に放火する目的で侵入し，室内のカーテンに火を放ったが，カーテンを全焼したところで火が消し止められた場合は，現住建造物放火未遂罪が成立する。

イ　甲が憂さ晴らしの目的で，甲の世帯を含めて計30世帯が居住するマンション内部に設置されたエレベーターのかご内に，灯油を染み込ませて点火した新聞紙を投げ入れて放火したが，エレベーターのかごの側壁を焼損したにとどまり，住居部分には延焼しなかった場合，甲には，現住建造物等放火未遂罪が成立する。

ウ　甲所有の現住家屋に放火する目的で，誰も使用していない乙所有の隣接家屋に放火したが，乙所有家屋も焼損に至らなかったとしても，現住建造物放火未遂罪が成立する。

エ　他人が所有する自動二輪車を燃やす目的で火をつけようとしたが，隣家に燃え移らないように近隣の広場で火を放ったところ，近隣の他人の住む家屋に燃え移ってしまった場合は，建造物等以外放火罪は成立しないが，延焼罪が成立する。

オ　自宅前で家庭ごみを燃やす目的で火をつけようとしたが，隣家に燃え移らないように注意して火を放ったものの，近隣の他人の住む家屋に燃え移ってしまった場合，延焼罪が成立する。

１　アウ　　２　アエ　　３　イエ　　４　イオ　　５　ウオ

第27問　株式会社の発起人に関する次のアからオまでの記述のうち，**誤っているもの**の組合せは，後記１から５までのうち，どれか。

ア　発起人は，株式会社の設立に際して成立後の株式会社の資本金及び資本準備金の額に関する事項を定めようとするときは，定款に定めがある場合を除き，発起人全員の同意を得なければならない。

イ　発起人は，定款の作成後にも株式を引き受けることができる。

ウ　発起人は，設立時募集株式の引受人が払込みをしない株式については，これを引き受けたものとみなされる。

エ　発起人のうち出資の履行をしていないものがある場合には，発起人は，当該出資の履行をしていない発起人に対して，期日を定め，その期日の２週間前までに当該出資の履行をしなければならない旨を通知しなければならない。

オ　発起人は，会社の設立に関して第三者に損害を与えた場合には，その職務を行うについて過失がなくても，その第三者に対して損害を賠償しなければならない。

１　アイ　　２　アウ　　３　イエ　　４　ウオ　　５　エオ

第28問　株券不所持の申出に関する次のアからオまでの記述のうち，**正しいもの**の組合せは，後記１から５までのうち，どれか。

ア　株券発行会社の株主は，定款に定めがある場合に限り，当該会社に対し，株券の所持を希望しない旨の申出（以下「株券不所持の申出」という。）をすることができる。

イ　株券発行会社の株主でも，当該株主の有する株式に係る株券が，いまだ発行されていない場合は，株券不所持の申出をすることができない。

ウ　株券発行会社の株主から，既に発行された株券を提出して株券不所持の申出があった場合において，株券を発行しない旨を株主名簿に記載又は記録したときは，当該記載又は記録した時から当該株式会社の株券は，無効となる。

エ　株券不所持の申出をした株券発行会社の株主は，いつでも，株券発行会社に対し，当該申出に係る株券を発行することを請求することができる。

オ　株券不所持の申出をした株券発行会社の株主は，当該申出に係る株式を譲渡する場合は，株券を交付することを要しない。

１　アイ　　２　アオ　　３　イエ　　４　ウエ　　５　ウオ

第29問　株式の併合に関する次のアからオまでの記述のうち，**正しいもの**の組合せは，後記１から５までのうち，どれか。

ア　株式会社は，株式の併合をしようとするときは，その都度，株主総会の特別決議によって，併合する株式の数（株式会社が種類株式発行会社である場合には，併合する株式の種類及び種類ごとの数），株式の併合がその効力を生ずる日，効力発生日における発行可能株式総数を定めなければならない。

イ　会社が会社法上の公開会社である場合であっても，株式の併合により，その効力が生ずる日における発行可能株式総数が発行済株式の総数の４倍を超えることとなることが認められる。

ウ　いかなる場合に株式の併合をなしうるかということに会社法は規制をしていないが，取締役は，株式の併合の内容を決定する株主総会において，株式の併合をすることを必要とする理由を説明しなければならない。

エ　株式会社が株式の併合をすることにより株式の数に一株に満たない端数が生ずる場合には，株式会社は，効力発生日の20日前までに，株主及びその登録株式質権者に対し，株主総会で決議する株式の併合の内容を通知するか又は公告をしなければならない。

オ　会社法上の公開会社においては，株式の併合が法令又は定款に違反する場合において，株主が不利益を受けるおそれがあるときは，６箇月（これを下回る期間を定款で定めた場合にあっては，その期間）前から引き続き株式を有する株主は，株式会社に対し，当該株式の併合をやめることを請求することができる。

１　アイ　　２　アオ　　３　イウ　　４　ウエ　　５　エオ

第30問　株式会社の機関設計に関する次のアからオまでの記述のうち，**正しいもの**の組合せは，後記１から５までのうち，どれか。

ア　監査役設置会社又は監査等委員会設置会社は，公開会社でなくても，必ず取締役会を置かなければならない。

イ　監査等委員会設置会社及び指名委員会等設置会社は，監査役を置いてはならないが，監査等委員会設置会社及び指名委員会等設置会社でない取締役会設置会社は，必ず監査役を置かなければならない。

ウ　監査等委員会設置会社及び指名委員会等設置会社でない会計監査人設置会社は，監査役を置かなければならない。

エ　監査等委員会設置会社及び指名委員会等設置会社は，大会社でなくても，取締役会及び会計監査人を置かなければならない。

オ　監査等委員会設置会社及び指名委員会等設置会社でない大会社は，必ず監査役会を置かなければならない。

１　アイ　　２　アオ　　３　イウ　　４　ウエ　　５　エオ

第31問　指名委員会等設置会社の執行役に関する次のアからオまでの記述のうち，**正しいもの**の組合せは，後記１から５までのうち，どれか。

ア　法人も，成年被後見人も，執行役となることはできない。

イ　指名委員会については，監査委員会とは異なり，委員の過半数が執行役を兼ねることもできる。

ウ　執行役の任期は，定款又は株主総会の決議によって短縮しない限り，選任後１年以内に終了する事業年度のうち最終のものに関する定時株主総会の終結の時までである。

エ　執行役が使用人を兼ねている場合は，執行役の個人別の報酬のみならず，使用人としての報酬についても，報酬委員会がその内容を決定する。

オ　執行役が２人以上ある場合の代表執行役の選定は，取締役会の委任により，執行役の過半数をもって行うことはできない。

１　アイ　　２　アオ　　３　イウ　　４　ウエ　　５　エオ

第32問　株式会社の資本金及び準備金に関する次のアからオまでの記述のうち，**正しいもの**の組合せは，後記１から５までのうち，どれか。

ア　募集株式の発行に際して株主となる者が払込み又は給付をした財産の額のうち，その２分の１を超えない額は資本金として計上しないことができるが，資本金として計上しないこととした額は，資本準備金又は利益準備金として計上しなければならない。

イ　剰余金の配当をする場合には，株式会社は，法務省令で定めるところにより，当該剰余金の配当により減少する剰余金の額に10分の１以上の割合を乗じて得た額を利益準備金として計上しなければならない。

ウ　株式会社が資本金の額を減少する場合においては，減少する資本金の額の全部又は一部を資本準備金とすることはできるが，利益準備金とすることはできない。

エ　剰余金の分配の財源とするために資本準備金の額を減少することもできる。

オ　株式会社は，定時株主総会の特別決議によって，剰余金の額を減少して準備金の額を増加することができる。

１　アイ　　２　アウ　　３　イオ　　４　ウエ　　５　エオ

第33問　株式会社の清算に関する次のアからオまでの記述のうち，**正しいもの**の組合せは，後記１から５までのうち，どれか。

ア　裁判所が選任した清算人も，株主総会の特別決議によれば解任することができる。

イ　清算株式会社においては，株式の譲渡制限に関する定めを廃止したとしても，監査役は退任しない。

ウ　清算人会は，原則として，代表清算人が招集するが，清算人会を招集する清算人を定款又は清算人会で定めたときは，その清算人が招集する。

エ　清算中の株式会社であっても，各清算事務年度に係る貸借対照表及び事務報告並びにこれらの附属明細書を作成しなければならない。

オ　清算株式会社の財産がその債務を完済するのに足りないことが明らかになったときは，清算人は，直ちに破産手続開始の申立てをしなければならず，清算株式会社が破産手続開始の決定を受けた場合は，清算人は，その時に任務を終了する。

１　アウ　　２　アオ　　３　イエ　　４　イオ　　５　ウエ

第34問　株式交換及び株式移転に関する次のアからオまでの記述のうち，**誤っているもの**の組合せは，後記１から５までのうち，どれか。

ア　株式交換をする場合においても，株式移転をする場合においても，株式会社又は合同会社と株式会社との間で，契約を締結しなければならない。

イ　株式交換をする場合においても，株式移転をする場合においても，原則として，債権者は異議を述べることができない。

ウ　株式交換の効力は，株式交換契約で定められた効力発生日に発生するが，株式移転の効力は，株式移転設立完全親会社の本店の所在地において設立の登記がされた日に発生する。

エ　株式交換完全子会社は，効力発生日から６か月間，株式交換に関する事項を記載し，又は記録した書面又は電磁的記録をその本店に備え置かなければならないが，株式移転完全子会社は，株式移転設立完全親会社の成立の日から６か月間，株式移転に関する事項を記載し，又は記録した書面又は電磁的記録をその本店に備え置かなければならない。

オ　株式交換の無効は，訴えによらなくても主張することができるが，株式移転の無効は，訴えをもってのみ主張することができる。

１　アイ　　２　アオ　　３　イウ　　４　ウエ　　５　エオ

第35問　商人間の売買に関する次のアからオまでの記述のうち，**正しいもの**の組合せは，後記１から５までのうち，どれか。

ア　買主が売買の目的物の受領を拒んだ場合において，その目的物について損傷その他の事由による価格の低落のおそれがあるときは，売主は，相当の期間を定めて催告をすることなく，その目的物を競売に付することができる。

イ　売買の性質又は当事者の意思表示により，特定の日時又は一定の期間内に履行をしなければ契約をした目的を達することができない場合において，当事者の一方が履行をしないでその時期を経過したときは，相手方は，催告をすることなく，直ちに契約を解除することができる。

ウ　売買の目的物が種類，品質又は数量に関して契約の内容に適合しないことにつき売主が悪意であった場合でも，買主は，売買の目的物を受領した際に遅滞なくその物を検査することを怠ったときは，売主にその不適合を理由とする履行の追完の請求，代金の減額の請求，損害賠償の請求及び契約の解除をすることができない。

エ　売買の目的物が種類，品質又は数量に関して契約の内容に適合しないことを直ちに発見することができない場合において，買主が６か月以内にその不適合を発見したときは，６か月の期間が満了するまでに売主に対してその旨の通知を発しなければ，その不適合を理由とする履行の追完の請求，代金の減額の請求，損害賠償の請求及び契約の解除をすることができなくなる。

オ　買主が売買の目的物を受領している場合は，売主及び買主の営業所（営業所がない場合にあっては，その住所）が同一の市町村の区域内にある場合を除き，買主は，契約の解除をしたときであっても，遅滞なくその物を売主に返還する必要はないが，売主の費用をもって売買の目的物を保管し，又は供託しなければならない。

１　アウ　　２　アオ　　３　イエ　　４　イオ　　５　ウエ

第2回　午後の部　試験問題

注意点

(1)　後掲の答案用紙の該当欄の記入例に従って，受験地，受験番号，氏名を必ず記入してください。

(2)　試験時間は，3時間です。

(3)　試験問題は，多肢択一式（第1問から第35問まで）と記述式（第36問及び第37問）から成り，配点は，多肢択一式が105点満点，記述式が70点満点です。

(4)　①　**多肢択一式問題の解答**は，多肢択一式答案用紙の解答欄に，正解と思われるものの番号の枠内を，マーク記入例に従い，濃く塗りつぶす方法で示してください。正解は，すべて一つです。したがって，解答欄へのマークは，各問につき1か所だけにしてください。二つ以上の箇所にマークがされている欄の解答は，無効とします。解答を訂正する場合には，プラスチック消しゴムで完全に消してから，該当欄の枠内をマークしてください。

②　答案用紙への記入は，**鉛筆（B又はHB）**を使用してください。該当欄の枠内をマークしていない解答及び鉛筆を使用していない解答は，無効とします。

(5)　**記述式問題の解答**は，所定の答案用紙に記入してください。所定の箇所に書ききれないときは，その用紙の裏面を使用してください。答案用紙への解答の記入は，**万年筆又はボールペン**（いずれも黒色のインクに限ります。ただし，インクがプラスチック消しゴムで消せるものを除きます。）を使用してください。所定の答案用紙以外の用紙に記入した解答及び上記万年筆又はボールペン以外の鉛筆等の筆記具によって記入した解答は，その部分につき無効とします。答案用紙の会員番号及び氏名欄以外の箇所に，特定の氏名等を記入したものは，無効とします。

(6)　答案用紙は，汚したり，折り曲げたりしないでください。また，書損じをしても補充しません。

(7)　試験時間中，不正行為があったときは，その者の受験は直ちに中止され，その答案は，無効なものとして扱われます。

(8)　試験問題に関する質問には，一切お答えいたしません。

(9)　本書自体又はその違法コピーの販売・購入は，著作権法違反として刑事罰の対象となりますので，それらの行為を禁じます。

第１問　当事者の欠席に関する次のアからオまでの記述のうち，**正しいもの**の組合せは，後記１から５までのうち，どれか。

ア　攻撃防御方法の趣旨が明確でなく，当事者が釈明すべき期日に欠席した場合であっても，裁判所はその証拠の請求を却下することはできない。

イ　裁判所は，当事者双方が最初にすべき口頭弁論の期日に欠席した場合であっても，当事者が提出した訴状及び答弁書を陳述したものとみなすことができる。

ウ　裁判所は，公示送達による呼出しを受けた被告が口頭弁論の期日に欠席した場合であっても，原告の主張する事実を自白したものとみなすことはできない。

エ　原告が請求を棄却する判決に対して控訴を提起した場合において，当事者双方が控訴審の口頭弁論の期日に欠席し，１か月以内に期日指定の申立てをしなかったときは，訴えの取下げがあったものとみなされる。

オ　当事者の一方が口頭弁論期日に欠席したにすぎない場合には，審理の現状及び訴訟追行の状況を考慮して相当と認めるときであっても，出席当事者からの申出がなければ裁判所は終局判決をすることはできない。

１　アイ　　２　アオ　　３　イエ　　４　ウエ　　５　ウオ

第２問　裁判所による証拠認定等に関する次のアからオまでの記述のうち，**誤っているもの**の組合せは，後記１から５までのうち，どれか。

ア　外国においてすべき証拠調べは，その国の管轄官庁又はその国に駐在する日本の大使，公使若しくは領事に嘱託してしなければならないので，外国においてした証拠調べがその国の法律に違反する場合は，我が国の民事訴訟法に違反しないときでも，その効力を有しない。

イ　裁判所は，決定で完結すべき事件については，当事者本人のみならず，当事者が申し出た参考人を審尋することもできるが，相手方がある事件については，当事者双方が立ち会うことができる審尋の期日においてしなければならない。

ウ　当事者が文書提出命令に従わないとき又は当事者が相手方の使用を妨げる目的で提出の義務がある文書を滅失させ，その他これを使用することができないようにしたときは，裁判所は，当該文書の記載に関する相手方の主張を真実と認めることができるにすぎないが，この場合において，相手方が，当該文書の記載に関して具体的な主張をすること及び当該文書により証明すべき事実を他の証拠により証明することが著しく困難であるときは，裁判所は，その事実に関する相手方の主張を真実と認めることができる。

エ　裁判所は，一方の当事者が提出した証拠を，その者に有利な事実認定にだけ使用することができるわけではなく，相手方に有利な事実認定のためにも使用することができる。

オ　損害が生じたことは認められるとしても，損害の額が立証されない以上，裁判所は，口頭弁論の全趣旨及び証拠調べの結果に基づき，相当な損害額を認定することはできない。

１　アイ　　　２　アオ　　　３　イエ　　　４　ウエ　　　５　ウオ

第３問　証拠の申出に関する次のアからオまでの記述のうち，**判例の趣旨に照らし正しいもの**の組合せは，後記１から５までのうち，どれか。

ア　証拠の申出は，証明すべき事実及びこれと証拠との関係を具体的に明示した書面によって行わなければならない。

イ　適法な証拠の申出があれば，裁判所は，証拠調べについて不定期間の障害があるときを除き，必ず証拠調べをしなければならない。

ウ　証拠決定がされた後であっても，証拠調べを開始する前であれば，証拠の申出を撤回することができる。

エ　裁判所は，当事者が時機に後れて証拠の申出をした場合は，その申出を不適法として却下することができる。

オ　証拠の申出を却下する裁判に対しては，原則として，抗告をすることができる。

１　アイ　　２　アオ　　３　イウ　　４　ウエ　　５　エオ

第４問　次の対話は，原告Ｘと被告Ｙとの間の訴訟の既判力に関する教授と学生との対話である。教授の質問に対する次のアからオまでの学生の解答のうち，**判例の趣旨に照らし誤っているもの**の組合せは，後記１から５までのうち，どれか。

教授：　ＸＹ間の訴訟が建物収去土地明渡請求訴訟であるとして，請求認容の判決が確定した後に，Ｙが請求異議訴訟を提起して，建物買取請求権を行使したことを主張することができるでしょうか。

学生：ア　建物買取請求権は，事実審の口頭弁論終結前に主張すべきものであるため，前訴判決の既判力により，主張することはできません。

教授：　では，同じく建物収去土地明渡請求訴訟で，請求認容の判決が確定したとして，ＹがＺに対して建物を譲渡している場合，判決の効力はＺにも及びますか。

学生：イ　事実審の口頭弁論終結後に譲渡したのであれば，判決の効力はＺにも及びます。

教授：　次に，ＸＹ間の訴訟が売買代金支払請求訴訟であるとして，請求認容の判決が確定した後に，Ｙが，後訴において，当該売買契約はＸの詐欺により締結したものであるから取り消す旨を主張することはできますか。

学生：ウ　事実審の口頭弁論終結後に取消権を行使したのであれば，主張することができます。

教授：　それでは，同じく売買代金支払請求訴訟で，Ｘの請求額が100万円であるとして，ＹがＸに対して有する120万円の貸金債権と対等額について相殺する旨の抗弁を主張し，それが認められて請求棄却の判決が確定した後に，Ｙは，後訴において，Ｘに対して貸金の返還を求めることはできますか。

学生：エ　その場合，前訴判決の既判力により，120万円全額を請求することはできませんが，20万円を請求することはできます。

教授：　事例を変えて，ＸがＹに対して，甲土地について売買による単独所有を主張して所有権の確認を求める訴えを提起したが，その請求を棄却する判決が確定したとします。この場合において，Ｘが甲土地を売買ではなく相続により取得したものであったとして，相続による共有持分の取得を主張し，共有持分権の確認を求める訴えを新たに提起することはできますか。

学生：オ　そのような主張は前訴判決の既判力に抵触するものであり，許されません。

１　アイ　　２　アウ　　３　イオ　　４　ウエ　　５　エオ

第５問　補助参加に関する次のアからオまでの記述のうち，**判例の趣旨に照らし誤っているもの**の組合せは，後記１から５までのうち，どれか。

ア　補助参加の申出は，書面又は口頭で，参加の趣旨及び理由を明らかにして，補助参加により訴訟行為をすべき裁判所にしなければならない。

イ　通常共同訴訟においては，共同訴訟人間に共通の利害関係があるときでも，補助参加の申出をしない限り，当然には補助参加をしたと同一の効果を生ずるものではない。

ウ　補助参加人は，補助参加をした訴訟において証人となることができる。

エ　貸主Ｘの借主Ｙに対する貸金返還請求訴訟において，Ｙの連帯保証人ＺがＹに補助参加した場合，Ｙが自白をしても，Ｚは，その自白に係る事実を争うことができる。

オ　補助参加に係る訴訟における判決の補助参加人に対する効力（いわゆる参加的効力）は，判決の主文中の訴訟物に係る判断の前提として理由中でされた事実の認定や先決的権利関係の存否についての判断には生じない。

１　アイ　　２　アウ　　３　イエ　　４　ウオ　　５　エオ

第６問　民事保全に関する次のアからオまでの記述のうち，**誤っているもの**の組合せは，後記１から５までのうち，どれか。

ア　保全命令は，申立てにより，裁判所が行うが，急迫の事情があるときは，裁判長が，命令の形式で発することができる。

イ　保全命令の申立書には，当事者の氏名又は名称及び住所（債務者を特定することができない場合にあっては，その旨）並びに代理人の氏名及び住所のほか，申立ての趣旨及び理由を記載しなければならないが，保全命令の申立ての理由においては，保全すべき権利又は権利関係及び保全の必要性を具体的に記載し，かつ，立証を要する事由ごとに証拠を記載しなければならない。

ウ　債権に対する仮差押命令の申立書には，第三債務者の氏名又は名称及び住所並びに法定代理人の氏名及び住所を，振替社債等に関する仮差押命令の申立書には，債務者がその口座の開設を受けている振替機関等の名称及び住所を記載しなければならない。

エ　裁判所は，保全異議についての審理を終結するには，相当の猶予期間を置いて，審理を終結する日を決定しなければならないが，口頭弁論又は当事者双方が立ち会うことができる審尋の期日においては，直ちに審理を終結する旨を宣言することができる。

オ　保全仮登記に係る権利の表示が，その保全仮登記に基づく本登記をすべき旨の本案の債務名義における権利の表示と符合しないときは，債権者の申立て又は職権により，本案の債務名義を発した裁判所ではなく，処分禁止の仮処分の命令を発した裁判所によりその命令は更正されるが，この更正決定に対しては即時抗告をすることができるので，この決定が確定したときは，裁判所書記官が保全仮登記の更正を嘱託する。

１　アイ　　２　アオ　　３　イエ　　４　ウエ　　５　ウオ

第７問　少額訴訟債権執行に関する次のアからオまでの記述のうち，**誤っているもの**の組合せは，後記１から５までのうち，どれか。

ア　少額訴訟における確定判決に係る債務名義による金銭債権に対する少額訴訟債権執行の申立ては，当該少額訴訟における確定判決をした簡易裁判所の裁判所書記官に対してする。

イ　少額訴訟債権執行の手続において裁判所書記官が行う執行処分に関しては，その裁判所書記官の所属する簡易裁判所をもって執行裁判所とする。

ウ　少額訴訟債権執行の不許を求める第三者異議の訴えは，執行裁判所ではなく，執行裁判所の所在地を管轄する地方裁判所が管轄する。

エ　少額訴訟債権執行の手続において裁判所書記官が行う執行処分に対しては，執行抗告を申し立てることができる。

オ　執行裁判所が，差し押さえるべき金銭債権の内容その他の事情を考慮して相当と認める場合に，職権で，事件をその所在地を管轄する地方裁判所における債権執行の手続に移行させる決定については，即時抗告をすることができる。

１　アイ　　２　アエ　　３　イウ　　４　ウオ　　５　エオ

第８問　司法書士法に関する次のアからオまでの記述のうち，**誤っているもの**は，幾つあるか。

ア　司法書士及び司法書士法人は，司法書士法の定めるところによりその業務とする登記，供託，訴訟その他の法律事務の専門家として，国民の権利を擁護し，もって自由かつ公正な社会の形成に寄与することを使命とする。

イ　司法書士が精神の機能の障害を有する状態となり司法書士の業務の継続が著しく困難となった場合又は２年以上の休養を要することとなった場合は，その者又はその法定代理人若しくは同居の親族は，遅滞なく，当該司法書士が所属する司法書士会を経由して，日本司法書士会連合会に，その旨を記載した届出書に，病名，障害の程度，病因，病後の経過，治癒の見込みその他参考となる所見を記載した医師の診断書を添付して届け出なければならない。

ウ　司法書士法人の清算人は，社員の死亡により社員が欠亡し，司法書士法人が解散するに至った場合に限り，当該社員の相続人（社員の権利を行使する者が定められている場合にはその者）の同意を得て，新たに社員を加入させて司法書士法人を継続することができる。

エ　司法書士は，その業務の補助をさせるため補助者を置くことができるが，補助者を置いたときは，遅滞なく，その旨を当該司法書士の事務所の所在地を管轄する法務局又は地方法務局の長に届け出なければならない。

オ　司法書士は，簡裁訴訟代理等関係業務については，正当な事由がなくても依頼を拒むことができるが，簡裁訴訟代理等関係業務について事件の依頼を承諾しないときは，速やかに，その旨を依頼者に通知しなければならない。

１　０個　　２　１個　　３　２個　　４　３個　　５　４個

第９問　供託の目的物に関する次のアからオまでの記述のうち，**誤っているもの**の組合せは，後記１から５までのうち，どれか。

ア　不法行為による損害賠償債務の弁済供託は，当事者間の特約がない場合には，金銭によってしなければならない。

イ　仮差押解放金の供託は，必ず金銭でしなければならず，有価証券によってすることはできない。

ウ　不動産の強制執行において，配当等を受けるべき債権者の債権が停止条件付である場合に裁判所書記官がする供託においては，発令裁判所が相当と認める有価証券を供託することができる。

エ　衆議院（小選挙区選出）議員の候補者の届出をしようとする場合において，公職選挙法第92条第１項の規定による供託は，金銭のほか，振替国債によってすることができる。

オ　宅地建物取引業者がする営業保証供託は，地方債証券によってすることはできない。

１　アイ　　２　アエ　　３　イオ　　４　ウエ　　５　ウオ

第10問　保管替えに関する次のアからオまでの記述のうち，**正しいもの**の組合せは，後記１から５までのうち，どれか。

ア　法令の規定により供託金の保管替えを請求しようとする者は，供託金保管替請求書１通に，供託書正本を添付して，これを当該供託金を供託している供託所に提出しなければならないが，この場合，印鑑証明書を添付することは要しない。

イ　保管替えは，金銭が供託されている場合にのみ認められ，有価証券及び振替国債が供託されている場合には認められない。

ウ　数回にわたって供託されている供託金については，一括して保管替えを請求することができる。

エ　法令の規定により営業保証金として供託した供託金の保管替えが認められる場合であっても，当該供託金の取戻請求権が差し押さえられているときは，営業者は，供託金の保管替えを請求することはできない。

オ　供託官は，保管替えの請求を相当と認めるときは，供託金保管替請求書に保管替えする旨を記載して記名押印し，これを供託書正本とともに保管替えを受ける供託所に送付し，当該保管替えに関する事項を副本ファイルに記録し，かつ，法務局又は地方法務局の長の定める保管金払込事務等の取扱いに関する規定に従い，国庫金振替の手続をしなければならない。

１　アイ　　２　アエ　　３　イオ　　４　ウエ　　５　ウオ

第11問　債権者の不受領意思明確を理由とする弁済供託に関する次のアからオまでの記述のうち，**正しいもの**は，幾つあるか。

ア　賃貸人が賃借権の存在自体を否認し，賃料の受領を拒否している場合には，不受領意思明確を理由として供託することができる。

イ　賃貸借契約が締結されている土地の明渡請求訴訟が現に提起されている場合，賃借人は，不受領意思明確を理由として，弁済の提供をすることなく直ちに地代を供託することができる。

ウ　賃貸人の賃料増額請求に対して，賃借人が，従前の額を提供して受領拒否されたことを理由に供託した後，賃貸人が再三にわたり増額請求をし，かつ，全く供託金の還付請求をしない場合でも，賃借人は，その後の賃料について，弁済の提供をすることなく，直ちに供託をすることはできない。

エ　賃借人が毎月末日までに当月分の家賃を支払う旨の約定があるときは，賃貸人が家屋の明渡請求をして係争中であるために，家賃を受領しないことが明らかな場合でも，賃借人は，当月分と併せて次月分の家賃を供託することはできない。

オ　貸主が家屋明渡訴訟を提起しているため家賃の弁済を受領しないことが明らかである場合において，借主が支払日を数か月経過した後に弁済供託をするときは，遅延損害金を付すことを要しない。

1　1個　　2　2個　　3　3個　　4　4個　　5　5個

第12問　登記識別情報の提供に関する次のアからオまでの記述のうち，**誤っているもの**は，幾つあるか。

ア　Ａを所有権の登記名義人とする甲土地について，Ａとその配偶者Ｂが離婚した後，ＡからＢへの財産分与を登記原因とする所有権の移転の登記を申請する旨の公正証書が作成された場合において，当該公正証書を登記原因証明情報として，ＡからＢへの所有権の移転の登記を申請するときは，Ａに対して通知された登記識別情報を提供することを要しない。

イ　Ａを所有権の登記名義人とする甲土地について，Ａの破産管財人Ｂが，破産財団に属する甲土地を裁判所の許可を得て売却し，その所有権の移転の登記を申請するときも，Ａに対して通知された登記識別情報を提供することを要する。

ウ　相続財産の清算人が，権限外行為について家庭裁判所の許可を得たことを証する情報を提供して，相続財産である不動産につき，相続財産法人を登記義務者とする所有権移転の登記を申請する場合には，登記義務者の登記識別情報を提供する必要はない。

エ　官庁又は公署が，登記権利者として登記を嘱託する場合には，登記義務者の登記識別情報を提供する必要はない。

オ　代物弁済予約を登記原因とする所有権移転請求権の仮登記がされている場合において，所有権移転請求権の移転の登記を申請するときは，申請人は，所有権移転請求権の仮登記の登記名義人に通知された登記識別情報を提供しなければならないが，抵当権設定の仮登記の変更の登記を共同申請でする場合には，当該仮登記の登記識別情報を提供することは要しない。

１　０個　　２　１個　　３　２個　　４　３個　　５　４個

第13問　次のＡ欄及びＢ欄に掲げる各原因による農地の所有権又は持分の移転登記のうち，**いずれか一方の申請についてのみ農地法所定の許可を証する情報の提供を要するもの**は，幾つあるか。

	Ａ欄	Ｂ欄
ア	相続人以外の者に対する包括遺贈	相続人に対する包括的な死因贈与
イ	相続人の一人に対する特定遺贈	他の相続人に対する相続分の贈与
ウ	共有者の一人の持分放棄	共有物分割
エ	従前の所有権登記名義人に対して真正な登記名義の回復を原因とする所有権移転の登記を申請する場合	遺産分割による贈与
オ	民法第958条の２による特別縁故者への財産の分与の審判	裁判又は調停による離婚に伴う財産分与
カ	権利能力なき社団の代表者の更迭による委任の終了	民法第646条第２項による移転

１　１個　　２　２個　　３　３個　　４　４個　　５　５個

第14問　登記が完了した旨の通知に関する次のアからオまでの記述のうち，**正しいもの**の組合せは，後記１から５までのうち，どれか。

ア　債務者が単独で相続した土地について，相続を登記原因とする所有権の移転の登記が債権者の代位により申請され，当該登記を完了したときは，登記官は，当該債権者に対して登記完了証を交付することにより，登記が完了した旨を通知しなければならないが，当該債務者に対しては，登記が完了した旨を通知する必要はない。

イ　抵当証券が発行されている場合において，債務者の氏名の変更の登記が債務者から単独で申請され，当該登記を完了したときは，登記官は，当該登記の登記記録上の抵当権者に対しても，登記が完了した旨を通知しなければならない。

ウ　所有権の登記がない建物について，裁判所書記官の嘱託による仮差押えの登記をする際に，職権で所有権保存登記を完了したときは，登記官は，当該建物の所有者に対し，登記完了証を交付することにより，登記が完了した旨を通知しなければならない。

エ　送付の方法により登記完了証の交付を求める場合には，申請人は，その旨及び送付先の住所を申請情報の内容としなければならない。

オ　申請情報を記載した書面を提出する方法により申請された登記を完了したときは，登記官は，申請情報の内容としては，登記の目的のみを登記完了証に記録すれば足り，登記原因及びその日付を記録する必要はない。

１　アイ　　２　アオ　　３　イウ　　４　ウエ　　５　エオ

第15問　次のアからオまでの〔A欄〕に掲げる登記を申請する場合において，〔B欄〕に掲げる登記権利者及び〔C欄〕に掲げる登記義務者が**いずれも正しいもの**は，幾つあるか。

	〔A欄〕	〔B欄〕	〔C欄〕
ア	A所有の不動産について，B名義の所有権移転請求権の仮登記をした後，AからCへの所有権移転の登記がなされている場合における，当該仮登記の抹消の登記	A又はC	B
イ	A所有の不動産について，B名義の所有権移転の仮登記をした後，AからCへの所有権移転の登記がなされている場合における，当該仮登記に基づく本登記	B	A又はC
ウ	A所有の不動産について，B名義の抵当権設定の登記がなされている場合において，その抹消の仮登記がされ，さらにBからCへの債権譲渡による抵当権移転の登記がなされた後における，当該仮登記に基づく本登記	A	B又はC
エ	A所有の不動産について，B名義の抵当権設定の登記（債務者A）がなされていた場合において，Aがその抵当権の被担保債権の全額を弁済し，その後AからCへ所有権が移転したが，所有権移転の登記がなされていないときにおける，当該抵当権の抹消の登記	A又はC	B
オ	A所有の不動産について，B名義の根抵当権設定の登記がされている場合における当該根抵当権の担保すべき元本の確定の登記	B	A

1　0個　　2　1個　　3　2個　　4　3個　　5　4個

第16問　相続による所有権移転の登記の申請の要否に関する次のアからオまでの記述のうち，**誤っているもの**の組合せは，後記１から５までのうち，どれか。

ア　農地の売主Ａが死亡した後，農地法第３条の許可があった場合において，買主への所有権移転の登記を申請するときは，その前提としてＡの相続人への所有権移転の登記を申請しなければならない。

イ　Ａが所有権の登記名義人である甲土地について，農地法所定の許可があったことを停止条件とする所有権移転の仮登記がされた後，当該許可がある前にＡが死亡した場合において，当該仮登記に基づく本登記を申請するときは，その前提としてＡの相続人への所有権移転の登記を申請する必要はない。

ウ　Ａが所有権の登記名義人である甲土地について，Ａの死亡を始期とする所有権の移転の仮登記がされている場合において，その後にＡが死亡し，当該仮登記に基づく本登記を申請するときは，その前提としてＡの相続人への所有権の移転の登記を申請しなければならない。

エ　権利能力のない社団の構成員全員に総有的に帰属する甲土地について，当該社団の代表者であるＡが個人名義でその所有権の登記名義人となっていた場合において，Ａが死亡した後に当該社団の新たな代表者としてＢが就任し，Ｂを登記権利者とする委任の終了による所有権移転の登記を申請するときは，その前提としてＡの相続人への所有権移転の登記を申請する必要はない。

オ　抵当権の設定者である所有権の登記名義人Ａが死亡した後に当該抵当権が消滅した場合において，当該抵当権の設定登記の抹消を申請するときは，その前提としてＡの相続人への所有権移転の登記を申請する必要はない。

１　アエ　　２　アオ　　３　イウ　　４　イエ　　５　ウオ

第17問　除権決定による登記の抹消等に関する次のアからオまでの記述のうち，**誤っているもの**の組合せは，後記１から５までのうち，どれか。

ア　登記権利者は，共同して登記の抹消の申請をすべき者の所在が知れないためその者と共同して権利に関する登記の抹消を申請することができないときは，除権決定を得て単独で地上権の抹消登記を申請することができる。

イ　地上権，永小作権，質権，賃借権若しくは採石権に関する登記又は買戻しの特約に関する登記であり，かつ，登記された存続期間又は買戻しの期間が満了している場合において，相当の調査が行われたと認められるものとして法務省令で定める方法により調査を行ってもなお共同して登記の抹消の申請をすべき者の所在が判明しないときは，その者の所在が知れないものとみなして，除権決定を得て単独でこれらの権利の抹消登記を申請することができる。

ウ　先取特権，質権又は抵当権の登記を，不動産登記法第70条第４項前段の規定により抹消する場合は，登記権利者は，申請情報と併せて債権証書並びに被担保債権及び最後の２年分の利息その他の定期金の完全な弁済があったことを証する情報，登記義務者の所在が知れないことを証する情報を提供すれば，当該登記の抹消を単独で申請することができる。

エ　所有権の登記名義人は，登記記録から元本の確定の日が明らかな場合であると否とを問わず，根抵当権の設定の日から３年を経過した日から20年を経過した後であれば，不動産登記法第70条第４項後段の規定に基づき，単独で当該元本確定後の根抵当権の登記の抹消を申請することができる。

オ　登記義務者の所在が知れない場合において，被担保債権の弁済期から20年を経過し，かつ，その期間を経過した後に当該被担保債権，その利息及び債務不履行により生じた損害の全額に相当する金銭を供託して，登記権利者が単独で抵当権に関する登記の抹消を申請するときの登記原因は「供託」であり，その登記原因日付は「供託の効力が生じた日」である。

１　アイ　　２　アウ　　３　イオ　　４　ウエ　　５　エオ

第18問　抹消された登記の回復に関する次のアからオまでの記述のうち，**判例の趣旨に照らし誤っているもの**の組合せは，後記１から５までのうち，どれか。

ア　仮登記には順位保全効しかないので，仮登記が不適法に抹消された場合であっても，抹消回復の登記を申請することはできない。

イ　A所有の土地に，Ｂを抵当権者として設定の登記がされた抵当権の登記が不適法に抹消された後に，ＡからＣへの所有権移転の登記がなされている場合，その抵当権の回復の登記は，Ｂを登記権利者，Ｃを登記義務者として申請する必要がある。

ウ　甲土地の所有権がＡからＢへと移転した場合において，Ｂの所有権の登記が不適法に抹消された後，Ｃ名義に所有権移転の登記がされているときのＢの抹消回復の登記は，Ｂを登記権利者，Ｃを登記義務者として申請する。

エ　２番抵当権設定の登記がされた後，１番抵当権設定の登記が債務の弁済を原因として抹消されたが，その後，その弁済が無効であるとして抹消された１番抵当権の登記の回復を申請する場合には，２番抵当権者の承諾を証する当該２番抵当権者が作成した情報又は当該２番抵当権者に対抗することができる裁判があったことを証する情報を提供する必要がある。

オ　乙区１番でAの，乙区２番でＢの抵当権設定の登記がされているC名義の不動産について，ＣからＡへの売買による所有権移転の登記がされた後，Aが混同を原因とする１番抵当権の登記の抹消を申請し，誤ってその登記がされたことから，１番抵当権の登記の回復を申請する場合には，Ｂの承諾を証する情報を提供することは要しない。

１　アウ　　２　アエ　　３　イエ　　４　イオ　　５　ウオ

第19問　敷地権付きでない区分建物が敷地権付き区分建物に変更された場合の処理に関する次のアからオまでの記述のうち，**誤っているもの**の組合せは，後記１から５までのうち，どれか。

ア　賃借権の設定登記がされた区分建物について，敷地権の登記がされた場合でも，賃借権設定登記には，建物のみに関する付記登記はなされない。

イ　特別の先取特権の保存登記がされた区分建物について，敷地権の登記がされた場合，特別の先取特権の保存登記には，建物のみに関する付記登記はなされない。

ウ　買戻しの特約の登記がされた区分建物について，敷地権の登記がされた場合，買戻しの特約の登記にも，建物のみに関する付記登記はなされない。

エ　差押えの登記がされた区分建物について，敷地権の登記がされた場合，差押えの登記には，建物のみに関する付記登記はなされない。

オ　抵当権設定登記がされた区分建物について，敷地権の登記がされた場合，当該抵当権設定登記と敷地権についてされた抵当権設定登記の「登記の目的，申請の受付の年月日及び受付番号並びに登記原因及び日付」が同一であるときは，建物のみに関する付記登記をするのではなく，敷地権についてされている登記を抹消しなければならない。

１　アイ　　２　アオ　　３　イウ　　４　ウエ　　５　エオ

第20問　共有持分の一部についての登記申請の可否に関する次のアからオまでの記述のうち，**誤っているもの**は，幾つあるか。

ア　Ａ・Ｂ・Ｃ・Ｄ共有名義の不動産について，Ｘのための抵当権設定の登記がなされているＢの持分及びＹのための差押えの登記がなされているＣの持分をＡが買い受け，その登記がなされている場合において，ＡがＢより取得した持分のみをＥに譲渡したときは，登記の目的を「A持分一部（順位何番で登記した持分）移転」として，持分一部移転の登記を申請することができる。

イ　同一の土地について，相続人Aが抵当権の目的である持分と抵当権の目的でない持分を相続し，その旨の登記を一括申請した場合において，その持分のうち抵当権の目的でない持分のみをＢに譲渡したときは，登記の目的を「A持分一部（順位何番から移転した持分）移転」として，A持分一部移転の登記を申請することができる。

ウ　Ａ・Ｂ共有名義の不動産のＡ・Ｂの各持分（いずれも担保権等の設定の登記はなされていない。）をＣが同時に買い受け，その登記が一の申請情報に基づきなされた場合でも，Ｃは，Ａより買い受けた持分のみについて抵当権を設定し，その登記を申請することができる。

エ　Ａ・Ｂ共有名義（各々持分２分の１）の不動産について，ＡがＢからその持分を譲り受け，その移転の登記がされた場合，Ａの債権者Ｃは，そのＢからの移転に係る持分のみについて抵当権を設定し，その登記を申請することができる。

オ　Ａ・Ｂ共有名義の不動産についてのＡの持分を目的とする賃借権の設定の登記の申請は，Ａの持分を目的とする地上権の設定の登記の申請と同様，Ｂの同意書を提供しても，することはできない。

１　0個　　２　１個　　３　２個　　４　３個　　５　４個

第21問　所有権の抹消の登記に関する次のアからオまでの記述のうち，**正しいもの**の組合せは，後記１から５までのうち，どれか。

ア　処分制限の登記の嘱託により，職権でした所有権保存の登記については，その後，嘱託により，錯誤を原因として処分制限の登記を抹消したときは，職権で抹消される。

イ　Ａの買戻特約の付記登記があるＡからＢへの所有権移転登記についても，買戻権者Ａの承諾を証する情報を提供して，Ｂ名義の所有権移転の登記の抹消のみを申請することができる。

ウ　売買による所有権移転の登記がされた後，売主が死亡した場合において，その相続人Ａと買主Ｂとの間で売買契約が合意解除されたときは，Ａ及びＢは，合意解除を原因としてその登記の抹消を申請することができる。

エ　Ｂが死亡したときは所有権移転が失効する旨の付記登記があるＡからＢへの贈与による所有権移転登記がされている場合において，Ｂが死亡したときは，Ｂ名義の所有権移転登記の抹消を申請することができる。

オ　Ａ名義の不動産につき，ＡからＢ，ＢからＹが順次相続したことを原因として，直接Ｙに対して所有権移転の登記がされている場合は，Ａの共同相続人であるＸは，当該登記の全部抹消を命じる判決を求めて，当該所有権移転の登記を抹消することができる。

１　アイ　　２　アエ　　３　イウ　　４　ウオ　　５　エオ

第22問　区分地上権の登記に関する次のアからオまでの記述のうち，**誤っているもの**の組合せは，後記１から５までのうち，どれか。

ア　竹木の所有を目的として，地下５メートルから地上15メートルまでを範囲とする区分地上権設定の登記を申請することもできる。

イ　区分地上権設定の登記を申請するには，その目的である地下又は空間の上下の範囲を申請情報として提供する必要はあるが，地下又は空間の上下の範囲を明確にするための図面の提供は要しない。

ウ　区分地上権の設定の登記を申請する場合，既に区分地上権の設定の登記がされているときでも，その区分地上権者の承諾を証する情報の提供を要しない場合がある。

エ　区分地上権の範囲を拡張する変更の登記を申請するには，先順位の普通地上権者の承諾を証する情報を提供しなければならない。

オ　普通地上権を区分地上権に変更する登記の申請はすることができないが，区分地上権を普通地上権に変更する登記の申請はすることができる。

１　アイ　　２　アオ　　３　イウ　　４　ウエ　　５　エオ

第23問　抵当権の順位の変更の登記に関する次のアからオまでの記述のうち，**誤っているもの**の組合せは，後記１から５までのうち，どれか。

ア　先順位抵当権から順位譲渡の登記のされた抵当権や順位変更の登記のされた抵当権についても，更に順位変更の登記の申請をすることができる。

イ　相続税債権を被担保債権とする抵当権，仮登記された抵当権，登記された不動産質権についても，順位変更の登記の申請をすることができる。

ウ　Ａを第１順位，Ｂを第２順位，Ｃを第３順位として抵当権設定の登記がされている場合において，Ｃの抵当権の債権額がＡの抵当権の債権額と同額のときは，Ｃを第１順位，Ｂを第２順位，Ａを第３順位とする抵当権の順位変更の登記は，Ａ及びＣのみによって申請することができる。

エ　順位番号１番・３番の抵当権の順位を３番・１番とする順位変更の登記を申請する場合，順位２番で登記された地上権の登記名義人は，登記上の利害関係人である。

オ　抵当権の順位変更の仮登記の申請は，することができない。

１　アイ　　２　アオ　　３　イウ　　４　ウエ　　５　エオ

第24問　抵当証券に関する登記に関する次のアからオまでの記述のうち，**正しいもの**の組合せは，後記１から５までのうち，どれか。

ア　根抵当権設定契約において抵当証券を発行する旨を定めた場合は，当該定めを登記することができる。

イ　抵当権設定の登記の申請に際し，抵当証券発行の定めがある場合において元本の弁済期及び支払場所の定めがあるときは，その定めは申請情報の内容となる。

ウ　抵当証券発行の特約の登記がない場合でも，抵当証券の交付を申請することができないわけではない。

エ　ＡからＢへの所有権移転の登記がされた後に，Ｃのために抵当権が設定されて抵当証券が発行され，これがＤに裏書譲渡された場合に，ＡからＢへの所有権移転の登記の抹消を申請するときは，抵当証券とＤの承諾を証する情報を提供することを要するが，Ｃの承諾を証する情報の提供は要しない。

オ　抵当証券が発行されている抵当権について，抵当権の債務者の氏名等に変更が生じている場合は，抵当証券を提供して，債務者が単独で抵当権の債務者の氏名等の変更の登記を申請することができる。

１　アイ　　２　アエ　　３　イウ　　４　ウオ　　５　エオ

第25問　根抵当権設定の登記に関する次のアからオまでの記述のうち，**正しいもの**の組合せは，後記１から５までのうち，どれか。

ア　根抵当権設定契約書に債権の範囲が「保証委託取引　問屋取引」と記載されている場合は，債権の範囲を「保証委託取引」のみとする根抵当権設定の登記を申請することができる。

イ　根抵当権設定契約書に確定期日として設定契約の日より５年を超える日が記載されている場合には，５年以内の最終の日に引き直した確定期日を申請情報の内容として，根抵当権設定の登記を申請することができる。

ウ　甲地について設定の登記がされた根抵当権の元本が確定した後に，乙地について同一の債権を被担保債権とする根抵当権の設定契約をしたときは，乙地について甲地と共同根抵当権とする根抵当権設定の登記を申請することはできないが，甲地について設定の登記がされた根抵当権の元本が確定する前に乙地について同一の債権を被担保債権とする根抵当権の設定契約をしたときでも，その追加設定の登記を申請する前に元本が確定した場合は，乙地について甲地と共同根抵当権とする根抵当権設定の登記を申請することはできない。

エ　共同根抵当権設定の登記がされている甲・乙不動産のうち，甲不動産についてのみ極度額の増額変更の登記がされている場合でも，変更後の極度額により丙不動産に対する共同根抵当権追加設定の登記を申請することができる。

オ　甲不動産について確定期日を令和９年３月１日とする根抵当権設定の登記がされている場合において，甲不動産の追加担保として乙不動産に対して確定期日の定めのない追加共同根抵当権設定の登記を申請することはできない。

１　アウ　　２　アエ　　３　イエ　　４　イオ　　５　ウオ

第26問　買戻特約の登記に後れる登記の抹消に関する次のアからオまでの記述のうち，**正しいもの**の組合せは，後記１から５までのうち，どれか。

ア　買戻権の行使による所有権移転の登記をする際に，当該買戻特約付売買による所有権移転の登記後になされた滞納処分による差押えの登記は，職権で抹消される。

イ　買戻権の行使に係る登記を申請するにあたり，買戻特約の登記に後れる賃借権については，その抹消を申請することができない場合がある。

ウ　買戻特約の登記に後れる登記の抹消をする場合，登記原因は「買戻権行使による消滅」であり，その日付は「買戻しの意思表示が到達した日」である。

エ　買戻特約の登記に後れる登記の抹消を申請するにあたっては，登記記録から登記原因の存在が自明であるので，登記原因証明情報の提供は不要である。

オ　買戻特約の登記に後れる登記の抹消に係る登録免許税は，不動産１個につき金1,000円である。

１　アエ　　２　アオ　　３　イウ　　４　イオ　　５　ウエ

第27問　処分禁止の仮処分の登記（以下「処分禁止の登記」という。）に関する次のアからオまでの記述のうち，**誤っているもの**の組合せは，後記１から５までのうち，どれか。

ア　根抵当権の極度額の増額変更登記請求権を保全するための処分禁止の仮処分の執行は，処分禁止の登記とともに，極度額変更の保全仮登記がなされる。

イ　Ａ名義の不動産について，Ｘの所有権の移転の登記請求権を保全するために処分禁止の登記がされている場合において，当該処分禁止の登記がされる前に設定の登記がされていたＢの根抵当権について，処分禁止の登記がされた後にＢからＣへの全部譲渡による移転の登記がされているときは，Ｘは，自己名義とする所有権の移転の登記の申請と同時に，単独で，当該根抵当権のＣへの移転の登記の抹消を申請することができる。

ウ　Ａを所有権の登記名義人とする甲土地について，Ｂを仮処分の債権者とする所有権の処分禁止の登記がされた後，Ａ及びＢが甲土地について所有権の移転請求権の保全の仮登記を申請する場合には，Ｂは，当該処分禁止の登記に後れる登記の抹消を単独で申請することができる。

エ　地上権設定の登記請求権を保全するための処分禁止の登記がされた場合には，仮処分債権者は，保全仮登記に基づく本登記と同時に申請することにより，単独で保全仮登記より後順位の地上権に設定された抵当権設定の登記を抹消することができる。

オ　建物収去土地明渡請求権を保全するための建物の処分禁止の仮処分の執行として処分禁止の登記がなされた後，その建物につき第三者Ａ名義へ所有権移転の登記がなされたとしても，仮処分債権者は，本案の債務名義に基づき，Ａ名義の所有権移転の登記の抹消を申請することはできない。

１　アウ　　２　アオ　　３　イウ　　４　イエ　　５　エオ

第28問　次のアからオまでの登記の申請のうち，**Ａ欄には添付書面が一切不要な登記の申請が，Ｂ欄には原則として登記事項証明書の添付が必要な登記の申請が正しく記載されているもの**は，幾つあるか。なお，登記の申請は委任を受けた代理人により申請するものとし，会社法人等番号を記載して登記事項証明書の添付を省略する取扱いはしないものとする。

	Ａ欄	Ｂ欄
ア	会社の組織変更による解散の登記の申請	会社の新設分割による設立の登記の申請
イ	合併による解散の登記の申請	株式交換完全親会社がする株式交換による変更の登記の申請
ウ	持分会社の種類変更による解散の登記の申請	会社の新設合併による設立の登記の申請
エ	特例有限会社の商号変更による移行の場合の解散の登記の申請	株式移転による設立の登記の申請
オ	株式会社の本店を他の登記所の管轄区域内に移転した場合の新所在地における本店移転の登記	会社の吸収合併による変更の登記の申請

1　1個　　2　2個　　3　3個　　4　4個　　5　5個

第29問　株主名簿管理人の登記に関する次のアからオまでの記述のうち，**正しいもの**の組合せは，後記１から５までのうち，どれか。

ア　取締役会設置会社による，定款及び取締役会議事録のみを添付してなされた，株主名簿管理人の設置の登記の申請は，受理されない。

イ　法人である株主名簿管理人の商号又は本店の変更の登記には，その申請書に，その変更を証する書面を添付しなければならない。

ウ　株主名簿管理人が交代したことによる登記の申請書には，定款を添付する必要はない。

エ　株主名簿管理人との契約を解除し，後任の株主名簿管理人を定めないことによる株主名簿管理人の廃止の登記の申請書には，契約解除に関する取締役会議事録又は取締役の過半数の一致があったことを証する書面を添付する必要はあるが，定款変更の決議をした旨の記載のある株主総会議事録を添付することは要しない。

オ　従前の株主名簿管理人から契約を解除した場合の株主名簿管理人の廃止の登記の申請書には，当該株主名簿管理人による契約の解除を証する書面を添付しなければならない。

１　アウ　　２　アエ　　３　イウ　　４　イオ　　５　エオ

第30問　次の対話は，新株予約権の登記事項に関する司法書士と補助者との対話である。司法書士の質問に対する次のアからオまでの補助者の解答のうち，**誤っているもの**の組合せは，後記１から５までのうち，どれか。

司法書士：　発行する新株予約権を引き受ける者の募集をしようとするときに，募集事項として，募集新株予約権の払込金額の算定方法を定めた場合には，登記の申請の時までに募集新株予約権の払込金額が確定したときであっても，募集新株予約権の払込金額の算定方法を登記しなければなりませんか。

補助者：ア　いいえ，その場合は，募集新株予約権の払込金額を登記すれば足ります。

司法書士：　では，募集事項で決議した募集新株予約権の数は登記事項となりますか。

補助者：イ　いいえ，登記事項としての新株予約権の数は，募集事項で決議した募集新株予約権の数ではなく，割当日に現実に発行された新株予約権の数が登記事項となります。

司法書士：　それでは，１個の新株予約権の行使によって，例えばA種類株式１株及びB種類株式２株を交付するといった旨の定めを登記することはできますか。

補助者：ウ　そのような定めは登記することができません。

司法書士：　では，発行後の事情により行使価額を調整した結果，１円未満の端数が生じた場合において，募集事項で円未満の行使価額を予定しているときは，「○○円○○銭」などと登記することができますか。

補助者：エ　そのような事情がある場合は，「○○円○○銭」などとする登記をすることができます。

司法書士：　最後に，行使期間の末日を定めず，無期限とする登記をすることはできますか。

補助者：オ　そのような登記は認められていません。

１　アイ　　　２　アウ　　　３　イエ　　　４　ウオ　　　５　エオ

第31問　次の対話は，会計参与に関する登記についての教授と学生との対話である。教授の質問に対する次のアからオまでの学生の解答のうち，**正しいもの**は，幾つあるか。

教授：　今日は，会計参与に関する登記について質問します。会計参与の就任による変更の登記の登記すべき事項として，会計参与の就任年月日のほかに何がありますか。

学生：ア　会計参与の就任による変更の登記の登記すべき事項としては，就任年月日のほかに，会計参与の氏名又は名称及び計算書類等の備置場所があります。また，初めて会計参与の登記をする際には，会計参与設置会社である旨も登記する必要があります。

教授：　会計参与の就任による変更の登記の申請書の添付書面としては，代理人の権限を証する書面のほかに何がありますか。

学生：イ　会計参与の選任に係る株主総会の議事録，就任承諾書，会計参与が監査法人又は税理士法人であるときは，当該法人の登記事項証明書，法人でないときは，公認会計士又は税理士であることを証する書面，そして，計算書類等の備置場所を証する書面があります。

教授：　会計参与の就任による変更の登記の登録免許税額は，いくらですか。

学生：ウ　会計参与の就任による変更の登記の登録免許税額は，資本金の額が１億円以上の株式会社では３万円です。また，会計参与設置会社である旨の登記をするときは，別途，３万円が必要になります。

教授：　次に，退任の登記について質問します。法人でない会計参与が後見開始の審判を受けたときは，退任の登記を申請する必要がありますか。

学生：エ　はい，この場合は，登記原因を「資格喪失」として退任の登記を申請する必要があります。

教授：　では，法人である会計参与が合併により消滅したときは，退任の登記を申請する必要がありますか。

学生：オ　はい，この場合は，合併による退任及び就任の登記を申請する必要があります。

１　0個　　２　1個　　３　2個　　４　3個　　５　4個

第32問　持分会社の登記に関する次のアからオまでの記述のうち，**第１欄の会社において第２欄の事由が生じた場合における登記すべき事項が第３欄に正しく記載されているもの**は，幾つあるか。

	第１欄	第２欄	第３欄
ア	合同会社	令和６年４月１日，Ａが100万円を出資して業務を執行しない新たな社員として加入する旨の定款変更を行った。同日，Ａが100万円の払込みをしたことにより，資本金の額が500万円となった。	令和６年４月１日次のとおり変更 資本金の額　金500万円
イ	合資会社（会社を代表しない社員がいないものに限る。）	令和６年４月１日，無限責任社員株式会社Ａ（本店の所在場所　○県○市○町一丁目１番１号）が新たに加入し，Ｂ（住所　○県○市○町二丁目２番２号）がその職務を行うべき者となった。	令和６年４月１日次のとおり加入 ○県○市○町一丁目１番１号 　無限責任社員　株式会社Ａ ○県○市○町二丁目２番２号 　職務執行者　Ｂ
ウ	合同会社	令和６年４月１日，会社を代表する業務を執行する社員株式会社Ａの職務を行うべき者として，Ｂが退任し，Ｃ（住所　○県○市○町三丁目３番３号）が就任した。	令和６年４月１日次のとおり変更 代表社員　株式会社Ａ ○県○市○町三丁目３番３号 　職務執行者　Ｃ
エ	合資会社	令和６年４月１日，500万円の出資を全部履行している有限責任社員Ａ（住所　○県○市○町一丁目１番１号）が200万円の出資を全部履行している有限責任社員Ｂ（住所　○県○市○町四丁目４番４号）に対して持分100万円を譲渡したことについて，総社員の同意があった。	令和６年４月１日持分の一部譲渡により次のとおり変更 ○県○市○町一丁目１番１号 　有限責任社員　Ａ 金400万円　全部履行 令和６年４月１日持分の一部譲受により次のとおり変更 ○県○市○町四丁目４番４号 　有限責任社員　Ｂ 金300万円　全部履行
オ	合名会社	令和６年４月１日，解散をした場合におけるその財産の処分の方法（任意清算）を定めるとともに，解散することについて，総社員の同意があった。	令和６年４月１日総社員の同意により解散

1　1個　　2　2個　　3　3個　　4　4個　　5　5個

第33問　株式移転の登記に関する次のアからオまでの記述のうち，**誤っているもの**の組合せは，後記１から５までのうち，どれか。なお，設問中の種類株主総会において議決権を行使することができない株主はおらず，定款に種類株主総会の決議を不要とする旨の別段の定めはないものとする。

ア　種類株式発行会社ではない公開会社が株式移転完全子会社となる場合において，株式移転設立完全親会社から株式移転完全子会社の株主に対して交付される株式が譲渡制限株式である場合には，株式移転による設立の登記の申請書には，株式移転完全子会社において特殊決議（会社法第309条第３項に定める決議）により株式移転計画の承認を受けた株主総会議事録を添付しなければならない。

イ　譲渡制限の付されたＡ種類株式及び譲渡制限のないＢ種類株式を現に発行している種類株式発行会社が株式移転完全子会社となる場合において，株式移転設立完全親会社から株式移転完全子会社の株主に対して交付される株式が譲渡制限株式である場合には，株式移転による設立の登記の申請書には，株式移転完全子会社において特殊決議（会社法第309条第３項及び第324条第３項に定める決議）により株式移転計画の承認を受けた，株主総会議事録及びＢ種類株主総会議事録を添付しなければならない。

ウ　株式移転完全子会社が取締役会設置会社である場合において，株式移転による設立の登記の申請書に株式移転完全子会社において株式移転計画の承認を受けたことを証する書面として取締役会議事録を添付すれば足りる場合はない。

エ　株式移転により設立する会社が指名委員会等設置会社ではない取締役会設置会社である場合には，通常の設立の場合と同様，株式移転による設立の登記の申請書には，設立時代表取締役の就任承諾書に押印された印鑑についての市町村長の作成した印鑑証明書を添付しなければならない。

オ　株式移転設立完全親会社の本店の所在地を管轄する登記所の管轄区域内に株式移転完全子会社の本店がないときは，株式移転による設立の登記の申請書には，株式移転完全子会社の登記事項証明書及び代表取締役又は代表執行役の印鑑証明書を添付しなければならない。

１　アエ　　２　アオ　　３　イウ　　４　イオ　　５　ウエ

第34問　特例有限会社から通常の株式会社への移行の登記に関する次のアからオまでの記述のうち，**正しいもの**の組合せは，後記１から５までのうち，どれか。

ア　特例有限会社が通常の株式会社に移行する場合，移行による通常の株式会社の設立の登記の申請書に添付すべき株主総会議事録には，議決権を行使することができる株主の議決権の過半数を有する株主が出席し，出席した当該株主の議決権の３分の２以上に当たる多数による賛成があった旨が記載されていなければならない。

イ　特例有限会社がその商号中に株式会社という文字を用いる商号の変更をした場合の特例有限会社の解散の登記と株式会社の設立の登記とは，同時に申請しなければならないが，特例有限会社の解散の登記の申請書には，代理人によって申請する場合の委任状のみ添付することを要し，これ以外の書面を添付することを要しない。

ウ　取締役としてＡ及びＢの２名がいる特例有限会社が移行と同時にＡ及びＢの任期が満了するので，移行と同時に就任するものとしてＡ，Ｂ及びＣが取締役として予選され，その就任を承諾した場合，移行に当たり定款の定めに基づく取締役の互選によりＣを代表取締役に予選したとしても，移行による設立の登記と併せて代表取締役Ｃの就任の登記を申請することはできない。

エ　特例有限会社が商号変更による通常の株式会社への移行に伴い，取締役を選任した場合には，商号の変更後の株式会社についてする設立の登記の申請書には，選任された取締役の氏名のほか，就任年月日を記載しなければならない。

オ　特例有限会社が通常の株式会社へ移行する場合，移行による通常の株式会社の設立の登記の申請書と同一の申請書により，本店移転の登記を申請することはできない。

１　アウ　　２　アエ　　３　イエ　　４　イオ　　５　ウオ

第35問　一般財団法人の登記に関する次のアからオまでの記述のうち，**正しいもの**の組合せは，後記１から５までのうち，どれか。

ア　一般財団法人を設立しようとする者が遺言で定款の内容を定めた場合は，一般財団法人の設立登記の申請書には，当該遺言書を添付しなければならない。

イ　目的を評議員会の決議によって変更することができる旨の定款の定めのない一般財団法人は，目的の変更の登記を申請することはできない。

ウ　ある事業年度及びその翌事業年度に係る貸借対照表上の純資産額がいずれも300万円未満となったことにより当該翌事業年度に関する定時評議員会の終結の時に解散する一般財団法人について申請する解散の登記の申請書には，純資産が300万円未満となったことを証する書面を添付しなければならない。

エ　解散後も監事を置く旨の定款の定めのある一般財団法人が定款で定めた存続期間の満了により解散したときは，解散の日から２週間以内に，監事を置く清算一般財団法人である旨を登記しなければならない。

オ　一般財団法人も，定款で定めた解散の事由の発生により解散した場合には，継続の登記の申請をすることができる。

１　アエ　　２　アオ　　３　イウ　　４　イオ　　５　ウエ

第36問　別紙１の登記（登記事項一部省略）がされている土地（以下「甲土地」という。）について，司法書士法務太郎は，令和６年７月４日，下記の【事実関係】を聴取し，当該聴取に係る関係当事者全員から今回の登記の申請手続に必要な全ての書類を受領し，これらの事実関係により生ずる権利変動に基づく登記の申請手続及び登記識別情報の受領について代理することの依頼を受けた。同日，司法書士法務太郎は，当該依頼に係る登記の申請を行った。

以上に基づき，後記の問１から問４に答えなさい。

【事実関係】

1　Xは，令和６年５月２日に，甲土地に設定された乙区１番抵当権で担保されているAがBに対して負担している債務の元本のうち金1,000万円につき，Aの保証人として，Bに弁済した。なお，弁済による代位につき，BからAに対する通知やAの承諾はなされていない。

2　Aは，令和６年５月５日に，甲土地に設定された乙区１番抵当権で担保されているAがBに対して負担している債務の元本及び利息等の全額を弁済した。

3　Aは，令和６年５月30日に，甲土地に設定された乙区２番抵当権で担保されている債権のうち令和３年９月９日金銭消費貸借による債務の元本及び利息等の全額をCに弁済した。

4　Aは，令和６年６月10日，甲土地に設定された乙区３番抵当権の被担保債権（利息や損害金は発生していない）につき，元本1,000万円のうち800万円をFに弁済した。なお，弁済の充当に関する合意はなされていない。

5　Aは，令和６年６月20日，甲土地に設定された乙区２番抵当権（あ）の被担保債権の債権額を5,000万円とする契約をCと締結した。

（事実関係に関する補足）

1　本問の関係当事者間には，【事実関係】及び別紙に記載されている権利義務以外には，実体上の権利義務関係は，存在しない。

2　登記原因につき第三者の許可，同意又は承諾を要する場合には，事実関係に記載されているものを除き，各法律行為がなされた翌日に，それぞれ当該第三者の許可，同意又は承諾を得ている。

3　登記上の利害関係を有する第三者の承諾を要する場合には，申請日までに，当該第三者の承諾を得ている。

4　司法書士法務太郎は，複数の登記を申請する場合には，申請件数及び登録免許税の額が最も少なくなるように登記を申請した。

5　司法書士法務太郎は，複数の登記の申請をする場合であり，かつ，登記を申請する順序を問わない場合は，登記原因の日付の古い順に登記を申請したものとする。

6　司法書士法務太郎は，いずれの登記の申請も，管轄登記所に書面を提出する方法（ただし，磁気ディスクを提出する方法を除く。）により行ったものとする。

問１　【事実関係】に基づき，司法書士法務太郎が甲土地について令和６年７月４日に申請した各登記の申請書に記載すべき申請情報のうち，登記の目的，登記記録の「権利者その他の事項」欄に記録される事項に関する申請情報及び当該記録される事項に含まれない申請人に関する申請情報（以下「申請事項等」という。），添付情報並びに登録免許税額を，司法書士法務太郎が申請した登記の順に従って，第36問答案用紙（以下「別紙答案用紙」という。）の第１欄の各欄に記載しなさい。

問２　【事実関係】のうち，登記の申請をしても却下を免れない事項がある場合は，その番号及びその理由を，別紙答案用紙の第２欄の該当部分に記載しなさい。ただし，却下を免れない事項がない場合には，番号欄に「ない」と記載しなさい。

問３　仮に，【事実関係】１が下記のような事実関係であったとした場合に申請する登記の申請情報の内容のうち，登記の目的及び登記原因及びその日付を，別紙答案用紙の第３欄に記載しなさい。

【事実関係】

１　Aの父親Kは，令和６年５月２日に，甲土地に設定された乙区１番抵当権で担保されているAがBに対して負担している債務の全額をBに弁済した。なお，Kの弁済はAの意思に反していなかったが，Bは弁済を受領することは拒まなかったが，Kが弁済により代位することは拒否した。

問４　代位弁済に関する下記の設問に対する回答を，別紙答案用紙の第４欄に記載しなさい。なお，設問は【事実関係】の事案とは関係しない。

⑴　債権を担保するため代物弁済予約を原因として所有権移転請求権仮登記がされている場合において，当該債権の代位弁済があったときは，代位弁済を原因として仮登記された移転請求権の移転登記を申請することができるか。

⑵　債務を弁済した保証人は，債務者から抵当権の目的となっている財産を譲り受けた第三取得者に対する所有権移転登記がなされている場合でも，代位弁済を登記原因とする抵当権移転登記を申請することができるか。

（答案作成に当たっての注意事項）

1　別紙答案用紙の第１欄の各項目の欄に申請すべき登記の申請情報等の内容を記載するに当たり，記載すべき情報等がない場合には，その欄に「なし」と記載すること。ただし，添付情報欄の記載については，何らの記載も要しない。

2　申請すべき登記がない場合には，別紙答案用紙の第１欄の登記の目的欄に「登記不要」と記載すること。

3　別紙答案用紙の第１欄の申請事項等欄の「上記以外の申請事項等」欄に解答を記載するに当たっては，次の要領で行うこと。

①　申請人については，「権利者」，「義務者」，「申請人」等の申請人の資格も記載する。

②　住所は，記載することを要しない。

4　各登記の申請書に添付すべき書面は，利害関係人の承諾書を含め，全て調えられている。なお，添付情報のうち，登記申請に際して有効期限の定めがあるものは，登記の申請時において，全て有効期限内のものであるものとする。

5　添付情報欄の記載については，下記の要領に従うこと。

①　添付情報欄に記載された情報につき，その提供の要否を，添付情報欄のＩ欄（その他の添付情報を除く。）に必要な場合は「○」と不要な場合は「×」と記載し，「○」と記載した場合のみⅡ欄に下記の指示に従った記載をしなさい。

②　住民票コードを提供して添付を省略する取扱いはしない。また，印鑑に関する証明書は，登記名義人の住所を証する情報としては使用しないものとする。

③　登記識別情報を提供すべきときは，「Ａの甲区２番」のように，誰のどの登記にかかるものを提供するのかを順位番号で特定して記載する。なお，不動産登記規則第67条の規定により提供されたとみなされる登記識別情報についても記載する。

④　印鑑証明書については，「Ａ」「株式会社Ｙ銀行の代表者」のように，誰のものにかかるものを提供するのかを記載する。

⑤　添付情報欄に記載されていない情報を提供する必要がある場合には，「その他の添付情報」のⅡ欄に，添付情報の種類が特定されている場合には当該種類を明記するとともに，括弧書きで，「承諾証明情報（Ｘの承諾書）」，「住所証明情報（Ａの住民票の写し）」のように，個々の具体的な情報の名称を明記し，誰に関するものか特定することができるものは，それも明記する。なお，登記原因証明情報及び代理権限証明情報については，その提供を要する場合でも，添付情報として記載する必要はない。

6　登録免許税が免除され，又は軽減される場合には，その根拠となる法令の条項を登録免許税額欄に登録免許税額（非課税である場合は，その旨）とともに記載する。

　なお，登録免許税額の算出について，登録免許税法以外の租税特別措置法等の特別法令による税の減免の規定の適用はないものとする。

7　数字を記載する場合には，算用数字を使用すること。

8　別紙答案用紙の各欄に記載する文字は字画を明確にし，訂正，加入又は削除をするときは，訂正は訂正すべき字句に線を引き，近接箇所に訂正後の字句を記載し，加入は加入する部分を明示して行い，削除は削除すべき字句に線を引いて，訂正，加入又は削除をしたことが明確に分かるように記載すること。ただし，押印や字数を記載することは要しない。

9　問題文中，同一のアルファベットで表記した自然人は，同一人物とする。

別紙１　甲土地の登記事項証明書（抜粋）

表題部（土地の表示）		調製	平成４年９月22日	不動産番号	【省略】
地図番号	【省略】	筆界特定	余白		
所在	【省略】			余白	
①　地番	②　地目	③　地積　　　㎡		原因及びその日付〔登記の日付〕	
【省略】	宅地	【省略】		余白	
余白	余白	余白		昭和63年法務省令第37号附則第２条第２項の規定により移記 平成４年９月22日	

権　利　部（甲区）　（所有権に関する事項）			
順位番号	登記の目的	受付年月日・受付番号	権利者その他の事項
1	所有権移転	【省略】	【省略】
	余白	余白	昭和63年法務省令第37号附則第２条第２項の規定により移記 平成４年９月22日
2	所有権移転	平成24年７月８日 第800号	原因　平成24年７月８日売買 所有者　住所省略　Ａ

権　利　部（乙区）　（所有権以外の権利に関する事項）			
順位番号	登記の目的	受付年月日・受付番号	権利者その他の事項
1	抵当権設定	令和２年８月10日 第1000号	原因　令和２年８月10日金銭消費貸借同日設定 債権額　金5,000万円 利息　省略 損害金　省略 債務者　住所省略　Ａ 抵当権者　住所省略　Ｂ
付記１号	１番抵当権の２番抵当権への順位譲渡	令和４年３月15日 第500号	原因　令和４年３月12日順位譲渡
2 （1付1）	抵当権設定	令和３年９月９日 第1300号	原因　（あ）令和３年９月１日限度貸付（い）令和３年９月９日金銭消費貸借同日設定 債権額　金5,000万円 内訳　（あ）金2,000万円

			（い）金3,000万円 利息　（あ）年４％ 　（い）年３％ 損害金　年14％ 債務者　住所省略　A 抵当権者　住所省略　C
付記１号	２番抵当権転抵当	令和４年11月11日 第1500号	原因　令和４年11月11日金銭消費貸借同日設定 債権額　金5,000万円 利息　省略 損害金　省略 債務者　住所省略　C 転抵当権者　住所省略　E
３	抵当権設定	令和４年７月８日 第790号	原因　令和４年７月８日金銭消費貸借金1,000万円のうち金500万円同日設定 債権額　金500万円 債務者　住所省略　A 抵当権者　住所省略　F
付記１号	３番抵当権転抵当	令和５年２月９日 第290号	原因　令和５年２月９日金銭消費貸借同日設定 債権額　金500万円 債務者　住所省略　G 転抵当権者　住所省略　H

これは登記記録に記録されている現に効力を有する事項の全部を証明した書面である。

令和６年７月３日
○○法務局△△出張所　　　　　　　　　　登記官　○○○○　印

第37問　司法書士法務太郎は，令和６年５月23日に事務所を訪れた別紙１の会社（以下「申請会社」という。）の代表者から，別紙１から別紙３までの書類のほか必要書類の交付を受け，別紙４のとおり事情を聴取した。司法書士法務太郎は，登記すべき事項や登記のための要件などを説明したところ，必要な登記の申請書の作成及び登記申請の代理を依頼された。そこで，司法書士法務太郎は，この依頼に基づき，登記申請に必要な書面の交付を受け，管轄登記所に対し，同日，登記の申請をした。

また，司法書士法務太郎は，令和６年７月４日に事務所を訪れた申請会社の代表者から，別紙５及び別紙６の書類のほか必要書類の交付を受け，別紙７のとおり事情を聴取した。司法書士法務太郎は，登記すべき事項や登記のための要件などを説明したところ，令和６年５月23日に登記の申請をした時点で効力が生じていなかった事項に係る登記と併せ，申請すべき登記の申請書の作成及び登記申請の代理を依頼された。司法書士法務太郎は，この依頼に基づき，登記申請に必要な書面の交付を受け，管轄登記所に対し，同日，登記の申請をした。

以上に基づき，次の問１から問３に答えなさい。

問１　上記の依頼に基づき，司法書士法務太郎が令和６年５月23日に申請をした登記に関し，当該登記の申請書に記載すべき事項のうち，登記の事由，登記すべき事項，課税標準金額，登録免許税の額並びに添付書面の名称及び通数を，第37問答案用紙（以下「別紙答案用紙」という。）の第１欄の該当部分に記載しなさい。

問２　上記の依頼に基づき，司法書士法務太郎が令和６年７月４日に申請をした登記に関し，当該登記の申請書に記載すべき事項のうち，登記の事由，登記すべき事項，課税標準金額，登録免許税の額並びに添付書類の名称及び通数を別紙答案用紙の第２欄の該当部分に記載しなさい。

問３　別紙答案用紙の第３欄には，株主総会又は取締役会の決議に基づく事項のうち，司法書士として登記の申請を代理すべきでない事項（会社法上登記すべき事項とされていない事項を除く。）があるときは，申請を代理すべきでない登記及びその理由を簡潔に記載しなさい。なお，登記の申請を代理すべきでない事項がない場合には，「ない」と記載し，登記の申請を代理すべきでない登記が２つ以上あるときは，①②の番号を付して解答すること。

（答案作成に当たっての注意事項）

1　申請会社においては，明記されている場合を除き，定款に法令の規定と異なる別段の定めはないものとする。

2　別紙中，「(中略)」又は「(以下略)」と記載されている部分は，有効な記載があるものとする。

3　申請書以外の電磁的記録に記録することができる事項についても，「別添ＣＤ－Ｒのとおり」等とはせず，答案用紙の該当欄に直接記載すること。

4　登記すべき事項については，区ごとに整理して記載することを要しない。

5　登録免許税額を記載するにあたっては，数個の課税区分がある場合には，定額課税のみであるとしても，あわせてその内訳を記載することを要する。

6　登記申請書の添付書面については，全て適式に調えられており，所要の記名・押印がなされているものとする。

7　登記申請書の添付書面の記載については，下記の要領に従うこと。

①　登記の申請書に添付すべき書面について，他の書面を援用することができることが明らかな場合でも，これを援用してはならない。

②　株主の氏名又は名称，住所及び議決権数等を証する書面（株主リスト）を記載する場合において，各議案を通じて株主リストに記載する各株主についての内容が変わらないときは，その通数は１通を添付するものとする。

③　就任承諾を証する書面を記載する場合には，その資格を特定して記載すること。

④　登記の申請書に添付する必要のない書面については，解答欄に記載してはならない。

8　解答欄の各欄に記載すべき事項がない場合には，該当の欄に「なし」と記載すること。

9　東京都新宿区を管轄する登記所は東京法務局新宿出張所である。

10　登記の申請は，電子情報処理組織による商業登記事務は考慮せず，窓口による書面申請をするものとする。

11　登記の申請に伴って必要となる印鑑の提出手続は，適式にされているものとする。

12　登記申請の懈怠については，考慮しない。

13　数字を記載する場合には，算用数字を使用すること。

14　別紙答案用紙の各欄に記載する文字は字画を明確にし，訂正，加入又は削除をするときは，訂正は訂正すべき字句に線を引き，近接箇所に訂正後の字句を記載し，加入は加入する部分を明示して行い，削除は削除すべき字句に線を引いて，訂正，加入又は削除をしたことが明確に分かるように記載すること。ただし，押印や字数を記載することは要しない。

別紙１

法経商事株式会社の登記事項証明書の内容の抜粋

<table>
<tr><td>会社法人等番号</td><td colspan="2">０１２３－４５－６７８９０１</td></tr>
<tr><td>商　号</td><td colspan="2">法経商事株式会社</td></tr>
<tr><td>本　店</td><td colspan="2">東京都新宿区新宿三丁目３番３号</td></tr>
<tr><td>公告をする方法</td><td colspan="2">官報に掲載してする</td></tr>
<tr><td>発行可能株式総数</td><td colspan="2">１万株</td></tr>
<tr><td>発行済株式の総数並びに種類及び数</td><td colspan="2">発行済株式の総数
2000株</td></tr>
<tr><td>資本金の額</td><td colspan="2">金１億円</td></tr>
<tr><td>株式の譲渡制限に関する規定</td><td colspan="2">当会社の株式を譲渡により取得するには，取締役会の承認を要する。</td></tr>
<tr><td>株券を発行する旨の定め</td><td colspan="2">当会社の株式については，株券を発行する。</td></tr>
<tr><td rowspan="10">役員に関する事項</td><td>取締役　甲野一郎</td><td>令和５年６月25日重任</td></tr>
<tr><td>取締役　乙野二郎</td><td>令和５年６月25日重任</td></tr>
<tr><td>取締役　丙野三郎</td><td>令和５年６月25日就任</td></tr>
<tr><td>取締役　丁野四郎</td><td>令和５年６月25日就任</td></tr>
<tr><td>東京都中野区東中野二丁目２番２号
代表取締役　甲野一郎</td><td>令和５年６月25日重任</td></tr>
<tr><td>東京都渋谷区千駄ヶ谷三丁目３番３号
代表取締役　乙野二郎</td><td>令和５年６月25日重任</td></tr>
<tr><td rowspan="2"><u>監査役</u>　<u>山田花子</u></td><td>令和２年６月25日重任</td></tr>
<tr><td>令和５年６月10日辞任</td></tr>
<tr><td>監査役　戊野五郎</td><td>令和５年６月25日就任</td></tr>
<tr><td colspan="2"></td></tr>
<tr><td>取締役会設置会社に関する事項</td><td colspan="2">取締役会設置会社</td></tr>
<tr><td>監査役設置会社に関する事項</td><td colspan="2">監査役設置会社</td></tr>
</table>

別紙２

令和６年５月16日開催の法経商事株式会社の臨時株主総会の議事の概要

議決権を有する株主，全員出席
（中略）

第１号議案　定款一部変更に関する件

議長から，株式の譲渡制限に関する規定の変更，株券を発行する旨の規定の廃止及び取締役等の会社に対する責任の免除に関する規定を設定する旨の定款の変更について，内容の説明が行われ，その可否について議場に諮ったところ，満場一致をもってこれを承認可決した。

記

※　下線は変更部分である。

現行定款	変更案
（株式の譲渡制限） 第６条　当会社の株式を譲渡により取得するには，取締役会の承認を要する。	（株式の譲渡制限） 第６条　当会社の株式を譲渡により取得するには当会社の親会社の取締役会の承認を要する。
（株券の発行） 第７条　当会社の株式については株券を発行する。	（削除）
（新設）	（取締役等の会社に対する責任の免除） 第22条　当会社は，会社法第426条の規定により取締役会の決議をもって同法第423条の行為に関する取締役（取締役であった者を含む。）の責任を法令の限度内において免除することができる。 ２　当会社は，会社法第426条の規定により取締役会の決議をもって同法第423条の行為に関する監査役（監査役であった者を含む。）の責任を法令の限度内において免除することができる。
	附則 （経過措置）

	第１条　この定款変更は，決議の日から効力を生ずるものとする。ただし，第７条（株券の発行）の変更については，令和６年７月１日に効力を生ずるものとする。

第２号議案　利益準備金の額の減少及び利益準備金の資本組入れに関する件

議長から，利益準備金を減少し，資本金に組み入れることについて，次のとおり内容の説明が行われ，その可否について議場に諮ったところ，満場一致をもってこれを承認可決した。

記

1　減少する利益準備金の額　金2,500万円
2　資本金とする額　金2,000万円
3　利益準備金の額の減少がその効力を生ずる日　令和６年６月20日

（以下略）

別紙３

令和６年５月16日開催の法経商事株式会社の取締役会の議事の概要

取締役及び監査役，全員出席
（中略）

第１号議案　株式の分割に関する件

議長から，株式１株を５株に分割する株式の分割について，次のとおり内容の説明が行われ，出席取締役は全員異議なく承認可決した。

1　株式の分割により増加する株式の総数は，株式の分割前の普通株式の発行済株式の数に４を乗じた数とする。

2　株式の分割の基準日は，令和６年５月16日とする。

3　株式分割の効力は，令和６年５月17日に生ずるものとする。

第２号議案　定款一部変更に関する件

議長から，第１号議案で承認可決された株式の分割が効力を生ずるのと同時に発行可能株式総数を変更する旨の定款の変更について，次のとおり内容の説明が行われ，出席取締役は全員異議なく承認可決した。

記

※　下線は変更部分である。

現行定款	変更案
（発行可能株式総数） 第５条　当会社の発行可能株式総数は，<u>１万株</u>とする。	（発行可能株式総数） 第５条　当会社の発行可能株式総数は，<u>５万株</u>とする。

第３号議案　定款一部変更に関する件

議長から，第１号議案で承認可決された株式の分割の効力が生ずると同時に単元株式数を設定する旨の定款の変更について，次のとおり内容の説明が行われ，出席取締役は全員異議なく承認可決した。

記

※　下線は変更部分である。

現行定款	変更案
（新設）	<u>（単元株式数）</u> <u>第６条の２　当会社の単元株式数は５株とする。</u>

（以下略）

別紙４

司法書士法務太郎が令和６年５月23日に聴取及び確認した事項

１　申請会社は，令和６年５月１日付官報により，株式の分割の基準日についての公告をした。
２　別紙１の役員は，選任と同時に就任を承諾している。
３　取締役丙野三郎が保佐開始の審判を受け，令和６年５月10日，当該審判は確定した。
４　取締役乙野二郎について，令和６年５月11日午後５時に東京地方裁判所において破産手続開始決定がされた。
５　申請会社は，現に株券を発行しており，令和６年５月17日付官報により，令和６年７月１日付でその株式に係る株券を発行する旨の定款の定めを廃止する旨等の会社法上必要な事項を公告し，かつ株主及び登録株式質権者に通知した。
６　申請会社は，令和６年５月10日付官報により，利益準備金の額の減少の内容及び債権者が公告掲載の翌日から１か月以内に異議を述べることができる旨その他計算書類に関する事項を公告し，かつ，知れている債権者には，各別にこれを催告した。
７　令和６年５月16日における利益準備金の額は，金2,500万円である。
８　申請会社の定款には，以下の定めがある。
⑴　取締役の任期は，選任後２年以内に終了する事業年度のうち最終のものに関する定時株主総会の終結の時までとする。
⑵　監査役の任期は，選任後４年以内に終了する事業年度のうち最終のものに関する定時株主総会の終結の時までとする。ただし，任期満了前に退任した監査役の補欠として選任された監査役の任期は，前任者の任期が満了すべき時までとする。
⑶　当会社の定時株主総会は，事業年度末日の翌日から３か月以内に招集し，臨時株主総会は必要の際随時これを招集する。
⑷　当会社の事業年度は，毎年４月１日から翌年３月31日までの１年とする。

別紙５

令和６年６月27日開催の法経商事株式会社の定時株主総会の議事の概要

議決権ある株主，全員出席
（中略）

第１号議案　事業報告の報告及び計算書類の承認に関する件
議長は，令和５年度（令和５年４月１日から令和６年３月31日まで）の事業報告の内容の報告がなされた後，計算書類の承認の可否を議場に諮ったところ，満場一致で承認可決された。

第２号議案　定款一部変更に関する件
議長から，会社の公告方法の変更及び株主名簿管理人を設置する旨の定款の変更について，次のとおり内容の説明が行われ，その可否について議場に諮ったところ，満場一致をもってこれを承認可決した。

記

※　下線は変更部分である。

現行定款	変更案
（公告の方法） 第４条　当会社の公告は，<u>官報</u>に掲載してする。 （新設）	（公告の方法） 第４条　当会社の公告は，官報及び<u>東京都内において発行する毎朝新聞</u>に掲載してする。 <u>（株主名簿管理人）</u> <u>第７条の２　当会社は株主名簿管理人を置く。</u> <u>２　株主名簿管理人及びその事務取扱場所は取締役会の決議によって選定する。</u> <u>３　当会社の株主名簿は，株主名簿管理人の事務取扱場所に備え置き，株主名簿への記載又は記録その他株式に関する事務は株主名簿管理人に取り扱わせ，当会社においては取り扱わない。</u> 附則 （経過措置） 第１条　この定款変更は，決議の日から効力を生ずるものとする。ただし，第４条（公告の方法）の変更については，令和６年７

	月１日に効力を生ずるものとする。

第３号議案　取締役解任に関する件

議長から，取締役丙野三郎を解任することについて，内容の説明が行われ，その可否について議場に諮ったところ，満場一致をもってこれを承認可決した。

第４号議案　監査役１名選任に関する件

議長から，監査役として田中太郎を選任することについて，内容の説明が行われ，その可否について議場に諮ったところ，満場一致をもってこれを承認可決した。なお，被選任者は席上即時にその就任を承諾した。

（以下略）

別紙６

令和６年６月27日開催の法経商事株式会社の取締役会の議事の概要

取締役及び監査役，全員出席
（中略）

議案　株主名簿管理人設置の件

議長から，本日開催の定時株主総会において，株主名簿管理人の設置に関する定款変更案が承認可決されたことに伴い，下記の株主名簿管理人を選任することについて，内容の説明が行われ，出席取締役は全員異議なく承認可決した。

記

株主名簿管理人の名称及び住所並びに営業所
東京都中央区銀座三丁目３番３号
中央信託株式会社　本店

（以下略）

別紙７

司法書士法務太郎が令和６年７月４日に聴取及び確認した事項

1　取締役丙野三郎は，令和６年５月31日，申請会社に辞任届を提出し，受理されている。

2　令和６年６月29日，申請会社と中央信託株式会社は，株式事務委託契約を締結した。

3　利益準備金の額の減少の公告及び通知に対し，所定の期日までに異議を述べた債権者はいなかった。

4　令和６年６月20日における利益準備金の額は，金2,500万円である。

5　監査役戊野五郎は，令和５年６月25日開催の定時株主総会において，監査役山田花子の後任の補欠監査役として選任され，同日就任を承諾している。

6　申請会社の定款については，別紙５の定時株主総会において決議された事項を除き，別紙４で聴取したものと変更はない。

7　法経商事株式会社は，最終事業年度に係る貸借対照表の負債の部に計上した額の合計額が200億円以上になったことは一度もない。

第2回　午前の部　択一式
答案用紙

問						問					
問1	1	2	3	4	5	問21	1	2	3	4	5
問2	1	2	3	4	5	問22	1	2	3	4	5
問3	1	2	3	4	5	問23	1	2	3	4	5
問4	1	2	3	4	5	問24	1	2	3	4	5
問5	1	2	3	4	5	問25	1	2	3	4	5
問6	1	2	3	4	5	問26	1	2	3	4	5
問7	1	2	3	4	5	問27	1	2	3	4	5
問8	1	2	3	4	5	問28	1	2	3	4	5
問9	1	2	3	4	5	問29	1	2	3	4	5
問10	1	2	3	4	5	問30	1	2	3	4	5
問11	1	2	3	4	5	問31	1	2	3	4	5
問12	1	2	3	4	5	問32	1	2	3	4	5
問13	1	2	3	4	5	問33	1	2	3	4	5
問14	1	2	3	4	5	問34	1	2	3	4	5
問15	1	2	3	4	5	問35	1	2	3	4	5
問16	1	2	3	4	5						
問17	1	2	3	4	5						
問18	1	2	3	4	5						
問19	1	2	3	4	5						
問20	1	2	3	4	5						

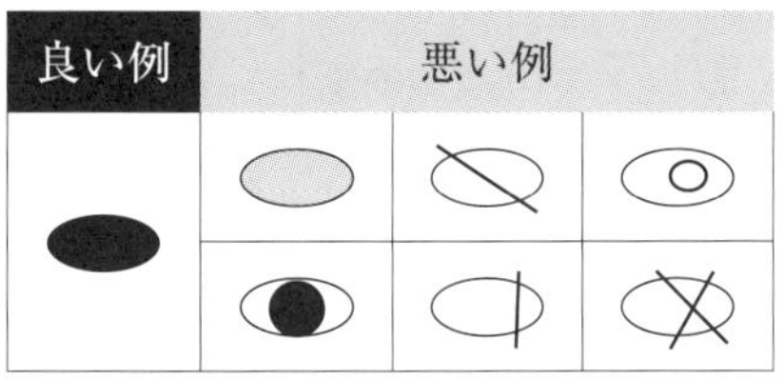

受験地		受験番号	
氏名			

第2回　午後の部　択一式
答案用紙

問1	1	2	3	4	5	問21	1	2	3	4	5
問2	1	2	3	4	5	問22	1	2	3	4	5
問3	1	2	3	4	5	問23	1	2	3	4	5
問4	1	2	3	4	5	問24	1	2	3	4	5
問5	1	2	3	4	5	問25	1	2	3	4	5
問6	1	2	3	4	5	問26	1	2	3	4	5
問7	1	2	3	4	5	問27	1	2	3	4	5
問8	1	2	3	4	5	問28	1	2	3	4	5
問9	1	2	3	4	5	問29	1	2	3	4	5
問10	1	2	3	4	5	問30	1	2	3	4	5
問11	1	2	3	4	5	問31	1	2	3	4	5
問12	1	2	3	4	5	問32	1	2	3	4	5
問13	1	2	3	4	5	問33	1	2	3	4	5
問14	1	2	3	4	5	問34	1	2	3	4	5
問15	1	2	3	4	5	問35	1	2	3	4	5
問16	1	2	3	4	5						
問17	1	2	3	4	5						
問18	1	2	3	4	5						
問19	1	2	3	4	5						
問20	1	2	3	4	5						

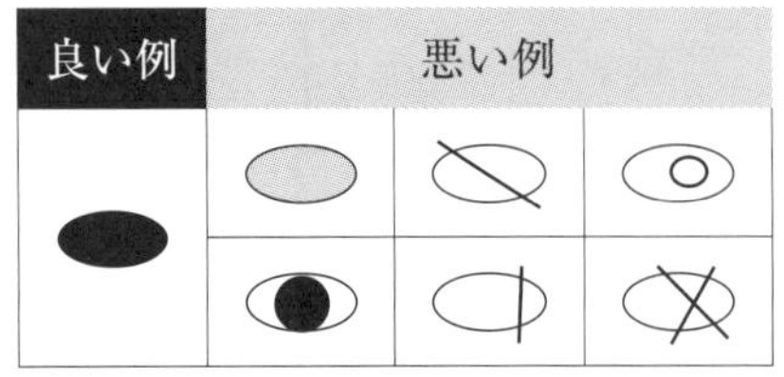

受験地		受験番号	
氏名			

司法書士　最強の模試二〇二四　第二回

第三十六問　不動産登記記述式　答案用紙①

第1欄

1番目に申請した登記の申請書

登記の目的			
申請事項等	登記原因及びその日付		
	上記以外の申請事項等		
添付情報		Ⅰ欄	Ⅱ欄
	登記識別情報		
	印鑑証明書		
	その他の添付情報		
登録免許税額			

※

2番目に申請した登記の申請書

登記の目的			
申請事項等	登記原因及びその日付		
	上記以外の申請事項等		
添付情報		Ⅰ欄	Ⅱ欄
	登記識別情報		
	印鑑証明書		
	その他の添付情報		
登録免許税額			

※

第三十六問　不動産登記記述式　答案用紙②

司法書士　最強の模試二〇二四　第二回

3番目に申請した登記の申請書

登記の目的			
申請事項等	登記原因及びその日付		
	上記以外の申請事項等		
添付情報		Ⅰ欄	Ⅱ欄
	登記識別情報		
	印鑑証明書		
	その他の添付情報		
登録免許税額			

※

4番目に申請した登記の申請書

登記の目的			
申請事項等	登記原因及びその日付		
	上記以外の申請事項等		
添付情報		Ⅰ欄	Ⅱ欄
	登記識別情報		
	印鑑証明書		
	その他の添付情報		
登録免許税額			

※

第三十六問　不動産登記記述式　答案用紙③

司法書士　最強の模試二〇二四　第二回

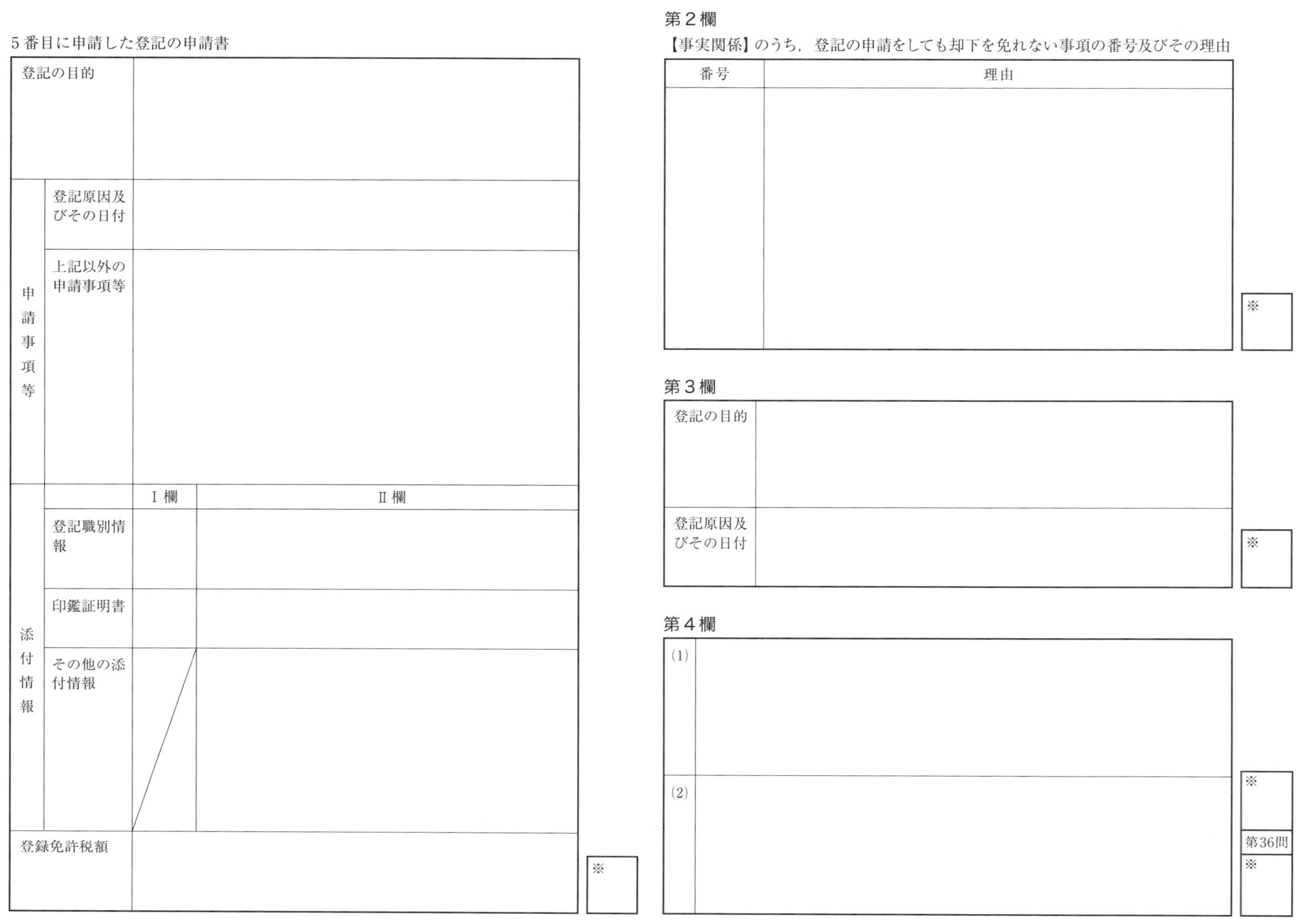

5番目に申請した登記の申請書

登記の目的			
申請事項等	登記原因及びその日付		
	上記以外の申請事項等		
添付情報		Ⅰ欄	Ⅱ欄
	登記識別情報		
	印鑑証明書		
	その他の添付情報		
登録免許税額			

※

第２欄

【事実関係】のうち，登記の申請をしても却下を免れない事項の番号及びその理由

番号	理由

※

第３欄

登記の目的	
登記原因及びその日付	

※

第４欄

(1)	
(2)	

※

第36問
※

第三十七問　商業登記記述式　答案用紙①

司法書士　最強の模試二〇二四　第二回

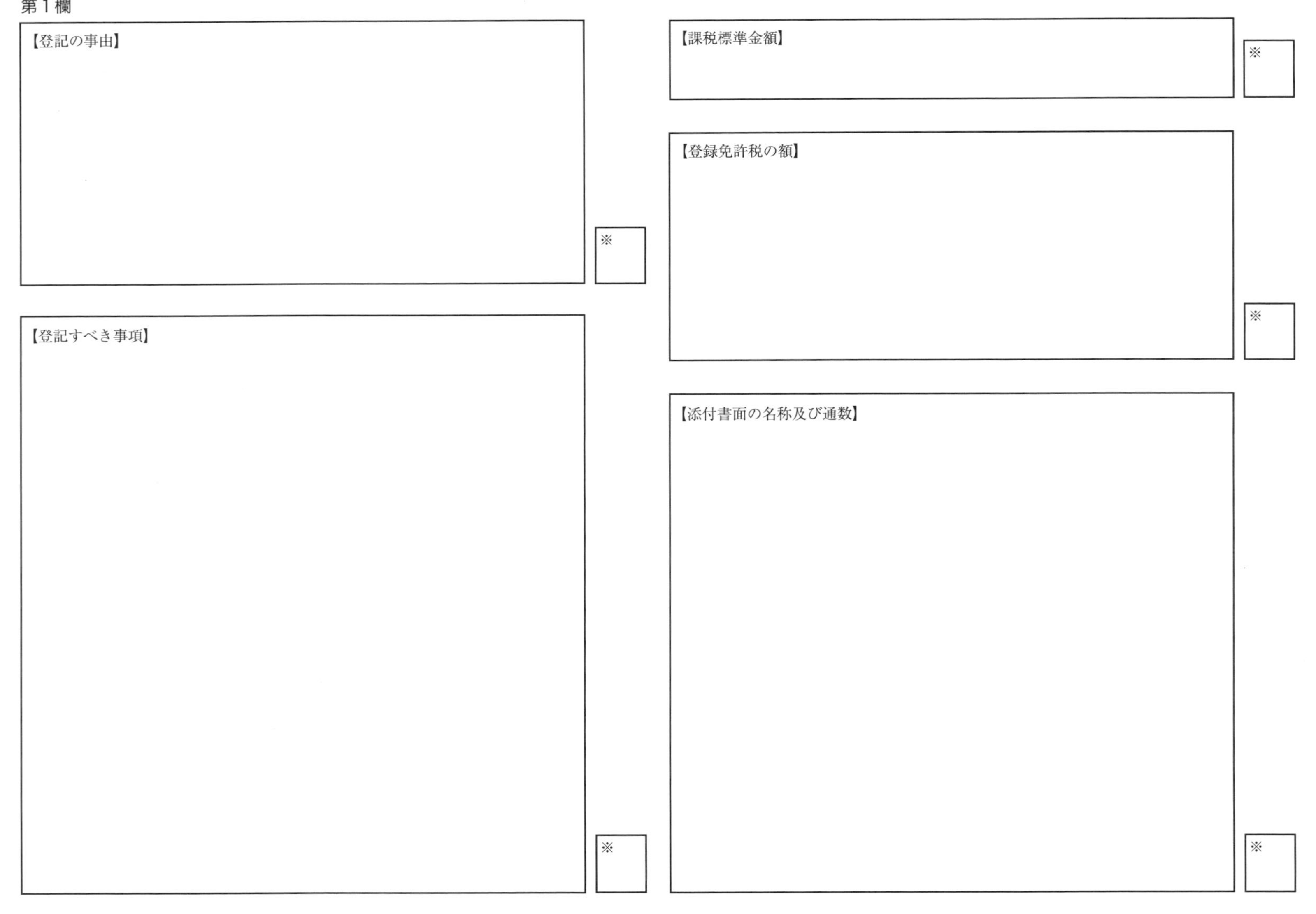

第三十七問　商業登記記述式　答案用紙②

司法書士　最強の模試二〇二四　第二回

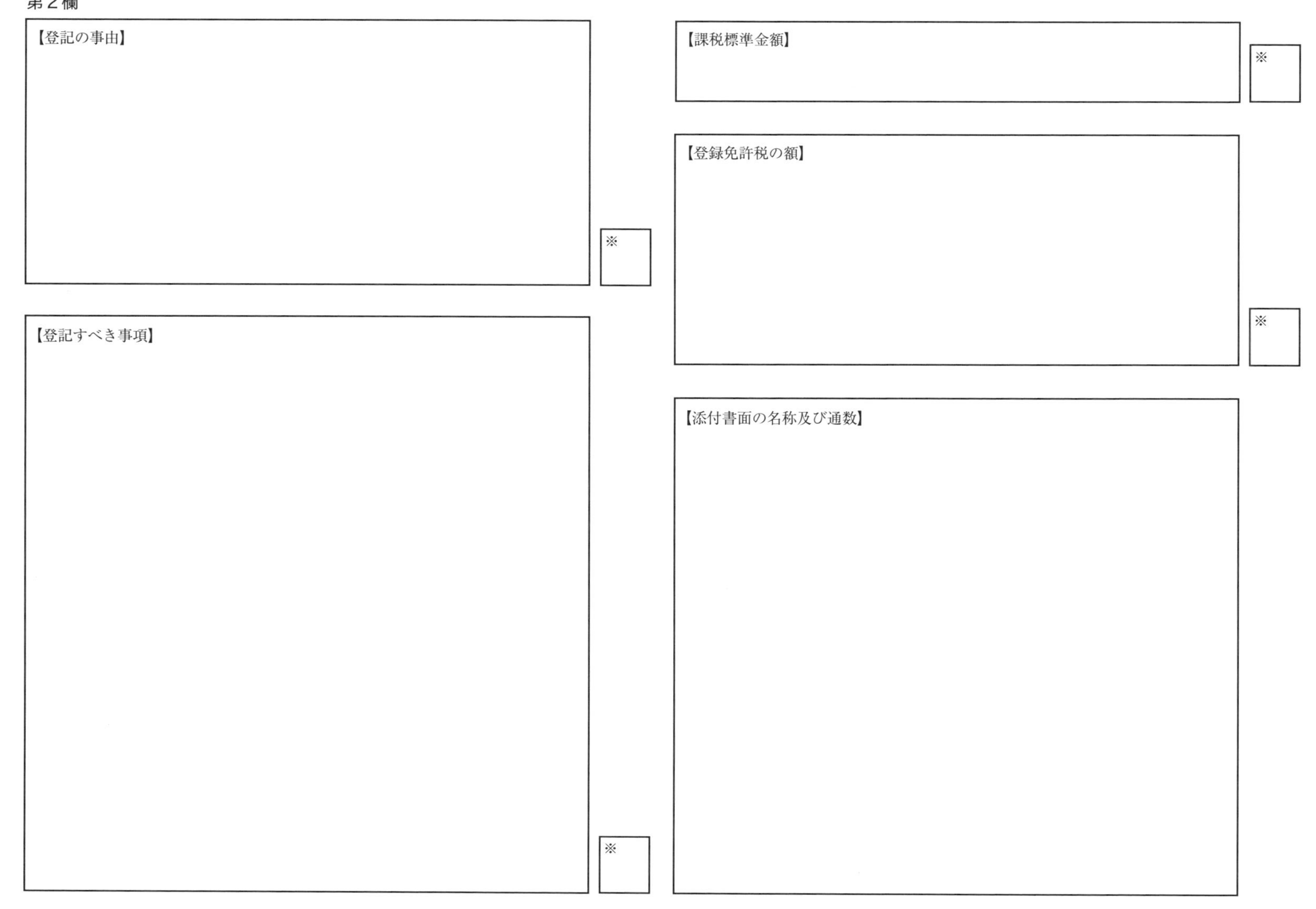

第２欄

【登記の事由】

※

【登記すべき事項】

※

【課税標準金額】

※

【登録免許税の額】

※

【添付書面の名称及び通数】

【添付書面の名称及び通数】（続き）

※

第３欄　申請を代理すべきでない登記及びその理由

※

第37問
※

第1回
解説編

午前の部

〈択一式〉
憲法
民法
刑法
商法・会社法

午後の部

〈択一式〉
民訴法・民保法・民執法
司士法・供託法
不動産登記法
商業登記法

〈記述式〉
不動産登記
商業登記

第1回　択一式　正解番号一覧

午前の部

科目	問	出題のテーマ	正解	正誤
憲法	1	国民主権の内容	4	
	2	新しい人権	5	
	3	国会議員の地位等	4	
民法	4	住所及び不在者の財産の管理	3	
	5	復代理等	4	
	6	条件	3	
	7	物権的請求権	2	
	8	登記請求権	5	
	9	相続と新権原	5	
	10	用益権	3	
	11	担保物権の通有性・効力	4	
	12	不動産賃貸の先取特権	4	
	13	抵当権の効力の及ぶ範囲	2	
	14	根抵当権の消滅請求と極度額の減額請求	3	
	15	再売買の予約と所有権留保	3	
	16	注意義務	2	
	17	指図証券	1	
	18	契約の成立	4	
	19	賃借権の譲渡及び賃借物の転貸	4	
	20	親族の範囲	2	
	21	氏	2	
	22	遺言の撤回及び取消し	3	
	23	特別の寄与	2	
刑法	24	不真正不作為犯	3	
	25	正当防衛	3	
	26	公務の執行を妨害する罪	4	
商法・会社法	27	会社法総則	2	
	28	会社の承認を得ないでなされた譲渡制限株式の譲渡の効力	3	
	29	株式，新株予約権及び株式会社の発行する社債の異同	2	
	30	株主総会の招集	4	
	31	取締役等選任権付株式	5	
	32	合同会社	1	
	33	社債管理者及び社債管理補助者	5	
	34	組織変更	3	
	35	商法総則・商行為	2	

午後の部

科目	問	出題のテーマ	正解	正誤
民事訴訟法	1	移送	2	
	2	訴訟能力	3	
	3	確認の利益	5	
	4	裁判によらない訴訟の完結	2	
	5	訴え提起前の和解	1	
民事保全法	6	民事保全の総則	2	
民事執行法	7	強制執行に対する不服申立て	3	
司法書士法	8	司法書士の欠格事由	3	
供託法	9	供託の申請手続	3	
	10	供託に関する書類の閲覧及び供託に関する事項の証明	1	
	11	民事保全法の保全命令に係る担保供託	5	
不動産登記法	12	権利に関する登記と表示に関する登記の相違	3	
	13	不動産登記の効力	3	
	14	常に主登記で実行される登記	4	
	15	法定相続情報一覧図	3	
	16	胎児に関する登記	3	
	17	判決による登記	2	
	18	相続人不存在に関する登記	1	
	19	敷地権付き区分建物に関する登記制限	3	
	20	譲渡担保の登記	1	
	21	所有権の更正の登記	3	
	22	賃借権の先順位抵当権に優先する同意の登記	4	
	23	先取特権の保存の登記	2	
	24	抵当権の移転の登記	1	
	25	根抵当権の譲渡の登記	2	
	26	信託の登記	4	
	27	所有権に関する仮登記に基づく本登記における登記上の利害関係人の判断	2	
商業登記法	28	嘱託による登記	2	
	29	株主全員の同意書等	3	
	30	個人商人の商号の登記	2	
	31	株式会社の設立の登記	4	
	32	発行可能株式総数の変更の登記	2	
	33	監査役会設置会社の登記	5	
	34	持分会社の種類の変更の登記	2	
	35	一般社団法人及び一般財団法人の登記	5	

「司法書士 最強の模試2024」の解説編における表記・略称

本書の解説編における表記・略称は下記のとおりですので，解説編を読まれるときには，本項を参照してください。

解説編における表記（略記）

※ 解説編においては，原則として下記の表記（略記）といたしました。

1．判例

まず裁判所名と判決・決定の別を，つづけて，年月日を略記いたしました。

（例）　大判＝大審院判決
　　　最決＝最高裁判所決定
　　　最大判＝最高裁判所大法廷判決
　　　東京高判＝東京高等裁判所判決
　　　〔昭和41・4・20＝昭和41年4月20日〕

2．先例

まず年月日を，つづけて通達・回答・認可等の別をその番号とともに下記のように略記いたしました。

（例）　平成2・12・25民四5666号通達
　　　昭和37・10・12民甲2927号回答
　　　昭和38・5・25民甲1570号認可

3．条文

本文かっこ書きの法条数については，条数はアラビア数字によって，項数はローマ数字によって，号数は丸囲みの数字によって略記いたしました。

（例）〔（民111Ⅰ①）＝民法111条1項1号〕

解説編における主な法令等の略称（五十音順）

法令名	本文中の表記
一般社団法人及び一般財団法人に関する法律	（一般法人○）
会社計算規則	（会計規○）
会社更生法	（会更○）
会社法	（会○）
会社法施行規則	（会施規○）
各種法人等登記規則	（法登規○）
家事審判規則	（家審規○）
家事審判法	（家審○）
仮登記担保契約に関する法律	（仮登記担保○）
行政事件訴訟法	（行訴○）
行政手続法	（行手○）
行政不服審査法	（行服○）
供託規則	（供託規○）
供託事務取扱手続準則	（供託準○）
供託法	（供託○）
刑法	（刑○）
憲法	（憲○）
国税通則法	（国通○）
戸籍法	（戸○）
国家賠償法	（国賠○）
司法書士法	（司書○）
司法書士法施行規則	（司書規○）
借地借家法	（借地借家○）
商業登記規則	（商登規○）
商業登記等事務取扱手続準則	（商登準則○）
商業登記法	（商登○）
商法	（商○）
租税特別措置法	（租特○）
滞納処分と強制執行等との手続の調整に関する法律	（滞調○）
建物の区分所有等に関する法律	（区分所有○）
電子公告規則	（公告規○）
登録免許税法	（登録税○）
農地法	（農地○）
破産法	（破○）
非訟事件手続法	（非訟○）
不動産登記規則	（不登規○）
不動産登記事務取扱手続準則	（不登準則○）
不動産登記法	（不登○）
不動産登記令	（不登令○）
民事執行法	（民執○）
民事訴訟法	（民訴○）
民事保全法	（民保○）
民法	（民○）
利息制限法	（利息○）

※上記以外にも略称で表記している法令がありますのでご注意ください。

第１回　午前の部　解説

憲　法

第１問　正解　４

テーマ	国民主権の内容

ア　誤り。一般に「主権」の概念には，①**国家権力そのもの（国家の統治権）**，②**国家権力（統治権）の属性としての最高独立性**，即ち「**対内的最高性**」と「**対外的独立性**」とを表すもの，③**国政についての最高の決定権**という３つの異なる意味があるとされているが，学生が例としてあげた**ポツダム宣言第８項中の「主権」**は，国家権力が及ぶ範囲（領土）を定めたものであり，①の**国家権力そのもの**を意味する用法の例である。したがって，②の国家権力の対外的独立性を指す概念として使われているとする本肢の学生の解答は，誤っている。

イ　誤り。前文第１段の「ここに主権が国民に存することを宣言し，この憲法を確定する。」という部分で用いられている「主権」は，国政についての最高決定権が君主ではなく国民に属することを表しているので，肢アで挙げた３つの意味のうち，**③の国政についての最高の決定権**を指している。決定権の「所在」を問題としている点で，②と区別される。したがって，ここでの「主権」は，②の統治権の対内的最高性を意味するとする本肢の学生の解答は，誤っている。

ウ　**正しい**。国民主権にいう「国民」が誰を指すかをめぐっては，①観念的に捉える立場と②具体的に捉える立場の二つがある。このうち，前者の**観念的に捉える立場**からは，国民を，「**日本国籍を有する者の全体**」と解するのが一般的であり，**過去・現在・将来を通じて継続する単一体としての国民**と解している。他方，後者の**具体的に捉える立場**からは，具体的に「主権が存する」主体として，「**有権者全体**」と解されている。したがって，本肢の学生の解答は正しい。

エ　**正しい**。国民主権の意味について，プープル（人民）主権とナシオン（国民）主権の二つの立場に基づいて説明がなされることがあるのは問題文の通りだが，この二つの主権論のうち，「ナシオン（国民）主権論」は，革命の最中，財産権が制約されることをおそれた上層ブルジョワジーが制限選挙を正当化するために唱えたものである。これに対抗して抽象的な「国民」ではなく，具体的な有権者の総体である「人民」こそが主権者であると主張したのが「プープル主権」である。この立場は**全有権者での決定が好ましい**が，現実的でないことから代表民主制が採られたと考えるので，**直接民主制を指向する見解**であるといえる。したがって，本肢の学生の解答は正しい。

オ　誤り。「プープル主権」では，政治は**人民の意思に基づくことが重視**されるので，代表者は**選挙民の意思に拘束される**という「**命令委任**」の関係にあるとされる。他方，「ナシオン主権」

では，**選挙民よりすぐれた能力を持つはずの代表者に政治を委ねることが重視**されるので，代表者は**選挙民の意思に拘束されない「自由委任」**の関係にあるとされる。したがって，「プープル主権では，代表者は選挙民の意思に拘束されないのに対し，ナシオン主権では，代表者は原則として選挙民の意思に拘束されると考えるのが一般的です。」とする本肢の学生の解答は，逆であるから，誤っている。

ナシオン主権とプープル主権				
	理念	**主たる担い手**	**原則的民主制**	**委任**
ナシオン主権	エリートによる 国民のための政治	ブルジョワジー	間接民主制	自由委任
プープル主権	人民による 人民のための政治	民衆	直接民主制	命令委任

各肢の解説より，学生の解答のうち正しいものはウ及びエであるから，4が正解となる。

第2問　正解　5

テーマ	新しい人権

ア　**誤り**。最高裁判所（**最大判昭和44・12・24**，京都府学連事件）は，「憲法第13条は，国民の私生活上の自由が，警察権等の国家権力の行使に対しても保護されるべきことを規定しているものということができる。そして，個人の私生活上の自由の一つとして，**何人も，その承諾なしに，みだりにその容ぼう・姿態**（以下「容ぼう等」という。）**を撮影されない自由を有する**ものというべきである。これを肖像権と称するかどうかは別として，少なくとも，警察官が，正当な理由もないのに，個人の容ぼう等を撮影することは，憲法第13条の趣旨に反し，許されないものといわなければならない。しかしながら，個人の有するこの自由も，国家権力の行使から無制限に保護されるわけでなく，公共の福祉のため必要のある場合には相当の制限を受けることは同条の規定に照らして明らかである。そして，犯罪を捜査することは，公共の福祉のため警察に与えられた国家作用の一つであり，警察にはこれを遂行すべき責務があるのであるから（警察２Ⅰ：警察は，個人の生命，身体及び財産の保護に任じ，犯罪の予防，鎮圧及び捜査，被疑者の逮捕，交通の取締その他公共の安全と秩序の維持に当ることをもってその責務とする。），**警察官が犯罪捜査の必要上写真を撮影する際，その対象の中に犯人のみならず第三者である個人の容ぼう等が含まれても，これが許容される場合がありうるものといわなければならない**。そこで，その許容される限度について考察すると，身体の拘束を受けている被疑者の写真撮影を規定した刑事訴訟法第218条第３項のような場合のほか，次のような場合には，**撮影される本人の同意がなく，また裁判官の令状がなくても，警察官による個人の容ぼう等の撮影が許容される**ものと解すべきである。即ち，**現に犯罪が行なわれもしくは行なわれたのち間がないと認められる場合であって，しかも証拠保全の必要性及び緊急性があり，かつその撮影が一般的に許容される限度をこえない相当な方法をもって行なわれるとき**である。このような場合に行なわれる警察官による写真撮影は，その対象の中に，犯人の容ぼう等のほか，**犯人の身辺又は被写体とされた物件の近くにいたためこれを除外できない状況にある第三者である個人の容ぼう等を含むことになっても，憲法第13条，第35条に違反しないものと解すべきである**」と判示している。したがって，本肢は，「第三者が写らないようにしなければならない」としている点が，判例の趣旨に照らし誤っている。

イ　**誤り**。最高裁判所（**最判平成７・12・15**）は，「指紋は，指先の紋様であり，それ自体では個人の私生活や人格，思想，信条，良心等個人の内心に関する情報となるものではないが，性質上万人不同性，終生不変性をもつので，採取された指紋の利用方法次第では個人の私生活あるいはプライバシーが侵害される危険性がある。このような意味で，指紋の押なつ制度は，国民の私生活上の自由と密接な関連をもつものと考えられる。憲法第13条は，国民の私生活上の自由が国家権力の行使に対して保護されるべきことを規定していると解されるので，**個人の私生活上の自由の一つとして，何人もみだりに指紋の押なつを強制されない自由を有する**ものというべきであり，国家機関が正当な理由もなく指紋の押なつを強制することは，同条の趣旨に反して許されない。しかし，外国人登録法で定める在留外国人についての指紋押捺制度（現在では廃止されている。）は，**戸籍制度のない外国人の人物特定につき最も確実な制度として制定されたもので，方法としても，一般的に許容される限度を超えない相当のもの**であり，**憲法第13条に違反するものではない**」と判示している。したがって，本肢は，在留外国人の指紋押なつ制度は，国家機関が正当な理由なく指紋の押なつを強制するものであり，「憲法第13条の趣旨に反し，許されない」とする後段が，判例の趣旨に照らし誤っている。

ウ　**誤り**。いわゆる修徳学園高校パーマ退学事件判決（最判平成８・７・18）は，三菱樹脂事件判決（**最大判昭和48・12・12**）を援用した上で，「私立学校である修徳学園高校の本件校則について，それが**直接憲法の上記基本権保障規定に違反するかどうかを論ずる余地はない**」として，「私立学校の髪型規制」を憲法問題とは捉えず，**髪形の自由が憲法上保障されているとは判示しなかった**。したがって，本肢は，髪型の自由は，自己決定権として憲法第13条によって保障されるとしている点が，判例の趣旨に照らし誤っている。

エ　**正しい**。最高裁判所（**最判平成20・３・６**，住基ネット訴訟）は，「個人の私生活上の自由の一つとして，何人も個人に関する情報をみだりに第三者に開示又は公表されない自由を有するが，住民基本台帳ネットワークシステム（住基ネット）によって管理，利用等される本人確認情報は**個人の内面に関わるような秘匿性の高い情報ではなく，それが法令等の根拠に基づかずに又は正当な行政目的の範囲を逸脱して開示又は公表される具体的な危険がない**ので，行政機関が住基ネットにより住民の本人確認情報を管理，利用等する行為は，当該**個人がこれに同意していないとしても，憲法第13条により保障された個人に関する情報をみだりに第三者に開示又は公表されない自由を侵害するものではない**と解するのが相当である」と判示している。したがって，本肢は判例の趣旨に照らし正しい。

オ　**正しい**。最高裁判所（**最判平成15・９・12**，江沢民早大講演会参加者名簿提出事件）は，「本件個人情報は，大学が重要な外国国賓講演会への出席希望者をあらかじめ把握するため，学生に提供を求めたものであるところ，学籍番号，氏名，住所及び電話番号は，大学が個人識別等を行うための単純な情報であって，その限りにおいては，秘匿されるべき必要性が必ずしも高いものではない。また，本件講演会に参加を申し込んだ学生であることも同断である。しかし，このような個人情報についても，本人が，自己が欲しない他者にはみだりにこれを開示されたくないと考えることは自然なことであり，そのことへの期待は保護されるべきものであるから，**本件個人情報は，上告人らのプライバシーに係る情報として法的保護の対象となるというべきである**。このようなプライバシーに係る情報は，取扱い方によっては，個人の人格的な権利利益を損なうおそれのあるものであるから，慎重に取り扱われる必要がある。本件講演会の主催者として参加者を募る際に上告人らの本件個人情報を収集した大学は，上告人らの意思に基づかずにみだりにこれを他者に開示することは許されないというべきであるところ，**同大学が本件個人情報を警察に開示することをあらかじめ明示した上で本件講演会参加希望者に本件名簿へ記入させるなどして開示について承諾を求めることは容易であった**ものと考えられ，それが困難であった特別の事情がうかがわれない本件においては，**本件個人情報を開示することについて上告人らの同意を得る手続を執ることなく，上告人らに無断で本件個人情報を警察に開示した同大学の行為は，上告人らが任意に提供したプライバシーに係る情報の適切な管理についての合理的な期待を裏切るものであり，上告人らのプライバシーを侵害するものとして不法行為を構成する**というべきである」と判示している。したがって，たとえ大学が警備上の必要から当該情報を警察に提供したとしても，あらかじめ学生らにその旨を説明して同意を求めることが特別困難であるような事情が認められなかった場合には不法行為を構成するとする本肢は，判例の趣旨に照らし正しい。

各肢の解説より，判例の趣旨に照らし正しいものはエ及びオであるから，５が正解となる。

第３問　正解　４

テーマ	国会議員の地位等

ア　**誤り**。国会会期前に逮捕されていた議員については，「各議院の要求」があれば釈放され，また，国会議員は「国会の会期中」には**原則として**逮捕されない（**憲50**）。ただし，会期中の逮捕については「**法律の定める場合**」**の例外**がある。具体的には，**院外での現行犯逮捕の場合**及び**所属する議院の許諾のある場合**である（**国会33**）。したがって，国会議員は必ずしも国会の会期中には逮捕されないわけではないので，本肢は，国会議員は国会の会期中には逮捕されることはないと言い切っている点が，誤っている。

イ　**正しい**。両議院の議員は，法律の定めるところにより，国庫から相当額の歳費を受けるとされている（**憲49**）。この歳費については，「一般職の国家公務員の最高の給与額より少なくない」額と規定されているものの（国会35），裁判官について，その報酬を在任中減額することができないと規定されているのとは異なり（憲79Ⅵ後段，80Ⅱ後段），**減額されることもある**。裁判官については，司法の独立という観点から，報酬を通じて他の権力からの不当な干渉を受けることを排除するという趣旨があるが，国会議員の歳費については，国会が自ら定める法律（国会議員の歳費，旅費及び手当等に関する法律）により規定されることから，その趣旨はあてはまらないからである。したがって，国会議員は国庫から「相当額の歳費」を受けることが保障されているが，これを在任中減額されないことまでは「保障されていない」とする本肢は，正しい。

ウ　**誤り**。国会議員の資格は，①被選挙権を有すること（公選10，11，11の２），②兼職を禁止されている公職に就いていないこと（公選89）の２つである。議員がこの資格を有しているか問題が生じた場合については，両議院が裁判権を有しており（憲55本文），出席議員の３分の２以上の多数による議決により，議員の議席を失わせることも可能である（**憲55但書**）。この裁判権は，各議院が他の国家機関からの干渉を排し，自主組織権を有することの現れの一つであり，**議員がその裁判に不服を持つ場合であっても，通常の裁判所（司法裁判所）の裁判権の及ぶところではない**ので，これに出訴することはできない。したがって，議院における資格に関する争訟の裁判により議員の資格を失ったときは，その無効を求めて通常の裁判所に「出訴することは妨げられない」とする本肢は，誤っている。

エ　**正しい**。各議院の議長には，議院の規律を保持するために警察権が与えられており，内閣の派出する警察官を指揮することができる（国会114，115）。また，議長は，議場の秩序を維持し，議院の品位を保持するため，議員の制止や発言の取消し等の処置をとることができるとされている（国会116）。これらは国会の自律権の保持のために認められたものであるので，国会議員に免責特権があるとはいえ（**憲51**），これらの規律には当然に服することになる。したがって，国会議員は，議院での演説について院外で責任を問われることはないが，その演説が議事進行の妨げになるとして，議長の行使する警察権に服することはあるとする本肢は，正しい。

オ　**誤り**。両議院の議事は，**憲法に特別の定めのある場合を除き**，**出席議員の過半数**で決するとされている（**憲56Ⅱ前段**）。同条項にいう「特別の定め」とは，①資格争訟で議員の議席を失わせる場合（**憲55但書**），②秘密会を開く場合（**憲57Ⅰ但書**），③議員を除名する場合（**憲58Ⅱ但書**），④衆議院で可決し，参議院でこれと異なった議決をした法律案を衆議院で再び議決する場合（**憲59Ⅱ**），⑤憲法改正の発議の場合（**憲96Ⅰ**）の５つである。このうち，⑤憲法改正の発議の場合以外においては，「出席議員の３分の２以上」の賛成を要するが，⑤憲法改正の発議の場合には，要件は「**各議院の総議員**」の３分の２以上の賛成とされている。したがって，本肢は，憲法改正の発議についても，「出席議員」の３分の２以上としている点が，誤っている。

各肢の解説より，正しいものはイ及びエであるから，４が正解となる。

民　法

第４問　正解　３

テーマ	住所及び不在者の財産の管理

ア　**正しい**。民法は，各人の「**生活の本拠**」をその者の「住所」とすると規定している（**民22**）が，都市公園内に不法に設置されたキャンプ用テントを起居の場所としている者の住所につき，判例（**最判平成20・10・３**）は，都市公園法に違反して都市公園内に不法に設置されたテントを起居の場所としていても，社会通念上客観的に生活の本拠（民22）としての実体を具備しているとはいえないため，**当該テントの所在地に住所を有するとはいえない**としている。したがって，本肢は判例の趣旨に照らし正しい。

イ　**正しい**。民法は，住所が「**知れない**」場合には，「**居所**」を住所とみなすと規定している（**民23Ⅰ**）。また，「**日本に住所を有しない者**」は，準拠法を定める法律に従いその者の住所地法によるべき場合を除き，その者が「**日本人又は外国人のいずれであるかを問わず**」，「**日本における居所**」をその者の住所とみなすと規定している（**民23Ⅱ**）。したがって，本肢は正しい。

ウ　**正しい**。ある行為について「仮住所」を選定したときは，「その行為に関して」は，その仮住所を「**住所とみなす**」とされている（**民24**）。したがって，本肢は正しい。

エ　**誤り**。家庭裁判所により選任された管理人は，その「管理すべき財産の目録」を作成しなければならない（民27Ⅰ前段）が，**その作成に係る費用は，「不在者の財産の中」から支弁する**とされている（**民27Ⅰ後段**）。したがって，管理人の選任の請求が利害関係人によりなされたときも，不在者の財産の中から支弁されるので，本肢は，管理人の選任を請求した「利害関係人が費用を負担する」としている点が，誤っている。

オ　**誤り**。家庭裁判所は，管理人に「**財産の管理及び返還**」について「**相当の担保**」を**立てさせることができる**とされている（**民29Ⅰ**）。管理人が財産を消費するおそれがあり，また，管理の終了に際し計算をして返還すべき義務があるのにこれをしないおそれのある場合に，不在者や利害関係人に損害を与えないよう予め保証する趣旨である。したがって，不在者の財産管理人は，「家庭裁判所の命令がなくても」，不在者の財産の管理及び返還について，相当の担保を「提供しなければならない」とする本肢は，誤っている。

各肢の解説より，判例の趣旨に照らし誤っているものはエ及びオの２個であるから，３が正解となる。

第５問　正解　４

テーマ	復代理等

ア　**誤り**。「復代理人」とは，代理人が「自己の権限内」の行為を行わせるために，「自己の名」において選任した「本人」の代理人をいう。復代理人は，代理人の代理人ではなく，直接「本人」の代理人となることから（民106Ⅰ），復代理人が代理行為をなすに際しては「**本人の名**」を示せば足り（民99Ⅰ），復代理人のなした法律行為の効果は，直接「本人」に帰属する。したがって，本肢は，復代理人は「代理人の名」において法律行為を行うとしている点が，誤っている。

イ　**正しい**。判例（**最判昭和51・４・９**）は，「復代理人は，本人及び第三者に対して，その権限の範囲内において，代理人と同一の権利を有し，義務を負う。」と規定する民法第106条第２項の規定は，「復代理人の代理行為も代理人の代理行為と同一の効果を生じるところから，契約関係のない本人復代理人間にも直接の権利義務の関係を生じさせることが便宜であるとの趣旨に出たものであるにすぎず，この規定のゆえに，**本人又は復代理人がそれぞれ代理人と締結した委任契約に基づいて有している権利義務に消長をきたすべき理由はない**から，復代理人が委任事務を処理するに当たり金銭等を受領したときは，復代理人は，特別の事情がない限り，本人に対して受領物を引渡す義務（民646Ⅰ前段）を負うほか，**代理人に対してもこれを引渡す義務を負い**，もし**復代理人において代理人にこれを引渡したときは，代理人に対する受領物引渡義務は消滅し，それとともに，本人に対する受領物引渡義務もまた消滅する**」と解している。したがって，復代理人が委任事務を処理するにあたり，相手方から動産を受け取った場合において，それを代理人に引き渡したときでも，本人に対する受領物引渡義務も「消滅する」とする本肢は，判例の趣旨に照らし正しい。

ウ　**誤り**。旧法は，復代理人を選任した代理人の責任につき，任意代理人については，「代理人は，前条の規定により＜本人の許諾を得たとき，又はやむを得ない事由があるとして＞復代理人を選任したときは，その『**選任及び監督**』について，本人に対してその責任を負う。」（旧民105Ⅰ）と，法定代理人については，「法定代理人は，自己の責任で復代理人を選任することができる。この場合において，『**やむを得ない事由**』があるときは，**前条第１項の責任**＜本人に対してその選任及び監督についての責任＞**のみ**を負う。」（旧民106）と規定していた。しかし，令和２年４月１日施行の改正（以下，単に「改正」という。）により，復代理人を選任したときに任意代理人の責任が軽減されるのはおかしいという問題意識に基づき，**旧民法第105条は削除され**，今後は，債務不履行等の一般原則によって利害調整を図ることとされた。また，それに伴い，民法第106条後段も「**この場合において，やむを得ない事由があるときは，本人に対してその選任及び監督についての責任のみを負う。**」（**民105後段**）と改正されたことに注意しておく必要がある。したがって，本肢は，任意代理人に関する記述が誤っている。

エ　**誤り**。旧民法には，復受任者の選任の可否については，明文の規定はなかったので，任意代理人による復代理人の選任の可否に関する民法第104条が類推されると解されていた。しかし，代理は外部関係，委任は内部関係として別の規律であるため，このような処理は妥当ではない。そこで，改正により，旧法の一般的な理解を踏まえて，「受任者は，**委任者の許諾を得たとき，又はやむを得ない事由があるときでなければ**，復受任者を選任することができない。」との規定（**民644の２Ⅰ**）を新設して，上記のような疑義が解消された。また，再寄託の可否についても，旧法は，「受寄者は，寄託者の承諾を得なければ，寄託物を使用し，又は第三者にこれを保管させることができない。」（旧民658Ⅰ）と規定して，寄託物の使用の可否と合わせて「寄託者の承諾」を得なければできないと規定していた。しかし，改正により，寄託物の使用の可否（民658Ⅰ）と再寄託の可否の条項を分離したうえで，再寄託の可否については，復受任者の選任の可否（民644の２Ⅰ）と同様に，「受寄者は，寄託者の承諾を得たとき，又は**やむを得ない事由があるとき**でなければ，寄託物を第三者に保管させることができない。」と規定して（**民658Ⅱ**），「やむを得ない事由があるとき」も再寄託が可能とされたことに注意しておく必要がある。したがって，本肢は，受寄者は，「寄託者の承諾を得なければ」，寄託物を第三者に保管させることができないとする前段の記述が，誤っている。

オ　**正しい**。令和元年７月１日施行の改正により，「遺言執行者は，**自己の責任**で第三者にその任務を行わせることができる。ただし，遺言者がその**遺言**に別段の意思（復任を許さない意思）を表示したときは，その意思に従う。」として（**民1016Ⅰ**），遺言執行者も自己の責任で第三者にその任務を行わせることが，他の法定代理人（民105前段）と同様に認められることとされた。これは，改正前の民法では，遺言執行者は，やむ得ない事由がなければ，第三者にその任務を行わせることができなかったが，遺言内容によっては，職務が広範囲に及ぶこともあり得ること，遺言執行を適切に行う場合には専門家に一任した方が適切な場合があることなどから，他の法定代理人と同様に復任権を認めることが適切と考えられたためである。なお，第三者に任務を行わせることについて「**やむを得ない事由**」があるときは，遺言執行者は，「**相続人**」に対してその「**選任及び監督**」についての責任のみを負うとの規定（**民1016Ⅱ**）も追加された。したがって，遺言執行者は，遺言者がその遺言に別段の意思を表示したときを除き，自己の責任で第三者にその任務を行わせることができるが，第三者に任務を行わせることについてやむを得ない事由があるときは，遺言執行者は，相続人に対してその選任及び監督についての責任のみを負うとする本肢は，正しい。

各肢の解説より，判例の趣旨に照らし正しいものはイ及びオであるから，４が正解となる。

第6問　正解　３

テーマ	条件

ア　**誤り**。解除条件付法律行為は，**解除条件が成就した時から**その効力を失うのが原則である（民127Ⅱ）が，**当事者が条件が成就した場合の効果をその成就した時以前にさかのぼらせる意思を表示したとき**は，その意思に従うとされている（**民127Ⅲ**）。したがって，特約の有無を問わずに，解除条件付法律行為がされた場合において，その条件が成就したときは，その法律行為は，その法律行為の時に「さかのぼって」効力を失うと言い切っている本肢は，誤っている。

イ　**誤り**。民法は，条件の成否未定の間においても，条件の成就によって生ずる相手方の利益について一種の権利性を認め（条件付権利），条件付法律行為の**各当事者**は，**条件の成否が未定である間**は，**条件が成就した場合にその法律行為から生ずべき相手方の利益**を**害する**ことができないと規定している（**民128**）。したがって，この権利を侵害した場合には，**不法行為が成立しうる**ので，条件付法律行為の当事者は，条件の成否未定の間であれば，条件の成就によって生ずる相手方の利益を侵害しても「不法行為となることはない」とする本肢は，誤っている。

ウ　**正しい**。条件の成否が未定である間における当事者の権利義務は，**一般の規定に従い**，**処分**し，**相続**し，若しくは**保存**し，又はそのために**担保**を供することができるとされている（**民129**）。したがって，本肢は正しい。

エ　**誤り**。旧民法には，「故意に条件を成就させた場合」の規定は存しなかったので，令和２年４月１日施行の改正により，「条件が**成就することによって利益を受ける当事者**が**不正**にその条件を成就させたときは，相手方は，その条件が**成就しなかったもの**と**みなすことができる**。」との規定（**民130Ⅱ**）が追加された。しかし，条件が成就することによって利益を受ける当事者が不正にその条件を成就させたとしても，相手方がその条件が成就しなかったものとみなすことができるだけで，当然に条件が成就しなかったものとみなされるわけではないので，本肢は誤っている。

オ　**正しい**。「停止条件付」法律行為はその条件が単に「債務者」の意思のみに係るときは「無効」とするとされている（**民134**）。これに対し，「**解除条件**」の成就が債務者の意思のみに係る場合は，当該解除条件付法律行為は**有効**と解されている（**最判昭和35・５・19**）。したがって，贈与契約に，贈与者が欲するときは贈与した物を返還するものとする旨の条件を付したとしても，その贈与契約は有効であるとする本肢は，判例の趣旨に照らし正しい。

各肢の解説より，判例の趣旨に照らし正しいものはウ及びオの２個であるから，３が正解となる。

第7問　正解　2

テーマ	物権的請求権

ア　**正しい**。地役権（民280）も物権であるから，その支配が妨げられた場合には，これを排除するため妨害排除請求権が認められる。判例（**最判平成17・３・29**）も，車両を通路土地に恒常的に駐車させる行為は，「道路の残余の幅が３メートル余りあったとしても」，土地の一部を独占的に使用している以上，通行の目的で通路土地全体を自由に使用できるという内容を有する地役権の侵害となり，地役権者は，**地役権に基づく妨害排除請求権**あるいは**妨害予防請求権**に基づいて駐車による通行の妨害の禁止を請求できるとしている。したがって，甲土地の所有者Aは，Bが所有する乙土地上に甲土地のための通行地役権の設定を受けたが，その後，Bが乙土地上に大型トラック丙を駐車してAによる乙土地の通行を妨げた場合，Aは，Bに対して通行地役権に基づき丙の撤去を請求することができるとする本肢は，判例の趣旨に照らし正しい。

イ　**誤り**。判例は，共有土地の「不法占拠者」に対する所有権に基づく土地明渡請求につき，各共有者は「**単独**」で目的物を自己に返還するよう請求できるとしている。したがって，A，B及びCが甲土地を持分３分の１ずつで共有している場合，Cは「単独では」，甲土地を何の権原もなく占有するDに対して甲土地の明渡しを「請求することができない」とする本肢は，判例の趣旨に照らし誤っている。なお，この根拠については，**保存行為**（民252Ⅴ）といえるからであるとするのが一般である（**大判大正10・６・13**）が，判例の中には，不可分債権の規定（民428→432）を類推適用して，この結論を導いたものもある（**大判大正10・３・18**）。

ウ　**誤り**。無権原で建てられた建物の実際の所有者と登記名義人が異なる場合，土地の返還請求権の相手方は，原則として建物を実際に所有し土地を占拠している者である（**最判昭和35・６・17**）が，自らの意思に基づいて建物所有権の登記を経由した者は，譲渡による建物所有権の喪失を主張することができないとするのが判例（**最判平成６・２・８**）である。しかし，**虚偽表示による登記名義人のように，たとえ建物所有権の登記を有していたとしても，建物所有権を取得したことがない者は不法占拠者といえない**（**最判昭和47・12・７**）。したがって，虚偽表示による登記名義人たるCに建物収去・土地明渡を請求できるとする本肢は，判例の趣旨に照らし誤っている。

エ　**正しい**。抵当権の目的不動産である山林から立木が伐採された場合は，当該伐採によって山林の交換価値が被担保債権額を下回らなくとも，抵当権者は，「伐採差止・搬出禁止」を請求することができるとされている。抵当権は価値支配権であり（民369Ⅰ），抵当目的物の交換価値を減少させる行為がなされた場合は，抵当権の不可分性（民372→296）の観点から，当該伐採によって山林の交換価値が被担保債権額を下回らなくとも，それを排除するための物権的請求権を認めるべきだからである。判例（**大判昭和６・10・21**）も，債務者が滅失毀損等，事実上の行為によって抵当権の目的物に対する侵害をしようとする場合においては，その侵害行為が**抵当権の被担保債権の弁済期後であるか否か**，あるいは抵当権の実行に着手した後であるか否かを問わず，抵当権者は，**物権たる抵当権の効力**として，その妨害の排除を請求することができるとしている。したがって，Aが所有する甲土地にBのために抵当権が設定され，その登記がされた後，Cが，甲土地上にAが所有する樹木を何の権原もなく伐採し始めた場合，Bは，「被担保債権の弁済期前であっても」，Cに対して伐採の禁止を請求することができるとする本肢は，判例の趣旨に照らし正しい。

オ　**誤り**。物権的請求権の消滅時効の成否につき，判例（**大判大正５・６・23**）は，「物権的請求権は，他人の行為を請求する権利であるから，物権そのものではない。しかし，物権から絶えず流出する請求権であるから，**物権そのものが消滅時効にかからない以上**，それに基づく**物権的請求権だけが消滅時効にかかるということはない**」と判示している。したがって，所有権が消滅時効にかからない以上（民166Ⅱ），所有権に基づく物権的請求権だけが消滅時効にかかるということはないので，Aの所有する自動車がBの所有する山林に無断で放置され，20年が経過した場合において，BがAに対して「所有権に基づく妨害排除請求権」の行使として自動車の撤去を求めたときは，Aは，妨害排除請求権の消滅時効を援用してBの請求を「拒むことができる」とする本肢は，判例の趣旨に照らし誤っている。

各肢の解説より，判例の趣旨に照らし正しいものはア及びエであるから，２が正解となる。

第8問　正解　5

テーマ	登記請求権

ア　**誤り**。令和2年4月1日施行の改正（以下，単に「改正」という。）により，登記協力義務につき，「売主は，買主に対し，登記，登録その他の売買の目的である権利の移転についての**対抗要件を備えさせる義務**を負う。」との規定（**民560**）が新設された。しかし，賃借人の登記請求権につき，判例（**大判大正10・7・11**）は，不動産賃貸借における賃貸人は，賃借人に対し，不動産賃借権設定登記の**登記申請協力義務を負わないのが原則であり，例外的に特約が存在する場合に当該義務を負う**と解している。即ち，特約なき限り，不動産賃借人は，賃貸人に対し，不動産賃借権設定登記の登記申請協力請求権を有しない。なぜなら，賃貸借契約において，賃貸人は，賃借人に対して賃貸目的物の使用収益をさせる義務を負担する（民601）が，その義務の内容には，賃借人の地位についての対抗要件を具備させることまでは含まれないと解されるからである。この**賃貸借契約は有償契約ではあるが，民法第560条は準用**（民559）**されない**と解する。したがって，本肢は，不動産の賃貸人も，賃貸借契約には売買の規定が準用されるので，賃借人に対して，登記をする「義務を負う」としている点が，判例の趣旨に照らし誤っている。

イ　**誤り**。改正により，配偶者居住権は，これを登記（不登3⑨，81の2）したときは，その不動産について物権を取得した者その他の第三者に対抗することができるとされ（**民1031Ⅱ→民605**），「**居住建物の所有者**は，配偶者（配偶者居住権を取得した配偶者に限る。）に対し，**配偶者居住権の設定の登記を備えさせる義務**を負う。」との規定（**民1031Ⅰ**）も新設された。したがって，本肢は，当然には配偶者居住権の設定の登記を備えさせる義務は「負わない」としている点が，誤っている。

ウ　**誤り**。判例は，未登記不動産につき不法に保存登記がなされた場合，真正の権利者は登記名義人に対しその**登記の抹消を請求する**ことができる（**大判明治43・5・24**）ほか，登記名義人に対し抹消登記に代えて「**移転登記**」**を請求することもできる**（**最判昭和32・5・30，最判昭和34・2・12**，物権的登記請求権）としている。したがって，Bは，所有権保存登記の抹消を請求することはできるが，Aに対して「所有権移転登記」を請求することは「できない」とする本肢は，判例の趣旨に照らし誤っている。

エ　**正しい**。判例（**大判明治43・7・6**）は，不動産の転売において，その登記名義が最初の売主にあるときは，転得者は「**最初の売主及び転売者の同意**」がなければ，最初の売主に対し「**直接自己に**」所有権移転登記を請求することはできないが，債権者代位権（民423）による代位登記によるときは，**中間者の同意を要せず**，転得者は，中間者に代位して，最初の売主に対し「**中間者への**」所有権移転登記申請に協力すべき旨を請求することができるとしていた。そこで，この登記請求権を保全するための債権者代位権の行使については，改正により，「登記又は登録をしなければ権利の得喪及び変更を第三者に対抗することができない財産を譲り受けた者は，その**譲渡人が第三者に対して有する登記手続**又は登録手続**をすべきことを請求する権利を行使しないとき**は，その権利を行使することができる。」との規定（**民423の７Ⅰ前段**）が新設された。したがって，本肢は判例の趣旨に照らし正しい。

オ　**正しい**。判例（**最判平成15・７・11**）は，「**不動産の共有者の１人**は，その持分権に基づき，共有不動産に対して加えられた妨害を排除することができるところ，不実の持分移転登記がされている場合には，**その登記によって共有不動産に対する妨害状態が生じている**ということができるから，共有不動産について全く実体上の権利を有しないのに持分移転登記を経由している者に対し，その**持分権に基づく保存行為**として（民252Ⅴ），**単独でその持分移転登記の抹消登記手続を請求することができる**」としている。したがって，ＢＣ間のＢ持分の売買契約が虚偽表示により無効な場合（民94Ⅰ），Ｂのみならず，「Ａ」も，Ｃに対し，その持分権に基づき，ＢからＣへの持分移転登記の抹消登記手続を請求することができるとする本肢は，判例の趣旨に照らし正しい。

各肢の解説より，判例の趣旨に照らし正しいものはエ及びオであるから，５が正解となる。

第９問　正解　5

テーマ	相続と新権原

ア　**正しい**。判例（**最判昭和46・11・30**）は，相続人が被相続人の死亡により相続財産の占有を承継したばかりでなく，**「新たに」相続財産を事実上支配することによって「占有を開始し」**，その占有に所有の意思があるとみられる場合には，被相続人の占有が他主占有であったときでも，相続人が「新権原」（民185）により所有の意思をもって占有を始めたものというべきであるとしている。つまり，「相続」イコール「新権原」として，直ちに他主占有が自主占有に変化すると考えているわけではない。したがって，本肢の学生の解答は判例の趣旨に照らし正しい。

イ　**正しい**。最初の占有者に所有の意思がない場合には，その相続人が本件の土地をいつまで占有したとしても時効取得することができないというのでは，当該土地について売買などにより特定承継が生じた場合に，当該特定承継人が時効取得しうることと比較して均衡を失する（肢エ参照）。したがって，相続人Ｃの占有が新権原によるものと認められる場合には，占有を継続することにより（民162），当該土地を時効取得することが認められている。判例（**最判平成８・11・12**）も，他主占有者の相続人が，独自の占有に基づく取得時効の成立を主張することができることを認めている。したがって，本肢の学生の解答は判例の趣旨に照らし正しい。

ウ　**正しい**。民法第187条第１項は，占有者の「承継人」は，その選択に従い「自己の占有のみを主張し」，又は自己の占有に前の占有者の占有を併せて主張することができると規定しており，前主から承継する占有とは別に，承継者独自の占有があること（占有の二面性）を当然の前提としている。承継者が独自に占有することができるということは，占有の性質上当然のことであって，特に相続による承継（包括承継）の場合だけ除外して考えなければならないとする理由はないからである。判例（**最判昭和37・５・18**）も，「民法第187条第１項は，**相続のような包括承継の場合にも適用され**，相続人は必ずしも被相続人の占有についての善意・悪意の地位をそのまま承継するものではなく，その選択に従い**自己の占有のみを主張し**又は被相続人の占有に自己の占有を併せて主張することができる」と判示している。したがって，本肢の学生の解答は判例の趣旨に照らし正しい。

エ　**誤り**。教授の問いかけは，「これらの要件が主として“誰の利益”を守るために要求されているか」というものである。これは，**Ｃが本件土地を時効取得する結果として所有権を失うこととなる「真の所有者Ａ」が，時効の完成猶予の措置を取りうるように，「Ａの利益」を守るために要求される要件である**。この点，本肢の学生の発言は，**Ｃの時効取得を認めないことについての論理的・実質的な不都合性について述べたものである**（肢イの解説参照）。もちろん，上記要件は「Ｃの時効取得を認めること」を前提としているから，その意味で遠回しにＣの利益を守っていると言えなくもないが，「**主として**」Ｃの利益を守っているとは言えない。したがって，本肢の学生の解答は，教授の質問に対する解答としては，誤っている。

オ　**誤り。**判例（**最判平成８・11・12**）は，他主占有者の相続人が独自の占有に基づく取得時効の成立を主張する場合には，相続人が新たな事実的支配を開始したことによって，従来の占有の性質が変更されたものであるから，その占有が所有の意思に基づくものであるといい得るためには，**取得時効の成立を争う相手方ではなく，**「**占有者である当該相続人**」**において，その事実的支配が外形的客観的にみて独自の所有の意思に基づくものと解される事情を，自ら証明しなければならない**としている。したがって，取得時効の成立を争う「相手方」において立証する必要があるとする本肢の学生の解答は，判例の趣旨に照らし誤っている。

各肢の解説より，学生の解答のうち判例の趣旨に照らし誤っているものはエ及びオであるから，５が正解となる。

第10問　正解　3

テーマ	用益権

ア　**正しい**。「地上権」の存続期間については，「民法上」長期・短期ともに制限はなく，設定契約により自由に存続期間を定めることができ，存続期間を「永久」と定める契約も有効であるとされている（**大判明治36・11・16**）。また，「地役権」の存続期間についても，民法上長期・短期ともに制限はなく，所有権を制限する程度が低いことから，存続期間を永久と定める契約も有効であると解されている。これに対して，「永小作権」の存続期間については，短期・長期ともに法定されており，「20年以上50年以下」とされ，50年より長い存続期間を設定行為で定めた場合には，「50年」とするとされている（**民278Ⅰ**）。また，「賃借権」の存続期間についても，令和２年４月１日施行の改正により，「50年」を超えることはできず，50年より長い存続期間を定めた場合には，「50年」とするとされた（**民604Ⅰ**）。したがって，本肢は正しい。

イ　**誤り**。相隣関係の規定は地上権者と土地の所有者の間について準用されている（民267本文）。ただし，境界線上に設けた境界標，囲障，障壁，溝及び堀は相隣者の共有に属するものと推定すると規定する民法第229条の規定は，境界線上の工作物が「**地上権の設定後**」に設けられた場合に限り，地上権者について準用するとされている（**民267ただし書**）。したがって，地上権の目的である土地とその隣地との境界線上に設けられたブロック塀が，「地上権者」と隣地の所有者の共有に属するものと推定されるのは，「地上権設定後」に設けられた場合であり，「設置の時期が何時であっても」，地上権者と隣地の所有者の共有に属するものと推定されるとする本肢は，誤っている。

ウ　**誤り**。別段の慣習がある場合を除き（民277），永小作人は，「**不可抗力**」**により収益について**「**損失**」**を受けたときで**あっても，「**小作料の免除又は減額**」**を請求することができない**とされている（**民274**）。しかし，「**不可抗力**」によって，「**引き続き３年以上全く収益を得ず**」，又は「**５年以上小作料より少ない収益を得た**」ときは，その権利を「**放棄**」することができるとされている（**民275**）。したがって，本肢は，権利を放棄する要件として，引き続き全く収益を得ない期間を３年ではなく「２年」，小作料より少ない収益を得た期間を５年ではなく「３年」としている点が，誤っている。

エ　**正しい**。承役地の所有者は，「**いつでも**」，地役権に必要な土地の部分の所有権を放棄して地役権者に移転し，これにより自己が負担している修繕義務等（民286）を免れることができるとされている（**民287**）。承役地所有者が所有権を放棄しても，地役権者に所有権が帰属すれば，何ら地役権者に不利益がなく，かえって権利関係が明確になるからである。したがって，本肢は正しい。なお，この場合における所有権移転登記の登記原因は，「年月日民法第287条による放棄」とされている（平成21年通達記録例221）。

オ　**正しい**。共有の性質を有する入会権の目的である土地の売却代金債権につき，判例（**最判平成15・４・11**）は，入会権者らに**総有的に帰属**するとしている。したがって，本肢は判例の趣旨に照らし正しい。

各肢の解説より，判例の趣旨に照らし誤っているものはイ及びウであるから，3が正解となる。

第11問　正解　4

テーマ	担保物権の通有性・効力

ア　**誤り**。譲渡担保権は，譲り渡すことができるものであれば，不動産のほか，動産（**最判昭和54・2・15**参照）や債権（**最判平成11・1・29**参照）に対しても設定することができる。しかし，**民法上の抵当権も**，動産や債権に対して設定することはできないが，**不動産**（**民369Ⅰ**）**のほか，「地上権や永小作権」に対しても設定することができる**とされている（**民369Ⅱ**）。したがって，本肢の学生の解答は，民法上の抵当権につき「不動産以外の権利には設定することができない」としている点が，誤っている。

イ　**正しい**。質権は，当事者の契約によって設定される約定担保物権であるから（民342），抵当権と同様に付従性が緩和され，将来発生する債権を担保するために設定することも認められている。これに対し，留置権は，法律上当然に発生する法定担保物権であるから，当事者の意思によってその内容を左右することは許されず，付従性は厳格に維持されている（**民295Ⅰただし書**参照）。したがって，本肢の学生の解答は正しい。

ウ　**誤り**。先取特権は，優先弁済的効力を有するため（民303），物上代位性が認められている（**民304**）。また，判例（**最決平成11・5・17**）は，「譲渡担保の目的である商品を，譲渡担保権者から処分権限を得て債務者である譲渡担保権設定者が譲渡した場合，譲渡担保権者はその転売された商品の売買代金に対して**物上代位権**を行使できる」としている。しかし，「**一般の先取特権**」は，債務者の総財産に優先権が認められることから（民306），**物上代位を問題とする必要がない**とされていることに注意しておく必要がある。したがって，本肢の学生の解答は，一般の先取特権についても物上代位性があるとしている点が，誤っている。

エ　**誤り**。抵当権においては，後順位者が出現する可能性が大きいことから，後順位者の利益との調整を図るため，利息その他の定期金を請求することができるときでも，原則として，「満期となった最後の２年分」に限って優先弁済権を主張することができるものとされている（**民375**）。これに対し，質権は，設定行為に別段の定めがあるときを除き，元本，「利息」，違約金，質権の実行の費用，質物の保存の費用及び債務の不履行又は質物の隠れた瑕疵によって生じた損害の賠償を担保するとされており（**民346**），抵当権のように２年分には制限されていない。しかし，「不動産質権者」は，使用収益が可能とされていることから（民356），原則としては利息を請求することができない（**民358**）が，**別段の合意**（民359）**により**，**利息その他の定期金を請求することができる**とすることは認められており，**この場合には**，**民法第375条が準用され**（民361参照），**損害金と合わせて最後の２年分に制限されると解されている**。したがって，本肢の学生の解答は，不動産質権の場合はそもそも利息を請求することはできないから，このようなことは問題とならないと言い切っている点が，誤っている。

オ　**誤り**。一般に，担保物権には付従性があるため，存続における付従性である「随伴性」も認められ，被担保債権が譲渡されると，担保物権も当然に移転する。しかし，**留置権**は，他人の物を占有する者が，その物に関して生じた債権を有するとき，法律上当然に認められるものであるから，**目的物が譲受人に引き渡されない限り**，譲受人が留置権を取得することはなく，**留置権は消滅する**（民302参照）。**これに対し，質権の場合は，被担保債権が譲渡されると，目的物が譲受人に引き渡されなくても，被担保債権に随伴して質権が譲受人に移転し，ただそれを「第三者に対抗」することができないだけである**（民352参照）。したがって，本肢の学生の解答は，被担保債権が譲渡されても，目的物である動産が譲受人に引き渡されなければ，「質権の場合も消滅する」としている点が，誤っている。

各肢の解説より，学生の解答のうち判例の趣旨に照らし誤っているものはア，ウ，エ及びオの４個であるから，４が正解となる。

第12問　正解　4

テーマ	不動産賃貸の先取特権

ア　**正しい**。不動産賃貸の先取特権は，賃料債権に限られず，「**その他の賃貸借関係から生じた賃借人の債務**」を広く担保するとされている（**民312**）。そして，その他の賃貸借関係から生じた賃借人の債務には，本肢のような「賃借人の目的物の損傷による損害賠償債務」も含まれる。したがって，賃貸人はその損害賠償請求権を被担保債権として先取特権を行使することができるとする本肢は，正しい。

イ　**誤り**。建物賃貸の先取特権の目的物である「賃借人がその建物に備え付けた動産」（民313Ⅱ）について，判例（**大判大正３・７・４**）は，民法第313条第２項の「建物に備え付けた動産」とは，**賃借人がその建物内にある期間継続して存置するために持ち込んだ動産であれば足り**，その建物の常用に供するために建物内に存置された動産であることを要しないから，「**金銭や有価証券，賃借人やその家族の一身の使用に供する懐中時計・宝石類**」などにも，建物賃貸人の先取特権が及ぶと判示している。したがって，本肢は判例の趣旨に照らし誤っている。

ウ　**正しい**。賃借権が適法に譲渡又は転貸された場合（民612Ⅰ）においては，賃貸人の先取特権は，**譲受人又は転借人の動産にも及ぶ**とされている（**民314前段**）。賃借権の譲渡又は転貸の場合には，賃借人の備え付けた動産が一緒に譲渡されることが多いため，これによって賃貸人がそれらの動産の上に先取特権を行使できなくなる（民333参照）ことを防止する趣旨である。したがって，賃借権の譲受人や転借人が自ら新たに備え付けた動産の上にも，譲渡人や転貸人の債務のために先取特権が及ぶので，本肢は正しい。

エ　**正しい**。賃貸人が敷金を受け取っている場合には，賃貸人は，その「**敷金で弁済を受けない債権の部分についてのみ**」不動産賃貸の先取特権を有するとされている（**民316**）。敷金とは，賃貸借終了後目的物の明渡義務履行までに生じる損害金その他賃貸借契約関係により賃貸人が賃借人に対して取得する一切の債権を担保するもの（民622の２Ⅰ）であるので，不動産賃貸人は，この敷金相当額については，賃借人の債務につき担保を有しているのと同様であるため，民法第316条の規定が設けられものである。したがって，賃貸借の継続中であっても，賃貸人は，敷金をもって弁済を受けることができない債権の部分についてのみ先取特権を有するとする本肢は，正しい。

オ　**誤り**。不動産の賃貸借から生じた賃借人の債務については，「賃借人」の動産の上に先取特権が成立するほか（民312），**即時取得の規定が準用されている**（**民319→192**）ことから，賃借人が第三者より寄託を受け又は賃借してその建物に備え付けた動産に対しても，賃貸人がこれを賃借人の動産と過失なくして信頼したときには，先取特権が成立する。したがって，賃借人がその建物内に備え付けた動産が友人から借り受けたものであった場合でも，その動産を建物内に備え付けた当時，賃貸人が賃借人所有の動産と信ずるについて過失がなかったときは，賃貸人は，その動産について先取特権を行使することができるので，「できない」とする本肢は，誤っている。

各肢の解説より，判例の趣旨に照らし誤っているものはイ及びオであるから，４が正解となる。

第13問　正解　2

テーマ	抵当権の効力の及ぶ範囲

ア　**正しい**。「付合物」（民242本文）は，抵当権の効力が及ぶ付加一体物（民370本文）に含まれる。付合物は，土地又は建物の構成部分となり，それらに吸収されるからである。土地に植栽された樹木については，無権原者が他人の土地に植栽した場合は土地に付合する（**最判昭和46・11・16**）が，権原がある場合には付合は生ぜず（民242条ただし書），植栽者がその所有権を留保する（大判昭和17・２・24）。そして，権原に基づいて樹木を植栽した者が抵当権者に樹木の所有権を対抗するには，権原について対抗要件を備えれば足りる。したがって，土地に設定された抵当権は，その土地について「対抗力を有する」地上権者が抵当権設定前に植栽した樹木には効力が及ばないので，本肢は正しい。

イ　**誤り**。本肢では，抵当権設定後にＣがＢの承諾を得て取り替えた「乙建物の内外を遮断するガラス戸」に，Ａの抵当権の効力が及ぶかどうかが問題とされている。この点，民法第370条本文は「抵当権は，抵当地の上に存する建物を除き，その目的である不動産に付加して一体となっている物に及ぶ」と規定しているが，付加一体物には「付合物」（民242本文）が含まれることに争いはない。付合した物は，不動産の所有権に吸収されることになるので，**付合の時期（抵当権を設定する前か後か）を問わず**，抵当権の効力は付合物に及ぶことになる。問題は，付合物といえるか否かの認定であるが，この点，判例（**大判昭和５・12・18**）は，「畳建具」一般は，建物に備え付けられても独立の動産としての性質を失わないが，雨戸や建物入口の戸扉といった「**建物の内外を遮断する建具類**」は，建物の取引上の効用に照らすと，壁や羽目と異なるものではないから，**建物から容易に取り外すことができるかどうかを問わず**，いったん建物に備え付けられた場合は建物の一部を構成するし，建物に付加して一体となるものであるから，**建物に対する抵当権の設定後に備え付けられたとしても，これらの物にも抵当権の効力が及ぶ**としている。したがって，ＣがＢの承諾を得て取り替えた「乙建物の内外を遮断するガラス戸」には，Ａの抵当権の効力が「及ばない」とする本肢は，判例の趣旨に照らし誤っている。なお，本肢では，賃借人Ｃが賃貸人Ｂの承諾を得て取り替えているが，賃借人が賃貸人の承諾を得ている場合でも，それが不動産と一体化し，構成部分となって独立性を有しない場合は，民法第242条ただし書の適用はないとされていることに注意しておく必要がある（**最判昭和44・７・25**）。

ウ　**誤り**。抵当権設定時に存在する従物（民87Ⅰ）に抵当権の効力が及ぶかにつき，判例は，「**抵当権の効力は，反対の意思表示のない限り，抵当権設定当時建物の常用に供するために取り付けられていた畳・建具には，従物として及ぶ**。民法第370条は抵当権の効力が，抵当不動産のほか，物理上抵当不動産に付加してこれと一体をなすものに及ぶ旨を規定したものだから，経済上の用法に従い物の主従を定め主物従物とを同一の法律関係に服従させることを目的とする民法第87条第２項と相妨げるものではない。いかなる物を抵当権の効力の及ぶべき従物と認めるべきかは，一般取引上の観念により定まる客観的標準にのっとってこれを決定すべきである」（**大**

連判大正８・３・15)，「根抵当権が設定された宅地上にその**設定前に付設された石灯篭**及び取外しのできる庭石等は**宅地の従物**として，植木及び取外しの困難な庭石等は宅地の構成部分として，**それぞれ宅地の根抵当権の効力が及び**，宅地に対する根抵当権設定登記により各物件についても対抗力を有するから，根抵当権者は，他の債権者による当該物件についての強制執行の排除を求めることができる」(**最判昭和44・３・28**) と判示している。したがって，抵当権が設定された土地に備え付けられた石灯籠が従物であるとしても，石灯籠が抵当権の「設定前」に備え付けられていた場合には，抵当権の効力は，その石灯籠に及ぶので，「及ばない」とする本肢は，判例の趣旨に照らし誤っている。

エ　**誤り**。「借地権」に抵当権の効力が及ぶかにつき，判例（**最判昭和40・５・４**）は，「土地賃借人の所有する地上建物に設定された抵当権の実行により，買受人がその建物の所有権を取得した場合には，従前の建物所有者との間においては，当該建物が取壊しを前提とする価格で競落された等特段の事情がない限り，買受人が建物の所有権を取得したときは，特段の事情がない限り，**土地賃貸人の承諾**（民612）**を条件とせずに，従たる権利である土地賃借権も買受人に移転する**」と判示している。したがって，Ａが甲土地の所有者であるＢから甲土地を賃借し，その土地上に乙建物を建設した後，Ｃに対する債務を担保するためにその建物に抵当権を設定した場合において，この抵当権が実行されたときは，「事前にＢの承諾がなければ」，乙建物の買受人Ｄは，賃借権を「取得することはない」とする本肢は，誤っている。なお，賃借権が移転するとはいっても，「土地賃貸人Ｂの承諾を得ていなければ」賃借権の無断譲渡であることに変わりはないので，**ＤがＢに対して敷地利用権を対抗できるかについては**，**別の問題**となることに注意しておく必要がある（民612，**借地借家20**)。

オ　**正しい**。平成15年の改正前は，抵当目的物から生じた果実は抵当目的物に対する差押えがあるまでは抵当権の効力は及ばないとされていた（旧民371）が，改正により，抵当権は，その**担保する債権について不履行があったとき**は，その後に生じた抵当不動産の果実に及ぶとされた（**民371**)。したがって，抵当権の被担保債権の履行が遅滞となった場合は，「抵当権の実行による差押えの前後を問わず」，その後に生じた抵当不動産の果実には抵当権の効力が及ぶとする本肢は，正しい。

各肢の解説より，判例の趣旨に照らし正しいものはア及びオであるから，２が正解となる。

第14問　正解　3

テーマ	根抵当権の消滅請求と極度額の減額請求

⑴　本問は，根抵当権の極度額の減額請求権及び根抵当権の消滅請求権について問うものである。

⑵　根抵当権の元本の確定により，流動性をもっていた元本債権が特定し，その結果として確定後に発生した元本債権は担保されないことになる。しかし，元本の確定により根抵当権が普通抵当権に転化するわけではなく，民法第375条に定めるような利息や損害金等の優先弁済についての制限がないので，根抵当権者は，極度額に至るまで，利息や損害金を何年分でも担保できることになる（民398の３Ⅰ）。

⑶　そこで，これによる根抵当権設定者の不利益を防止するため，また，根抵当権による担保的利用とその不動産の用益的利用とを調整するため，民法は，根抵当権確定後において，根抵当権設定者の極度額減額請求（民398の21）と物上保証人等の根抵当権消滅請求（民398の22）という２つの制度を認めている。

ア　**誤り**。共同根抵当権の場合には，極度額減額請求は，１個の不動産についてすれば足りるとされている（**民398の21Ⅱ**）。共同根抵当権は，同一の債権を担保する目的で一体的に併存するものであり，これに対する請求の効果は一体的に生じさせる必要があるからである。本肢においては，共同根抵当権の目的不動産の所有者はＢとＣであるが，そのうちの１人Ｂが請求すれば，Ｂの甲不動産及びＣの乙不動産全部について減額の効果が生ずることになる。したがって，乙不動産について減額の効果は「生じない」とする本肢は，誤っている。

イ　**正しい**。根抵当権について，利息・損害金等を極度額に至るまで何年分でも担保できるとすれば，根抵当権設定者にとって，後順位抵当権の設定や不動産の処分の重大な制限となる。そこで，このような根抵当権設定者の不利益を防止するため，民法は，根抵当権の「元本確定後」において，「根抵当権設定者」は，根抵当権者に対して根抵当権の極度額を「現に存する債務の額と**以後２年間に生ずべき利息その他の定期金及び債務の不履行による損害賠償の額とを加えた額**」に減額することを請求することができるとした（**民398の21Ⅰ**）。この極度額減額請求権が認められるためには，**現存債務額に今後２年間に生ずべき利息・損害金を加えた額が極度額に満たないことが要件**とされている。したがって，現存債務額に今後２年間に生ずべき利息・損害金を加えれば極度額を超えるような場合は，極度額減額請求権は認められないとする本肢は，正しい。

ウ　**誤り**。根抵当権の「元本確定後」において，「現存債務額が極度額を超えているとき」は，「物上保証人」又は抵当不動産につき所有権・地上権・永小作権若しくは第三者に対抗することができる賃借権を取得した第三者は，根抵当権者に対して極度額に相当する金額を払い渡し又は供託して，その根抵当権の消滅請求をすることができるとされている（**民398の22Ⅰ前段**）。これは，根抵当権による担保的利用と，その不動産の用益的利用を調整するためである。**根抵当権の消滅請求においてなされた払渡し又は供託は，弁済の効力を有する**とされている（**民398の**

22Ⅰ後段）が，**物上保証人等は，物上保証人又は第三者として弁済するのではなく，民法によって弁済の効力を有するとされるにすぎないから，代位弁済ではなく，これによって根抵当権が物上保証人等に移転することはない**。即ち，根抵当権は消滅するのである。したがって，Ｃは，「Ａに代位してその権利を行うことができる」とする本肢は，誤っている。

エ　**誤り**。「**後順位担保権者**」**は，根抵当権の消滅請求をすることができるとはされていない**（**民398の22Ⅰ前段**）。これは，消滅請求権は，根抵当権による担保的利用と，その不動産の用益的利用を調整するために認められたものであり，後順位担保権者は，不動産の交換価値を把握しているにすぎず，消滅請求権を認める法律上の利益はないからである。したがって，ＥはＡの根抵当権の消滅請求をすることが「できる」とする本肢は，誤っている。

オ　**正しい**。民法第398条の22第１項によれば，「**第三者に対抗することができる**」貸借権を取得した者であれば，消滅請求権が認められる。ここで，第三者に対抗することができるとは，登記を備えた場合や建物の引渡しを受けている場合をいう（民605の２Ⅰ，借地借家10，31）。したがって，貸借権を有している者でも，それが第三者に対抗することができないものであれば，消滅請求をすることはできないので，Ｄに，「常に」，根抵当権の消滅請求が認められるというわけではないとする本肢は，正しい。

各肢の解説より，正しいものはイ及びオであるから，３が正解となる。

第15問　正解　3

テーマ	再売買の予約と所有権留保

ア　**誤り**。判例（最判平成18・7・20）は，本肢のような契約について，当該契約は目的物を担保とする目的で締結されたものにほかならず，再売買が予定されている売買契約の形式を採るものであり，契約時に目的物の所有権が移転する旨の明示の合意がされているものではあるが，債権を担保するという目的を達成するのに必要な範囲内において目的物の所有権を移転する旨が合意されたにすぎないというべきであるから，本件契約の性質は，「**譲渡担保契約**」と解するのが相当であるとしている。したがって，再売買が予定されている売買契約の形式の契約がなされている場合は，その契約の目的が担保であって，その目的の範囲内で所有権の移転をするにすぎない場合であっても，当該契約は「再売買の予約」であるとする本肢は，判例の趣旨に照らし誤っている。

イ　**正しい**。「所有権留保」は，代金完済まで物の所有権を売主の下に留保するものであるが，その実行は本肢のような形式で行われる。したがって，本肢は正しい。なお，所有権留保は自動車売買によく利用されているが，その実益は物が第三者の手に渡ることを防止する点にあるとされている。

ウ　**誤り**。仮に買主に所有権があるのであれば，その引渡しを受ければ，第三者にその所有権を対抗することができる（民178）が，所有権留保においては売主に所有権があり，買主から所有権を譲り受けた第三者は，即時取得が成立しない限り，その所有権を取得することはできない。判例（**最判昭和42・4・27**）も「買主の債権者が目的物を差し押えた場合，所有権留保付の売主は第三者異議の訴えによってこれを排除することができるので，**買主から目的物を買い受けた者は即時取得によらない限り，所有権を取得することはできない**」としている。したがって，売買の目的動産に所有権留保が設定されている場合に，買主から当該動産を買い受けた第三者は，その引渡しを受ければ，売主（所有権留保権者）に所有権を対抗することができるとする本肢は，判例の趣旨に照らし誤っている。なお，「道路運送車両法により登録を受けた自動車」については，民法第192条は適用されないとされていることにも注意しておくこと（**最判昭和62・4・24**）。

エ　**誤り**。判例（**最判昭和49・7・18**）は，「動産の割賦払約款付売買契約において，代金完済に至るまで目的物の所有権が売主に留保され，買主に対する所有権の移転は代金完済を停止条件とする旨の合意がなされているときは，代金完済に至るまでの間に買主の債権者が目的物に対して強制執行に及んだとしても，**売主又は売主から目的物を買い受けた第三者**は，**所有権に基づいて第三者異議の訴え**（民執38）**を提起し，その執行の排除を求めることができる**」と判示している。したがって，売買の目的動産に所有権留保が設定されている場合に，買主の債権者が当該動産を差し押さえたときには，所有権を留保した売主は，第三者異議の訴えを提起することが「できない」とする本肢は，判例の趣旨に照らし誤っている。

オ　**正しい**。判例（**最判平成21・３・10**）は，「動産の購入代金を立替払した者が，立替金債務の担保として当該動産の所有権を留保する場合において，買主との契約上，期限の利益喪失による残債務全額の弁済期の到来前は当該動産を占有，使用する権原を有せず，その経過後は買主から当該動産の引渡しを受け，これを売却してその代金を残債務の弁済に充当することができるとされているときは，**所有権を留保した者は，第三者の土地上に存在してその土地所有権の行使を妨害している当該動産について，その弁済期が到来するまでは，特段の事情がない限り，撤去義務や不法行為責任を負うことがない**が，その弁済期が経過した後は，留保された所有権が担保権の性質を有するからといって，撤去義務や不法行為責任を免れることはない」と判示している。したがって，所有権留保の目的である動産が第三者の土地の上に放置されている場合，所有権を留保した者は，「弁済期が到来するまでは」，特段の事情がない限り，当該動産の撤去義務や不法行為責任を「負わない」とする本肢は，判例の趣旨に照らし正しい。

各肢の解説より，判例の趣旨に照らし正しいものはイ及びオであるから，３が正解となる。

第16問　正解　2

テーマ	注意義務

ア　**正しい**。従前は，善管注意義務の内容をどのように判断するかにつき，明文の規定は置かれていなかったことから，個別・具体的に事案ごとに決していた。そこで，令和２年４月１日施行の改正（以下，単に「改正」という。）により，**第400条**は，「債権の目的が特定物の引渡しであるときは，債務者は，その**引渡しをするまで**，ⓐ**契約その他の債権の発生原因「及び」**ⓑ**取引上の社会通念に照らして定まる**善良な管理者の注意をもって，その物を保存しなければならない。」と改正された（**民400**）。したがって，本肢は正しい。

イ　**正しい**。改正により，受領遅滞の効果として，「債権者が債務の履行を受けることを拒み，又は受けることができない場合において，その債務の目的が特定物の引渡しであるときは，債務者は，**履行の提供をした時から**その引渡しをするまで，**自己の財産に対するのと同一の注意**をもって，その物を保存すれば足りる。」とする規定（**民413Ⅰ**）が追加された。したがって，本肢は正しい。

ウ　**誤り**。「**無報酬**」の受寄者は，「**自己の財産に対するのと同一の注意**」をもって，寄託物を保管する義務を負う（**民659**）と注意義務が軽減されているが，「有償の受寄者」や無償契約であるとしても特定物の贈与契約の「贈与者」にはかかる特則は規定されていないので，これらの者は「**善良な管理者の注意**」をもって，その物を保存しなければならない（**民400**）。したがって，本肢は，「特定物の贈与契約の贈与者」も，自己の財産に対するのと同一の注意をもって，贈与の目的物を保管すれば足りるとしている点が，誤っている。

エ　**正しい**。「相続の承認又は放棄前の相続人」は，その「**固有財産におけるのと同一の注意**」をもって，相続財産を管理しなければならない（**民918**）が，相続を放棄した場合も「相続の放棄をした者は，その**放棄の時に相続財産に属する財産を現に占有しているときは，相続人又は第952条第１項の相続財産の清算人に対して当該財産を引き渡すまでの間**，「**自己の財産におけるのと同一の注意**」をもって，その財産を保存しなければならない。」とされている（**改正民940Ⅰ**，下線部は令和５年４月１日施行の改正箇所）。したがって，本肢は正しい。

オ　**正しい**。「後見人」は，「善良な管理者の注意」をもって，後見の事務を処理する義務を負う（**民869→民644**）が，「親権者」は，「**自己のためにするのと同一の注意**」をもって，その管理権を行えば足りるとされている（**民827**）。したがって，本肢は正しい。

各肢の解説より，誤っているものはウの１個であるから，２が正解となる。

第17問　正解　1

テーマ	指図証券

ア　**誤り**。指図証券の譲渡の要件については，令和２年４月１日施行の改正（以下，単に「改正」という。）により，「指図証券の譲渡は，その**証券に譲渡の裏書**をして**譲受人に交付**しなければ，その**効力を生じない**。」と規定して（**民520の２**），裏書等を単なる第三者対抗要件（旧民469参照）ではなく，「**効力要件**」とされた。したがって，指図証券の譲渡は，その証券に譲渡の裏書をして譲受人に交付しなければ，「債務者その他の第三者に対抗することができない」とする本肢は，誤っている。なお，指図証券の裏書の方式については，「指図証券の譲渡については，その指図証券の性質に応じ，**手形法**（昭和７年法律第20号）**中裏書の方式に関する規定を準用**する。」との規定（**民520の３**）が新設された。

イ　**正しい**。改正により，「指図証券の所持人が**裏書の連続によりその権利を証明**するときは，その所持人は，**証券上の権利を適法に有するものと推定**する。」との規定（**民520の４**）に続けて，指図証券の善意取得につき，「**何らかの事由により**指図証券の占有を失った者がある場合において，その所持人が**前条の規定によりその権利を証明するとき**＜裏書の連続によりその権利を証明するとき＞は，その所持人は，その証券を返還する義務を負わない。ただし，その所持人が**悪意又は重大な過失**によりその証券を取得したときは，この限りでない。」との規定（**民520の５**）が新設された。したがって，何らかの事由により指図証券の占有を失った者がある場合において，その所持人が裏書の連続によりその権利を証明するときは，その所持人は，悪意又は重大な過失によりその証券を取得したときを除き，その証券を返還する義務を負わないとする本肢は，正しい。

ウ　**誤り**。指図証券の譲渡における債務者の抗弁の制限については，改正により，指図債権の譲渡における債務者の抗弁の制限に関する旧法の規定（旧民472）に該当する「指図債権の債務者は，その**証書に記載した事項**及びその**証書の性質から当然に生ずる結果**を除き，その指図債権の譲渡前の債権者に対抗することができた事由をもって**善意の譲受人**に対抗することができない。」とする規定（**民520の６**）が新設された。したがって，本肢は，「善意の譲受人」に限定することなく，およそ「譲受人」に対抗することができないとしている点が，誤っている。

エ　**正しい**。指図証券の弁済の場所については，改正により，「指図証券の弁済は，**債務者の現在の住所**においてしなければならない。」とする規定（**民520の８**）が新設された。したがって，本肢は正しい。なお，この改正に伴い，「指図債権及び無記名債権の弁済は，債務者の現在の営業所（営業所がない場合にあっては，その住所）においてしなければならない。」と規定していた旧商法第516条第２項は削除された。

オ　**正しい**。指図証券の債務者が履行遅滞に陥る時期については，改正により，「指図証券の債務者は，その債務の履行について期限の定めがあるときであっても，その**期限が到来した後に所持人がその証券を提示してその履行の請求をした時**から遅滞の責任を負う。」とする規定（**民**

520の９）が新設された。したがって，本肢は正しい。なお，この改正に伴い，「指図債権又は無記名債権の債務者は，その債務の履行について期限の定めがあるときであっても，その期限が到来した後に所持人がその証券を提示してその履行の請求をした時から遅滞の責任を負う。」と規定していた旧商法第517条は削除された。

各肢の解説より，誤っているものはア及びウであるから，１が正解となる。

第18問　正解　4

テーマ	契約の成立

ア　**正しい**。令和２年４月１日施行の改正（以下，単に「改正」という。）により，従前から認められていた「**契約の内容の自由の原則**」を明文化した「契約の当事者は，**法令の制限内**において<民90，91等>，**契約の内容**を自由に決定することができる。」との規定（**民521Ⅱ**）が追加された。したがって，本肢は正しい。

イ　**正しい**。改正により，「契約は，**契約の内容を示して**その**締結を申し入れる**意思表示（以下「**申込み**」という。）に対して相手方が**承諾をしたとき**に成立する。」との規定（**民522Ⅰ**）が追加され，申込みと「申込みの誘因」とを区別する指標とすることも意図して，契約の申込みには，「契約締結」を申し入れる意思表示と「契約の内容」を示すことが必要であることが明定された。したがって，本肢は正しい。

ウ　**誤り**。「承諾の期間を定めてした」申込みは，**申込者が撤回をする権利を留保したときを除き**，申込みの到達後は**撤回することができない**とされている（**民523Ⅰ**）。したがって，ＡがＢに対し，承諾の期間を申込みから１週間と定めて撤回の権利の留保なく契約の申込みをした場合は，その２日後に申込みを撤回したとしてもこの撤回は認められないので，Ｂが申込みから１週間以内である「５日後」に承諾した場合（民523Ⅱ参照）は，ＡＢ間に契約が成立するので，「契約は成立しない」とする本肢は，誤っている。

エ　**正しい**。申込者が申込みの通知を発した後に死亡等した場合の申込みの効力につき，「申込者が申込みの通知を発した後に**死亡**し，意思能力を有しない常況にある者となり，又は行為能力の制限を受けた場合において，**申込者がその事実が生じたとすればその申込みは効力を有しない旨の意思を表示していたとき**，又はその相手方が**承諾の通知を発するまでに**その事実が生じたことを**知ったとき**は，その**申込み**は，その**効力を有しない**。」とする改正がなされ（**民526**），意思表示の効力の発生に関する民法第97条第３項の特則という位置づけを変更して，その基準時点が**申込到達後承諾の通知の発信時まで延長された**ことに注意しておく必要がある。したがって，ＡがＢに対して契約の申込みの通知を発した後に死亡したが，Ａが自らが死亡したとすればその申込みは効力を有しない旨の意思を表示していないとしても，ＢがＡの申込み到達後にＡ死亡の事実を知った場合は，Ａの申込みは，その効力を失うので，ＢとＡの相続人との間に契約は成立しないとする本肢は，正しい。

オ　**誤り**。旧法上は，隔地者間の契約は，承諾の通知を「**発した時**」に成立するとされていた（旧民526Ⅰ）が，改正により，通信手段が発達した現代においては，当事者が発信から到達までの時間の短縮を望むならば様々な手段が存在することから，到達主義の原則（民97Ⅰ）に対する例外を設ける必要性が乏しいため，**契約の成立時期について発信主義を採っていた旧民法第526条第１項は削除された**。したがって，本肢は，隔地者間の契約は承諾の通知を「発した時」に成立するとしている点が，誤っている。これに対し，申込者の意思表示又は取引上の慣習により承諾の通知を必要としない場合には，契約は，**「承諾の意思表示と認めるべき事実があった時」**に成立する（**民527**）とする点は，正しい。これを「意思実現による契約の成立」という。

各肢の解説より，誤っているものはウ及びオであるから，４が正解となる。

第19問　正解　4

テーマ	賃借権の譲渡及び賃借物の転貸

ア　**正しい**。賃借人である「会社の実質的な経営者が交代した場合」に，民法第612条の賃借権の譲渡となるかの問題である。この点，判例（**最判平成８・10・14**）は，「賃借人が法人である場合において，当該法人の構成員や機関に変動が生じても，**法人格の同一性は失われない**から，民法第612条の賃借権の譲渡には当たらない。特定の個人が経営の実権を握り，社員や役員が当該個人及びその家族，知人等によって占められているような**小規模で閉鎖的な株式会社**（判決当時は「有限会社」）**が賃借人である場合**に，株式（判決当時は「持分」）の譲渡及び役員の交代により**実質的な経営者が交代したとしても，同条にいう賃借権の譲渡には当たらず**，賃貸人は賃貸借契約を解除できない」としている。したがって，本肢は判例の趣旨に照らし正しい。

イ　**正しい**。判例（最判平成29・12・19）は，「賃借人が契約当事者を実質的に変更したときは，賃貸人は違約金を請求することができる賃貸借契約において賃借人が吸収分割により契約上の地位を承継させた場合に，**賃借人が賃貸人に対し，本件吸収分割がされたことを理由に本件違約金債権に係る債務を負わないと主張することは，信義則に反して許されず**，賃貸人は，本件吸収分割の後も，賃借人に対して同債務の履行を請求することができるというべきである。」としている。したがって，本肢は判例の趣旨に照らし正しい。

ウ　**誤り**。賃借人が借地上に建てた建物に譲渡担保権を設定した場合，民法第612条の賃借権の譲渡となるかの問題である。この点，判例（**最判平成９・７・17**）は，「借地人が借地上に所有する建物につき譲渡担保権を設定した場合，**譲渡担保権設定者が引き続き建物を使用している限り**，その敷地について民法第612条にいう**賃借権の譲渡又は転貸がされたと解することはできない**が，**譲渡担保権者が建物の引渡しを受けて使用又は収益をするとき**は，いまだ担保権が実行されておらず，設定者による受戻権の行使が可能であるとしても，建物の敷地について同条にいう**賃借権の譲渡又は転貸がされたと解するのが相当**であり，他に賃貸人に対する信頼関係を破壊すると認めるに足りない特段の事情のない限り，賃貸人は土地賃貸借契約を解除することができる」としている。なぜなら，敷地の使用主体が替わることによって，その使用方法，占有状態に変更を来し，当事者間の信頼関係が破壊されたものと解されるからである。したがって，「Ｃが建物の引渡しを受けて使用又は収益をしていたとしても」，ＡはＢに対して賃借権の無断譲渡を理由に本件賃貸借契約を「解除することはできない」とする本肢は，判例の趣旨に照らし誤っている。

エ　**誤り**。賃貸借契約が「債務不履行」による賃貸人の解除により終了する場合に，転貸借契約の終了時がいつになるかという問題である。この点，判例（**最判平成９・２・25**）は，「賃貸人の承諾のある転貸借において，賃貸借契約が転貸人の債務不履行を理由とする解除により終了した場合，**賃貸人が転借人に直接目的物の返還を請求するに至れば，転借人が賃貸人に転借権を対抗し得る状態を回復することはもはや期待することができず，転貸人の転借人に対する**

債務は社会通念上履行不能といえるから，賃貸人の承諾のある転貸借は，原則として，**賃貸人が転借人に対して目的物の返還を請求した時**に，転貸人の転借人に対する債務の履行不能により消滅する」としている。したがって，ＢＣ間の転貸借の終了時を「ＡがＢとの間の賃貸借契約を解除した時」とする本肢は，判例の趣旨に照らし誤っている。

オ　**正しい**。適法な転貸借がある場合に，賃貸人が賃借人（転貸人）の賃料延滞を理由として賃貸借契約を解除する際に転借人に対して催告する必要があるかという問題である。この点，判例（**最判平成６・７・18**）は，「土地の賃貸借契約において，賃貸人が賃料の不払いを理由に賃貸借契約を解除するには，適法な転貸借であっても，特段の事情のない限り，**転借人に通知等をして賃料の代払いの機会を与えなければならないものではない**」としている（他に**最判昭和37・３・29**参照）。したがって，ＢがＡの承諾を得てＣに甲土地を転貸した場合，Ｂの賃料延滞を理由として賃貸借契約を解除するには，「Ｂに対して催告すれば足り」，Ｃに対して延滞賃料の支払の機会を与えなければならないものではないとする本肢は，判例の趣旨に照らし正しい。

各肢の解説より，判例の趣旨に照らし誤っているものはウ及びエであるから，４が正解となる。

第20問　正解　2

テーマ	親族の範囲

⑴　親族の範囲について，民法は，①**６親等内の血族**，②**配偶者**，及び③**３親等内の姻族**を親族とすると規定している（**民725**）。

⑵　親等は，親族間の「**世代数**」を数えて，これを定める（民726Ⅰ）が，「**傍系**」親族の親等を定めるには，**その一人又はその配偶者から「同一の祖先」にさかのぼり，その祖先から他の一人に下るまでの世代数**によるとされている（民726Ⅱ）。

ア　**誤り**。Aと婚姻関係にない女との間に生まれた「未認知」の子は，**Aと法律上の父子関係がなく**，Aの親族に当たらない（民725①）。なぜなら，婚姻関係にない男女の間に生まれた子は，「母」との関係では分娩の事実により親子関係が生じる（**最判昭和37・４・27**）が，「父」との関係では，たとえ血縁上の父子関係にあっても，**認知がない限り法律上の親子関係は生じない**からである（民779）。したがって，本肢は誤っている。

イ　**誤り**。Aと，Aの配偶者の弟とは親族（姻族）であるが，その配偶者Bとは親族ではない（民725）。なぜなら，「姻族」とは，夫婦の一方と**他方の血族**の相互をいい，Aの配偶者の弟は，Aの２親等の姻族であるが，Aの妻の弟の配偶者であるBは，**Aの「姻族の配偶者」**（自己の配偶者の「血族」の配偶者）**にすぎない**からである。したがって，本肢は誤っている。

ウ　**誤り**。Cと，Cの子Aの配偶者の母Bとは，親族ではない（民725）。なぜなら，「姻族」とは，**夫婦の一方と**他方の血族の相互をいい，Cの子Aの配偶者は，Cの１親等の姻族であるが，その母であるBは，**Cの「姻族の血族」**（自己の血族の「配偶者」の血族）**にすぎない**からである。したがって，本肢は誤っている。

エ　**誤り**。Aと，Aの従姉妹の配偶者Bとは，**姻族であるが，親族ではない**。なぜなら，姻族とは，夫婦の一方と他方の血族の相互を，いいかえれば，血族関係にある者の一方と他方の配偶者の相互をいい，AとAの従兄弟とは４親等の血族であり，その配偶者Bは，Aの「**４親等の姻族**」に当たる。しかし，姻族のうち親族の範囲に含まれるのは，「**３親等**」内に限られるからである（**民725③**）。したがって，本肢は誤っている。

オ　**正しい**。Aの母と母の後夫との間に生まれた嫡出子が婚姻をした相手方は，Aの親族に当たる。なぜなら，Aの母とその後夫との間に生まれた嫡出子は，Aの２親等の血族（兄弟姉妹）であり，そのAの兄弟姉妹が婚姻をした相手方は，Aの「**２親等の姻族**」だからである（**民725③**）。したがって，本肢は正しい。

各肢の解説より，正しいものはオの１個であるから，２が正解となる。

第21問　正解　2

テーマ	氏

ア　**正しい**。人が出生した場合には，「**嫡出である子**」は，「**父母の氏**」を称する（**民790Ⅰ本文**）が，「**嫡出でない子**」は，「**母の氏**」を称するとされている（**民790Ⅱ**）。したがって，出生した子は，必ずしも当然に「父母の氏」を称するわけではないとする本肢の前段は正しい。また，養子は「養親の氏」を称するのが原則である（民810本文）が，配偶者の同意を得て単独で養子となることが認められていることから（民796本文），「**婚姻によって氏を改めた者**」が婚姻中に単独で養子となる場合は，夫婦同氏の原則（民750）が優先し，「**婚姻の際に定めた氏を称すべき間**」は**婚姻中の氏を称する**こととされている（**民810ただし書**）。したがって，養子は必ずしも常に養親の氏を称することになるわけではないとする本肢の後段も，正しい。

イ　**正しい**。非嫡出子は母の氏を称する（民790Ⅱ）。そして，父の認知後，父母が婚姻しているから，婚姻準正により子は嫡出子の身分を取得することになる（民789Ⅰ）が，**その氏は当然に変わるわけではない**。この場合，①**父又は母が氏を改めたことにより子が父母と氏を異にする場合**であるから，子（準正子）は，②「**父母の婚姻中**」に限り，家庭裁判所の許可を得ないで，戸籍法（戸籍98）の定めるところにより「**届け出る**」ことによって，その父母の氏を称することができるとされている（**民791Ⅱ**）。したがって，Cは，A女とB男の婚姻によって「当然にB男の氏を称するわけではない」とする本肢は，正しい。

ウ　**誤り**。「家庭裁判所の許可を得て」（民791Ⅰ）氏を改めた未成年の子も，「**成年に達した時**」から「**1年以内**」に戸籍法（戸籍99）の定めるところにより「**届け出る**」ことによって，「**家庭裁判所の許可を得ることなく**」，従前の氏に復することができるとされている（**民791Ⅳ**）。したがって，「家庭裁判所の許可を得て」，戸籍法の定めるところにより届け出ることによって，従前の氏に復することができるとする本肢は，誤っている。

エ　**誤り**。養親子関係は，養子縁組の当事者の一方が「死亡」したとしても，当然には解消しないため，縁組の「**当事者**」の一方が「死亡」した後に「**生存当事者**」が離縁をしようとするときは，「**家庭裁判所の許可**」を得て，これをすることができるとされている（民811Ⅵ）。養子も，離縁が成立した場合は，「**配偶者とともに養子をした養親の一方のみと離縁をした場合を除き**」，縁組前の氏に「**当然に**」復する（**民816Ⅰ**）が，縁組前の氏に復した者は，離縁の日から「**3か月以内**」に戸籍法の定めるところにより**届け出る**ことによって，**離縁の際に称していた氏**を称することができる。しかし，離婚の場合（民767Ⅱ）とは異なり，離縁により縁組前の氏に復した者が縁組の際に称していた氏を称することができるのは，「**縁組の日から7年を経過した後に**」離縁をした場合でなければならないとされていることに注意する必要がある（**民816Ⅱ**）。このことは**死後離縁**（民811Ⅵ）**の場合も同様**である。したがって，養子は，養親の「死亡後に」離縁をした場合には，「縁組の日から7年を経過していなくても」，離縁の日から3か月以内に戸籍法の定めるところにより届け出ることによって，離縁の際に称していた氏を称することが「できる」とする本肢は，誤っている。なお，戸籍法によって，民法第816条第２項の規定によって離縁の際に称していた氏を称しようとする者は，「**離縁の年月日**」を届書に記載して，その旨を届け出なければならないとされている（**戸籍73の２**）。

オ　**誤り**。夫婦の一方が「**死亡**」した場合は，婚姻によって氏を改めた生存配偶者は，「**いつでも自由に**」婚姻前の氏に復することができるとされている（**民751Ⅰ**）。「時間的制約」や「家庭裁判所の許可」等を要するとはされていないが，戸籍法により，民法第751条第１項の規定によって婚姻前の氏に復しようとする者は，その旨を**届け出**なければならないとされている（**戸籍95**）。したがって，本肢は，甲の氏を称して婚姻している甲男と乙女のうち甲男が死亡した場合，婚姻によって氏を改めた乙女は，戸籍法の定めるところにより届け出ることによって婚姻前の氏に復することができるとしている点は，正しいが，この期間を「甲男の死亡後３か月以内に限り」としている点が，誤っている。なお，生存配偶者の復氏（民751Ⅰ）と姻族関係終了の意思表示（民728Ⅱ，戸籍96）とは別個の問題であり，生存配偶者は姻族関係を終了させずに復氏することもできるし，復氏せずに姻族関係を終了させることもできることにも注意しておくこと。

各肢の解説より，正しいものはア及びイの２個であるから，２が正解となる。

第22問　正解　3

テーマ	遺言の撤回及び取消し

ア　**正しい**。前の遺言が後の「**遺言**」と抵触するときは，その「抵触する部分」については，後の遺言で前の遺言を撤回したものと「みなす」とされている（**民1023Ⅰ**）。この場合，**撤回されるべき遺言と抵触する遺言の「方式が同一」であることは要件とされていない**。したがって，公正証書遺言をした後に，これと抵触する自筆証書遺言をしたときも，公正証書遺言は，これと抵触する限りで撤回されたものとみなされるので，本肢は正しい。

イ　**正しい**。判例（**最判平成27・11・20**）は，「民法は，自筆証書である遺言書に改変等を加える行為について，それが遺言書中の加除その他の変更に当たる場合には，民法第968条第３項所定の厳格な方式を遵守したときに限って変更としての効力を認める一方で，それが遺言書の破棄に当たる場合には，遺言者がそれを故意に行ったときにその破棄した部分について遺言を撤回したものとみなすこととしている（民1024前段）。そして，前者は，遺言の効力を維持することを前提に遺言書の一部を変更する場合を想定した規定であるから，**遺言書の一部を抹消した後にもなお元の文字が判読できる状態であれば**，民法第968条第３項所定の方式を具備していない限り，抹消としての効力を否定するという判断もあり得よう。ところが，本件のように**遺言者が自筆証書である遺言書に故意に斜線を引く行為は，その斜線を引いた後になお元の文字が判読できる場合であっても，その斜線が赤色ボールペンで上記遺言書の文面全体の左上から右下にかけて引かれているという判示の事実関係の下においては，その行為の一般的な意味に照らして，上記遺言書の全体を不要のものとし，そこに記載された遺言の全ての効力を失わせる意思の表れとみるのが相当であり，民法第1024条前段所定の「故意に遺言書を破棄したとき」に該当し，遺言を撤回したものとみなされる**ことになる。」としている。したがって，本肢は，判例の趣旨に照らし正しい。

ウ　**誤り**。被相続人が，甲土地をＢに贈与した後，Ａを受遺者として甲土地を遺贈し，その後死亡した場合は，ＡＢのいずれが先に所有権移転登記を備えたかにより，甲土地の所有権の帰属が決まる（民177）。これに対し，遺言者が遺言をした後にその内容と抵触する生前処分その他の法律行為をしたときは，その抵触する部分については，後の生前処分その他の法律行為で遺言を撤回したものとみなされる（**民1023Ⅱ**）ので，被相続人が，Ａを受遺者として甲土地を遺贈した後，甲土地をＢに贈与し，その後死亡した場合は，Ｂへの贈与により，Ａへの遺贈は撤回したものとみなされ，甲土地の所有権はＢに帰属することになる。したがって，本肢は，この場合も，ＡＢのいずれが先に所有権移転登記を備えたかにより，甲土地の所有権の帰属が決まるとする点が，誤っている。

エ　**誤り**。民法第1022条及び第1023条によって撤回された遺言は，その撤回の行為が，撤回され，取り消され，又は効力を生じなくなるに至ったときであっても，その効力を回復しないのが原則である（民1025本文。非復活主義）が，その行為が「**錯誤，詐欺又は強迫**」による場合は，その取消しによって撤回されなかったことになり，遺言はその効力を回復するとされている（**民1025ただし書**）。したがって，本肢は，撤回行為を「錯誤」を理由に取り消しても，遺言の効力は回復しないとしている点が，誤っている。

オ　**正しい**。第１遺言を撤回する第２遺言をさらに撤回したとしても，第１遺言の効力は原則として復活しないはずである（民1025本文）。しかし，判例（**最判平成９・11・13**）は，「遺言書の記載から遺言者の復活の意思が明らかな場合」には，民法第1025条ただし書の法意（錯誤，詐欺・強迫を理由とする取消しの場合は，復活の意思が明らかであるため例外が設けられた。）に鑑み，第１遺言の効力が復活するとしている。したがって，本肢は判例の趣旨に照らし正しい。

カ　**誤り**。撤回の自由を確保するため，遺言者は，その遺言を撤回する権利を放棄することができないとされている（**民1026**）。したがって，遺言中に最終の遺言である旨が明示されていても，遺言者はそれに拘束されることはないため，第２遺言は有効であるので，「第２遺言がなされてもその効力は認められない」とする本肢は，誤っている。

キ　**誤り**。受遺者が負担を履行しないときは，民法は負担の不履行を理由とする取消請求権を相続人に認めている（**民1027**）。この場合は，相続人は，相当の期間を定めて履行を催告し，その期間内に履行がないときは，遺言の取消しを「家庭裁判所に請求」することになる。したがって，たとえ受遺者が義務を履行しなくても，**家庭裁判所が遺言を取り消さない限り**，当該遺言の効力は失われないので，受遺者がその負担した義務を履行しないときは，その遺贈は効力を生じないとする本肢は，誤っている。

各肢の解説より，判例の趣旨に照らし正しいものはア，イ及びオの３個であるから，３が正解となる。

第23問　正解　2

テーマ	特別の寄与

ア　**誤り**。令和元年７月１日施行の改正（以下，単に「改正」という。）前は，被相続人に対して無償で療養看護その他の労務の提供をしたことにより被相続人の財産の維持又は増加について特別の寄与をしたとしても，「**共同相続人**」でなければ相続財産を取得することはできなかった（民904の２Ⅰ）が，これでは，被相続人の介護につくした長男の妻等に酷な結果となることから，改正により，「被相続人に対して無償で療養看護その他の労務の提供をしたことにより被相続人の財産の維持又は増加について特別の寄与をした**被相続人の親族（相続人，相続の放棄をした者及び第891条の規定**＜相続人の欠格事由＞**に該当し又は廃除によってその相続権を失った者を除く**。以下この条において「**特別寄与者**」という。）は，相続の開始後，相続人に対し，**特別寄与者の寄与に応じた額の金銭**（以下，「**特別寄与料**」という。）の支払を請求することができる。」との規定（**民1050Ⅰ**）が新設された。したがって，本肢は，基本的には正しいが，被相続人の親族は，「相続人でなければ，相続の放棄をした者及び相続欠格事由に該当し又は廃除によってその相続権を失った者でも」，特別寄与料の支払を「請求することができる」としている点が，誤っている。

イ　**正しい**。相続人が数人ある場合の各相続人の特別寄与料の負担については，改正により「相続人が数人ある場合には，各相続人は，特別寄与料の額に第900条から第902条までの規定により算定した**当該相続人の相続分を乗じた額**を負担する。」との規定（**民1050Ⅴ**）が置かれた。したがって，本肢は正しい。

ウ　**正しい**。特別寄与料の支払について当事者間の協議が調わない場合につき，改正により，寄与分（民904の２Ⅱ）と同様の「前項の規定による特別寄与料の支払について，当事者間に**協議が調わない**とき，又は**協議をすることができない**ときは，特別寄与者は，**家庭裁判所**に対して**協議に代わる処分を請求**することができる。」（**民1050Ⅱ本文**），「前項本文の場合には，家庭裁判所は，**寄与の時期，方法及び程度，相続財産の額その他一切の事情を考慮**して，特別寄与料の額を定める。」（**民1050Ⅲ**）との規定が置かれた。したがって，本肢は正しい。

エ　**正しい**。特別寄与料の額についても，改正により，寄与分（民904の２Ⅲ）と同様の「特別寄与料の額は，**被相続人が相続開始の時において有した財産の価額から遺贈の価額を控除した残額を超えることができない**。」との規定（**民1050Ⅳ**）が置かれた。したがって，本肢は正しい。

オ　**誤り**。特別寄与料の支払に関する家庭裁判所に対する協議に代わる処分の請求については，改正により，「ただし，特別寄与者が**相続の開始及び相続人を知った時から６箇月を経過**したとき，又は**相続開始の時から１年を経過**したときは，この限りでない。」との規定（**民1050Ⅱただし書**）が置かれた。したがって，本肢は，相続開始の時から１年ではなく，「10年」を経過したとき（民919Ⅲ参照）としている点が，誤っている。

各肢の解説より，誤っているものはア及びオであるから，２が正解となる。

刑　法

第24問　正解　3

テーマ	不真正不作為犯

⑴　不真正不作為犯が成立するためには，第１に，行為者に「法律上の作為義務」があること，第２に，行為者にとって作為義務を履行することが容易かつ可能であること，の二つが必要である。

⑵　本問では，作為義務の存否が問題となっているので，行為者に法律上の作為義務が認められるか否かを検討すればよいことになる。

ア　**誤り**。不真正不作為犯が成立するためには，行為者に「法律上の作為義務」が認められなければならない。そして，この法律上の作為義務は，①親権者の子に対する監護義務（民820）のように，法令の規定によって発生する場合のほか，②契約によって幼児を引き受けた者の幼児に対する養育義務のように，契約・事務管理などの法律行為によって発生する場合，③家屋の失火責任者の消火義務，売主等の地位に基づく作為義務，先行行為に基づく作為義務などのように，慣習・条理によって発生する場合がある。

本肢の場合は，**ＡＣ間には，親子関係があるわけではない**ので①の作為義務は認められないし，**何らの契約関係も認められない**ので②の作為義務も認められない。また，**Ａの先行行為によってＣに生命の危険を生じさせたわけでもない**ので，③の作為義務も認められない。Ａには，せいぜい「道徳的」な救護義務が認められるにすぎない。

したがって，川でおぼれているＢの子供Ｃを発見したＡが，容易に救助することができたにもかかわらず，Ｃが溺れ死んでもかまわないと思って放置した結果，Ｃを溺死させても，**Ａに法律上の作為義務が認められない**以上，Ａには，不作為による殺人罪（刑199）は**成立しない**ので，「成立する」とする本肢は，誤っている。

イ　**正しい**。判例（大判大正６・11・24）は，「母親」が，自己の子供を殺し，死体をそのまま犯行現場に放置して立ち去った場合は，殺人罪（刑199）だけでなく，**不作為による死体遺棄罪**（刑190）**も成立する**としている。埋葬義務のない殺人犯人が死体をその場に放置したのみでは「遺棄」にあたらないが，**母親などのように埋葬義務を有する者**には，法律上の作為義務が認められることから，殊更に死体を放置した場合には不作為による遺棄に当たるのである。したがって，Ａが，「自己の子供」Ｂを殺した後，死体をそのまま犯行現場に放置して立ち去った場合には，不作為による死体遺棄罪が成立するとする本肢は，判例の趣旨に照らし正しい。なお，殺人罪と死体遺棄罪は「併合罪」の関係に立つ（大判明治44・７・６）ことにも注意しておくこと。

ウ　**正しい**。建物の火気責任者である者が，自己の過失により火を出したが，容易に消火することができたにもかかわらず，自己の失策が発覚することをおそれ，延焼の危険を知りながらこれを放置し逃走したため，当該建物が焼損した場合につき，判例（**最判昭和33・９・９**）は，不作為による放火罪（刑108）が成立するとしている。したがって，本肢は判例の趣旨に照らし正しい。**建物の火気責任者には，その地位や自己の失火という先行行為から，建物に燃え移らないように消火すべき作為義務が認められる**からである。

エ　**正しい**。被保佐人が被保佐人であることを隠して貸金業者を錯誤に陥らせ，金銭消費貸借契約を締結した上で（民13Ⅰ②），金銭の交付を受けた場合につき，判例（大判大正７・７・17）は，**不作為による詐欺罪**（刑246Ⅰ）**が成立するとしている**。したがって，本肢は判例の趣旨に照らし正しい。法律上の取引をしようとする被保佐人には，**自己が被保佐人であることを相手方に告知する条理上の義務があり**，法律上の作為義務が認められるからである。

オ　**誤り**。**代金を支払う意思のない者**が，そのことを隠して旅館で飲食・宿泊した後，友人を見送ると偽って逃走した場合につき，判例（**最決昭和30・７・７**）は，**「作為」による詐欺罪**（刑246Ⅰ）**が成立**するとしている。**代金支払の意思なく飲食・宿泊する行為は，その行為自体が挙動にあたるため，作為による詐欺と評価できる**し，また，代金支払の意思なく飲食・宿泊する行為を不作為と構成すると，飲食・宿泊の際，行為者に代金を支払う旨を告知する作為義務を認めることになって不都合であることから，作為による詐欺罪を認めたのである。したがって，Aには「不作為による」詐欺罪が成立するとする本肢は，判例の趣旨に照らし誤っている。

各肢の解説より，判例の趣旨に照らし誤っているものはア及びオの２個であるから，３が正解となる。

第25問　正解　3

テーマ	正当防衛

ア　**誤り**。本肢の事例においては，**Ａの二つの暴行を併せた一連の行為を１個の過剰防衛行為と認めるべきか，先行行為と後行行為とを分けて，後者は急迫不正の侵害に対する防衛行為ではなく，ただの犯罪行為にすぎないと見るべきか**が問題となる。この点，本肢のような事例において，判例（最決平成20・６・25）は，「両暴行は，時間的，場所的には連続しているものの，**Ｂによる侵害の継続性及び被告人の防衛の意思の有無という点で，明らかに性質を異にし，被告人が抵抗不能の状態にあるＢに対して相当に激しい態様の第２暴行に及んでいることにもかんがみると，その間には断絶がある**というべきであって，急迫不正の侵害に対して反撃を継続するうちに，その反撃が量的に過剰になったものとは認められない」として，「二つの行為」として評価している。したがって，一連の行為を「１個」の過剰な防衛行為として，Ａに過剰防衛（刑36Ⅱ）が成立するとする本肢は，判例の趣旨に照らし誤っている。

イ　**正しい**。これも肢アと同様の問題がある。判例（最決平成21・２・24）は本肢のような事例において，**被告人が被害者に対して加えた暴行は，急迫不正の侵害に対する一連一体のものであり，同一の防衛の意思に基づく「１個の行為」と認めることができる**から，全体的に考察して１個の過剰防衛としての傷害罪の成立を認めるのが相当であると判示している。相手が抵抗不能の状態においてあらためて激しい暴行を加えた肢アの事案と異なり，防衛行為が一連の継続したものとして評価されたものと解される。したがって，Ａには全体として１個の過剰防衛が成立するとする本肢は，判例の趣旨に照らし正しい。

ウ　**誤り**。Ａに過剰防衛（刑36Ⅱ）が成立するかどうかは，Ｂが階段の踊り場から体を乗り出した時点で「侵害の急迫性」が消滅したかどうかによるが，本肢と同様の事案で，判例（最判平成９・６・16）は，「Ｂは，被告人Ａに対し執ような攻撃に及び，その挙げ句に勢い余って手すりの外側に上半身を乗り出してしまったものであり，しかも，**その姿勢でなおも鉄パイプを握り続けていたことに照らすと，同人の被告人に対する加害の意欲は，おう盛かつ強固であり，被告人がその片足を持ち上げて同人を地上に転落させる行為に及んだ当時も存続していたと認めるのが相当である**。また，Ｂは，上記の姿勢のため，直ちに手すりの内側に上半身を戻すことは困難であったものの，被告人の当該行為がなければ，間もなく態勢を立て直した上，被告人に追い付き，再度の攻撃に及ぶことが可能であったものと認められる。そうすると，**Ｂの被告人に対する急迫不正の侵害は，被告人が当該行為に及んだ当時もなお継続していた**といわなければならない」とした。したがって，Ａには過剰防衛は「成立しない」とする本肢は，判例の趣旨に照らし誤っている。

エ　**正しい**。判例（**最判平成６・12・６**）は，本肢のような事例において，「急迫不正の侵害に対し，複数人が共同して防衛行為としての暴行に及んだが，相手方の侵害行為が終了した後も，一部の者が暴行を続けた場合，**侵害現在時における暴行が正当防衛と認められるときは，侵害**

終了後に暴行を加えていない者については，防衛行為としての暴行の共同意思から離脱したかどうかではなく，新たに共謀が成立したかどうかを検討すべきである。そして，侵害終了後の暴行について新たに共謀の成立が認められる場合は，侵害現在時及び侵害終了後の一連の行為全体について，防衛行為としての相当性が検討されるが，このような共謀が認められない場合は，侵害終了後に暴行を加えていない者には**正当防衛が成立する**」と判示している。したがって，本肢は判例の趣旨に照らし正しい。

オ　**誤り**。Aは先にBの頭部を殴打していることから，Aの行為は「自招防衛」と考えられるが，かかる自招防衛については，原則として正当防衛が認められないと考える見解が有力である。この点，判例（**最決平成20・5・20**）は，「被告人は，Bから攻撃されるに先立ち，Bに対して暴行を加えているのであって，**Bの攻撃は，被告人（本肢におけるA）の暴行に触発された，その直後における近接した場所での一連，一体の事態ということができ，被告人は不正の行為により自ら侵害を招いたものといえる**から，Bの攻撃が被告人の前記暴行の程度を大きく超えるものでないなどの本件の事実関係の下においては，被告人の本件傷害行為は，**被告人において何らかの反撃行為に出ることが正当とされる状況における行為とはいえない**というべきである」として，正当防衛の成立を否定している。したがって，Aに正当防衛が成立するとする本肢は，判例の趣旨に照らし誤っている。

各肢の解説より，判例の趣旨に照らし正しいものはイ及びエであるから，3が正解となる。

第26問　正解　4

テーマ	公務の執行を妨害する罪

ア　**正しい**。平成23年７月14日施行の改正前の旧刑法第96条は「封印若しくは差押えの表示」の存在を前提とした規定となっていた。このため，判例は，「仮処分による差押えの表示が第三者により既に剥離損壊された後」に，債務者が差押え物件を搬出移転しても封印等破棄罪は成立しないとし（最判昭和29・11・９），債務者が仮処分命令の出ている自己の宅地に家屋を建設する行為も，「建設時に差押えの表示が存在していたかどうかが不明であるとき」は封印等破棄罪を構成しない（**最判昭和33・３・28**）としていた。また，債務者が執行官の占有に属し工事の続行を禁止されていた自己の土地において，事情を知らない第三者に工事を続行させたが，その際，「差押えの公示札は包装紙で覆われビニール紐がかけられていた」という事案に関し，「包装紙を外せば公示札の記載内容を明らかにすることができた」という理由により封印等破棄罪の成立を認めた判例（**最決昭和62・９・30**）もあった。しかし，例えば，**仮処分の存在自体は知っている者の行為について，その表示が消失した場合に封印等破棄罪の成立を否定することは不合理である**と考えられる。そこで，平成23年７月14日施行の改正により，第96条は「公務員が施した封印若しくは差押えの表示を損壊し，又は**その他の方法によりその封印若しくは差押えの表示に係る命令若しくは処分を無効にした**者は，３年以下の懲役<→改正法施行後は「拘禁刑」>若しくは250万円以下の罰金に処し，又はこれを併科する。」と改正され，**封印等破棄罪の客体は「表示」そのものから「命令若しくは処分の効力」に改められた**。したがって，仮処分による差押えの表示が第三者により既に剥離損壊された後に，債務者が差押え物件を搬出移転した場合にも，現行法によれば封印等破棄罪が成立するので，本肢は正しい。

イ　**誤り**。平成23年７月14日施行の改正により，**刑法第96条の２**の処罰範囲が拡大され，「**強制執行を妨害する目的**」で，①強制執行を受け，若しくは受けるべき財産を隠匿し，損壊し，若しくはその譲渡を仮装し，又は債務の負担を仮装する行為のほか，②**強制執行を受け，又は受けるべき財産について，その現状を改変して，価格を減損し，又は強制執行の費用を増大させる行為**や，③**金銭執行を受けるべき財産について，無償その他の不利益な条件で，譲渡をし，又は権利の設定をする行為**も処罰対象とされ，仮装譲渡だけでなく，「真実に譲渡した」場合にも強制執行妨害目的財産損壊等罪が成立することとされた。したがって，本肢は，③の行為については強制執行妨害目的財産損壊等罪は「成立しない」としている点が，誤っている。なお，強制執行妨害目的財産損壊等罪は，「目的犯」であるが，この点も，旧規定の「強制執行を免れる目的」から「強制執行を妨害する目的」に変更されたことから，強制執行妨害目的財産損壊等罪の主体が「債務者」に限定されないこと（ただし，上記③の行為主体は，その性質上，債務者に限られる。），債務者が「法人」である場合も含まれることが明確になるとともに，強制執行の進行を「一時的に阻害する行為」（例えば，不法占有により立退料を取得する目的）も含まれることが明らかとされたことにも注意しておくこと。

ウ　**正しい**。平成23年７月14日施行の改正により，「**対人的加害行為**」**により強制執行の行為を妨害する行為を処罰する**ために**刑法第96条の３**に「強制執行行為妨害等罪」が新設され，１項で，**偽計又は威力を用いて，立入り，占有者の確認その他の強制執行の行為を妨害した行為**を，２項で，**強制執行の申立てをさせず又はその申立てを取り下げさせる目的で，申立権者又はその代理人に対して暴行又は脅迫を加えた行為**を，処罰することとされた。したがって，本肢は正しい。本条１項は，「強制執行の現場における執行官や徴税職員」に対して行われる，偽計又は威力によって対象物件への立入りや占有者の確認を妨害する行為を処罰するものであり，例えば，敷地内に猛犬を放し飼いにする行為，占有者を次々に入れ替える行為などを対象としている。本条２項は，「債権者やその代理人」に対し，強制執行の申立てをさせないようにする行為を処罰するものである。

エ　**誤り**。偽計又は威力を用いて，「**強制執行において行われ，又は行われるべき売却**」の公正を害すべき行為をした場合は，「**強制執行関係売却妨害罪**」（**刑96の４**）が，偽計又は威力を用いて，「**公の競売又は入札で契約を締結するためのもの**」の公正を害すべき行為をした場合は，「**公契約関係競売等妨害罪**」（**刑96の６Ⅰ**）が成立するとされている。旧刑法第96条の３第１項は「偽計又は威力を用いて，公の競売又は入札の公正を害すべき行為をした者は，<競売等妨害罪として>２年以下の懲役又は250万円以下の罰金に処する。」と規定していたが，平成23年７月14日施行の改正により，「**公の競売又は入札**」**から**，「**強制執行において行われる売却手続**」**を分離**して「**強制執行関係売却妨害罪**」として規定したため，残余の部分である公共工事の入札等を「契約を締結するためのもの」と規定し直して，「**公契約関係競売等妨害罪**」と規定することとしたものである。したがって，「競売等妨害罪」が成立するとする本肢は，誤っている。

オ　**正しい**。「公正な価格を害し又は不正な利益を得る目的で談合した者」には「談合罪」が成立する（**刑96の６Ⅱ**）が，入札の公正を保護することが談合罪の趣旨であるから，「**自ら入札に参加しない者**」でも，**入札の公正を害するような談合を行えば，本罪の主体となりうる**と解すべきである。判例（最決昭和39・10・13）も，自ら入札を希望しない者でも，**入札希望者に影響を及ぼしうる地位にあれば**，本罪の主体たりうるとしている。したがって，本肢は判例の趣旨に照らし正しい。

各肢の解説より，判例の趣旨に照らし誤っているものはイ及びエであるから，４が正解となる。

商法・会社法

第27問 正解 2

テーマ	会社法総則

ア **正しい**。何人も，「不正の目的」をもって，他の会社であると誤認されるおそれのある名称又は商号を使用してはならず（**会８Ⅰ**），これに違反する名称又は商号の使用によって営業上の利益を侵害され，又は侵害されるおそれがある会社は，その営業上の利益を侵害する者又は侵害するおそれがある者に対し，その「侵害の停止又は予防を請求」することができるとされている（**会８Ⅱ**，商号専用権）。したがって，本肢は正しい。

イ **誤り**。会社の本店又は支店の事業の主任者であることを示す名称を「**付した**」使用人は，取引の相手方が「**悪意**」でない限り，当該本店又は支店の事業に関し，一切の「**裁判外の行為**」をする権限を有するものと「みなす」とされている（**会13**，表見支配人）。外観法理に基づく規定であるが，「裁判上」の行為をする権限まで有するものとみなされていないこと，相手方の主観的保護要件は「善意」であり，無過失までは要求されていない（ただし，通説は相手方に「無重過失」は要求している。）。したがって，本肢は，相手方が善意・「無過失」である場合としている点が，誤っている。

ウ **誤り**。事業を譲り受けた会社（以下「譲受会社」という。）が事業を譲渡した会社（以下「譲渡会社」という。）の「**商号を引き続き使用する場合**」には，原則として，その「譲受会社も」，譲渡会社の事業によって生じた債務を弁済する責任を負う（**会22Ⅰ**）が，事業を譲り受けた後，「**遅滞なく**」，「**譲受会社**」がその本店の所在地において譲渡会社の債務を弁済する責任を負わない旨を「**登記**」（商登31参照）した場合には，弁済する責任を負わない（**会22Ⅱ前段**）。また，事業を譲り受けた後，遅滞なく，「**譲受会社及び譲渡会社**」から第三者に対しその旨の「**通知**」をした場合も，その「**通知を受けた第三者**」については弁済する責任を負わないとされている（**会22Ⅱ後段**）。この通知は，免責の登記とは異なり，「**譲受会社及び譲渡会社**」からしなければならず，「**譲受会社**」からのみ通知しただけでは，免責の効果は認められない。したがって，通知についても譲受会社がすれば免責されるとしている点において，本肢は誤っている。

エ **正しい**。譲受会社が譲渡会社の商号を引き続き使用する場合において，譲渡会社の事業によって生じた債権について，譲受会社にした弁済は，弁済者が善意でかつ「**重大な過失**」がないときは，その効力を有するとされている（**会22Ⅳ**）。したがって，本肢は正しい。

オ **誤り**。「会社分割」に伴いゴルフ場の事業を承継した会社が預託金会員制のゴルフクラブの名称を引き続き使用している場合における上記会社の預託金返還義務の有無につき，判例（**最判平成20・６・10**）は，「預託金会員制のゴルフクラブの名称がゴルフ場の事業主体を表示するものとして用いられている場合において，ゴルフ場の**事業が譲渡**され，譲渡会社が用いていたゴルフクラブの名称を譲受会社が引き続き使用しているときには，譲受会社が譲受後遅滞なく当該ゴルフクラブの会員によるゴルフ場施設の優先的利用を拒否したなどの特段の事情がない限り，譲受会社は，**会社法第22条第１項の類推適用**により，当該ゴルフクラブの会員が譲渡会社に交付した預託金の返還義務を負うものと解するのが相当であるところ（最判平成16・２・20参照），このことは，ゴルフ場の事業が譲渡された場合だけではなく，**会社分割に伴いゴルフ場の事業が他の会社又は設立会社に承継された場合にも同様に妥当する**というべきである。なぜなら，会社分割に伴いゴルフ場の事業が他の会社又は設立会社に承継される場合，法律行為によって事業の全部又は一部が別の権利義務の主体に承継されるという点においては，事業の譲渡と異なるところはなく，事業主体を表示するものとして用いられていたゴルフクラブの名称が事業を承継した会社によって引き続き使用されているときには，上記のような特段の事情のない限り，ゴルフクラブの会員において，同一事業主体による事業が継続しているものと信じたり，事業主体の変更があったけれども当該事業によって生じた債務については事業を承継した会社に承継されたと信じたりすることは無理からぬものというべきであるからである。なお，会社分割においては，承継される債権債務等が記載された分割計画書又は分割契約書が一定期間本店に備え置かれることとなっている（会782）が，ゴルフクラブの会員が本店に備え置かれた分割計画書や分割契約書を閲覧することを一般に期待することはできないので，上記判断は左右されない」と判示している。したがって，事業の譲渡ではなく，「会社分割がなされたのであるから」，上記会社は，会員が分割をした会社に交付した預託金の返還義務を「負うことはない」とする本肢は，判例の趣旨に照らし誤っている。

各肢の解説より，判例の趣旨に照らし正しいものはア及びエであるから，２が正解となる。

第28問　正解　3

テーマ	会社の承認を得ないでなされた譲渡制限株式の譲渡の効力

⑴　会社の承認を得ないでなされた譲渡制限株式の譲渡の効力については，会社に対する関係だけでなく当事者間においても無効とする「絶対説」と，会社に対する関係では無効であるが，当事者間では有効であるとする「相対説」がある。

⑵　相対説が，判例・通説である点を押さえておきたい。

①　会社法第107条第１項第１号は，株式の譲渡につき，会社の承認を要する株式を発行することを妨げないと規定し，株式の譲渡の制限を許しているが，**その趣旨は，専ら会社にとって好ましくない者が株主となることを防止することにある**と解される。このような譲渡制限株式の趣旨と**株式の譲渡が本来自由であるべき**（会127）ことにかんがみると，当該会社の承認を得ずにされた株式の譲渡については，**会社に対する関係では効力を生じない**が，**譲渡当事者間においては有効である**と解するのが相当である。（**最判昭和48・６・15**）

②　会社法第107条第１項第１号に基づき定款に株式の譲渡につき会社の承認を要する旨の譲渡制限の定めがおかれている場合に，会社の承認を得ないでされた株式の譲渡は，譲渡の当事者間においては有効であるが，会社に対する関係では効力を生じないと解すべきであるから（**最判昭和48・６・15**），**会社は，譲渡人を株主として取り扱う義務があるものというべき**であり，その反面として，譲渡人は，会社に対しては，なお株主の地位を有するものというべきである。そして，譲渡が競売手続によってされた場合の効力については，会社法は特別の規定をおいていないし，会社の利益を保護するために会社にとって好ましくない者が株主となることを防止しようとする会社法第107条第１項第１号の立法趣旨に照らすと，その場合における譲渡の効力について，任意譲渡の場合と別異に解すべき実質的理由もないから，**譲渡が競売手続によってされた場合の効力についても，前記と同様に解すべき**である。（**最判昭和63・３・15**）

ア　**相対説の根拠となり得る**。株式の譲渡が本来自由である（会127）ことを重視すると，少なくとも当事者間では譲渡は有効という相対説を導くことができる。したがって，本肢の記述は，相対説の根拠となり得る。

イ　**相対説の根拠となり得る**。会社にとって好ましくない者が会社に参加することを阻止するという譲渡制限株式の趣旨を達成するためには，会社との関係においてのみ譲渡の効力を否定すれば足り，当事者間の効力まで無効とする必要性はないと考えられる。したがって，本肢の記述は，当事者間では有効とする相対説の根拠となり得る。

ウ　**相対説の根拠となり得る**。譲渡制限株式を取得した「**株式取得者**」は，株式会社に対し，**当該譲渡制限株式を取得したことについて**承認をするか否かの決定をすることを請求することができるとされている（**会137Ⅰ**）が，この規定は，当事者間では譲渡が有効であることが前提となっている。したがって，本肢の記述は，相対説の根拠となり得る。

エ　**相対説の根拠とはなり得ない。**会社が指定買受人を指定する（会140Ⅳ）と，株式は株主から指定買受人に移転する。株主から移転するのであるから，株式の所有者は株主であったことになる。つまり，株式の譲渡は無効であり，株式取得者へは移転していなかったことが前提となっているということになる。したがって，本肢の記述は，「絶対説の根拠」であって，相対説の根拠とはなり得ない。

オ　**相対説の根拠とはなり得ない。**株式が，会社と株主の間の法律関係であることを重視すると，その移転が会社に対して効力を生じない以上，当事者間でも無効であるという結論になる。したがって，本肢の記述は，「絶対説の根拠」であって，当事者間では有効であるという相対説とは矛盾し，相対説の根拠とはなり得ない。

各肢の解説より，相対説の根拠となり得るものはア，イ及びウの３個であるから，３が正解となる。

第29問　正解　2

テーマ	株式，新株予約権及び株式会社の発行する社債の異同

ア　**誤り**。「新株予約権証券」及び「社債券」については，「非訟事件手続法第100条に規定する**公示催告手続によって無効**とすることができる」とされている（**会291Ⅰ，699Ⅰ**）が，「株券」については，「非訟事件手続法第４編の規定は，株券については，適用しない」とされている（**会233**）。株券についてのみ非訟事件手続法の定める公示催告手続の規定が適用されない趣旨は，株券喪失者の救済の実効性を確保し，喪失者にとってのコストの軽減を図るとともに，株券の所持人や株式を取得しようとする者の利益も図るため，株主名簿の名義書換を前提とする「株券喪失登録制度」が定められたことにある（会221～）。したがって，本肢は，新株予約権証券及び社債券のみならず，「株券」についても，非訟事件手続法に定める公示催告手続によって無効とすることができるとしている点が，誤っている。なお，平成14年改正前は，株券についても，公示催告・除権決定の手続により無効とする制度が行われていたところ，その制度に対しては，①申立人にとり公示催告の費用を要し，②株券の現所持人が官報等により公示催告の存在を知ることは期待できず，③現所持人に対し権利を争う旨の申述を促しかつ管轄裁判所に対し株券が所在不明でないことを通知できる者は，事実上，株主名簿の名義書換を取り扱う会社（その株主名簿管理人）のみであるが，法制上同人にそれを行う義務があるか否かが明らかでない等，批判が強かったため，株券喪失登録制度が導入されることになったものである。

イ　**正しい**。本肢は，株式，新株予約権及び社債のいずれにも妥当する。

⑴　株式の「譲渡」は，その株式を取得した者の氏名又は名称及び住所を「**株主名簿**」に記載し，又は記録しなければ，「**株式会社その他の第三者**」（株券発行会社は「株式会社」，会130Ⅱ）に「**対抗**」することができないとされている（**会130Ⅰ**）。

⑵　新株予約権（無記名新株予約権を除く，会257Ⅲ）の「譲渡」は，その新株予約権を取得した者の氏名又は名称及び住所を「**新株予約権原簿**」に記載し，又は記録しなければ，「株式会社その他の第三者」（記名式の新株予約権証券が発行されている場合は「株式会社」，会257Ⅱ）に「対抗」することができないとされている（**会257Ⅰ**）。

⑶　社債（無記名社債を除く，会688Ⅲ）の「譲渡」は，その社債を取得した者の氏名又は名称及び住所を「**社債原簿**」に記載し，又は記録しなければ，「社債発行会社その他の第三者」（社債券を発行する旨の定めがある場合は，「社債発行会社」，会688Ⅱ）に「**対抗**」することができないとされている（**会688Ⅰ**）。

⑷　上記の趣旨は，まず会社に対する関係では，株主名簿・新株予約権原簿・社債原簿の記載・記録による会社関係の集団的法律関係の画一的処理の要請に基づく。次に，第三者に対する関係では，株券，新株予約権証券又は社債券の発行されていない会社や振替株式，振替新株予約権又は振替社債の制度を採用していない会社では，有価証券である株券等（株券等に代わる振替口座簿の記載・記録）が存在しないため，対第三者関係でも株主名簿等の記載・

記録が機能することによる。

ウ　**正しい**。本肢は，株式，新株予約権及び社債のいずれにも妥当する。

⑴　「株式」が**2以上の者の共有に属するとき**は，共有者は，当該**株式についての「権利を行使する者」1人を定め**，株式会社に対し，その者の**氏名又は名称を「通知」**しなければ，当該株式についての権利を**行使することができない**。ただし，**株式会社が当該権利を行使することに「同意」した場合**は，この限りでないとされている（**会106**）。

⑵　「新株予約権」が2以上の者の共有に属するときは，共有者は，当該新株予約権についての「権利を行使する者」1人を定め，株式会社に対し，その者の氏名又は名称を「通知」しなければ，当該新株予約権についての権利を行使することができない。ただし，株式会社が当該権利を行使することに「同意」した場合は，この限りでないとされている（**会237**）。

⑶　「社債」が2以上の者の共有に属するときは，共有者は，当該社債についての「権利を行使する者」1人を定め，会社に対し，その者の氏名又は名称を「通知」しなければ，当該社債についての権利を行使することができない。ただし，会社が当該権利を行使することに「同意」した場合は，この限りでないとされている（**会686**）。

⑷　上記の規定の趣旨は，共有株式等について権利行使者を定めることを要求することにより，会社の事務処理上の便宜を図ることにある。

エ　**誤り**。本肢は，社債には妥当しない。

⑴　「株式」又は「新株予約権」の発行に当たり，募集事項の決定の内容として定める募集株式又は募集新株予約権の払込金額がこれらを引き受ける者に特に有利な金額であるときは，取締役は，募集事項の決定を行う株主総会において，当該募集をすることを必要とする理由を説明しなければならないとされている（**会199Ⅲ，238Ⅲ②**）。

⑵　これに対し，**募集社債の払込金額がこれらを引き受ける者に特に有利な金額であるときについて，同様の規定は存在しない**。これは，社債発行の際の募集事項の決定は，取締役の権限であり（取締役会設置会社では，一定の事項は取締役会の権限，会362Ⅳ⑤），株主総会の決議は不要であるため，その議決権行使を行うため必要な資料を提供する必要がないからである。したがって，本肢は，募集株式及び募集新株予約権のみならず，募集社債の払込金額がこれらを引き受ける者に特に有利な金額であるときにも，取締役は，募集事項の決定を行う株主総会において，当該募集をすることを必要とする理由を説明しなければならないとする点が，誤っている。

オ　**正しい**。「**清算株式会社**」も，**募集株式の発行，新株予約権の発行及び社債の発行のいずれを行うこともできる**とされている（**会487Ⅱ①**，489Ⅵ⑤，491参照）。募集株式の発行及び新株予約権の発行は，子会社の清算を円滑に進めるため親会社が資金提供を行う場合等に実際のニーズがあり，社債の発行も，清算過程において現金の調達等のため必要なことがあるからである。したがって，本肢は正しい。

各肢の解説より，誤っているものはア及びエであるから，2が正解となる。

第30問　正解　4

テーマ	株主総会の招集

ア　**誤り**。「定時株主総会」は，**毎事業年度の終了後一定の時期**に招集しなければならない（**会296Ⅰ**）。しかし，「事業年度の期間」については，１年（事業年度の末日を変更する場合における変更後の最初の事業年度については，１年６箇月）を超えることができない（会計規59Ⅱ後段）が，１年よりも短い期間を設定することは可能である。したがって，**定時株主総会を１年に２回開催しなければならない場合もある**ので，本肢は，「１年に１回」と言い切っている点が，誤っている。

イ　**正しい**。「公開会社」は，取締役会を置かなければならないので（**会327Ⅰ①**），「取締役会設置会社でない」株式会社は，「公開会社でない株式会社」ということになる。「公開会社でない株式会社」においては，総株主の議決権の「100分の３」（これを下回る割合を定款で定めた場合にあっては，その割合）以上の議決権を有する株主は，「**６箇月**（これを下回る期間を定款で定めた場合にあっては，その期間）**前から引き続き有していなくても**，取締役に対し，株主総会の目的である事項（当該株主が議決権を行使することができる事項に限る。）及び招集の理由を示して，株主総会の招集を請求することができるとされている（**会297Ⅱ・Ⅰ**）。したがって，本肢は正しい。なお，「特例有限会社」においては，定款に別段の定めがある場合を除き，特例有限会社の総株主の議決権の「10分の１以上」を有する株主をして，取締役に対し，株主総会の目的である事項及び招集の理由を示して，株主総会の招集を請求することができるとされている（整備14Ⅰ・Ⅴ）。

ウ　**誤り**。株主による適法な株主総会の招集請求（会297Ⅰ）がなされたにもかかわらず，請求の後「**遅滞なく**」招集の手続が行われない場合には，請求をした株主は，「裁判所の許可」を得て，株主総会を招集することができるとされている（**会297Ⅳ①**）。したがって，本肢は，請求があった日から「８週間以内」に招集の手続が行われない場合にはとしている点が，誤っている。なお，当該請求をした株主は，請求があった日から８週間（これを下回る期間を定款で定めた場合にあっては，その期間）以内の日を「株主総会の日とする」株主総会の招集の通知が発せられない場合にも，裁判所の許可を得て，株主総会を招集することができる（会297Ⅳ②）。

エ　**正しい**。取締役は，株主（株主総会において決議をすることができる事項の「全部」につき議決権を行使することができない株主を除く。）の数が「1,000人以上」である場合には，当該株式会社が金融商品取引法第２条第16項に規定する金融商品取引所に上場されている株式を発行している株式会社であって法務省令（会施規64）で定めるものである場合を除き，株主総会に出席しない株主が「書面によって議決権を行使することができる旨」（会298Ⅰ③）を「**定めなければならない**」とされている（**会298Ⅱ**）。したがって，本肢は正しい。

オ　**誤り**。「公開会社でない取締役会設置会社」においては，株主総会を招集するには，株主総会に出席しない株主が書面又は電磁的方法によって議決権を行使することができること（会298

Ⅰ③④）を「**定めたときを除き**」，取締役は，株主総会の日の「１週間前」までに，株主に対してその通知を発しなければならないとされている（**会299Ⅰかっこ書**）。したがって，株主総会に出席しない株主が書面又は電磁的方法によって議決権を行使することができることを「定めたときでも」，株主総会の日の「１週間前」までに，株主に対してその通知を発すれば足りるとする本肢は，誤っている。

各肢の解説より，正しいものはイ及びエであるから，４が正解となる。

第31問　正解　5

テーマ	取締役等選任権付株式

ア　**誤り**。ある種類の株式の内容として，当該種類株主を構成員とする種類株主総会において選任する旨を定款に定めることができるのは，「**取締役**」（**監査等委員会設置会社**にあっては，**監査等委員である取締役又はそれ以外の取締役**。以下同じ。）又は「**監査役**」についてのみであり（**会108Ⅰ⑨イ**），「会計監査人」のみならず，「会計参与」についても当該事項を定めることはできない。したがって，本肢は，「会計参与」を選任する旨を定めることはできるとしている点が，誤っている。なお，「指名委員会等設置会社」及び「公開会社」は，当該事項についての定めがある種類の株式を発行することができないとされていることに注意しておくこと（会108Ⅰ柱書ただし書）。

イ　**誤り**。ある種類の株式の内容として，当該種類株主を構成員とする種類株主総会において監査役を選任する旨を定める場合，当該種類の株式の内容として，当該種類株主を構成員とする種類株主総会において選任することができる監査役の全部又は一部を「**他の種類株主と共同して選任する旨**」を定款に定めることもできるとされている（**会108Ⅱ⑨ロ**）。したがって，本肢は誤っている。なお，この場合には，「当該他の種類株主の有する株式の種類及び共同して選任する監査役の数」を定款で定めなければならない（会108Ⅱ⑨ロ）。

ウ　**正しい**。ある種類の株式の内容として，当該種類株主を構成員とする種類株主総会において監査役を選任する旨を定める場合，当該種類の株式の内容として，「**選任する監査役の数を変更する条件**」を定款に定めることもできる（**会108Ⅱ⑨ハ**）が，この場合は，「**当該条件が成就したときにおける変更後の選任する監査役の数**」をも定款で定めなければならないとされている（**会108Ⅱ⑨ハ**）。したがって，本肢は正しい。

エ　**誤り**。ある種類の株式の内容として，当該種類株主を構成員とする種類株主総会において「**社外取締役を選任する旨**」を定款に定めることもできるとされている（会108Ⅱ⑨ニ，**会施規19Ⅰ①イ**）。したがって，本肢は誤っている。なお，この場合には，「選任しなければならない社外取締役の数」も定款に定めなければならない（会施規19Ⅰ①イ）。

オ　**正しい**。ある種類の株式の内容として，当該種類株主を構成員とする種類株主総会において取締役を選任する旨の定款の定めは，「会社法又は定款で定めた取締役の員数を欠いた場合」において，「そのために当該員数に足りる数の取締役を選任することができない」ときは，「**廃止されたものとみなす**」とされている（**会112Ⅰ**）。欠員の状態（会346Ⅰ）が長期間継続することを回避する趣旨である。したがって，本肢は正しい。

各肢の解説より，正しいものはウ及びオであるから，５が正解となる。

第32問　正解　1

テーマ	合同会社

ア　**誤り**。「持分会社」の社員の加入は，当該社員に係る「定款の変更をした時」に，その効力を生ずるのが原則である（会604Ⅱ）が，「**合同会社**」が新たに社員を加入させる場合において，新たに社員となろうとする者が「定款の変更をした時にその出資に係る払込み又は給付の全部又は一部を履行していないとき」は，その者は，「**当該払込み又は給付を完了した時**」に，合同会社の社員となるとされている（**会604Ⅲ**）。したがって，新たに社員となろうとする者が定款の変更をした時にその出資に係る払込み又は給付の全部又は一部を履行していないときは，その者は，「当該出資の履行をすることにより合同会社の社員となる権利を失う」（会208Ⅴ参照）とする本肢は，誤っている。

イ　**誤り**。「**合同会社**」の債権者は，当該合同会社の営業時間内は，「**いつでも**」，その計算書類（作成した日から５年以内のものに限る。）について閲覧又は謄写の請求（会618Ⅰ）をすることができるとされている（**会625**）。合同会社は有限責任社員だけから構成され（会576Ⅳ），会社債権者の担保となるのが会社財産に限定されるので，会社債権者は，常に会社財産の状況を把握している必要があるからである。したがって，「裁判所の許可を得なければ」請求をすることができないとする本肢は，誤っている。

ウ　**正しい**。「**持分会社**」は，「**損失のてん補**」のために，その資本金の額を減少することができる（**会620Ⅰ**）が，「**合同会社**」は，「**出資の払戻し**」又は持分の払戻しのためにも，その資本金の額を減少することができるとされている（**会626Ⅰ**）。したがって，本肢は正しい。

エ　**正しい**。「**合同会社**」が資本金の額を減少する場合には，当該合同会社の債権者は，当該合同会社に対し，資本金の額の減少について異議を述べることができるとされている（**会627Ⅰ**）。したがって，本肢は正しい。なお，これに対し，「合名会社又は合資会社」が資本金の額を減少する場合（会620）には，当該合名会社又は合資会社の債権者は，異議を述べることはできない。

オ　**正しい**。持分会社（「**合名会社及び合資会社**」に限る。）は，定款又は総社員の同意によって，当該持分会社が①定款で定めた存続期間の満了（会641①），②定款で定めた解散の事由の発生（会641②）又は③総社員の同意（会641③）によって解散した場合における当該持分会社の財産の処分の方法を定めることができるとされている（**会668Ⅰ**，任意清算）。したがって，「**合同会社」には任意清算は認められていない**（**会668Ⅰかっこ書**）ので，本肢は正しい。

各肢の解説より，誤っているものはア及びイであるから，１が正解となる。

第33問　正解　５

テーマ	社債管理者及び社債管理補助者

ア　**誤り**。会社は，社債を発行する場合には，「原則として」，社債管理者を定め，社債権者のために，弁済の受領，債権の保全その他の社債の管理を行うことを委託しなければならない（**会702本文**）が，①**各社債の金額が「１億円以上」である場合**，②その他社債権者の保護に欠けるおそれがないものとして法務省令（会施規169）で定める場合（**ある種類**（会681①）**の社債の総額を当該種類の各社債の金額の最低額で除して得た数が「50」を下回る場合**）は，社債管理者の設置は**要しない**とされている（**会702ただし書**）。①社債権者が大口の投資家であるときは，社債権者自ら社債の保全・管理能力を有しているのが通常であるし，また，②社債権者の保護に欠けるおそれがないのであれば，社債管理者の設置を強制する必要性に欠けるからである。したがって，各社債の金額が「１億円」の場合も社債管理者を設置することを要しないので，１億円「以下」であるときは社債管理者を定めなければならないとする本肢は，誤っている。

イ　**誤り**。会社法上，会社は，社債を発行する場合には，原則として，社債管理者を定め，社債権者のために，社債の管理を行うことを委託しなければならないこととされている（会702本文）が，実際には，社債管理者については，裁量の広範な権限を適切に行使しなければならないため，なり手を確保することが難しく，社債管理者を定めることに要するコストも高くなることから，会社は，例外規定（会702ただし書）に基づき，社債管理者を定めないことが多いと指摘されていた。他方で，社債管理者が定められていない社債について，債務の不履行が発生し，各社債権者が自ら倒産手続において債権届出等をしなければならなくなり，混乱が生じたことなどを契機として，社債管理者を定めることは要しない場合であっても，第三者が，社債権者のために，社債権者による社債の管理を補助する一定の事務を行うことができるようにすべきであると指摘されていた。そこで，令和３年３月１日施行の改正において，会社が，社債を発行する場合において，社債管理者を定めることを要しないときは，当該社債が「担保付社債」である場合を除き，社債管理者よりも権限及び裁量が限定された「社債管理補助者」を定め，社債権者による社債の管理を補助することを「**委託することができる**」とされた（**会676⑦の２・⑧の２，714の２**）。したがって，本肢は，「委託しなければならない」としている点が，誤っている。

ウ　**誤り**。社債管理者は，「**銀行，信託会社又はこれらに準ずるものとして法務省令**（会施規170）**で定める者**」（①担保付社債信託法第３条の免許を受けた者，②株式会社商工組合中央金庫，③農業協同組合法第10条第１項第２号及び第３号の事業を併せ行う農業協同組合又は農業協同組合連合会，④信用協同組合又は中小企業等協同組合法第９条の９第１項第１号の事業を行う協同組合連合会，⑤信用金庫又は信用金庫連合会，⑥労働金庫連合会，⑦長期信用銀行法第２条に規定する長期信用銀行，⑧保険業法第２条第２項に規定する保険会社，⑨農林中央金庫）でなければならないとされている（**会703**）。また，社債管理補助者についても，**第703条各号に**

掲げる者その他法務省令（会施規171の２）**で定める者**でなければならないとされている（**会714の３**）。したがって，本肢は，社債管理補助者については，その「資格は制限されていない」としている点が，誤っている。

エ　**正しい**。社債管理者は，社債権者に対し，「**善良な管理者の注意**」をもって社債の管理を行わなければならないと規定されている（**会704Ⅱ**）が，同規定は社債管理補助者にも準用されているので，社債管理補助者も，社債権者に対し，善良な管理者の注意をもって「社債の管理の補助」を行わなければならない（**会714の７**による704Ⅱの読替）。したがって，本肢は正しい。

オ　**正しい**。「２以上」の社債管理補助者があるときは，社債管理補助者は，「**各自**」，その権限に属する行為をしなければならないとされている（**会714の５Ⅰ**）。また，社債管理補助者が「社債権者に生じた損害を賠償」する責任を負う場合において，他の社債管理補助者も当該損害を賠償する責任を負うときは，これらの者は，「**連帯債務者**」とするとされている（**会714の５Ⅱ**）。したがって，本肢は正しい。

各肢の解説より，正しいものはエ及びオであるから，５が正解となる。

第34問　正解　3

テーマ	組織変更

ア　**誤り**。持分会社が組織変更をする場合には，当該持分会社は，組織変更計画において，法定事項を定めなければならない（会746Ⅰ）。そして，組織変更をする持分会社は，効力発生日に，組織変更後の株式会社の目的，「**商号**」，本店の所在地，発行可能株式総数及びその他の組織変更後の株式会社の定款で定める事項（**会746Ⅰ①②**）についての定めに従い，当該事項に係る定款の変更をしたものとみなすとされている（**会747Ⅱ**）。したがって，組織変更後の株式会社の商号について「株主総会の決議」によって定款の変更をしなければならないとする本肢は，誤っている。

イ　**正しい**。株式会社が組織変更をする場合には，組織変更をする株式会社の新株予約権の「新株予約権者」は，当該株式会社に対し，自己の有する新株予約権を公正な価格で買い取ることを請求することができるとされている（**会777Ⅰ**）。持分会社は新株予約権を発行することができないので，組織変更をする株式会社の新株予約権は，効力発生日に消滅するからである（会745Ⅴ）。したがって，本肢は正しい。

ウ　**正しい**。組織変更する「**合同会社**」は，債権者が一定の期間内に異議を述べることができる旨等の公告を，官報のほか，定款の定めに従い，時事に関する事項を掲載する日刊新聞紙に掲載する方法又は電子公告の方法によりするときは，知れている債権者に対する**各別の催告を省略することができる**とされている（**会781Ⅱ→779Ⅲ**）。したがって，本肢は正しい。

エ　**誤り**。組織変更をする「**株式会社**」は，組織変更計画備置開始日から「組織変更がその効力を生ずる日」までの間，組織変更計画の内容その他法務省令（会施規180）で定める事項を記載し，又は記録した書面又は電磁的記録をその「本店」に備え置かなければならないとされている（**会775Ⅰ**）。これに対し，**組織変更をする「持分会社」には，組織変更計画等の備置・開示は要求されていない**。この点につき合同会社の特則は規定されていない。したがって，組織変更をする株式会社だけでなく，「合同会社」についても，組織変更計画備置開始日から組織変更がその効力を生ずる日までの間，組織変更計画の内容等を記載し，又は記録した書面又は電磁的記録をその本店に備え置かなければならないとする本肢は，誤っている。

オ　**誤り**。組織変更計画等の備置・開示は，組織変更計画備置開始日から組織変更がその効力を生ずる日までの間のみ実施される（会775Ⅰ）。組織変更後の株式会社についても，**合併等の事後開示（会801Ⅲ，815Ⅲ）に相当する手続は要求されていない**。したがって，「組織変更後の株式会社」は，組織変更がその効力を生じた日から6か月間，組織変更に関する事項を記載し，又は記録した書面又は電磁的記録をその本店に「備え置かなければならない」とする本肢は，誤っている。

各肢の解説より，正しいものはイ及びウであるから，3が正解となる。

第35問　正解　2

テーマ	商法総則・商行為

ア　**誤り**。自己の商号を使用して営業又は事業を行うことを他人に許諾した商人は，当該商人が当該営業を行うものと誤認して当該他人と取引をした者に対し，当該他人と連帯して，当該「**取引によって生じた債務**」を弁済する責任を負うとされている（**商14**）。当該責任は，営業又は事業上の取引によって生じた債務について負うのであって，「**事実上の不法行為による損害賠償債務**」**についてはその責任を負わない**と解されている。判例（**最判昭和52・12・23**）も，商法第14条の「取引によって生じた債務」とは，第三者において名義貸与者が営業主であるとの外観を信じて取引に入ったため名義貸与を受けた者が，その取引をしたことによって負担することとなった債務を指し，名義貸与を受けた者が「**交通事故その他の事実行為たる不法行為**」**に起因して負担した損害賠償債務**は，当該交通事故その他の不法行為が名義貸与者と同種の営業活動を行うにつき惹起されたものであっても，**このような債務にはあたらない**と判示している。被害者は，名義貸与者を営業（事業）主と誤認したために損害を被ったわけではなく，誤認と損害発生との間に因果関係がないからである。したがって，営業につき商人からその商号の使用を許された者が，営業活動上惹起された交通事故に基づく不法行為上の損害賠償義務者であることを前提として，被害者との間で単にその支払金額と支払方法を定めるにすぎない示談契約を締結した場合には，当該商人は，当該示談契約の締結に当たって当該商人が営業主であると誤認した被害者に対し，当該示談契約に基づき支払うべきものとされた損害賠償債務を「弁済する責任を負う」とする本肢は，判例の趣旨に照らし誤っている。

イ　**正しい**。商人が「**平常取引をする者**」（商人である必要はない。）からその「営業の部類に属する」契約の申込みを受けたときは，「遅滞なく」，契約の申込みに対する**諾否の通知**を発しなければならず（**商509Ⅰ**），商人が遅滞なく契約の申込みに対する諾否の通知を発することを怠ったときは，その商人は，当該契約の申込みを「**承諾した**」ものと**みなす**とされている（**商509Ⅱ**）。商取引の敏活を図る趣旨の特則である。したがって，本肢は正しい。

ウ　**正しい**。「**商人**」がその「**営業の範囲内**」において他人のために行為をしたときは，特約がなくても，**相当な報酬を請求**することができるとされている（**商512**）。民法では，他人のために行った行為は，無償であることを原則とする（**民648Ⅰ**，665）が，商人がその営業の範囲内においてする行為は，営利を目的とする行為であることは当然であるので，このような行為は有償であることをもって原則とするのが当事者の合理的意思に合致するからである。したがって，委託を受けた「商人」がその「営業の範囲内」において委託者のために行為をした場合には，「委託者との間で報酬についての合意がないときであっても」，その委託者に対し，相当な報酬を請求することが「できる」とする本肢は，正しい。

エ　**正しい**。「交互計算」は，**商人間**又は「**商人と商人でない者との間で平常取引をする場合**」において，一定の期間内の取引から生ずる債権及び債務の総額について相殺をし，その残額の支払をすることを約することによって，その効力を生ずると規定されている（**商529**）。したがって，本肢は正しい。

オ　**誤り**。問屋は，「**取引所の相場がある物品**」の販売又は買入れの委託を受けたときは，「**自ら**」買主又は売主となることが**できる**とされている（**商555Ⅰ前段**）。したがって，自ら買主となることは「できない」とする本肢は，誤っている。なお，この場合において，売買の代価は，「問屋が買主又は売主となったことの通知を発した時における取引所の相場」によって定めるとされている（商555Ⅰ後段）。

各肢の解説より，誤っているものはア及びオであるから，２が正解となる。

第１回　午後の部　解説

民事訴訟法

第１問　正解　２

テーマ	移送

ア　①には「簡易裁判所」，②には「地方裁判所」が入る。

「簡易裁判所」は，その管轄に属する「不動産に関する」訴訟につき「被告の申立て」があるときは，その法定専属管轄に属するものを除き（民訴20Ⅰ），訴訟の全部又は一部をその所在地を管轄する「地方裁判所」に移送「しなければならない」とされている（必要的移送，民訴19Ⅱ本文）。ただし，「本案について弁論をした」被告には，この移送申立ては認められないことに注意しておくこと（民訴19Ⅱただし書）。

イ　③及び④のいずれにも「簡易裁判所」が入る。

「第一審裁判所」は，訴訟がその管轄に属する場合においても，当事者及び尋問を受けるべき証人の住所，使用すべき検証物の所在地その他の事情を考慮して，訴訟の著しい遅滞を避け，又は「当事者間の衡平を図るため」必要があると認めるときは，その法定専属管轄に属するものを除き（民訴20Ⅰ），申立てにより又は「職権」で，訴訟の全部又は一部を他の「管轄裁判所」に移送することが「できる」とされている（遅滞を避ける等のための裁量移送，民訴17）。したがって，③及び④には，「地方裁判所」を入れても，「簡易裁判所」を入れても正しい文章となる。

ウ　⑤には「簡易裁判所」，⑥には「地方裁判所」が入る。

民事訴訟法第19条第１項は，当事者の申立て及び相手方の同意がある場合の必要的移送を定めたものであり，第一審裁判所が簡易裁判所であると地方裁判所であるとを問わず，当事者の申立てに係る地方裁判所又は簡易裁判所に移送しなければならないとしている。これは，合意管轄（民訴11）が許容されている趣旨を訴え提起後にも及ぼそうとするものである。ただし，移送により著しく訴訟を遅滞させることとなるときは許されないし，「簡易裁判所からその所在地を管轄する地方裁判所への移送以外の場合」には，「被告が本案について弁論をし，もしくは弁論準備手続において申述をした後」は移送することができないとされている（民訴19Ⅰただし書）。したがって，被告が本案について弁論をした後でも移送しなければならないとする本肢は，「簡易裁判所」からその所在地を管轄する「地方裁判所」への移送の場合のみ妥当することに注意する必要がある。

エ　⑦には「簡易裁判所」，⑧には「地方裁判所」が入る。

「簡易裁判所」は，訴訟がその管轄に属する場合においても，訴額が140万円を超えていなくても，複雑な事件もあることから，「相当と認めるとき」は，その法定専属管轄に属するものを除き（民訴20Ⅰ），申立てにより又は「職権」で，訴訟の全部又は一部をその所在地を管轄する「**地方裁判所**」に移送することが「できる」とされている（簡易裁判所の裁量移送，**民訴18**）。

オ　**⑨には「地方裁判所」，⑩には「簡易裁判所」が入る。**

被告が反訴で「**地方裁判所**」の管轄に属する請求をした場合において，相手方（反訴被告＝本訴原告）の「申立て」があるときは，「**簡易裁判所**」は，決定で，本訴及び反訴を地方裁判所に移送「しなければならない」とされている（反訴提起による簡易裁判所の必要的移送，**民訴274Ⅰ前段**）。なお，この移送決定に対しては，不服申立てができない点に注意しておくこと（民訴274Ⅱ，21参照）。

各肢の解説より，簡易裁判所の語句が当てはまるものは①，③，④，⑤，⑦及び⑩の６個であるから，２が正解となる。

第2問　正解　3

テーマ	**訴訟能力**

ア　**正しい**。「成年被後見人」は，成年後見人によらなければ，訴訟行為をすることができない（**民訴31本文**）。成年被後見人は絶対的訴訟無能力者であって，成年被後見人が行う訴訟行為は「**無効**」である（民訴34Ⅱ）。しかし，**追認がなされれば「訴訟行為の時に遡って」有効となる**ので（**民訴34Ⅱ**），裁判所は，訴訟能力を欠く者がした訴訟行為については，原則として，「**補正**」を命じなければならないとされている（**民訴34Ⅰ前段**）。したがって，成年被後見人が訴訟を提起した場合，裁判所は，原則として，補正を命じなければならず，成年後見人がこれを追認すれば遡って有効となるとする本肢は，正しい。

イ　**誤り**。「未成年者」は，法定代理人によってのみ訴訟行為をなしうるのが原則である（民訴28前段，31本文）が，未成年者も「独立して法律行為をすることができる場合」には，訴訟行為も法定代理人によることなく自らすることができるとされている（**民訴31ただし書**）。しかし，民法では，未成年者は，あらかじめ法定代理人の同意のある場合（民５Ⅰ）又は処分を許された財産（**民５Ⅲ**）については，単独の法律行為が認められるとしても，民事訴訟では，単独の訴訟行為は認められていない。訴訟行為は，一回的な取引行為とは異なり，高度な判断力が求められるため，そのような能力を有していないと一般的に認められる未成年者を保護する趣旨である。したがって，未成年者は処分を許された財産の処分行為は有効になし得る（民５Ⅲ）が，**処分を許されたその財産に関する訴訟については，自ら訴訟行為をすることはできない**ので，本肢は誤っている。なお，法定代理人が，未成年者が営業をなすこと（民６Ⅰ），持分会社の無限責任社員になること（会584）について許可を与えた場合には，継続的に営業等をなしうる相当程度の能力を有していると認められるから，その法律関係については未成年者にも訴訟能力が認められる（民訴31ただし書）。

ウ　**誤り**。未成年者も，「**人事訴訟事件**」については，**完全な訴訟能力を有する**とされている（**人訴13Ⅰ**参照）ので，法定代理人の同意を得ることなく，自ら訴訟行為を行うことができる。人事訴訟事件においては，本人の意思が最大限に尊重されるべきだからである。したがって，未成年者は，人事訴訟事件についても完全な訴訟能力を有するわけではないので，法定代理人の同意を得なければ，自ら訴訟行為を行うことができないとする本肢は，誤っている。

エ　**正しい**。「被保佐人」も訴訟能力を制限されており，被保佐人が訴訟行為をするには，原則として保佐人の同意を要する（**民13Ⅰ④**）。しかし，「**相手方の提起した訴え又は上訴**」については，**単独で訴訟行為をすることができる**とされている（**民訴32Ⅰ**）。この場合においても，保佐人の同意を要するとすると，保佐人が同意しないときには，相手方は訴えを提起したり，上訴することができなくなってしまい妥当でないからである。したがって，保佐人の同意を得ずに被保佐人が「相手方の提起した」訴え又は上訴について訴訟行為を行ったとしても，保佐人は，それを取り消すことは「できない」とする本肢は，正しい。

オ　**正しい**。「外国人」は，その本国法によれば訴訟能力を有しない場合であっても，**日本法によれば訴訟能力を有すべきとき**は，**訴訟能力者とみなす**とされている（**民訴33**）。したがって，本肢は正しい。外国人であっても，日本人以上に保護する必要はないからである。

各肢の解説より，誤っているものはイ及びウであるから，３が正解となる。

第3問　正解　5

テーマ	確認の利益

ア　**誤り**。遺言無効確認の訴えの適否につき，判例（**最判昭和47・２・15**）は，「いわゆる遺言無効確認の訴えは，遺言が無効であることを確認するとの請求の趣旨のもとに提起されるから，**形式上過去の法律行為の確認を求めることとなる**が，請求の趣旨がかかる形式をとっていても，**遺言が有効であるとすればそれから生ずべき現在の特定の法律関係が存在しないことの確認を求めるものと解される場合で，原告がかかる確認を求めるにつき法律上の利益を有するとき**は，**適法として許容されうる**ものと解するのが相当である。けだし，このような場合には，請求の趣旨を，あえて遺言から生ずべき現在の個別的法律関係に還元して表現するまでもなく，いかなる権利関係につき審理判断するかについて明確さを欠くことはなく，また，判決において，端的に，当事者間の紛争の直接的な対象である基本的法律行為たる遺言の無効の当否を判示することによって，確認訴訟のもつ紛争解決機能が果たされることが明らかだからである」と判示している。したがって，相続開始「後」に遺言の無効確認を求める訴えは，遺言が有効であるとすればそれから生ずべき現在の特定の法律関係が存在しないことの確認を求めるものと解される場合であっても，確認の利益を「欠く」とする本肢は，判例の趣旨に照らし誤っている。

イ　**誤り**。遺産確認の訴えの適法性につき，判例（**最判昭和61・３・13**）は，「共同相続人間において特定の財産が被相続人の遺産に属することの確認を求める訴えは，共有持分の割合は問題にせず，端的に，当該財産が現に被相続人の遺産に属することの確認を求める訴えであって，その原告勝訴の確定判決は，**当該財産が遺産分割の対象たる財産であることを既判力をもって確定**し，したがって，**これに続く遺産分割審判の手続において及びその審判の確定後に当該財産の遺産帰属性を争うことを許さず，もって，原告の意思によりかなった紛争の解決を図ることができる**ところであるから，かかる訴えには**確認の利益が認められ，適法である**」と判示している。したがって，共同相続人間における遺産確認の訴えは，特定の財産が現に共同相続人による遺産分割前の共有関係にあることの確認を求めるものと解される場合であっても，「確認の利益を欠く」とする本肢は，判例の趣旨に照らし誤っている。

ウ　**正しい**。具体的相続分の価額又は割合の確認を求める訴えの適否につき，判例（**最判平成12・２・24**）は，具体的相続分（民903Ⅰ参照）は，**遺産分割審判事件における遺産の分割や遺留分侵害額請求権に関する訴訟事件における遺留分の確定等のための前提問題として審理判断される事項**であり，**これのみを別個独立に判決によって確認することが紛争の直接かつ抜本的解決のため適切かつ必要であるということはできない**ので，共同相続人間において具体的相続分についてその価額又は割合の確認を求める訴えは，**確認の利益がない**としている。したがって，共同相続人間において，具体的相続分についてその価額又は割合の確認を求める訴えは，「確認の利益を欠く」とする本肢は，判例の趣旨に照らし正しい。

エ　**誤り**。判例（**最判平成11・１・21**）は，建物賃貸借契約の継続中に賃借人が賃貸人に対して提起した「**敷金返還請求権の存在確認を求める訴え**」につき，「建物賃貸借における敷金返還請求権は，賃貸借終了後，建物の明渡しがされた時において，それまでに生じた敷金の被担保債権一切を控除しなお残額があることを条件として，その残額につき発生するものであって（民622の２Ⅰ①），賃貸借契約終了前においても，このような「**条件付きの権利**」として存在するものということができるところ，本件の確認の対象は，このような条件付きの権利であると解されるから，**現在の権利又は法律関係である**ということができ，確認の対象としての適格に欠けるところはないというべきである。また，本件では，**上告人は，被上告人の主張する敷金交付の事実を争って，敷金の返還義務を負わないと主張している**のであるから，**被上告人・上告人間でこのような条件付きの権利の存否を確定すれば，被上告人の法律上の地位に現に生じている不安ないし危険は除去される**といえるのであって，本件訴えには**即時確定の利益がある**ということができる。したがって，本件訴えは，確認の利益があって，適法であり，これと同旨の原審の判断は是認することができる」としている。したがって，建物賃貸借契約の継続中に賃借人が賃貸人に対して提起した敷金返還請求権の存在の確認を求める訴えは，「賃貸人が賃借人の敷金交付の事実を争って敷金返還義務を負わないと主張している場合」であっても，「確認の利益を欠く」とする本肢は，判例の趣旨に照らし誤っている。

オ　**正しい**。確認の訴えは，「法律関係」を証する書面の「成立の真否」を確定するためにも提起することができるとされている（**民訴134の２**）が，「訴訟代理権を証すべき書面」の真否確認を求める訴えの適否につき，判例（**最判昭和30・５・20**）は，「訴訟代理権の有無は**それが問題となる当該訴訟においてこれを審判すべき**であり，またそれをもって足るのであって，別訴を提起して訴訟代理権の存否確認を求めることは，確認の利益を欠き許しえないことは当裁判所の判例とするところである（最判昭和28・12・24）。そしてこの理は訴訟代理権を証すべき書面の真否確認を求める訴訟についても同様であるといわなければならない。けだし，**訴訟代理権を証すべき書面の真否確認を求める目的は訴訟代理権の存否を明確にするにあるのであって，訴訟代理権の存否確認を求める別訴が確認の利益を欠く以上，その存否確定に資すべき訴訟代理権を証すべき書面の真否確認を求める別訴も当然確認の利益を欠く**ものと認むべきだからである。」としている。したがって，訴訟係属中に訴訟代理人の代理権の有無が争われた場合に提起された別訴による訴訟代理権を証する書面の真否確認の訴えは，「確認の利益を欠く」とする本肢は，判例の趣旨に照らし正しい。

各肢の解説より，判例の趣旨に照らし正しいものはウ及びオであるから，５が正解となる。

第4問　正解　2

テーマ	裁判によらない訴訟の完結

ア　**正しい**。訴えの取下げは，本訴の取下げがあった場合における反訴の取下げの場合を除き，相手方が「**本案**」について**準備書面を提出**し，弁論準備手続において申述をし，又は口頭弁論をした後にあっては，「相手方の同意」を得なければ，その効力を生じないとされている（**民訴261Ⅱ**）が，判例（**最判昭和37・4・6**）は，「**訴えの取下げに対し同意を拒絶したときは，訴えの取下げは無効と確定し，その後その拒絶を撤回し改めて同意をしても，訴えの取下げは効力を生じない**。」としている。被告に同意・不同意についての撤回の自由を認めると，**取下げの効力が浮動的**となり，民事訴訟法第261条5項の趣旨に反するからである。したがって，被告が本案について答弁書を提出した後，原告が訴えの取下書を提出し，被告がこれに対する同意を確定的に拒絶した場合には，後に被告が改めて同意をしても，当該訴えの取下げは「効力を生じない」とする本肢は，判例の趣旨に照らし正しい。

イ　**誤り**。判例（**最判昭和44・10・17**）は，「**裁判外で訴え取下の合意が成立**」した場合には，権利保護の利益を喪失したものとして，「**訴えを却下**」すべきであるとしている。したがって，当事者双方が裁判外で訴えを取り下げる旨の合意をし，被告がその合意の存在を口頭弁論又は弁論準備手続の期日において主張立証した場合には，「訴えの取下げ」があったものとみなされるとする本肢は，判例の趣旨に照らし誤っている。

ウ　**誤り**。請求の放棄又は認諾は，「**口頭弁論等の期日**」（口頭弁論，弁論準備手続又は「**和解の期日**」：**民訴261Ⅲただし書かっこ書**，改正法施行後は未施行改正民訴261Ⅳ前段かっこ書）においてするとされている（**民訴266Ⅰ**）。したがって，請求の認諾は「和解の期日」においてはすることが「できない」とする本肢は，誤っている。

エ　**正しい**。判例（**最判昭和43・2・15**）は，訴訟上の和解の内容たる私法上の契約が「債務不履行のために解除」されても，**和解による訴訟終了の効果に「影響を及ぼさない」**としている。したがって，訴訟上の和解によって訴訟が終了したが，その後その和解の内容である私法上の契約が債務不履行により解除されるに至ったとしても，そのことによっては，「一旦終了した訴訟は復活しない」とする本肢は，判例の趣旨に照らし正しい。

オ　**誤り**。裁判所又は受命裁判官若しくは受託裁判官は，「**当事者の共同の申立て**」があるときは，事件の解決のために適当な和解条項を定めることができるとされている（**民訴265Ⅰ**）。したがって，裁判所が「職権」ですることができるとする本肢は，誤っている。この仲裁的和解制度は，当事者間で和解の話し合いがなされ，そこで形成された信頼関係を基礎に，裁判所等が和解条項を裁定して紛争を解決しようとするものである。

各肢の解説より，判例の趣旨に照らし正しいものはア及びエであるから，2が正解となる。

第５問　正解　1

テーマ	訴え提起前の和解

ア　**誤り**。民事上の争いについては，「**当事者**」は，**請求の趣旨及び原因**並びに「**争いの実情**」**を表示**して，「**相手方**」の普通裁判籍の所在地を管轄する「**簡易裁判所**」に和解の申立てをすることができるとされている（**民訴275Ⅰ**）。訴え提起前の和解の申立ては，訴訟係属を前提としないから，「**訴額**」**にかかわらず**，簡易裁判所の専属管轄とされているのである。しかし，**申立ては，「当事者双方の共同の申立て」による必要があるとはされていない**ので，本肢は，この点が誤っている。

イ　**正しい**。訴え提起前の和解の申立てに当たっては，請求の趣旨及び原因を表示するだけでなく，**当事者間の「争いの実情」も表示する必要がある**とされている（**民訴275Ⅰ**）。したがって，本肢は正しい。

ウ　**正しい**。訴え提起前の和解が調わない場合において，和解の期日に出頭した「**当事者双方の申立て**」があるときは，裁判所は，「**直ちに**」訴訟の弁論を命ずる（**民訴275Ⅱ前段**）が，この場合，和解の申立てをした者は，その「**申立てをした時**」に訴えを提起したものとみなすとされている（**民訴275Ⅱ後段**）ので，移行後の訴訟につき「手形訴訟による審理及び裁判を求めたい」ときは，「**移行申立ての際**」にその旨の申述をしなければならないとされている（**民訴365**）。したがって，本肢は正しい。

エ　**誤り**。申立人又は相手方が和解の期日に出頭しないときは，**裁判所は，和解が調わないものとみなすことが「できる**」とされている（**民訴275Ⅲ**）。**当然に和解が調わないものとみなされるわけではない**ので，本肢は誤っている。したがって，裁判所は，和解不調として手続を終結させることもできるが，新期日を定めて当事者双方を呼び出してもよい。手続を終結するか続行するかは，裁判所の権能とされている（訴訟指揮権）ことに注意しておきたい。

オ　**正しい**。訴え提起前の和解については，**和解条項案の書面による受諾**（民訴264）及び**裁判所等が定める和解条項**（民訴265）**の規定は，ともに適用されない**とされている（**民訴275Ⅳ**）。したがって，本肢は正しい。これらの制度は，当事者の出頭の必要性を緩和し（民訴264），あるいは裁判所と当事者との間で信頼関係が形成された場合（民訴265）に適用されることを前提としているところ，訴え提起前の和解は，期日を重ねることが多くないのが通常であるため，これらの規定を適用することは妥当でないからである。

各肢の解説より，誤っているものはア及びエであるから，１が正解となる。

民事保全法

第6問　正解　2

テーマ	民事保全の総則

ア　**誤り**。民事保全の命令（以下「**保全命令**」という。）は，「**申立て**」により，「**裁判所**」が（民保２Ⅰ），民事保全の執行（以下「**保全執行**」という。）は，「**申立て**」により，「**裁判所又は執行官**」が行うとされている（**民保２Ⅱ**）。保全命令も保全執行も，申立てによるとされており，「**職権**」**によってなされることはない**ことに注意しておくこと。なお，「**裁判所が行う保全執行**」（民保47，48，50，53～56）に関しては民事保全法の規定により「**執行処分を行うべき裁判所**」をもって，「**執行官が行う保全執行の執行処分**」（民保48，49）に関してはその「**執行官の所属する地方裁判所**」をもって「**保全執行裁判所**」とするとされている（**民保２Ⅲ**）。したがって，本肢は，保全執行は「職権」でもすることができるとしている点が，誤っている。

イ　**正しい**。迅速かつ柔軟な審理を可能ならしめる趣旨から，「民事保全の手続に関する裁判」は，「**口頭弁論を経ないで**」することができるとされている（**民保３**）が，口頭弁論を開いた場合も，裁判の形式は，判決ではなく，「**決定**」によるとされていることに注意しておく必要がある。したがって，本肢は正しい。保全命令の事件は暫定的な処分を目的とし，かつ，緊急性を有するため，厳格な判決手続よりも，迅速な処理をすることができる決定手続の方が適しているからである。なお，原則として，書面審理が中心となるが，事件により口頭弁論や審尋を開くこともでき，また，一定の場合（仮の地位を定める仮処分等）においては，口頭弁論か「債務者」（民保23Ⅳ）又は「当事者双方」（民保29，40Ⅰ等）が立会うことができる「審尋の期日」を経ることを要求していることにも注意しておく必要がある。

ウ　**誤り**。保全命令の申立てを「**却下**」する決定には民事保全法第17条は適用されないため，「送達」する必要はなく，相当と認める方法による「告知」をすれば足りる（**民保７→民訴119**）が，「保全命令の申立てを却下する決定」及び「これに対する即時抗告を却下する決定」は，「**債務者に対し口頭弁論又は審尋の期日の呼出しがされた場合を除き**」，「**債務者**」**に告知することを要しない**とされている（**民保規16Ⅰ**）。これらの決定は，いずれも債務者の権利を侵害するものではなく，また，これらの決定を債務者に告知することは，債権者が債務者の財産の保全等を考えていることを知らせることになり，債務者に財産隠匿等の機会を与えることになりかねず，民事保全の密行性に反するからである。ただし，これらの決定についても，債務者に対し口頭弁論又は審尋の期日の呼出しがされた場合には，それらに対する決定がされたことを知らせておくことが相当であるものの，送達するまでのことはないため，相当の方法で告知すれば足りるとされているのである。「**債権者**」に対しては，前者では即時抗告の機会を付与，後者では，再抗告ができないため他の方法を講じさせる機会を付与するため，「**必ず**」，却下の告知をすることとされている。したがって，本肢は，保全命令の申立てを却下する決定及びこれに対する即時抗告を却下する決定は，「債権者には告知する必要がある」としている点は正しいが，無限定に「債務者に対しては告知することを要しない」と言い切っている点が誤っている。

エ　**正しい**。保全命令に関する手続における口頭弁論の調書については，「**裁判長の許可**」を得て，「証人，鑑定人若しくは当事者本人の陳述又は検証の結果」の「**記載を省略**」することができるとされている（**民保規７Ⅰ**，民訴規170Ⅰ，227Ⅰと対比しておくこと）。したがって，本肢は正しい。

オ　**正しい**。民事保全法の規定により担保を立てるには，①担保を立てるべきことを命じた裁判所又は保全執行裁判所の所在地を管轄する地方裁判所の管轄区域内の供託所に金銭又は担保を立てるべきことを命じた裁判所が相当と認める有価証券を供託する方法②**その他最高裁判所規則で定める方法**（銀行等との間において支払保証委託契約を締結する方法，民保規２）によらなければならない（**民保４Ⅰ本文**）が，③**当事者が特別の契約**（例えば，担保権の設定，保証人との保証委託契約の締結）**をしたときは，その契約による**とされている（**民保４Ⅰただし書**）。担保の提供が要求されているのは，違法又は不当な保全命令等によって相手方の被る損害を保証するためであるので，担保提供の方法を当事者間の特別の契約で定めることも差し支えないからである。したがって，本肢は正しい。

各肢の解説より，誤っているものはア及びウであるから，２が正解となる。

民事執行法

第7問　正解　3

テーマ	強制執行に対する不服申立て

ア　**誤り**。「民事執行の手続に関する裁判」に対しては，民事執行法にそれを許す旨の特別の定めがある場合に限り，「執行抗告」をすることができる（**民執10Ⅰ**）が，民事訴訟法上の即時抗告（民訴334Ⅰ）とは異なり，**執行抗告は執行停止の効力を当然には有しない**。そこで，執行抗告の提起にかかわらず進行を続ける執行手続との調整として，抗告裁判所は（事件の記録が原裁判所に存する間は原裁判所も），執行抗告についての裁判が効力を生ずるまでの間，担保を立てさせ，若しくは立てさせないで原裁判の執行の停止若しくは民事執行の手続の全部若しくは一部の停止を命じ，又は担保を立てさせてこれらの続行を命ずることができるとされているのである（**民執10Ⅵ**）。したがって，本肢は，執行抗告は執行停止の効力を有するとしている点が，誤っている。

イ　**正しい**。本肢のように債務名義である判決が未確定である場合には，**債務名義の成立手続内で認められている不服申立て**，即ち，上訴（民訴281，311）によって，債務名義の取消しを求めることが可能であるから，「**仮執行宣言付判決で確定前**」のものについては，請求異議の訴えは認められていない（**民執35Ⅰ前段かっこ書，民執22②**）。したがって，仮執行の宣言を付した判決に基づく強制執行については，当該判決に表示された請求権の存在について異議があったとしても，債務者は，当該判決が「確定する前には」請求異議の訴えを提起することは「できない」とする本肢は，正しい。

ウ　**誤り**。「**確定判決**」についての異議の事由は，「**口頭弁論の終結後**」に生じたものに限るとされている（**民執35Ⅱ**）。本肢の売買契約の「取消権の抗弁」は，口頭弁論終結前に主張し得た事由であるから，口頭弁論終結「前」に生じた事由である。したがって，その基準時後に取消権を主張することは，**既判力に抵触し許されない**ので（**最判昭和55・10・23**参照），売買代金の支払請求を認容した確定判決を債務名義として不動産に対し強制執行がされた場合，債務者は，当該売買契約を債権者の詐欺によるものとして取り消したことを理由として「請求異議の訴えを提起することができる」とする本肢は，誤っている。

エ　**正しい**。「執行文付与に対する異議の訴え」は，「異議の事由が数個あるとき」は，債務者は，「**同時に**」，これを主張「**しなければならない**」とされている（**民執34Ⅱ**）。同時主張の意味については，執行文付与に対する異議の訴えの訴訟物をどう把握するかと関連するが，異議ごとの訴訟物と解すれば（多数説である），別訴禁止の意味を有し，そうでないとすれば，同一訴訟での主張を注意的に規定したにすぎないことになる（浦野・コンメンタール108頁）。なお，当該規定は**請求異議の訴えにも準用されている**（**民執35Ⅲ→34Ⅱ**）。同一の債務名義に対して，異なる異議事由による訴えがくり返しできることとすると，執行妨害の手段を与えることになりかねないからである。したがって，執行文付与に対する異議の訴えも，請求異議の訴えも，異議の事由が数個あるときは，債務者は，同時にこれを主張しなければならないとする本肢は，正しい。

オ　**誤り**。「**執行文付与に対する異議の訴え**」又は「**請求異議の訴え**」の提起があった場合において，異議のため主張した事情が法律上理由があるとみえ，かつ，事実上の点について「疎明」があったときは，「受訴裁判所」は，「申立て」により，終局判決において執行停止の裁判等（民執37Ⅰ）をするまでの間，担保を立てさせ，若しくは「**立てさせないで**」**強制執行の停止**を命じ，又はこれとともに，**担保を立てさせて強制執行の続行**を命じ，若しくは**担保を立てさせて既にした執行処分の取消し**を命ずることが**できる**とされている（**民執36Ⅰ前段**）が，**この規定は，「第三者異議の訴え」に係る執行停止の裁判についても準用されている**（**民執38Ⅳ**）。したがって，本肢は，第三者異議の訴えの提起があった場合は「できない」としている点が，誤っている。

各肢の解説より，正しいものはイ及びエであるから，３が正解となる。

司法書士法

第8問　正解　3

テーマ	司法書士の欠格事由

ア　**正しい**。「**禁錮以上**」<改正法施行後は「拘禁刑以上」>の「**刑に処せられ**」，その執行を終わり，又は執行を受けることがなくなってから「**３年を経過**」しない者は，司法書士となる資格を有しないとされている（**司書５①**）。禁錮以上の刑の言渡しを受けた場合（「懲役刑」は禁錮以上の刑である。刑10Ⅰ，９）には，「**執行猶予が付された場合**」（刑25）でも，刑に処せられた者であることにかわりはないので，執行猶予期間中は欠格事由に該当する。しかし，「刑の全部の執行猶予の言渡しを取り消されることなくその猶予期間を経過したとき」は，**刑法第27条**により，刑の言渡しの効力は消滅し，刑に処せられなかったのと同一の状態に復するので，「**期間満了の日の翌日**」から，欠格事由に該当しなくなるとされている（昭和25・９・13民甲2562号回答）。したがって，猶予期間を経過すれば，他に欠格事由のない限り，「いつでも」登録の申請をすることができるので，本肢は正しい。３年の経過は不要である。

イ　**誤り**。従前は，未成年者のみならず，「成年被後見人又は被保佐人」も，司法書士となる資格を有しないとされていた（旧司書５②）が，令和元年９月14日施行の改正で，「**成年被後見人又は被保佐人**」**が削除**された（**司書５②**）。したがって，本肢は，未成年者のほか，成年被後見人又は被保佐人についても，当然に司法書士の登録を受け，業務を行うことはできないとしている点が，誤っている。これは，これまで，各種の法律において，後見制度又は保佐制度を利用することにより，一定の資格や職業を失ったり，営業許可等が取得できなくなったりするなどの権利制限に関する規定が定められていたが，令和元年６月７日に成立した「成年被後見人等の権利の制限に係る措置の適正化等を図るための関係法律の整備に関する法律」により，上記の権利制限に関する規定の大部分が削除され，今後は，各資格・職種・営業許可等に必要な能力の有無を個別的・実質的に審査し，判断されることとされたことから，司法書士の欠格事由についても見直しがなされたものである。

ウ　**誤り**。破産手続開始の決定を受けて「**復権を得ない者**」は，司法書士となる資格を有しないとされている（**司書５③**）。破産手続開始の決定を受けた者は，破産財団に属する財産の管理処分権を奪われ（破産78Ⅰ），一定の公法上又は私法上の資格を喪失するので，このような者に，私法上の権利義務に密接な関係を持つ司法書士の業務を行わせることは適当でないことから，欠格者とされたものである。しかし，破産手続開始の決定を受けた後３年を経過しても，「復権」を得ない限り欠格事由から脱することはできないし，復権を得れば３年経過しなくても欠格事由には該当しないので，破産手続開始の決定を受けて「３年を経過しない者」は，司法書士となる資格を有しないとする本肢は，誤っている。

エ　**誤り**。公務員であって「**懲戒**」免職の処分を受け，その処分の日から「３年を経過しない」

者は，司法書士となる資格を有しないとされている（**司書５④**）。**「分限処分」とは，一般職の公務員で勤務実績が良くない場合や，心身の故障のためにその職務の遂行に支障があり又はこれに堪えない場合などその職に必要な適格性を欠く場合，職の廃止などにより公務の効率性を保つことを目的としてその職員の意に反して行われる処分のことをいう。**分限処分は公務の効率性を保つために行われるものであり，職場内の綱紀粛正を目的とした懲戒処分とは異なり懲罰的な意味合いは含まれておらず，免職となった場合でも退職金が支給される。したがって，免職の処分を受けても，それが「分限免職」の処分の場合には，司法書士の欠格事由には該当しないので，本肢は誤っている。

オ　**正しい**。司法書士が「業務の禁止」の処分（司書47③）を受けた場合は，司法書士の欠格事由に該当するため（**司書５⑤**），司法書士の登録を取り消される（**司書15Ⅰ④**）が，「処分後３年が経過した後」は，再登録をすれば，業務を行うことができる。したがって，本肢は正しい。

カ　**正しい**。令和５年４月１日施行の改正により，懲戒処分により，公認会計士の登録を抹消され，若しくは土地家屋調査士，弁理士，税理士若しくは行政書士の業務を禁止された者のほか，**「税理士であった者であって税理士業務の禁止の懲戒処分を受けるべきであったことについて決定を受けた者」**も，これらの処分の日から「３年」を経過しない者は，司法書士となる資格を有しないとされた（**司書５⑥**）。したがって，本肢は正しい。

各肢の解説より，正しいものはア，オ及びカの３個であるから，３が正解となる。

供託法

第9問　正解　3

テーマ	供託の申請手続

ア　**正しい**。振替国債の供託書には，「**供託振替国債の銘柄，金額，利息の支払期及び元本の償還期限**」を記載しなければならないとされている（**供託規13Ⅳ後段による13Ⅱ③の読替**）。したがって，本肢は正しい。

イ　**誤り**。供託者が「振替国債」を供託しようとするときは，その**振替国債の銘柄，利息の支払期及び償還期限を確認するために必要な資料**を「**提供**」しなければならないとされている（**供託規14の2**）。したがって，本肢は，提供ではなく，「提示」しなければならないとしている点が，誤っている。供託書に記載された「供託振替国債の銘柄」（供託規13Ⅳ）と異なる振替国債が供託所の口座に振り替えられた場合には，供託所の口座から供託者の口座に戻すための手続が必要となり，また，供託振替国債については，その払渡請求の時期の制限が「償還期限」を基準として定められているため（供託規23の2），供託所において償還期限を管理する必要があるからである。なお，平成17年3月7日施行の改正により，オンラインによる振替国債の供託（供託規38Ⅰ①）を可能にしたことに伴い，改正前の規則に規定するとおり振替国債の銘柄等を確認するための資料を「提示」しなければならないとすると，**オンラインによる場合にも，資料を提示するため供託所に出頭しなければならないこととなり，供託者の利便性を損なうことになってしまう**。そこで，振替国債の供託をオンライン又は書面によった場合の双方について，資料の「提供」義務を供託者に課すこととし，提供の態様については規定上明示せず，オンラインによる場合に供託者の出頭を要しないこととされたことに注意しておくこと。

ウ　**誤り**。「**記名式有価証券**」を供託しようとするときは，供託者は，その還付を受けた者が直ちに権利を取得することができるように**裏書**し，又は**譲渡証書を添附**しなければならないとされている（**供託規17Ⅰ**）。ただし，「**株券**」**については，記名式有価証券から除外されている**（**供託規17Ⅰかっこ書**）。したがって，株券を供託する場合にも，裏書し又は譲渡証書を添付しなければならないとする本肢は，誤っている。

エ　**正しい**。令和4年9月1日施行の改正で，供託規則第14条第1項は，「**登記された法人**が供託しようとするときは，代表者の資格を証する<u>**登記事項証明書**</u>を**提示**しなければならない。この場合においては，その記載された代表者の資格につき**登記官の確認を受けた供託書**を提出して，代表者の資格を証する<u>登記事項証明書</u>の**提示に代える**ことができる。」とされた（**供託規14Ⅰ**，下線部が改正点）。したがって，本肢は正しい。

オ　**正しい**。継続的給付に係る金銭の供託をするために供託カードの交付を受けた者が，当該供託カードを提示して，当該継続的給付について供託をしようとするときは，①供託カード番号，②供託者の氏名又は名称，③代理人により供託する場合には，代理人の氏名（供託規13Ⅱ②，住所は除かれている。)，④供託金の額（供託規13Ⅱ③)，④供託申請年月日（供託規13Ⅱ⑫)，⑤供託カードの交付の申出をした際に**供託書に記載した事項と同一でない事項**を記載すれば足りるとされている（**供託規13の４Ⅳ**)。したがって，「供託の原因たる事実」（供託規13Ⅱ④）については，当該供託カードの交付の申出をした際に供託書に記載した事項と同一でない事項（**供託規13の４Ⅳ④**）のみを記載すれば足りるとする本肢は，正しい。

各肢の解説より，誤っているものはイ及びウであるから，３が正解となる。

第10問　正解　1

テーマ	供託に関する書類の閲覧及び供託に関する事項の証明

ア　**誤り**。供託につき「**利害の関係がある者**」は，供託に関する書類（電磁的記録を用紙に出力したものを含む。）の閲覧を請求することができる（**供託規48Ⅰ**）が，ここでいう利害関係を有する者とは，供託物について「**直接**」利害関係を有する者をいい（**昭和38・5・22民甲1452号認可**），この利害関係は，「法律上」の利害関係で，かつ，「供託関係書類上」の利害関係でなければならないとされている。この点，「供託物の取戻・還付請求権を有する者や取戻・還付請求権の差押債権者等」は供託につき利害の関係がある者に該当するが，「**供託及び取戻しの権限の委任を受けたにすぎない者**」は，**供託上の利害関係人とは認められない**とされている（昭和44・11・25民甲2626号認可7問）。したがって，供託及び取戻しの権限の委任を受けた者は，供託に関する書類の閲覧を請求することが「できる」とする本肢は，誤っている。

イ　**正しい**。供託に関する書類の閲覧を申請する際に，閲覧申請書に「**利害関係を有することを証する書面**」の**添付は必ずしも要しない**とされている（**昭和35年度全国供託課長会同決議**）。供託につき直接利害関係を有する者かどうかは，包括承継人の場合を除き，**供託関係書類上明らか**だからである。これに対して，「印鑑証明書」については，利害関係人による申請であることを証するために，原則としてこれを添付する必要があるとされている（**供託規48Ⅲ→26**）。したがって，本肢は正しい。

ウ　**誤り**。供託に関する事項についての証明申請書（供託規49Ⅱ）には，「**証明申請の目的**（利害関係）」及び「証明を申請する事項」を記載しなければならないとされている（**供託書式第34号書式**）。したがって，本肢は，証明申請の目的を記載することは「要しない」としている点が，誤っている。

エ　**正しい**。供託に関する事項についての証明申請書には，「証明を請求する事項を記載した書面」を，「**証明の請求数**」に応じ，添付しなければならないとされている（**供託規49Ⅲ**）。したがって，本肢は正しい。供託官の証明書作成の労を省くため，申請人に証明書作成の材料を提出することが求められているのである。

オ　**正しい**。代理人によって供託に関する事項についての証明を請求する場合は，原則としては，証明申請書に「代理人の権限を証する書面」を「添付」しなければならない（**供託規49Ⅳ→27Ⅰ本文**）が，「支配人その他登記のある代理人」によって供託に関する事項についての証明を請求する場合は，「**代理人であることを証する登記事項証明書**」を「**提示**」すれば足りるとされている（**供託規49Ⅳ→供託規27Ⅰただし書**）。したがって，本肢は正しい。

各肢の解説より，誤っているものはア及びウであるから，1が正解となる。

第11問　正解　5

テーマ	民事保全法の保全命令に係る担保供託

ア　誤り。保全命令に係る担保供託も，原則としては，「**担保を立てるべきことを命じた裁判所又は保全執行裁判所の所在地を管轄する地方裁判所の管轄区域内**」の供託所にしなければならない（**民保４Ⅰ**）が，例外として，「保全命令の申立てについての担保」の供託については，手続上迅速性を要する場合が多いので，「**遅滞なく民事保全法第４条第１項の供託所に供託することが困難な事由があるとき**」は，「**裁判所の許可**」を得て，「**債権者の住所地又は事務所の所在地その他裁判所が相当と認める地を管轄する地方裁判所の管轄区域内**」の供託所に供託することができるとされている（**民保14Ⅱ**）。しかし，上記の要件を満たさなければ，「常に」債権者の住所地の供託所に供することができるわけではないので，本肢は誤っている。

イ　誤り。**振替国債を供託物とすることができるのは，法令の規定により担保若しくは保証として，又は公職選挙法の規定により，振替国債を供託することができる場合に限られている。**保全命令に係る担保供託は，「金銭」又は「担保を立てるべきことを命じた裁判所が相当と認める有価証券」によることを要する（民保４Ⅰ）が，ここでいう有価証券には社債，株式等の振替に関する法律第278条第１項に規定する「**振替債**」**を含む**とされている（**民保４Ⅰかっこ書**）。したがって，保全命令に係る担保供託は，振替国債によってすることもできるので，「できない」とする本肢は，誤っている。

ウ　誤り。保全命令に係る担保供託は，相手方の同意なくして，「**第三者**」**が当事者に代わってすることができる**とされている（**昭和35年度全国供託課長会同決議**）。したがって，保全命令に係る担保供託は，第三者が当事者に代わってすることは「できない」とする本肢は，誤っている。

エ　正しい。保全命令に係る担保供託につき被供託者が還付請求をするときは，供託物払渡請求書に「還付を受ける権利を有することを証する書面」（供託８Ⅰ，供託規24Ⅰ①）として，「**被担保債権の存在を証する書面**」**を添付しなければならない**とされている。したがって，本肢は正しい。

オ　正しい。先例（**昭和39・６・16民甲2104号認可**）は，裁判上の保証供託において，供託者が死亡し，「相続人等が訴訟承継人である旨の記載がなされている」担保取消決定正本を添付して取戻請求をする場合も，「**権利の承継（相続）を証する書面**」**の添付を要する**としている。したがって，本肢は正しい。

各肢の解説より，正しいものはエ及びオであるから，５が正解となる。

不動産登記法

第12問　正解　3

テーマ	権利に関する登記と表示に関する登記の相違

⑴　「表示に関する登記」（不登２③）は，単に不動産の物理的現況を公示するためのものであり，民法第177条に規定する対抗要件としての効力を持つものではない。

⑵　これに対して，「権利に関する登記」（不登２④）は，不動産に関する物権の得喪及び変更について登記をすれば，第三者に対抗することができる（民177）。

⑶　権利に関する登記は，私的自治の原則から登記の申請をするかどうかは原則として自由であるが，表示に関する登記は，当事者に「申請義務」が課せられている（**不登36，47Ⅰ**）。

⑷　登記官は表示に関する登記について申請があった場合及び職権で登記しようとする場合において，必要があると認めるときは，当該不動産の表示に関する事項を調査することができ（不登29Ⅰ），さらに，必要があると認めるときは，日出から日没までの間に限り，当該不動産を検査し，又は当該不動産の所有者その他の関係者に対し，文書若しくは電磁的記録に記録された事項を法務省令で定める方法により表示したものの提示を求め，若しくは質問をすることができる（不登29Ⅱ前段）として，登記官が「実質的審査権限」を有していることが規定されている。

⑸　不動産登記に関する手続はどちらもオンライン申請によりすることができる（不登18①）。添付情報のデータをコンピュータに取り込んで送信するため，書面に限定されることはない（不登令10，不登規41）。

⑹　なお，登記の申請をする者の「委任による代理人の権限」は，①本人の死亡，②本人である法人の合併による消滅，③本人である受託者の信託に関する任務の終了，④法定代理人の死亡又はその代理権の消滅若しくは変更によっては，消滅しないとされている（**不登17**）。この法定代理人には「法人の代表者」が含まれる（**平成５・７・30民三5320号通達・第二・一**）。

⑺　以上によって，括弧の中に語群から選択した語句を挿入して文章を完成させると，次のようになる。

「わが国の不動産登記制度は，不動産の（**物理的現況**）と（**権利関係**）を記録した一定の公簿を公開することで，（**不動産取引の安全**）と円滑に資するための制度です。そして，不動産登記制度は，その成り立ちの違いから，（**表示に関する登記**）と権利に関する登記に分かれています。

まず，表示に関する登記は不動産の（**物理的現況**）を公示するものですから，（**対抗力**）はないが，（**権利に関する登記**）は不動産の（**権利関係**）を公示するものですから，（**対抗力**）があるという違いがあります。

次に，その登記申請義務に違いがあり，（**表示に関する登記**）については（**申請義務**）があり，（権利に関する登記）については，原則として，私的自治の原則から（申請義務）はありません。

そして，登記官の（審査権限）については，（表示に関する登記）については（実質的審査権）が認められていますが，（権利に関する登記）については，登記官には（形式的審査権）しか認められていません。

また，（表示に関する登記），（権利に関する登記）のいずれも，（書面申請）あるいは（電子申請）の方法によって登記を申請することができます。

さらに，（本人の死亡）（会社の合併による消滅）（後見人の代理権消滅）（親権者の変更）（代表者の交替）によって，（委任による代理人の権限）が消滅することがないことが（表示に関する登記）と（権利に関する登記）に共通しています。」

上記の解説より，語群中，空欄に入ることのない語句は，「登記識別情報」，「形式的確定力」，「公信力」，「物理的効果」及び「公的制度」の５個であるから，３が正解となる。

第13問　正解　3

テーマ	不動産登記の効力

ア　**誤り**。不動産の登記には，当事者間で有効に成立した権利関係を第三者に主張することができる効力，即ち，対抗力があるが，**この「対抗力」は，登記が実行されることにより生ずる。**本肢の場合，売買による所有権移転の登記の申請が受理され登記識別情報は通知されているが，何らかの事情で当該登記が実行されていないことから，対抗力は生じていないこととなる（大判大正7・4・15)。したがって，何らかの事情で当該登記が実行されていないときでも，第三者に当該売買による所有権の移転を「対抗することができる」とする本肢は，誤っている。

イ　**誤り**。不動産の登記には，登記記録の記録どおりの実体的権利関係が真正に存するという推定力を生じさせる効力，即ち，「**権利推定力**」がある。先例（**昭和60・12・2民三5441号通達**）は，甲及び乙の共有名義の不動産につき，甲の持分について，共有登記名義人でない「丙」のために「持分放棄」を登記原因とする共有持分移転の登記を申請することはできないとしている。持分放棄による持分は「他の共有者」に帰属することになる（民255前段，登記研究54号31頁）からである。本肢の場合，仮に，実体上甲及び丙の共有であれば，甲及び丙の共有とする所有権更正の登記，又は丙への乙持分全部移転の登記により，登記記録上の記録を甲及び丙名義とした後，丙への持分放棄による甲持分全部移転の登記を申請することとなる。登記記録上，甲及乙の共有登記がある以上，実体的権利関係も甲及び乙の共有と推定される効力である権利推定力が働くからである。したがって，丙への持分放棄による甲持分全部移転の登記を申請することが「できる」とする本肢は，誤っている。

ウ　**誤り**。不動産の登記には，登記が存在する以上，その有効・無効にかかわりなく，登記官及び当事者その他の利害関係人は，登記手続上これを無視することはできないという効力，即ち，「**形式的確定力**」がある。本肢の場合，登記記録上，存続期間が満了している場合であっても，**存続期間を廃止又は伸長している等が想定される**ことから，登記官が職権で抹消することはできず，その抹消の申請は**共同申請による**ことを原則とする。無効な登記があっても，その抹消は一定の要件と手続によらなければすることはできず，勝手に抹消できるものではないからである。したがって，「登記官が職権で抹消の登記をすることができる」とする本肢は，誤っている。

エ　**正しい**。不動産の登記には，登記をすることによって，実体法上の効力を発生させる場合がある。本肢の共同根抵当権設定登記の際の共同担保の旨の登記（**民398の16**）のほか，共同根抵当権の債権の範囲，債務者若しくは極度額の変更又は譲渡若しくは一部譲渡の全ての不動産についての登記（民398の17Ⅰ），抵当権等の順位変更の登記（民374Ⅱ）等がある。したがって，共同根抵当権の設定は，共同根抵当権の設定登記の際に共同担保の旨の登記をしなければ，「効力を生じない」とする本肢は，正しい。

オ　**正しい**。仮登記に基づいて本登記をした場合は，当該本登記の「順位」は，当該仮登記の順位による（不登106：順位保全効）が，仮登記に係る登記の効力は，**本登記の実行の時から生ずる**と解されている（**最判昭和44・６・３**等）。したがって，当該所有権移転の登記は「本登記の実行の時」から第三者に対抗することができるとする本肢は，正しい。

各肢の解説より，正しいものはエ及びオの２個であるから，３が正解となる。

第14問　正解　4

テーマ	常に主登記で実行される登記

ア　**常に主登記で実行される。**「順位変更の登記」は，常に「**主登記**」によって実行するとされている（**昭和46・10・４民甲3230号通達・第一・三，平成21年通達記録例415**）。権利関係を明確に公示するには，主登記の方が簡便で好ましいからである。

イ　**常に主登記で実行される。**「賃借権の先順位抵当権に優先する同意の登記」は，常に「**主登記**」によって実行するとされている（**平成15・12・25民二3817号通達・第四，平成21年通達記録例298**）。

ウ　**常に主登記によって実行されるとは限らない。**「**所有権**」を目的とする根抵当権の分割譲渡の登記は，「**主登記**」によってなされる（**不登規165Ⅰ，平成21年通達記録例492**）が，「**地上権等の所有権以外の権利**」を目的とする根抵当権（不登規３④参照）の分割譲渡の登記は，「**付記登記**」（付記登記の付記登記ではない）によってなされる（**不登規165Ⅰかっこ書**，不登規３⑤参照）。したがって，「根抵当権」の分割譲渡の登記は，「常に」主登記によって実行されるとは限らない。

エ　**常に主登記で実行される。**敷地権である旨の登記（不登46，不登規119）は，**敷地権が所有権であると地上権又は賃借権であるとを問わず**，「常に」主登記するとされている（**昭和58・11・10民三6400号通達・第四・一・１，平成21年通達記録例120・126**）。対抗力や順位の問題が生じないからである。

オ　**常に主登記によって実行されるとは限らない。**工場財団に属した旨の登記（工抵34Ⅰ）は，工場財団を組成する権利が「**所有権**」であるときは「**主登記**」で，「**所有権以外の権利**」のときは「**付記登記**」でするとされている（不登規３④，昭和54・３・31民三2112号通達）。工場財団に属した旨の登記は，処分制限の登記の一種だからである（不登規３④かっこ書参照）。したがって，「工場財団に属した旨」の登記は，「常に」主登記によって実行されるとは限らない。

各肢の解説より，常に主登記で実行される登記はア，イ及びエの３個であるから，４が正解となる。

第15問　正解　３

テーマ	法定相続情報一覧図

ア　**正しい**。平成29年５月29日施行の改正で，表題部所有者又は登記名義人の相続人が登記の申請をする場合において，その相続に関して不動産登記規則第247条の規定により交付された「**法定相続情報一覧図の写し**」を提供したときは，当該写しの提供をもって，「**相続があったことを証する市町村長その他の公務員が職務上作成した情報**」の提供に代えることができるとされた（**不登規37の３**）。したがって，本肢は正しい。

イ　**誤り**。登記名義人の相続人が「被相続人が通知を受けた登記識別情報について失効の申出」をするときは，申出情報と併せて「相続その他の一般承継があったことを証する市町村長，登記官その他の公務員が職務上作成した情報」を提供しなければならないとされている（**不登規65Ⅴ本文**）が，この「**登記識別情報について失効の申出をする場合**」にも，法定相続情報一覧図の写しを提供してその**提供に代えることができる**とされている（**不登規37の３，平成29・４・17民二292号通達・第２・２・（９）**）。したがって，Ａの法定相続情報一覧図の写しを提供して，Ａが通知を受けた乙土地の登記識別情報の失効の申出をすることは「できない」とする本肢は，誤っている。

ウ　**誤り**。法定相続情報一覧図の写しはあくまで相続があったことを証する「市町村長その他の公務員が職務上作成した情報」を代替するものであり，遺産分割協議書や**相続放棄申述受理証明書等までをも代替するものではない**とされている（**平成29・４・17民二292号通達・第２・２**）。したがって，Ｂが相続の放棄をしたため，乙土地を単独で相続したＣがＡからＣへの相続を原因とする所有権の移転の登記を申請する場合は，添付情報として，被相続人Ａの法定相続情報一覧図の写しを提供することによって，Ｂの相続放棄に係る相続放棄申述受理証明書の提供を省略することが「できる」とする本肢は，誤っている。

エ　**正しい**。法定相続情報一覧図には，推定相続人が廃除されている場合は，その**廃除された推定相続人の氏名，生年月日及び被相続人との続柄の記載は要しない**とされている（**平成29・４・17民二292号通達・第２・３・（３）・キ**）が，相続人の廃除を受けた者がある場合（民892，893）の証明は，廃除を受けた相続人の戸籍にその旨が記録されることから（戸籍97），「戸籍全部事項証明書」でなすこととされているので，**法定相続情報一覧図の写しの提供をもって代えることができる**と解される。したがって，ＢがＡの相続人から「廃除」されたため，Ｃが乙土地を単独で相続したとして，ＡからＣへの相続を登記原因とする所有権の移転の登記を申請する場合は，添付情報として，相続人をＣのみとする被相続人Ａの法定相続情報一覧図の写しを提供したときは，Ｂが廃除された旨の記載がされていることを証する戸籍の全部事項証明書の提供を「省略することができる」とする本肢は，正しい。

オ　**正しい**。不動産登記規則第37条の３の規定により，相続があったことを証する市町村長その他の公務員が職務上作成した情報の提供に代えて法定相続情報一覧図の写しが提供された場合であって，**不動産登記規則第247条第４項の規定により当該写しに相続人の住所が記載されているとき**は，登記官は，当該写しをもって，**当該相続人の住所を証する市町村長，登記官その他の公務員が職務上作成した情報としても取り扱って差し支えない**とされている（**平成29・４・17民二292号通達・第２・２**）。したがって，ＡからＢ及びＣへの相続を登記原因とする所有権の移転の登記を申請する場合において，被相続人Ａの法定相続情報一覧図の写しに「Ｂ及びＣの住所が記載されているとき」は，Ｂ及びＣの住所を証する市町村長が職務上作成した情報の提供を「省略することができる」とする本肢は，正しい。

各肢の解説より，誤っているものはイ及びウであるから，３が正解となる。

第16問　正解　3

テーマ	胎児に関する登記

ア　**正しい**。自然人は，出生により権利能力を取得する（民３Ⅰ）。したがって，出生前の胎児は，原則としては権利能力を有しないが，相続については既に生まれたものとみなされている（民886Ⅰ）。これを受けて，登記実務は，胎児中にも制限的な権利能力を認め，死産の場合（民886Ⅱ）には遡って権利能力がなかったことになるという遡及効付の法定解除条件説を採り，「胎児名義」の相続による移転の登記を認めている（**明治31・10・19民刑1406号回答**，平成21年通達記録例191）が，胎児を相続人として登記を申請する場合であっても，登記原因証明情報の一部として医師等の作成した胎児の母の「**懐胎証明書」を添付する必要はない**とされている（登記研究191号72頁）。登記後１年以内に出生の有無が客観的に明確になるからである。したがって，本肢は正しい。

イ　**正しい**。登記先例は，肢アで述べたように，「胎児名義」の相続による移転の登記を認めている（**明治31・10・19民刑1406号回答**，平成21年通達記録例191）が，胎児の出生前においては，相続関係が確定していない状態にあるので，**胎児のために「遺産分割その他の処分行為」をすることまではできない**としている（昭和29・６・15民甲1188号回答）。したがって，胎児の出生前に，母が胎児の法定代理人として遺産分割協議をしたとしても，当該遺産分割に基づく相続の登記を申請することは「できない」とする本肢は，正しい。

ウ　**誤り**。胎児の母は，自己の作成に係る胎児に相続分がない旨の特別受益証明書を添付して，自己の単独名義とする相続による所有権移転の登記を申請することができるとされている（登記研究660号203頁）。したがって，本肢は誤っている。胎児は，贈与を受けることはできないが，遺贈については，既に生まれたものとみなされるため（民965→886Ⅰ），**出生前の胎児であっても，「遺贈」を受けている場合には，特別受益により相続分がない胎児も存在し**（民903），**当該胎児について作成された特別受益証明書も有効といえる**からである。また，特別受益者であることを証明することは，過去の事実を証明するものであるから，**利益相反行為**（民826Ⅰ）**には該当しない**ため，特別代理人の選任を要しないので，胎児の母が，胎児に相続分がない旨の特別受益証明書を作成することも問題はないからである（昭和23・12・18民甲95号回答参照）。

エ　**誤り**。「婚姻外の胎児」であっても，父は，母の承諾を得て，認知をすることができ（民783Ⅰ），認知されると「子」として相続権を有することになる（民784，887Ⅰ）ことから，婚姻外の胎児のために相続の登記をすることも可能である。しかし，この場合は，父母は婚姻関係にないため，「亡Ａ妻」たる文言を用いることはできないことから，単に「**Ｂ胎児**」と記載することとされている（カウンター相談Ⅰ127頁，登記研究582号183頁）。したがって，所有権の登記名義人Ａが，婚姻外の関係にあるＢの胎児を認知した後，その胎児の出生前にＡについて相続が開始した場合，相続による所有権移転の登記の申請書には「亡父Ａ母Ｂ胎児」と記載するとする本肢は，誤っている。

オ　**誤り**。「胎児とその母名義」の相続登記後，胎児が死体で生まれた場合において，「他に相続人がいないとき」は，当該相続登記について，「**錯誤**」を登記原因として，母を単独の登記名義人とする「**更正登記**」を申請することができる（平成21年通達記録例240参照）が，「胎児のみ」（他の共同相続人の全員が特別受益者の場合等）を所有者とする相続の登記をした後，当該胎児が死体で生まれたときは，「**死産**」を登記原因として相続の登記の「**抹消**」を申請するとされている（登記研究144号51頁）。したがって，本肢は，抹消登記の登記原因も「錯誤」とするとしている点が，誤っている。

カ　**誤り**。胎児を登記名義人とする相続登記がなされている場合に，胎児が生きて生まれたときは，登記名義人の氏名及び「**住所**」の変更登記を申請することとされている。登記原因は「年月日**出生**」であり，その日付は出生年月日である（平成21年通達記録例602）。この場合は，住所が登記記録上の住所と同一であるとしても，住所の変更登記も申請することとされているので，本肢は誤っている。

各肢の解説より，正しいものはア及びイの２個であるから，３が正解となる。

第17問　正解　2

テーマ	判決による登記

ア　**誤り**。判決によって確認された権利変動を登記原因とする場合，その確認された権利変動日付が登記原因日付となるが，判決主文又は理由中に権利変動日付がない本問のような場合は，登記原因及びその日付を「**年月日不詳**売買」として申請することができるとされている（昭和34・12・18民甲2842号回答）。したがって，本肢は誤っている。

イ　**誤り**。登記先例（昭和29・5・8民甲938号回答）は，登記手続を命ずる判決がなされたが，その判決の主文，事実又は理由中に権利の変動原因が何ら明示されていないときであっても，**「年月日判決」を登記原因**として判決による登記の申請をすることができるとしている。したがって，本肢は誤っている。なお，本問の判決が所有権移転の登記手続を命ずるものであるときは，「真正な登記名義の回復」を登記原因とすることもできるとされている（昭和36・10・27民甲2722号回答，**昭和53・3・15民三1524号回答**）。

ウ　**誤り**。本問の判決によって，直接ＡからＣへの所有権移転の登記の申請をすることができるが，この場合の申請情報として提供すべき登記原因及びその日付は，**最終の登記原因及びその日付であるＢＣ間の売買であること及びその日付を提供すれば足りる**とされている（**昭和35・7・12民甲1580号回答，昭和39・8・27民甲2885号通達**参照）。したがって，本肢は，申請情報として「ＡＢ間」の登記原因及びその日付も提供しなければならないとしている点が，誤っている。

エ　**誤り**。判決に基づく所有権移転の登記の申請をする場合でも，登記義務者の登記識別情報及び印鑑証明書の提供は要しないが，**登記権利者の住所を証する情報の提供は要する**とされている（不登令別表三十・添ハ，昭和37・7・28民甲2116号通達）。したがって，本肢は，住所証明情報の提供も要しないとしている点が，誤っている。

オ　**正しい**。相続人に対する判決による登記の場合でも，**相続を証する情報の提供は要する**とされている（不登62，不登令７Ⅰ⑤イ，登記研究497号141頁参照）。したがって，本肢は正しい。なお，当該判決の理由中において相続人全員がその訴訟に参加していることが明らかな場合には，当該判決の正本又は謄本を不動産登記令第７条第１項第５号イの相続を証する情報とすることができるとされていることには注意しておくこと。

各肢の解説より，正しいものはオの１個であるから，２が正解となる。

第18問　正解　1

テーマ	相続人不存在に関する登記

ア　**誤り**。相続財産法人の名義とする登記名義人の氏名の変更の登記を申請する場合に，被相続人がその住所を移転していたことから，死亡時の住所と登記記録上の住所が異なるときは，住所の移転による登記名義人の住所の変更の登記と，相続人の不存在による登記名義人の氏名の変更の登記を，「年月日住所移転　年月日相続人不存在」のように各登記原因を併記して，一の申請情報により申請することができるとされている（登記研究665号165頁）。登記名義人の氏名等の変更の登記は，複数の表示（住所及び氏名）について変更が生じている場合や，氏名等の変更が数回にわたって生じている場合でも，一の申請情報によって直ちに現在の氏名等とする変更の登記を申請することが認められているからである（不登令４ただし書，**不登規35⑧**）。また，**被相続人が死亡してから相続人不存在による登記名義人の氏名の変更の登記の申請をするまでの間に「町名又は地番の変更や住居表示が実施された場合」にも，一の申請情報により申請することができる**とされている（登記研究665号165頁）。したがって，本肢の学生の解答は，被相続人が死亡してから相続人不存在による登記名義人の氏名の変更の登記の申請をするまでの間に町名又は地番の変更や住居表示が実施された場合には一の申請情報により申請することができないとしている点が，誤っている。

イ　**誤り**。相続財産の清算人が相続財産に関する権利について登記を申請するときは，相続財産の清算人の権限を証する情報を提供することを要する（不登令７Ⅰ②）が，相続財産の清算人の代理権限を証する情報として，**相続財産の清算人の選任の公告**（民952Ⅱ）**がされた官報をもってこれに代えることはできない**ので，家庭裁判所の相続財産の清算人の選任の審判書（民952Ⅰ）を提供すべきであるとされている（登記研究582号185頁）。したがって，家庭裁判所による相続財産の清算人の選任の公告がされた官報をもってこれに「代えることができる」とする本肢の学生の解答は，誤っている。

ウ　**正しい**。競売の申立てをしようとしたところ，所有者（債務者）が死亡しており，その相続人のあることが明らかでないときには，相続財産の清算人の選任手続には，若干の日時を要することから，時効の完成猶予等，申立てに急を要する場合には，執行裁判所に「特別代理人」の選任を申し立て，その者を相続財産の代理人として競売の申立てをすることが実務において認められているが，**登記名義を死亡者のままにして，競売の開始決定をすることはできない**ので，開始決定の前に相続財産たる法人名義に登記名義人の氏名の変更の登記をする必要がある。しかし，**当該登記名義人の氏名の変更の登記を，執行裁判所において選任された特別代理人から申請することはできない**とされている（登記研究560号　カウンター相談）。相続人の不存在に伴う制度は，相続財産の清算人の下において相続財産たる法人の管理，清算を行わせるとともに，相続財産の清算人の選任を公告して（民952Ⅱ），相続人の捜索の手続を行うこととするものであり，相続財産法人の名義とする登記名義人の氏名の変更の登記は，相続財産の清算人が相続人の不存在に伴い家庭裁判所において選任されたことを証する情報を提供して申請するものとされている。一方，特別代理人が相続財産法人の名義とする登記名義人の氏名の変更の登記を申請することができるとした場合には，特別代理人は執行裁判所において選任された者であるため，家庭裁判所による相続財産の清算人の選任の公告はなされず，相続人の捜索という目的を達することができないという不都合が生ずることになる。つまり，特別代理人は，急を要する場合において競売の申立てをするために選任されたものであり，相続財産法人をその限りにおいて代理する者にすぎないのであって，**相続財産の管理・清算の権限を有さない以上，相続財産法人の名義とする登記名義人の氏名の変更の登記を申請することはできない**と解されているのである。したがって，本肢の学生の解答は正しい。

エ　**正しい**。被相続人が登記名義人である不動産について，その相続人が不分明である場合に，強制競売の開始決定に係る差押えの登記の嘱託をするには，その前提として，利害関係人等の請求により選任された相続財産の清算人から当該不動産の登記名義人を被相続人から相続財産法人とする登記名義人の氏名等の変更の登記をする必要がある（**昭和10・１・14民甲39号通牒**）ところ，**相続財産の清算人が選任されていないときは，その選任手続を経ずに，当該不動産の被相続人の債権者が，競売申立受理証明を代位原因を証する情報**（不登令７Ⅰ③）**として，当該不動産の登記名義人を相続財産法人名義に変更する「代位の登記」を申請することができる**とされている（登記研究718号　質疑応答【7860】）。相続財産の清算人が選任されていなくても，相続人不存在の場合には，相続財産法人は当然に成立する（民951）し，また，相続財産に属する権利の代位行使をする場合には，相続財産法人を代位することは明らかだからである。したがって，本肢の学生の解答は正しい。

オ　**正しい**。Ａ及びＢの共有名義の不動産について，共有者の１人Ａが死亡したが，その相続人が不存在であり，かつ，特別縁故者の不存在が確定したことから，他の共有者Ｂにその持分が帰属したとき（民255後段）は，「**特別縁故者不存在確定**」を登記原因として，他の共有者への持分の移転の登記を申請する（平成21年通達記録例218）。当該Ｂへの持分の移転の登記は，持分の帰属する他の共有者Ｂを登記権利者，「亡Ａ相続財産」を登記義務者として，相続財産の清算人がＢと共同して申請する。登記原因の日付は，①特別縁故者からの財産分与の申立てがされなかったときは，財産分与の申立期間の満了日の「**翌日**」，②財産分与の申立てはされたが却下する審判がされたときは，却下する審判が確定した日の「**翌日**」とするとされている（**平成３・４・12民三2398号通達**）。したがって，本肢の学生の解答は正しい。

各肢の解説より，学生の解答のうち誤っているものはア及びイであるから，１が正解となる。

第19問　正解　3

テーマ	敷地権付き区分建物に関する登記制限

ア　**正しい**。「地上権が敷地権」である場合には，不動産登記法第73条第２項本文の規定は，「地上権」について適用されるので，地上権の移転の登記を申請することはできないが，「所有権移転」の登記を申請することはできる。したがって，「地上権が敷地権である場合」には，敷地権の目的である土地についてのみの「所有権移転の登記」の申請は，その登記原因が，当該地上権が敷地権となった後に生じた場合でも，「することができる」とする本肢は，正しい。

イ　**誤り**。区分建物に新たに敷地権が生じた場合にあっては，既存の専有部分に設定された抵当権の「追加担保」としての敷地権についての追加設定の登記は，その追加設定契約が敷地権発生後にされたものであっても，それは**一体性の原則を充足させるもの**であるからすることができるとされている（登記研究525号210頁）。したがって，本肢は誤っている。

ウ　**誤り**。根抵当権の「極度額を増額」する登記を申請するということは，**実質的には，増額部分について新たな根抵当権を設定することにほかならず**，不動産登記法第73条第２項の敷地権を目的とする「担保権に係る権利に関する登記」に該当するものと解されている（登記研究444号106頁）。したがって，その登記原因の日が敷地権の目的となった日以後の日である場合には，その登記を申請することはできないので，「申請することができる」とする本肢は，誤っている。

エ　**正しい**。敷地権付き区分建物又は敷地権である旨の登記をした土地の**一方のみにつき所有権の帰属について争いが生じることはありうる**ので，本肢の「処分禁止の仮処分の登記」は，土地の所有権のみを目的とするものでも，これを行うことができるとされている（**昭和58・11・10民三6400号通達・第十四・一・５**）。したがって，本肢は正しい。

オ　**正しい**。「時効取得」は，占有という事実状態の継続によって成立し，法律の規定（民162）によって生ずる権利変動であるから，**区分所有法第22条第１項の分離処分には該当しない**。よって，敷地のみについて取得時効は成立する。敷地について取得時効が成立した場合には，敷地の所有権が時効取得者に移転し，敷地権が敷地権でなくなったことになるので，敷地権が敷地権でなくなったことによる区分建物の表示の変更の登記を申請して，敷地権の表示の登記及び敷地権である旨の登記が抹消された後に，その土地について所有権移転の登記を申請することになる。したがって，本肢は正しい。

各肢の解説より，誤っているものはイ及びウであるから，３が正解となる。

第20問　正解　1

テーマ	譲渡担保の登記

ア　**誤り**。抵当権等の担保物権においては，被担保債権を特定するに足りるべき事項を登記事項とするため，債権額，債務者の氏名又は名称及び住所，その発生原因である債権契約とその成立の年月日及びその他の被担保債権の内容等が登記事項とされている（不登83Ⅰ，88Ⅰ）。しかし，不動産を譲渡担保の目的とした場合の登記は，目的不動産の名義を債務者（譲渡担保設定者）から債権者（譲渡担保権者）名義にする「所有権移転の登記」の形式によるため，債権額，債務者の氏名又は名称及び住所，その発生原因である債権契約とその成立の年月日及びその他の被担保債権の内容等は登記事項とされていない（**平成21年通達記録例229**参照）。したがって，譲渡担保による所有権移転の登記の登記事項として被担保債権の発生原因及びその内容を登記することが「できる」とする本肢は，誤っている。

イ　**誤り**。譲渡担保による所有権移転の登記の登記事項の一部として「債権全額及び利息の合計額を弁済すれば，直ちに債務者に対し所有権移転の登記を行う」旨の特約事項を登記することは認められていない。もっとも，譲渡担保契約において，このような特約が定められた場合において，これを買戻しの特約であると解するならば登記することができるとも考えられるが，買戻しの特約をすることができるのは，不動産の売買の場合に限られており（民579前段），売買契約と同時に登記しなければ第三者に対抗することができない（民581Ⅰ）とされているため，「譲渡担保」を登記原因とする所有権移転の登記と同時には，買戻しの特約の登記の申請をすることはできないとされている（登記研究322号73頁）。したがって，本肢は，「債権全額及び利息の合計額を弁済すれば，直ちに債務者に対し所有権移転の登記を行う」旨の特約を「買戻しの特約の登記」として譲渡担保による所有権移転の登記と同時に申請することは「できる」としている点が，誤っている。

ウ　**正しい**。「譲渡担保契約」に基づき，譲渡担保権者のために，不動産登記法第105条第２号による「所有権移転請求権保全」の仮登記を申請することはできないとされている（**昭和32・1・14民甲76号回答**）。譲渡担保は譲渡担保権設定者と譲渡担保権者との間において，担保の目的である権利自体を「物権的に移転」させるためのものである。したがって，譲渡担保を登記原因とする「所有権移転の仮登記」は申請することができるが，「譲渡担保」を登記原因とする「所有権移転請求権の仮登記」は申請することができないので，本肢は正しい。

エ　**正しい**。譲渡担保を登記原因とする所有権移転登記を了した債権者（譲渡担保権者）が，当該被担保債権を売り渡すとともに譲渡担保権をも売り渡した場合には，「債権譲渡」ではなく，「**譲渡担保の売買**」を登記原因として所有権移転登記を申請するのが妥当であるとされている（登記研究534号，カウンター相談）。したがって，本肢は正しい。譲渡担保権の被担保債権を譲渡したときは，譲渡担保権も原則としてこれに随伴して移転する（大判明治38・９・29）が，譲渡担保は，所有権移転の形式による債権の担保契約であって，この契約によって譲渡担保という１つの物的担保権が債権者に設定されることから，譲渡担保契約は物権契約であり，物権行為としての譲渡担保権の譲渡を表現する登記原因としては，「債権譲渡」よりも「譲渡担保の売買（贈与）」のほうが相当であると考えられるということを理由としている。

オ　**正しい。**譲渡担保契約が解除されたため返還する場合は，「譲渡担保契約解除」を登記原因として，所有権移転登記（**平成21年通達記録例230**）をしても，抹消登記をしてもいずれでもよいとされている（登記研究342号77頁）。したがって，所有権移転登記をすることもできるとする本肢は，正しい。

各肢の解説より，誤っているものはア及びイであるから，１が正解となる。

第21問　正解　3

テーマ	所有権の更正の登記

ア　**正しい**。所有権の更正登記は，更正の前後で「登記の同一性」がある場合にすることができるとされている。したがって，「Ａ名義」の所有権の登記を「Ｂ名義」とする所有権の登記に更正することは，更正の前後で登記名義人が入れ替わってしまうことになり，登記の同一性を欠くので更正登記をすることはできないとされている。この点に鑑み，「Ａ」単有名義の登記をＡＢ共有名義とした後に，「Ｂ」単有とする場合でも，結果的に更正の前後で登記名義人が完全に入れ替わってしまっているため，このような更正の登記も認められないとされている（登記研究236号71頁）。これに対し，所有権の登記名義人を「Ａ」からＡ及びＢとする更正の登記がされた後，再度，Ａ及びＢから「Ａ」とする更正の登記を申請することはできると解されていることに注意しておく必要がある。この場合は，ＡからＡ及びＢとする更正の登記それ自体が誤っていたのであるから，これをＡ単有名義に是正するには，更正前のＡ名義の登記が登記官の職権で抹消されている（不登規150，平成21年登記記録例235）ので，①Ａ及びＢ共有名義からＡ単有名義への更正の登記，又は②真正な登記名義の回復を原因とするＢ持分全部移転の登記によらざるを得ないからである。したがって，本肢は正しい。

イ　**誤り**。「遺贈」による所有権移転の登記の登記原因を，「相続」とする更正登記はすることができる（**昭和41・６・24民甲1792号回答**）し，登記の目的を「所有権移転」から「所有権一部移転」と更正することも認められている（**昭和33・９・３民甲1822号回答**）。しかし，**遺贈による所有権移転の登記を相続による「所有権一部移転」の登記とする更正登記をすることはできない**と解されている。したがって，本肢は誤っている。相続により被相続人の所有権の一部が相続人に帰属することは実体上（民896）あり得ず，また，共同相続人のうちの１人は，「自己の持分のみ」について相続登記をすることができないからである（**昭和30・10・15民甲2216号回答**）。かかる見地から，被相続人名義の不動産につき，その所有権の一部（３分の１）が遺贈され，残りの３分の２が相続された場合には，「遺贈による所有権一部移転の登記をした後」に，相続による持分全部移転の登記を申請するとされている（登記研究494号126頁）。

ウ　**正しい**。Ａ単有の不動産に，Ｃ名義の地上権の登記がなされている場合，Ａ名義の登記をＡＢ共有名義に更正するときは，「Ｃの承諾を証する情報又はＣに対抗することができる裁判があったことを証する情報」を提供しなければならないとされている（不登68類推，不登令別表二十六・添ト，昭和35・３・31民甲712号通達）。したがって，本肢は正しい。用益権は，目的物たる不動産を物理的・有益的に使用収益する権利であり，共有持分の上には成立しないため，所有権の更正登記がなされた場合，当該登記は職権で抹消する必要があるからである（不登規152Ⅱ）。

エ　**正しい**。債権者代位によってされた共同相続の登記を，単独所有名義に更正する旨の登記を申請する場合，**「代位債権者」は利害関係人に該当するから**，その者の承諾を証する情報又はその者に対抗することができる裁判があったことを証する情報を提供しなければならないとされている（**昭和39・４・14民甲1498号通達**）。債権者代位によってされた登記につき，債権者の知らない間にその登記が更正されたとすると，差押え等の登記をすることができなくなる等，債権者が不利益を被るおそれがあるからである。この場合，**債権者が「どの相続人」に代位して登記を申請したか，また更正の結果，どの相続人が単独相続人となったかは問わない**ことに注意しておく必要がある。本問の場合，「Ｂの債権者であるＸ」が代位によりＡからＢＣへの相続登記を申請しており，この登記をＢ単有の登記に更正することにより実質的にはＸは不利益を受けないが，その旨の事実は**登記記録からは判明しない**ため，提供を要することとされているのである。したがって，「提供することを要する」とする本肢は，正しい。

オ　**誤り**。登記識別情報は，登記が申請された場合において，当該登記により「登記名義人」となった申請人に対して通知される（**不登21本文**）。Ｃは本肢の更正登記により新たに登記名義人となった申請人であるので，登記識別情報が通知される。これに対し，Ｂは本肢の更正登記の登記義務者であり，本肢の更正登記により新たに登記名義人となった申請人ではないので，登記識別情報は通知されない。したがって，本肢は，「Ｂにも」にも通知されるとする点が，誤っている。

各肢の解説より，誤っているものはイ及びオであるから，３が正解となる。

第22問　正解　4

テーマ	賃借権の先順位抵当権に優先する同意の登記

ア　**正しい**。「**登記**」をした「**賃貸借**」は，その登記前に「**登記**」をした「**抵当権**」（「**元本確定前の根抵当権**」**を含む**。）を有する「すべての者が同意」をし，かつ，その「同意の登記」があるときは，その同意をした抵当権者に対抗することができるとされている（**民387Ⅰ**）が，先順位で登記された「**根抵当権の仮登記**」に，後順位で登記された賃借権の登記が優先する同意の登記の申請をすることもできる（登記研究710号205頁）し，当該**賃借権が**「**仮登記された賃借権**」**であっても申請することができる**とされている（登記研究686号403頁）。したがって，本肢は正しい。

イ　**正しい**。賃借権の先順位抵当権に優先する同意の登記は，抵当権の順位の変更の登記の申請（不登89Ⅰ）とは異なり，**当該賃借権の登記名義人（賃借人）を登記権利者，賃借権の登記名義人に優先する全ての抵当権の登記名義人（総先順位抵当権者）を登記義務者**とする「**共同申請**」（不登60）により行うとされている（**平成15・12・25民二3817号通達・第一・二**）。したがって，本肢は正しい。

ウ　**誤り**。賃借権の先順位抵当権に優先する同意の登記の申請をする場合，登記の目的は「何番賃借権の何番抵当権，何番抵当権，何番根抵当権に優先する同意」，登記原因は「令和〇〇年〇月〇日**同意**」の振り合いによるとされている（**平成21年通達記録例298**）。したがって，本肢は，登記原因を「**合意**」としている点が，誤っている。

エ　**誤り**。賃借権の先順位抵当権に優先する同意の登記の登録免許税は，「**賃借権及び抵当権の件数1件**」につき「**1,000円**」とされている（**登録税別表第一・一・(九)**）。したがって，本肢は，賃借権の件数を加えていない点が，誤っている。

オ　**正しい**。賃借権につき先順位抵当権に優先する同意を与えた総先順位抵当権者は，当該賃借権登記の「**賃借人に有利な変更登記**」について，不動産登記法第66条の「登記上の利害関係を有する第三者」に当たるとされている（**平成15・12・25民二3817号通達・第一・三**）。本肢は，賃借権につき先順位抵当権に優先する同意の登記をした後に，当該賃借権の「**賃料を増額**」する，即ち，賃借人に「**不利**」な変更であるから，当該賃借権の変更登記の申請にあたっては，**総先順位抵当権者は登記上の利害関係を有する第三者には当たらない**。したがって，同意を与えた総先順位抵当権者の承諾を証する情報を提供しなくても，当該登記は「付記」によってなされるとする本肢は，正しい。

各肢の解説より，誤っているものはウ及びエであるから，4が正解となる。

第23問　正解　2

テーマ	先取特権の保存の登記

ア　**C欄が誤り。**

⑴　「宅地造成」による不動産工事の先取特権の保存の登記は，既に所有権の登記のある土地についてなすものであるから，原則どおり，登記義務者である所有権の登記名義人の印鑑証明書を提供しなければならない（**不登規47③イ⑴**）ので，Ｂ欄は正しい。

⑵　一方，宅地造成による不動産工事の場合には，その工事により新たな土地が作出されるものではなく，また，造成後にかかる部分のみが別個の不動産として，別途登記されるという余地も存しないから，造成後の地目等，即ち，「設計書に定めた不動産の表示」を申請情報の内容とすることを要しないとされている（昭和56・１・26民三656号依命回答）ので，Ｃ欄が誤っている。

イ　**B欄が誤り。**

⑴　建物「新築」による不動産工事の先取特権は，「工事を始める前」に，その費用の予算額を登記することによって，その効力を保存するものである（民338Ⅰ本文）から，その保存の登記を申請すべき時には，未だ建物は存在せず，もちろん所有権の登記もなされていないので，登記義務者の権利に関する「登記識別情報」を提供することはできないため，その「提供は要しない」とされている（**不登86Ⅰ後段**）。したがって，Ｂ欄は誤っている。

⑵　一方，いまだ建物は存在しないのだから，不動産の表示を申請情報の内容とすることはできないので，「設計書に定められた建物の種類，構造，床面積並びに建物を新築すべき市，区，郡，町，村，字及び地番」を申請情報の内容としなければならないとされている（**不登令別表四十三・申ロ・ハ**）ので，Ｃ欄は正しい。

ウ　**B欄が誤り。**

⑴　不動産「売買」の先取特権は，「売買契約と同時」に，その代価又は「利息」の弁済がされていないことを登記することによって，その効力を保存するものである（**民340**）から，売買による所有権移転（又は保存）の登記と同時に申請することが要求されている（**昭和29・９・21民甲1931号通達**）ので，その保存の登記を申請すべき時には，その登記義務者である買主は，登記記録上，いまだ所有権登記名義人とはなっていないため，その者の「印鑑証明書」は提供することを「要しない」とされている。したがって，Ｂ欄は誤っている。

⑵　一方，不動産売買の先取特権にあっては，不動産登記法上は，その利息に関する定めにつき，登記事項とすべき明文の規定はないが，**民法第328条**の規定により，売買代価と「利息」を担保するものだとされているので，その登記をすることができるとされている。したがって，Ｃ欄は正しい。

エ　**C欄が誤り。**

⑴　「一般」の先取特権は，債務者の総財産の上に発生するものである（民306）ので，債務者

の所有する不動産を目的とする先取特権の保存の登記の申請には，登記義務者である所有権登記名義人の印鑑証明書を提供しなければならない（**不登規47③イ⑴**）。したがって，Ｂ欄は正しい。

⑵　一方，一般の先取特権は，民法第306条各号に掲げられた原因によって生じた債権を担保するものであり，その利息は担保されるものではないと解されていることから，債権額しか申請情報の内容とすることができず，その利息を申請情報の内容とすることはできない（不登83参照）ので，Ｃ欄は誤っている。

オ　**正しい。**

⑴　「宅地造成」による不動産工事の先取特権の保存の登記は，既に所有権の登記のある土地についてなすものであるから，原則どおり，登記義務者である所有権登記名義人の登記識別情報の提供を要する（不登22本文）ので，Ｂ欄は正しい。

⑵　宅地造成による不動産工事の先取特権の保存の登記は，既に所有権の登記のある土地についてなすものであるから，肢アで述べたとおり，申請情報の内容として設計書に定めた不動産の表示は必要なく，「現在の不動産の表示のみ」で足りる（昭和56・１・26民三656号依命回答）。したがって，Ｃ欄も正しい。

各肢の解説より，先取特権の種類と各登記の添付情報及び申請情報の内容の組合せが正しいものはオの１個であるから，２が正解となる。

第24問　正解　1

テーマ	抵当権の移転の登記

ア　**誤り**。被差押債権が金銭債権の場合，執行裁判所は，差押債権者の申立てにより，支払に代えて被差押債権を券面額で差押債権者に転付する命令を発することができる（民執159Ⅰ）が，この転付命令が確定すると，申立てにより，差押債権者のために「**裁判所書記官**」は抵当権移転の登記及び差押登記の抹消を「**嘱託**」するとされている（**民執164Ⅰ**）。この場合の登記原因は「**年月日債権転付命令**」とされている（平成21年通達記録例386）。したがって，本肢は，登記原因は正しいが，抵当権を取得した債権者が単独で抵当権移転の登記を「申請することができる」としている点が，誤っている。

イ　**正しい**。A名義の抵当権についてBのための**移転の付記登記がある場合**において，真正な登記名義の回復を登記原因とする，**BからAへの抵当権移転の登記は申請することができる**が，Aを抵当権者とする抵当権設定の登記がなされている場合，「**真正な登記名義の回復**」**を登記原因として，AからBへの抵当権移転の登記を申請することはできない**とされている（**昭和40・7・13民甲1857号回答**）。したがって，本肢は正しい。これは，もしBが真正な抵当権者であったとすると，A名義の抵当権設定の登記は当初から無効な登記であったことになるので，B名義に真正な登記名義の回復による移転の登記をすると，**無効な登記の移転の登記を認めてしまうことになり妥当でない**からである。

ウ　**正しい**。抵当権者Xが，登記された当該抵当権の被担保債権である連帯債務者A，B，C，Dに対して有している債権のうち，Dに対する債権のみをYに譲渡した場合には，「年月日**債権譲渡（連帯債務者Dに係る債権）**」を登記原因とする抵当権「**一部**」移転の登記を申請することができるとされている（**平成9・12・4民三2155号回答**）。したがって，本肢は正しい。

エ　**誤り**。代位弁済を原因とする抵当権の一部移転登記により登記名義人となった準共有者が，さらに登記記録上の残債権の「**全部**」を代位弁済した場合は，「**代位弁済額**」（不登84）**を当該抵当権移転登記の申請情報とすることを要しない**とされている（平成21年通達記録例379参照）。したがって，本肢は誤っている。なお，登録免許税の課税標準としての債権額は，登記記録上の債権額から一部代位弁済額を差し引いた残債権額となる（登記研究671号213頁）。

オ　**正しい**。抵当権移転の登記において債権者（登記権利者）の１人を遺漏したため，その更正の登記を申請する場合，「**後順位抵当権者**」**は利害の関係を有しない**とされている（昭和33・7・9民三468号回答）。抵当権移転の登記を更正しても**後順位抵当権者の優先弁済権に変動はない**ので，特に不利益を受けないからである。したがって，後順位の抵当権者の承諾を証する情報を「提供する必要はない」とする本肢は，正しい。

各肢の解説より，誤っているものはア及びエであるから，1が正解となる。

第25問　正解　2

テーマ	根抵当権の譲渡の登記

ア　**誤り**。根抵当権の分割譲渡の場合，分割前の根抵当権について「民法第370条ただし書の別段の定め」（「立木には根抵当権の効力は及ばない」など。）が登記されているとき（不登88Ⅱ②）は，その定めも申請情報に記載しなければならないとされている（**不登令別表六十・申ニ**）。したがって，記載することはできないとする本肢は，誤っている。

イ　**正しい**。譲受人が「複数人」いる場合の根抵当権の一部譲渡による移転の登記の課税標準価格は，一部譲渡後の共有者の数で極度金額を除した金額に**「譲受人の数を乗じた」**金額であるとされている（登記研究533号157頁）。したがって，Ａを根抵当権者とする確定前の根抵当権（極度額金１億円）をＢ，Ｃ，Ｄの３名に１つの契約で同時に一部譲渡した場合，その登記の登録免許税は，課税価格**7,500万円**（金１億円÷４×３）に税率1000分の２を乗じた額「金15万円」となるので，本肢は正しい。

ウ　**正しい**。共有根抵当権の「共有者の権利」についての「分割譲渡又は一部譲渡」による移転の登記の申請は受理することができない（民398の14Ⅱ，**昭和46・10・４民甲3230号通達・第十ニ・ニ**）。権利関係が複雑になるからである。また，**共有根抵当権の共有者の権利の「全部譲渡」であるとしても，「譲受人を複数」とする登記の申請をすることもできない**と解されている（きんざい刊・根抵当登記実務一問一答146頁以下）。したがって，本肢は正しい。共有者の権利を複数の者に全部譲渡することを認めると，共有者の権利について一部譲渡を認めたのと同様のこととなり，極めて複雑な権利関係が生ずるからである。例えば，甲乙共有の根抵当権につき乙が自己の権利のみを丙丁に全部譲渡することは，丙丁のサイドからみれば乙の権利を丙丁が共有することとなり，結果として，**根抵当権は甲乙の共有状態が甲丙丁の共有状態にストレートに移り変わるのではなく，「甲丙丁」の共有関係を形成するとともに，一方，「丙丁間」の共有関係をも形成する**ことになる。つまり，１個の根抵当権のなかに甲と丙丁及び丙丁という二元的な共有状態が生ずることになる。それは，あたかも乙が丙丁それぞれに自己の権利を一部譲渡してこれを共有させる場合と同じとなることから，昭和46年先例と同様の理由で，乙は自己の権利を丙丁に全部譲渡できないと解されているのである。

エ　**誤り**。根抵当権の全部譲渡とともに，既発生の債権の譲渡があったとしても，その債権は当該根抵当権によって当然には担保されない。「年月日債権譲渡（譲渡人何某にかかる債権）」の振り合いで，債権の範囲にその特定債権を追加する変更の登記をする必要がある。したがって，「当然に担保される」とする本肢は，誤っている。

オ　**正しい**。根抵当権者をＡ，極度額を1,000万円とする順位１番の根抵当権の元本が確定した後，Ａは，被担保債権のうち，Ｂに300万円，Ｃに900万円，Ｄに1,200万円の債権をそれぞれ一部譲渡した場合において，Ｂ・Ｃ・Ｄの順又はＤ・Ｃ・Ｂの順で根抵当権一部移転の登記を申請するときの登録免許税は，「いずれの場合」も，Ｂの登記については300万円，Ｃについては900万円，Ｄについては「1,000万円」（1,200万円ではないことに注意）をそれぞれ課税標準とし，これに1000分の２の税率（登録税別表第一・一・（六）ロ）を乗じた額とであると解されている（登記研究593号139頁)。したがって，本肢は正しい。

各肢の解説より，誤っているものはア及びエであるから，２が正解となる。

第26問　正解　4

テーマ	信託の登記

ア　**正しい**。信託の登記の申請は，当該信託に係る権利の保存，設定，移転又は変更の登記の申請と「**同時**」に（**不登98Ⅰ**），「**一の申請情報**」によってしなければならない（**不登令５Ⅱ**）が，信託の登記は，「**受託者が単独**」で申請することができるとされている（**不登98Ⅱ**）。したがって，本肢は正しい。

イ　**誤り**。「信託管理人があるときは，その氏名又は名称及び住所」が信託の登記の登記事項とされている（**不登97Ⅰ③**）が，この登記をしたときは，「受益者の氏名又は名称及び住所」（不登97Ⅰ①）は**登記することを要しない**とされている（**不登97Ⅱ**）。したがって，甲土地についてAを受益者，Bを信託管理人とする所有権の移転の登記及び信託の登記を申請する場合において，信託管理人Bの氏名又は名称及び住所を登記したときでも，受益者Aの氏名又は名称及び住所も「登記する必要がある」とする本肢は，誤っている。

ウ　**正しい**。「**裁判所書記官**」は，**受託者の解任の裁判**があったとき，**信託管理人若しくは受益者代理人の選任若しくは解任の裁判**があったとき，又は信託の変更を命ずる裁判があったときは，「**職権**」で，**遅滞なく**，信託の変更の登記を登記所に「**嘱託**」しなければならないとされている（**不登102Ⅰ**）。したがって，本肢は正しい。

エ　**正しい**。「**信託の併合**」とは，受託者を同一とする二以上の信託の信託財産の全部を一の新たな信託の信託財産とすることをいう（信託２Ⅹ）。この信託の併合は，例えば，今までA会社とB会社が委託者として各々受託者Cに信託をしていた場合に，A会社とB会社が合併したというようなときに，信託の併合を行うことで，今まで別々であった信託財産を１つに統合して運用することができることとなり，投資効率の向上やリスクの分散を図ることが可能となる実益がある。そして，信託の併合により，不動産に関する権利が一の信託の信託財産に属する財産から他の信託の信託財産に属する財産となった場合には，①信託の併合による権利の変更の登記（平成21年通達記録例527），②従前の信託について信託の登記を抹消する登記，③新たに属することになる信託についての信託の登記を「**同時**」に（**不登104の２Ⅰ前段**），「**一の申請情報**」によってしなければならない（**不登令５Ⅳ**）とされている。したがって，本肢は正しい。

オ　**誤り**。受託者が二人以上ある信託においては，信託財産は，その「合有」とするとされている（信託79）。この共同受託者の一人の任務が死亡により終了した場合には，信託財産は**残存する他の共同受託者に帰属**する（信託86Ⅳ・56Ⅰ①）ものとされ，「**合有登記名義人**」変更の登記を申請することとされている（**不登100Ⅱ**，平成21年通達記録例530）。したがって，登記名義人「氏名変更」の登記を申請しなければならない本肢は，誤っている。

各肢の解説より，誤っているものはイ及びオであるから，４が正解となる。

第27問　正解　2

テーマ	所有権に関する仮登記に基づく本登記における登記上の利害関係人の判断

ア　**正しい**。「**所有権**」に関する仮登記に基づく本登記は，「**登記上**」**の利害関係を有する第三者**（本登記につき利害関係を有する抵当証券の所持人又は裏書人を含む。）がある場合には，当該第三者の**承諾があるときに限り**，申請することができるとされている（**不登109Ⅰ**）。ここにいう所有権に関する仮登記に基づく本登記における「登記上」の利害関係を有する第三者とは，①仮登記義務者の権利を起点とした権利の取得の登記（仮登記も含む。）の②「現に効力を有する」③「**登記の名義人**」で，④「申請人以外の第三者」を指す。したがって，所有権に関する仮登記がされた後，第三者が仮登記義務者から不動産を譲り受けていても，所有権の移転の登記をしていなければ，「登記の名義人」ではないので，当該第三者は「登記上」の利害関係を有する第三者に「当たらない」ので，本肢は正しい。

イ　**誤り**。当該仮差押えの登記は，裁判所書記官の「**嘱託**」によりなされている（民保47Ⅲ）が，所有権に関する仮登記がされた後になされている以上，当該**仮差押えの登記の名義人も，「登記上」の利害関係を有する第三者に当たる**とされている（**昭和36・２・７民甲355号回答**）。したがって，本肢は誤っている。

ウ　**誤り**。本肢の抵当権の変更の内容がいかなるものであるか不明であるが，当該抵当権は，所有権に関する仮登記がされる前に登記されているから，例え，その後，当該仮登記に後れて抵当権の変更の登記がなされていても，当該抵当権の登記名義人は登記上の利害関係人とはならないのが一般である。しかし，この抵当権の変更の登記が，**債権額を増額するものであり，かつ，仮登記権利者の承諾が得られないために主登記でなされている場合は，この増額部分は，仮登記の有する相対的無効の効力（権利保全的効力）により，仮登記に基づく本登記の際に登記官の職権で抹消する**とされている（不登109Ⅱ，登記先例解説集No. 245・56～60頁）。したがって，このような例外的なケースもあり得るので，抵当権の登記名義人が登記上の利害関係を有する第三者に当たることはないと言い切っている本肢は，誤っている。

エ　**正しい**。所有権に関する仮登記に基づく本登記における登記上の利害関係を有する第三者とは，仮登記義務者の権利を起点とした権利の取得の登記（仮登記も含む。）の現に効力を有する登記の名義人で，「**申請人以外の第三者**」である。したがって，所有権に関する仮登記がされた後，「仮登記義務者につき相続による所有権の移転の登記」がされたときは，その相続人は当該仮登記義務者の仮登記に基づく本登記の申請についての「登記義務者」の関係に立つものとされる（不登62，昭和38・９・28民甲2660号通達，登記研究181号74頁，登記研究458号96頁）ことから，仮登記に基づく本登記における登記上の利害関係を有する「第三者」には当たらないので，本肢は正しい。なお，この相続人名義の登記（相続登記）は，仮登記に基づく本登記をする際に登記官の職権により抹消される（昭和38・９・28民甲2660号通達，平成21年通達記録例616参照）。

オ　**誤り**。所有権の移転の仮登記を対象とする処分禁止の仮処分の登記がなされている場合において，当該仮登記に基づく所有権の移転の本登記の申請をするときは，**当該仮処分の債権者は，登記上の利害関係を有する第三者には当たらない**とされている（昭和48・7・21民三5608号回答）。**本肢の処分禁止の仮処分の対象は，「仮登記の処分」であり，当該処分には仮登記の本登記は含まれず，また，仮登記が本登記となったとしても，仮処分の債権者は不利益を被ることはないから**である。したがって，仮処分の債権者は「当該第三者に当たる」とする本肢は，誤っている。

各肢の解説より，正しいものはア及びエであるから，２が正解となる。

商業登記法

第28問　正解　2

テーマ	嘱託による登記

ア　**正しい。**清算人の「**解任**」の裁判があったとき（会479Ⅱ）は，「**裁判所書記官**」は，「職権」で，「遅滞なく」，会社の本店の所在地を管轄する登記所にその登記を「**嘱託**」しなければならないとされている（**会937Ⅰ②ホ，938Ⅱ④**）。したがって，本肢は正しい。なお，裁判所が清算株式会社の清算人を「**選任**」したとき（会478Ⅱ）は，清算人の登記を裁判所書記官の嘱託により行う旨の規定は存在せず，**当該清算株式会社の代表清算人の申請**によって行わなければならないとされていることに注意しておくこと（商業登記ハンドブック第４版523頁）。

イ　**誤り。**「会社の組織変更の無効の訴え」に係る請求を認容する判決が確定した場合には，「**裁判所書記官**」は，「職権」で，「遅滞なく」，会社の本店の所在地を管轄する登記所に，組織変更後の会社についての「**解散の登記**」及び組織変更をする会社についての「**回復の登記**」を「**嘱託**」しなければならないとされている（**会937Ⅲ①**）。したがって，本肢は，組織変更をする会社について「設立の登記」を嘱託しなければならないとしている点が，誤っている。

ウ　**誤り。**他の登記所の管轄区域内への本店移転の決議につき不存在，無効又は取消しの判決が確定した場合は，裁判所書記官は，**新旧両所在地の「各管轄登記所」に対して登記の嘱託をすべき**であり，**同時申請等の本店移転の登記申請と同様の手続によることを要しない**と解されている（商業登記ハンドブック第４版748頁，昭和29・12・28民甲2764号通達）。したがって，本肢は誤っている。

エ　**誤り。**役員選任の「株主総会決議の無効確認の判決」が確定し，その登記が嘱託された場合（**会937Ⅰ①ト(1)**）であっても，訴えの提起時から長期間が経過し，当該役員につき辞任，解任，任期満了等による登記がされるなど，**当該役員の登記が登記記録上既に抹消されて現に効力を有しないとき**は，登記実務上，**商業登記法第24条第３号（申請に係る登記がその登記所において既に登記されているとき）により当該登記の嘱託を却下する**ものとして取り扱われている（昭和47・7・26民甲3036号回答，商業登記ハンドブック第４版752頁）。したがって，当該登記の嘱託は「却下されない」とする本肢は，誤っている。

オ　**正しい。**株主総会の決議の不存在若しくは無効の確認又は取消しの訴えを認容する判決が確定した場合には，裁判所書記官から，嘱託書に裁判書の謄本を添付して，その登記の嘱託がなされる（**会937Ⅰ①ト**）。この場合，登記官は，当該株主総会で決議した事項に関する登記を抹消する記号を記録するとともにし，「**その登記により抹消する記号が記録された登記事項があるとき**」は，**その登記を回復しなければならない**とされている（**商登規66Ⅰ**）。したがって，本肢は正しい。

各肢の解説より，正しいものはア及びオであるから，２が正解となる。

第29問　正解　3

テーマ	株主全員の同意書等

ア　**誤り**。「**種類株式発行会社でない会社**」（種類株式発行会社については，会111Ⅰ参照）が，定款を変更してその発行する全部の株式の内容として，当該株式について，「当該株式会社が一定の事由が生じたことを条件としてこれを取得することができること」（会社法第107条第１項第３号に掲げる事項）についての定款の定めを「**設け**」，又は当該事項についての定款の「**変更**（当該事項についての定款の定めを**廃止するものを除く。**）」をしようとする場合には，「**株主全員の同意**」を得なければならないとされている（**会110**）。したがって，当該定款の定めを設ける場合のほか，廃止を除く定款の定めを変更する場合も，株主全員の同意書（商登46Ⅰ）を添付する必要があるので，「変更した場合は添付する必要はない」とする本肢は，誤っている。

イ　**正しい**。ある種類の株式の発行後に定款を変更して当該種類の株式について会社法第322条第１項の種類株主総会の決議を要しない旨の定款の定めを「**設けようとするとき**」（会322Ⅱ）は，当該種類の「**種類株主全員の同意**」を得なければならないとされている（**会322Ⅳ**）。したがって，種類株式発行会社が，ある種類株式の内容として会社法第322条第１項の種類株主総会の決議を要しない旨を，「当該種類の株式発行後」に，定款で定め，その登記を申請する場合は，「当該種類の株主全員の同意書」を添付しなければならない（商登46Ⅰ）とする本肢は，正しい。

ウ　**誤り**。募集株式の引受けの申込み「**後**」に，払込期日を延期すると，株式引受人が株主となる時期が遅れ（会209Ⅰ①），損害を与えることになるため，払込期日の延期について「**株式引受人全員の同意書**」の添付が必要となるとされている（商登46Ⅰ，**昭和40・１・13民甲79号回答**）が，募集株式の引受けの申込みの「**前**」であれば，不利益を受ける株式引受人は存しないので，株式引受人全員の同意書の添付は**不要**である。したがって，募集株式の引受けの申込みの「前後を問わず」，株式引受人全員の同意書を添付しなければ，募集株式の発行の登記の申請は受理されないとする本肢は，誤っている。

エ　**正しい**。新株予約権の内容の変更は，新株予約権者の利害に重大な関係を持ち，かつ，新株予約権の付与が契約関係であることを考慮すると，原則として，新株予約権者全員の同意が必要であるが，民法の契約法理からは若干困難な点もあるが，登記実務上は，新株予約権の「**行使期間の延長**」のように**新株予約権者の不利益にならない場合**には，（黙示の同意があるとみて，明示的な）**同意を要しない**とされている（商業登記ハンドブック第４版359頁）。したがって，新株予約権の行使期間を「延長」する旨の登記を申請する場合は，新株予約権者全員の同意書を添付しなくても，当該登記の申請は受理されるとする本肢は，正しい。

オ　**誤り**。株主割当てにより募集株式を発行する場合には，「**申込期日の２週間前**」までに，割当てを受ける株主に対し，①募集事項，②当該株主が割当てを受ける募集株式の数，③申込期日を通知しなければならない（**会202Ⅳ**）とされているところ，募集事項の通知は割当てを受ける株主が確定しない限り行うことができないので，募集株式発行決議以降に行う必要がある。したがって，募集株式発行の決議の日と申込期日との間に２週間の期間がない場合には，「**割当てを受ける種類の株主全員の期間短縮に関する同意書**」を添付しない限り，登記の申請は却下するとされている（商登46Ⅰ，**昭和26・10・３民甲1940号回答，昭和54・11・６民四5692号回答**）が，「株主全員」の同意書を添付する必要はないので，「種類株式発行会社」が株主割当てによる募集株式の発行の登記を申請する場合において，募集株式の発行決議の日と申込期日との間に２週間の期間が存しないときは，「株主全員」の同意書を添付しなければ，当該登記の申請は受理されないとする本肢は，誤っている。

各肢の解説より，正しいものはイ及びエであるから，３が正解となる。

第30問　正解　2

テーマ	個人商人の商号の登記

ア　**誤り**。個人商人の商号の登記において登記すべき事項は，①商号，②営業の種類，③営業所のほか，④**商号使用者の氏名及び住所の４つ**とされている（**商登28Ⅱ，34Ⅱ**参照）。したがって，商号，営業の種類，営業所の「３つ」ですとする本肢の学生の解答は，誤っている。

イ　**正しい**。商号の登記は，①その商号が**他人の既に登記した商号と同一**であり，「かつ」②その**営業所**（会社にあっては，本店）**の所在場所が当該他人の商号の登記に係る営業所**（会社にあっては，本店）**の所在場所と同一**であるときは，することができないとされている（**商登27**）。したがって，本肢の学生の解答は正しい。これは，登記所の作成に係る会社の代表者の印鑑証明書及び資格証明書がいずれの会社のものか分からない，また，不動産登記簿上の所有者がいずれの会社であるか分からない，という弊害が生ずることから認められないとされたものである。

ウ　**正しい**。「会社」は，商号がその人格をも象徴するから，「１つの商号」しか用いることができないが，個人商人は，「営業の種類が異なれば」，「営業の種類ごと」に異なる商号を使用することが許されている。商号は，営業上の名称だからである。しかし，個人商人といえども，「**同一の営業**」については，**複数の商号を使用することは許されない**とされている（明治31・12・８民刑1972号回答）。このような使用を認めることは一般公衆の誤解を招くことになりかねず，また，他の商人が商号を選択することができる幅がそれだけ狭くなってしまうからである。したがって，本肢の学生の解答は正しい。

エ　**誤り**。同一の営業について数か所の登記所において商号の登記をしている個人商人から，さらに他の登記所に同一の商号の登記の申請がなされた場合であっても，その登記所の登記官は，**営業の種類の適格性について審査しなければならない**とされている（**昭和55・11・18民四6708号回答**）。したがって，この場合は「審査する必要はない」とする本肢の学生の解答は，誤っている。

オ　**誤り**。商号の譲渡による変更の登記は，「**譲受人**」の申請によってするとされている（**商登30Ⅰ**）。なお，商人の商号は，営業とともにする場合又は営業を廃止する場合に限り，譲渡することができるとされていることから（商15Ⅰ）から，当該登記の申請書には，①**譲渡人の承諾書**及び②商法第15条第１項の規定に該当することを証する書面を添付しなければならないとされている（**商登30Ⅱ**）。したがって，本肢の学生の解答は，「譲渡人」からも申請することができるとしている点が，誤っている。

各肢の解説より，学生の解答のうち正しいものはイ及びウの２個であるから，２が正解となる。

第31問　正解　4

テーマ	株式会社の設立の登記

ア　**正しい**。発起設立においては，発起人の議決権の過半数をもって設立時取締役及び設立時監査役を選任することができ（会38Ⅰ・Ⅲ②，40Ⅰ），また，「**定款」で定めることもできる**とされている（**会38Ⅳ**）。したがって，設立時取締役及び設立時監査役を定款で定めた場合は，その選任を証する書面として，定款を添付することができるので（商登47Ⅱ①），本肢は正しい。

イ　**誤り**。発起設立において，定款で設立時取締役を選任していないとき（会38Ⅳ参照）は，設立時取締役の選任（会38Ⅰ）は，発起人の全員の同意は要せず（会32Ⅰ参照），「**発起人の議決権の過半数**」をもって決定するとされているので（**会40Ⅰ**），「発起人の議決権の過半数の一致があったことを証する書面」を添付することで足りる（**商登47Ⅲ**）。したがって，発起人の「全員の同意」があったことを証する書面を添付しなければならないとする本肢は，誤っている。

ウ　**正しい**。設立時取締役は，設立しようとする株式会社が「**取締役会設置会社**」（**指名委員会等設置会社を除く。**）である場合には，**設立時取締役**（設立しようとする株式会社が監査等委員会設置会社である場合にあっては，**設立時監査等委員である設立時取締役を除く。**）**の中から**，「設立時代表取締役」を選定しなければならない（**会47Ⅰ**）が，この設立時代表取締役の選定は，「**設立時取締役の過半数**」をもって決定するとされている（**会47Ⅲ**）。したがって，設立時取締役が４名の取締役会設置会社である場合は，設立時代表取締役の選定には，**過半数である設立時取締役「３名以上」の賛成が必要**なので，３名の設立時取締役が出席し，その過半数の「２名」が設立時代表取締役の選定に賛成した旨の記載のある書面（会362Ⅲ，369Ⅰ参照）は，「設立時代表取締役の選定を証する書面」（商登47Ⅱ⑦）として取り扱うことはできないので，本肢は正しい。

エ　**正しい**。定款に本店の所在地として最小行政区画までしか記載されていない場合（会27③）は，具体的な所在場所は発起人が決定することになるため，「発起人の一致を証する書面」を添付することを要する（商登47Ⅲ）。しかし，「創立総会で所在場所まで決議したとき」は，**その旨の記載のある創立総会議事録を添付すれば**（商登47Ⅱ⑨），設立の登記の申請をすることができるとされている（**昭和40・５・24民甲1062号回答**）。したがって，本肢は正しい。

オ　**誤り**。現物出資の目的財産について，定款に記載され，又は記録された価額（会28①）の「総額」が「**500万円を超えない**」場合には，検査役の調査を要しないとされている（**会33Ⅹ①**）が，**「資本金の額の５分の１を超えない場合」には検査役の調査を要しない旨は規定されていない**。したがって，現物出資の目的財産について定款に記載された価額の総額が資本金の額の５分の１を超えない場合であっても，その価額の総額が500万円を超える場合には，検査役の調査が必要なので，「検査役の調査報告を記載した書面及びその附属書類」（商登47Ⅱ③イ）を添付することを「要しない」とする本肢は，誤っている。

各肢の解説より，誤っているものはイ及びオであるから，４が正解となる。

第32問　正解　2

テーマ	発行可能株式総数の変更の登記

ア　**正しい。**株式会社は，発行可能株式総数を変更しようとする場合には，「株主総会の特別決議」によって，定款を変更しなければならないのが原則である（会37，466，309Ⅱ⑪）が，①「現に１種類の株式のみ」を発行している株式会社は，②株式の分割の効力発生日（会183Ⅱ②）における発行可能株式総数をその日の前日の発行可能株式総数に株式の分割により増加する株式の総数の株式の分割前の発行済株式の総数に対する割合（分割の割合）を乗じて得た数の範囲内で増加する定款の変更をするには，株主総会の決議によらないで，「取締役会の決議又は取締役の過半数の一致」によりすることができるとされている（**会184Ⅱ**）。したがって，この場合における発行可能株式総数の変更の登記の申請書には，株主総会議事録を添付する必要はないとする本肢は，正しい。

イ　**誤り。**平成27年５月１日施行の改正において，会社法上の「公開会社でない株式会社が定款を変更して公開会社となる場合」にも，当該定款の変更後の発行可能株式総数は，当該定款の変更が効力を生じた時における発行済株式の総数の４倍を超えることができないとされた（**会113Ⅲ②**）。そこで，会社法上の公開会社でない株式会社が株式の譲渡制限に関する定めを廃止し，又は変更したことによって公開会社となり（会２⑤参照），当該定めの廃止又は変更による変更の登記が申請された場合において，登記簿上，発行可能株式総数が発行済株式の総数の４倍を超えているときは，当該申請と併せて，「**発行可能株式総数を発行済株式の総数の４倍を超えない範囲とする発行可能株式総数又は発行済株式の総数を変更する登記の申請がされない限り**」，株式の譲渡制限に関する定めの廃止又は変更による変更の登記の申請を受理することはできないとされた（**平成27・２・６民商13号通達・第二部・第一〇・一**）。したがって，この場合は，４倍を超えるときでも，当該定めの廃止による変更の登記を「申請することができる」とする本肢は，誤っている。

ウ　**正しい。**平成27年５月１日施行の改正において，株式会社は，株式の併合をしようとするときは，株主総会の特別決議によって，「効力発生日における発行可能株式総数」を定めなければならず（**会180Ⅱ④**，309Ⅱ④），株式の併合をした株式会社は，効力発生日に，発行可能株式総数に係る**定款の変更をしたものとみなす**とされた（**会182Ⅱ**）。したがって，株式の併合をした株式会社は，発行可能株式総数に係る定款の変更をしたものとみなされたことによって発行可能株式総数に「変更が生じた場合」には，株式の併合による変更の登記と併せて，発行可能株式総数の変更の登記を申請しなければならない（**平成27・２・６民商13号通達・第二部・第一〇・二**）とする，本肢は正しい。

エ　**正しい。**平成27年５月１日施行の改正において，会社法上の「公開会社」においては，株式の併合の効力発生日における発行可能株式総数は，効力発生日における発行済株式の総数の４倍を超えることができないとされた（**会180Ⅲ**）。そこで，株式の併合をした株式会社が公開会社である場合における発行可能株式総数の変更の登記については，発行可能株式総数の変更の登記をした後の発行可能株式総数が株式の併合による変更の登記をした後の発行済株式の総数の４倍以下となるものでなければならないとされた（**平成27・２・６民商13号通達・第二部・第一〇・二**）ので，本肢は正しい。

オ　**正しい**。会社法制定前とは異なり，会社法においては，株主総会の特別決議を経ずに定款の変更の効力が生ずるものについては明文の規定が設けられた（会184Ⅱ，191，195）。また，他の事実の発生により定款の変更がされたとみなされるものについても，逐一規定が設けられた（会112Ⅰ，182Ⅱ，608Ⅲ，610）。そこで，**特に明文の規定のない「自己株式の消却」については，発行済株式の総数が減少しても，定款を変更しない限り，定款に定められた発行可能株式総数は影響を受けない**と整理された（**平成18・３・31民商782号通達・第二部・第二・１，４（１）イ・(ア)**）。したがって，自己株式の消却をした株式会社は，公開会社であるとしても，発行済株式の総数の変更の登記と併せて，発行可能株式総数の変更の登記を申請する必要はないとする本肢は，正しい。なお，「定款」に「株式の消却をした場合には，消却した株式の数につき，当会社の発行可能株式総数は減少する」旨の定めがある会社については，株式の消却の結果，株主総会等の決議なくして発行可能株式総数が減少するとされている（商業登記ハンドブック第４版235頁，論点解説　新・会社法182頁）ことには注意しておくこと。

各肢の解説より，誤っているものはイの１個であるから，２が正解となる。

第33問　正解　5

テーマ	監査役会設置会社の登記

ア　**誤り**。監査役会設置会社において，取締役が監査役の選任に関する議案を株主総会に提出するには，「監査役会の同意」を得なければならないとされている（**会343Ⅰ・Ⅲ**）。しかし，監査役の就任による変更の登記の申請書には，株主総会議事録（会329Ⅰ，341，商登46Ⅱ），監査役が就任を承諾したことを証する書面（会330，商登54Ⅰ）及び本人確認証明書（商登規61Ⅶ）を添付しなければならないが，**取締役が監査役の選任に関する議案を株主総会に提出することにつき監査役会が同意したことを証する監査役会議事録の添付は要求されていない**。したがって，監査役会議事録を「添付しなければならない」とする本肢は，誤っている。

イ　**誤り**。監査役会設置会社において，会計監査人が欠けた場合又は定款で定めた会計監査人の員数が欠けた場合において，遅滞なく会計監査人が選任されないときは，「監査役会」は，一時会計監査人の職務を行うべき者を選任しなければならないとされている（**会346Ⅳ・Ⅵ**）が，監査役会の決議は，取締役会の決議（会369Ⅰ）とは異なり，**出席している員数にかかわらず，「監査役の過半数」をもって行うことを要する**ため（**会393Ⅰ**），監査役４名の監査役会設置会社は監査役「３名」の賛成が必要となる。したがって，監査役４名中３名が出席した監査役会の決議において，「２名の賛成」により，一時会計監査人の職務を行うべき者を選任した旨の記載のある監査役会議事録（商登55Ⅰ①）を添付してなされた登記（会911Ⅲ⑳）の申請は，受理されないので，「受理される」とする本肢は，誤っている。

ウ　**誤り**。公開会社である大会社（監査等委員会設置会社及び指名委員会等設置会社を除く。）は，監査役会を置かなければならない（**会328Ⅰ**）ため，監査役は「**３人以上**」で，そのうち「**半数以上**」は社外監査役でなければならないとされている（**会335Ⅲ**）。そこで，公開会社である大会社において，監査役がA，B，C，Dの４名，社外監査役としてA，Bの２名が登記されている場合において，監査役Aが辞任すると，監査役としてはB，C，Dの３名がいるが，**社外監査役がBの１名となり，会社法で定める社外監査役の員数を欠くこととなるため**，辞任により退任した監査役Aは，新たに選任された社外監査役が就任するまで，なお監査役としての権利義務を有することとなる（会346Ⅰ）。したがって，監査役Aの辞任届のみを添付してなされた監査役の変更の登記の申請は受理されない（商業登記ハンドブック第４版450頁）ので，監査役の員数につき定款に別段の定めがない場合には「受理される」とする本肢は，誤っている。

エ　**正しい**。肢ウと異なり，「C」が辞任しても，監査役は３名以上で，そのうち半数以上は社外監査役でなければならないとする会社法（会335Ⅲ）に定める監査役会の監査役の員数の要件を欠かないこと，**常勤監査役を欠いても，直ちに法定の監査役の員数を欠くとは評価されず**，監査の効力にも影響がないと解されていること，常勤監査役はいつでも監査役の互選でこれを変更することができる（会390Ⅲ）ことなどの点で，社外監査役とはその性質が相当に異なるものと考えられる（商業登記ハンドブック第４版450頁）ことから，監査役Ｃの辞任届のみを添付してなされた監査役の変更の登記の申請は受理するとされている。したがって，監査役の員数につき定款に別段の定めがない場合には「受理される」とする本肢は，正しい。

オ　**正しい**。平成27年５月１日施行の改正により，「社外監査役である旨」は，監査役会設置会社である場合に限って登記事項となるとされた（**会911Ⅲ⑱**，旧会911Ⅲ㉖は削除された）。したがって，監査役会を設置する旨の定款の定めを廃止した場合には，監査役が負う責任の制限に関する定めが登記されている場合（会427，911Ⅲ㉕参照）でも，社外監査役の登記の抹消の登記も申請する必要があるとする本肢は，正しい。

各肢の解説より，正しいものはエ及びオであるから，５が正解となる。

第34問　正解　2

テーマ	持分会社の種類の変更の登記

ア　**正しい**。合資会社が，総社員の同意により（会637）その社員の全部を有限責任社員とする定款の変更をすることにより合同会社に種類の変更をする場合（**会638Ⅱ②**）における当該種類の変更後の合同会社についてする登記の申請書に添付する「定款」（**商登113Ⅱ①**）は，当該種類の変更前の合資会社の定款ではなく，「**種類の変更後の合同会社**」の定款とされている（**平成18・3・31民商782号通達・第四部・第五・2・（2）・イ・（ウ）・a**）。したがって，本肢は正しい。

イ　**誤り**。合名会社が，その社員の全部を有限責任社員とする定款の変更をすることにより合同会社に種類の変更をする場合（**会638Ⅰ③**）において，当該定款の変更をする合名会社の社員が当該定款の変更後の合同会社に対する出資に係る払込み又は給付の全部又は一部を履行していないときは，当該定款の変更は，**当該払込み及び給付が完了した日に，その効力を生ずる**とされている（**会640Ⅰ**）。したがって，当該合同会社についてする種類の変更の登記の申請書には，**当該効力発生日の変更についての総社員の同意書を添付する必要はない**ので，「添付しなければならない」とする本肢は，誤っている。

ウ　**誤り**。合資会社がその社員の全部を有限責任社員とする定款の変更をし，「合同会社」となる種類の変更をした場合（会638Ⅱ②）の合同会社についてする設立の登記の申請書には，「会社法第640条第1項の規定による出資に係る払込み及び給付が完了したことを証する書面」を添付しなければならないとされている（商登113Ⅱ②）。会社法第638条第2項第2号に掲げる定款の変更をする場合において，当該定款の変更をする合資会社の社員が当該定款の変更後の合同会社に対する出資に係る払込み又は給付の全部又は一部を履行していないときは，当該定款の変更は，当該「払込み及び給付が完了した日」に，その効力を生ずるとされているからである（会640Ⅰ）。これに対し，「合資会社の唯一の無限責任社員が退社したことにより当該合資会社の社員が有限責任社員のみとなった場合」には，当該合資会社は，合同会社となる定款の変更をしたものとみなされる（**会639Ⅱ**）が，この場合の持分会社の種類の変更の登記の申請書には，**当該合資会社の社員が当該合同会社に対してする出資に係る払込み及び給付が完了したことを証する書面を添付する必要はない**とされている（**商登113Ⅱ②，平成18・3・31民商782号通達・第四部・第五・2・（2）・イ・（ウ）・b**）。したがって，本肢は誤っている。なお，この場合は，「当該定款の変更をしたものとみなされた日から1か月以内」に，合名会社又は合資会社となる定款の変更をした場合を除き，当該払込み又は給付を完了しなければならないとされている（会640Ⅱ）。

エ　**誤り**。持分会社が定款変更により他の種類の持分会社となることにより無限責任社員が存しなくなることとなる場合であっても，**債権者保護手続は要求されていない**。合名会社が合同会社になることにより無限責任社員が存在しなくなるが，有限責任社員となった無限責任社員は，その旨の登記をする前に生じた持分会社の債務については，「無限責任社員」として当該債務を弁済する責任を負うとされている（**会583Ⅲ**）ので，会社債権者を害しないからである。したがって，合名会社がその社員の全部を有限責任社員とする定款の変更をすることにより合同会社となった場合において，合同会社についてする設立の登記の申請書には，債権者に対して異議を述べることができる旨を官報に公告し，かつ，知れている債権者には各別に催告をしたことを証する書面を「添付しなければならない」とする本肢は，誤っている。

オ　**正しい**。持分会社の種類の変更による「合同会社」の設立の登記の登録免許税は，資本金の額の1000分の1.5（種類変更の直前における資本金の額として財務省令（**登録税規12Ⅰ③**）で定めるもの（**900万円**）を超える資本金の額に対応する部分については，1000分の７）であるが，これによって計算した税額が３万円に満たないときは「**３万円**」とされている（登録税別表第一・二十四・(一)・ホ)。したがって，本肢の場合，**(900万円×1.5／1000）＋（(1,000万円－900万円）×7／1000）＝１万3,500円＋7,000円＝２万500円**となり，計算した税額が３万円に満たないため，「**３万円**」となる。したがって，本肢は正しい。合同会社の設立の登記の登録免許税の最低税額が申請件数１件について６万円とされている（登録税別表第一・二十四・(一)・ハ）ことと混同しないこと。

各肢の解説より，正しいものはア及びオであるから，２が正解となる。

第35問　正解　5

テーマ	一般社団法人及び一般財団法人の登記

ア　**誤り**。一般社団法人の設立において，定款に主たる事務所の所在場所まで定めていない場合（一般法人11Ⅰ③，12参照）は，主たる事務所の具体的な所在場所の決定は，定款に別段の定めがない限り，**「設立時社員」の議決権の過半数**により行うとされている（**平成20・9・1民商2351号通達・第二部・第一・一・(七)**）。したがって，設立登記の申請書には，「設立時社員の議決権の過半数により主たる事務所の所在場所を決定したことを証する書面」（ある設立時社員の一致があったことを証する書面）を添付する必要がある（**一般法人318Ⅲ**）ので，「設立時理事」の過半数により主たる事務所の所在場所を決定したことを証する書面を添付しなければならないとする本肢は，誤っている。

イ　**誤り**。「理事会及び監事」は，一般社団法人（**一般法人60Ⅱ**参照）と異なり，**一般「財団法人」には「置かなければならない」**とされているため（**一般法人170Ⅰ**），一般社団法人（**一般法人301Ⅱ⑦⑧**参照）と異なり，一般財団法人においては，**理事会及び監事を置く旨の定めは登記事項とされていない**（一般法人302Ⅱ参照）。したがって，本肢は，一般「財団」法人も，定款で理事会及び監事を置く旨を定めている場合は，その定めを「登記する必要がある」としている点が，誤っている。

ウ　**正しい**。一般財団法人の設立者は，公証人の認証（一般法人155）の後遅滞なく，第153条第１項第５号に規定する拠出に係る金銭の全額を払い込み，又は同号に規定する**拠出に係る金銭以外の財産の全部を給付しなければならない**とされていることから（**一般法人157Ⅰ本文**），主たる事務所の所在地においてする設立の登記の申請書には，**「財産の拠出の履行があったことを証する書面」**を添付しなければならないとされている（**一般法人319Ⅱ②**）。しかし，一般社団法人及び一般財団法人に関する法律においては，株式会社のような**現物出資財産に関する検査役の調査に関する規定**（会33）**は置かれていない**。したがって，一般財団法人を設立するに際して，定款に設立者の拠出財産として，1,000万円の土地が記載されている場合（一般法人153Ⅰ⑤）でも，検査役の調査報告書を添付する必要はないとする本肢は，正しい。

エ　**誤り**。合併をする法人が「一般社団法人のみである場合」には，合併により設立する法人は，「一般社団法人」でなければならないとされている（一般法人243Ⅰ①）が，「一般社団法人と一般財団法人」とが新設合併をする場合（一般法人242前段）には，合併により設立する法人を「一般財団法人」とすることもできないわけではないが，**「合併をする一般社団法人が合併契約の締結の日までに基金の全額を返還していない場合」には，合併により設立する法人は「一般社団法人」でなければならない**とされている（**一般法人243Ⅱ**）。したがって，一般社団法人と一般財団法人とが新設合併をする場合には，合併をする一般社団法人が「合併契約の締結の日までに基金の全額を返還していない場合でも」，合併により設立する法人を「一般財団法人」とする設立の登記の申請をすることが「できる」とする本肢は，誤っている。

オ　**正しい。**先例（**平成20・９・１民商2351号通達・第三部・第三・二・(一)・エ**）は，清算一般財団法人の監事につき，「清算一般財団法人の監事については，大規模一般財団法人であった清算一般財団法人を除き（一般法人208Ⅲ），必置の機関ではなく，定款で任意に置くことができるものとされていること（一般法人208Ⅱ）及び任期の上限がないこと（一般法人211Ⅱ①，177→67）を除き，解散前の一般財団法人の監事の場合と同様とされた。したがって，**一般財団法人が清算一般財団法人になった場合には，原則として監事を置くことはできなくなり，既存の監事は任期満了により退任する**こととなる。もっとも，**清算の開始前に，その定款に清算一般財団法人となった場合には監事を置くこととする旨の定めを設けておくことは可能であり，そのような定款の定めがある場合には，一般財団法人が清算一般財団法人となっても，既存の監事の任期は当然には終了しない**（この場合には，**解散の日から２週間以内に，監事を置く清算一般財団法人である旨を登記しなければならない**（一般法人310Ⅰ④・Ⅲ→303））。そのため，一般財団法人が清算法人となった場合における監事に関する登記については，登記官による職権抹消の対象とはならない。」としている。したがって，解散後も監事を置く旨の定款の定めのない，大規模一般財団法人ではない一般財団法人が定款で定めた存続期間の満了により解散したときは，既存の監事について任期満了による退任の登記を申請しなければならないとする本肢は，正しい。

各肢の解説より，正しいものはウ及びオであるから，５が正解となる。

第36問　不動産登記　記述式

論点

1　「数次合併」による所有権移転の登記

⑴　合併による承継会社の「単独申請」（不登63Ⅱ），申請人の資格は「承継会社（被合併会社○○）」

⑵　登記原因証明情報

登記官が職務上作成した情報（不登令別表二十二・添）→合併の記載がある「新設会社」又は「吸収合併存続会社」の登記事項証明書，吸収合併の場合でも「合併契約書」は不可（**平成18・３・29民二755号通達・一・（２）**）

⑶　所有権の登記名義人である株式会社「A」を株式会社「B」が吸収合併した後，さらに株式会社「C」が株式会社「B」を吸収合併した場合は，数次相続の場合と同様に，１件で，直接，株式会社「C」名義への合併による所有権移転の登記を申請することができるか。

登記原因を「**令和○年○月○日株式会社B合併令和□年□月□日合併**」と表示し，申請人を「承継会社（被合併会社　株式会社A）　株式会社C」と表示して，直接，最後の承継会社「株式会社C」名義への合併による所有権移転の登記を申請することができる。

⑷　「数次合併による登記」の申請が認められるとして，最後の承継会社「株式会社C」が，合併後に組織変更をして「合同会社C」となっている場合においても，直接「合同会社C」名義への合併による所有権移転の登記を申請することができるか。

当初の被合併会社「株式会社A」から最後の承継会社「株式会社C」への「数次合併による登記」を，直接「合同会社C」名義への合併による登記として申請することができる。

※吸収合併後存続会社が商号を変更した場合，解散会社の不動産について，直接「商号変更後の表示」で会社合併を原因とする所有権移転登記をすることができる（登記研究182号）。

問　会社が吸収合併により解散し，存続会社が合併後商号を変更した後に，解散会社の不動産を会社合併を原因として承継による所有権移転登記をなす場合には，直接商号変更後の表示で移転登記ができるものでしょうか。

答　御意見のとおりと考えます。

⑸　所有権の登記名義人となるべき会社が登記を申請する「前」に本店を移転している場合
本店移転後の「新本店」を記載して申請可

2　債務者の合併による根抵当権の変更の登記

⑴　単独申請の可否→不可（不登63Ⅱの適用ナシ），根抵当権者と設定者の共同申請（不登60）

⑵　（被合併会社）の記載の要否→根抵当権の場合は必要

⑶　登記原因証明情報→限定ナシ（不登令別表二十二・添，二十五・添イ）

⑷　印鑑証明書の添付の要否→根抵当権の場合は必要（不登規47③イ⑴かっこ書）

⑸　根抵当権の複数の債務者の一部の合併と根抵当権の変更登記

根抵当権の債務者（A，B，C及びD）の４社のうちA社が債務者でないE社に吸収合併された場合における根抵当権の変更登記の登記原因は「年月日**合併**」，変更後の債務者の表示は「債務者**B　C　D**　E」とし，従前の債務者の表示はいずれも朱抹<抹消の記号を記録>しない（登記研究641号）。

問　同一の根抵当権の債務者として登記されているA，B，C及びDの４社のうちA社が債務者でないE社に吸収合併された場合における根抵当権の変更登記の登記原因及び変更後の債務者の表示は，

原　因　　年月日合併

債務者　　B

C

D

E

とし，従前の債務者の表示については，A，B，C及びDのいずれも朱抹しないのが相当と考えますが，いかがでしょうか。

答　御意見のとおりと考えます。

3　民法第398条の９第３項の確定請求による根抵当権の元本確定の登記

⑴　**債務者兼設定者**ではないか（民398の９Ⅲただし書）→NO

「債務者たる会社」を「設定者（物上保証人）たる会社」が吸収合併した場合についても，設定者たる存続会社は，元本の確定請求をなしえないと解されている。

⑵　根抵当権設定者が**合併のあったことを知った日から２週間**又は**合併の日から１箇月**を経過していないか（民398の９Ⅴ）→経過していない

⑶　担保すべき元本が確定する前の根抵当権の債務者「株式会社成城企画」に吸収合併が生じて「根抵当権の債務者たる地位」を存続会社「株式会社田園興業」が承継した場合において，設定者の地位にある者が民法第398条の９第３項による元本の確定請求をしたときは，直ちに根抵当権の元本確定の登記を申請することができるか。→先に「債務者の合併による根抵当権の債務者の変更の登記」を申請すべきであり，「民法第398条の９第３項の元本確定請求による根抵当権の元本確定の登記」は，その後件として申請すべきである。

⑷　単独申請の可否→不可（不登93参照）

⑸　民法第398条の19第１項の確定請求権の行使の可否→不可（∵確定期日の定めはないが，設定から３年経過していない）

4　元本確定前の合併を登記原因として元本確定後にする根抵当権の移転登記の申請の可否→可

元本確定前の合併を登記原因とする根抵当権の移転登記の申請は，合併後に元本確定又はその確定を推認させる登記が既にされている場合であっても，受理して差し支えない（登記研究627号）。

問　根抵当権者Ａ社がＢ社に吸収合併された後に根抵当権設定者に破産手続開始決定がされ，既にその旨の登記が経由されている場合（民398の20Ⅰ④）において，Ａ社からＢ社への合併を登記原因とする根抵当権の移転登記が申請されましたが，登記実務上，根抵当権の譲渡又は一部譲渡を登記原因とする根抵当権の移転登記の申請については，元本の確定の登記又はその確定を推認させる登記が既にされているときには，当該移転登記の登記原因の日付が元本の確定又はその確定を推認させる登記の登記原因の日付より前であっても，これを受理することはできないこととされていますので，本件根抵当権の移転登記の申請も，受理することはできないものと考えますが，いかがでしょうか。

答　所問の申請は，包括承継を登記原因とするものであることから，受理して差し支えないものと考えます。

5　確定根抵当権の移転登記の登録免許税

根抵当権の元本確定後の債権の一部譲渡後に残債権の全部を会社合併により承継した場合の根抵当権の持分全部移転の登記の登録免許税は，申請書に譲渡債権額の記載があり，かつ当該債権額が極度額を「下回る場合」は当該債権額を，当該債権額が極度額を「上回る場合」は極度額をそれぞれ課税標準額とし，税率1000分の１（登録税別表第一・一（六）イ）を乗じた額とするのが相当である（登記研究646号）。

問　甲会社を根抵当権者とする根抵当権の元本確定の登記後，一部代位弁済による乙信用保証協会への根抵当権一部移転の登記が経由されている不動産について，申請書に譲渡債権額を記載して，甲会社の合併を登記原因とする丙会社への根抵当権者甲持分全部移転の登記を申請する場合の登録免許税は，譲渡債権額が極度額を下回る場合は当該債権額を，当該債権額が極度額を上回る場合は極度額をそれぞれ課税標準額とし，これに税率1000分の１（登録税別表第一・一（六）イ）を乗じた額とすべきと考えますが，いかがでしょうか。

答　ご意見のとおりと考えます。

6　転根抵当権者の合併と原根抵当権の抹消登記申請

転根抵当権者に合併があったが，その登記をしないで，合併後の日付による合併後の会社の承諾書を添付してした原根抵当権の抹消申請は，受理されない（登記研究429号）。

問　根抵当権者Ａの根抵当権に対し，Ｂ会社が転根抵当権を設定した。その後，Ｂ会社は合併によりＣ会社となる。

合併後の日付によるＣ会社の承諾書を添付して，Ａと根抵当権設定者による根抵当権抹消の登記は，受理されないと思うがどうか。

受理されないとするならば，Ｂ会社からＣ会社に転根抵当権移転の登記を要するものと考えるがどうか。

答　受理されないと考えます。

7　元本確定前の根抵当権につき，①債務者の交替的変更をなすとともに，②旧債務者の負担していた被担保債務を新債務者が併存的に引き受けるとともに，③引き受けに係る債務を被担保債権の範囲に加える旨の変更をした場合の「債務者及び債権の範囲の変更」の登記の一括申請

⑴　甲株式会社（取締役会設置会社，代表取締役Ａ）を設定者，同会社の取締役Ａを債務者とする根抵当権において，①甲株式会社が，取締役Ａに代わって根抵当権の債務者となり，②次いで，債務者を交替するまでの取締役Ａの既発生債務を引き受け，③さらに，この引受債務を当該根抵当権によって担保させるべく，被担保債権の範囲に加える変更をした場合，その債務者の変更と被担保債権の範囲の変更の登記を申請するにつき，申請書に，甲株式会社の取締役会議事録の添付を要するか。

→不要（∵登記原因をなす法律行為たる①③が利益相反に該当しないから）

①　債務者を取締役から会社に変更する債務者の変更→利益相反に該当セズ

②　取締役が負担していた旧債務の会社による引受→利益相反に該当

③　②の債務引受の結果会社の債務となった債務を被担保債権の範囲に加える債権の範囲の変更→利益相反に該当セズ

※　甲株式会社のＡ代表取締役が根抵当権の債務者である場合において，甲がＡの債務を引き受けたうえ，この債務を根抵当権によって担保させるために，甲を新たに債務者として追加する債務者の変更及び被担保債権の範囲の変更の登記の申請書には，甲株式会社の取締役会の議事録を添付する必要はない（登記研究478号）。

⑵　債務者及び債権の範囲の変更の登記の一括申請の可否→可（不登規35⑨）

8　「出資・現物出資」による所有権移転の登記

⑴　登記原因は，持分会社の社員の出資に係る場合は「**出資**」，株式会社の株主等の出資に係る場合は「**現物出資**」である。

⑵　登記原因日付は，「出資」の場合には，会社設立時は「**定款作成の日**」（会576Ⅰ⑥），会社成立後は「総社員の同意の日」（会637）であり，「現物出資」の場合には，会社設立時，募集株式の発行時とも「**給付の日**」である（会34Ⅰ本文，208Ⅱ，登記研究26号28頁）。

※　株式会社の設立に際し，発起人が不動産を現物出資し，これに基づいて登記原因を現物出資とする所有権移転の登記を申請する場合，その日付は，**発起人組合に対して発起人が現物出資財産たる不動産を給付した日**である（会34Ⅰ本文，登記研究26号28頁）。

解答例

※　本来の解答例は太字で記載してある部分です。答案作成に際して注意すべき点を活字のポイントを小さくして記載してありますので，参考にしてください。また，＜×○○＞と記載してあるのは，間違いの解答例です。同じ間違いをしていないかどうかを確認してください。

※　以下，次の略称を用いています。

①　事実関係に関する補足→補足

②　答案作成に当たっての注意事項→注

第１欄　←甲土地について令和６年７月９日に申請した登記

１番目に申請した登記の申請書

登記の目的	**所有権移転**　←不登59①，不登令３⑤，甲土地甲区３番で登記
申請事項等	**原因　令和５年５月１日**＜×９日＞**株式会社青山興産合併令和６年５月１日**＜×８日＞ ＜×吸収＞**合併**　←不登59③，不登令３⑥ ☞事実関係１・２，会749Ⅰ⑥，750Ⅰ，補足６の指示 **承継会社（被合併会社　株式会社赤坂商事）**　←不登63Ⅱ，注２①の指示 ＜×株式会社青山興産＞ **中央区銀座五丁目４番３号**＜×中央区銀座九丁目８番７号＞ ☞注２③の指示により，第１欄の１番目に申請する登記については記載することに注意（不登令３①)。事実関係５の「移転後の本店」を記載する。 **合同会社**＜×株式会社＞**銀座物産**　←事実関係４ ☞登記識別情報通知（不登21本文，不登規61Ⅰ②・Ⅱ） ＜×会社法人等番号＞　←不登令７Ⅰ①イ，注２⑤の指示により記載省略，以下同じ。 **代表社員　御幸祐輔** ☞注２④の指示により，第１欄の１番目に申請する登記については記載することに注意（不登令３②)。
添付	**ア**←注４①の指示（**株式会社赤坂商事を吸収合併後株式会社銀座物産に吸収合併された「株式会社青山興産」の閉鎖登記事項証明書，株式会社青山興産を吸収合併後合同会社銀座物産に組織変更した「株式会社銀座物産」の閉鎖登記事項証明書，「合同会社銀座物産」の登記事項証明書**） ☞登記原因証明情報（不登61，不登令別表二十二・添），注４②の指示，「(株）銀座物産」が「(株）青山興産」を吸収合併後，組織変更をして「合同会社銀座物産」となり，さらにその後，本店を現在の所在地に移転して，現に存在する会社であることを証明するため上記各会社の登記事項証

情 報	明書を添付する必要がある。注４⑩の指示に注意 **ケ（合同会社銀座物産の登記事項証明書）** ☞住所証明情報（不登令別表三十・添ハ），注４⑦⑩の指示 **コ**　←合同会社銀座物産の会社法人等番号（不登令７Ⅰ①イ） **サ**　←代理権限証明情報（不登令７Ⅰ②），合同会社銀座物産の代表社員御幸祐輔の委任状，注４⑧の指示
課税価格	**金180,890,000円**＜×180,890,500円＞ ☞不登規189Ⅰ後段，補足９，1,000円未満切捨て（国通118Ⅰ）
登録免許税額	**金723,500円**＜×723,560円，723,000円＞ ☞不登規189Ⅰ前段，金180,890,000円×4/1000＜登録税別表第一・一・（二）イ＞＝723,560円←100円未満切捨て（国通119Ⅰ）

２番目に申請した登記の申請書

登記の目的	＜×所有権移転　令和６年５月１日合併＞ ☞事実関係２，補足６の指示により，前件で一括申請 ＜×３番所有権登記名義人住所、名称変更　令和６年６月１日組織変更　令和６年６月10日本店移転＞ ☞事実関係４・５，補足６の指示により，前件で一括申請 **１番根抵当権変更**＜×（付記）＞ ☞甲土地乙区１番付記１号で登記（不登66，不登規３②）
申 請 事 項	**原因　令和６年５月25日**＜30日＞＜×吸収＞**合併** ☞事実関係３，会749Ⅰ⑥，750Ⅰ **変更後の事項**　←不登令別表二十五・申 ☞問１は，登記記録の権利者その他の事項欄に記録される事項「に関する申請情報」を記載するとしているので，登記記録に記録されるわけではないが，登記記録に記録される事項に関する申請情報として，「変更後の事項」という項目も記載すること。 **債務者（被合併会社　株式会社成城企画）** ☞抵当権と異なり，根抵当権については，「被合併会社」も記載する。 **千代田区三宅坂一丁目１番２号** **株式会社田園興業**

等	☞注２③は，登記事項については本店の記載を省略するとは指示していない。 **権利者**　＜×新宿区北新宿三丁目４番５号＞　←注２①の指示（不登60） **株式会社法経銀行**＜×（取扱店　成城支店）＞ **義務者　合同会社銀座物産** ＜×代表社員　御幸祐輔＞　←注２④の指示により記載省略 ☞注２③④の指示により，第１欄の最初に申請する登記以外は，本店，代表機関の資格及び氏名については記載することに要しない。以下同じ。
添付情報	**ア**＜×（株式会社田園興業の登記事項証明書）＞ ☞登記原因証明情報（不登61，不登令別表二十五・添），注４②の指示 **イ（合同会社銀座物産の甲区３番）** ☞登記識別情報（不登22本文，不登規67），注４③の指示 **エ（合同会社銀座物産の代表社員御幸祐輔）** ☞印鑑証明書，不登令18Ⅱ・Ⅲ（注３なお書），不登規47③イ⑴かっこ書，抵当権と異なり添付することに注意する。注４⑤なお書の指示に注意 **コ**　←株式会社法経銀行及び合同会社銀座物産の各会社法人等番号（不登令７Ⅰ①イ） **サ**　←代理権限証明情報（不登令７Ⅰ②），株式会社法経銀行の代表取締役と合同会社銀座物産の代表社員御幸祐輔の各委任状，注４⑧の指示，合同会社銀座物産の代表社員御幸祐輔の委任状には登記所届出印の押印が必要（不登令18Ⅰ前段）
課税価格	なし　←注１の指示
登録免許税額	金1,000円 ☞不動産１個×1,000円＜登録税別表第一・一・（十四）変更登記＞

３番目に申請した登記の申請書

登記の目的	**１番根抵当権元本確定**＜×変更＞＜×（付記）＞ ☞甲土地乙区１番付記２号で登記（不登66，不登規３②）
申請事項等	**原因　令和６年５月25日**＜×６月19日，20日，７月５日＞＜×元本＞**確定** ☞別紙２，事実関係３・６，民398の９Ⅲ・Ⅴ・Ⅳ **権利者　合同会社銀座物産**　←注２①の指示（不登60），根抵当権設定者 **義務者**＜×（申請人）＞　**株式会社法経銀行**　←根抵当権者 ＜×（取扱店　成城支店）＞ ☞補足７の指示があるが，根抵当権者の単独申請不可（不登93本文参照）
添付情報	**ア**＜×（別紙２）＞　←登記原因証明情報（不登61，不登令別表二十五・添イ），注４②の指示 **イ（株式会社法経銀行の乙区１番）**　←登記識別情報（不登22本文），注４③の指示 ×エ　←印鑑証明書の提供は不要，義務者は根抵当権者（不登規47③ハ） **コ**　←合同会社銀座物産及び株式会社法経銀行の各会社法人等番号（不登令７Ⅰ①イ） **サ**　←代理権限証明情報（不登令７Ⅰ②），合同会社銀座物産の代表社員御幸祐輔及び株式会社法経銀行の代表取締役の各委任状，注４⑧の指示
課税価格	**なし**　←注１の指示
登録免許税額	**金1,000円** ☞不動産１個×1,000円＜登録税別表第一・一・(十四) 変更登記＞

最後に申請した登記の申請書

登記の目的	**登記不要**　←問１なお書の指示

第２欄　←乙土地について令和６年７月９日に申請した登記

登記の目的	**１番根抵当権変更＜×（付記）＞** ☞乙土地乙区１番付記１号で登記（不登66，不登規３②）
申請事項等	**原因　令和６年６月23日＜×７月３日＞変更**　←別紙４，補足２・３ **変更後の事項**　←不登令別表二十五・申 **債権の範囲　請負取引　売買取引　令和６年６月23日債務引受（旧債務者秋山紅葉）にかかる債権**　←変更のないものも記載する **債務者　品川区品川四丁目４番４号**　←注２③の指示 **春秋観光株式会社** **権利者　株式会社山海開発**　←根抵当権者，注２①③④⑤の指示 **義務者　春秋観光株式会社**　←根抵当権設定者
添付情報	**ア（別紙４）**　←登記原因証明情報（不登61，不登令別表二十五・添イ），注４②の指示 **イ（春秋観光株式会社の甲区２番）**　←登記識別情報（不登22本文），注４③の指示 **エ（春秋観光株式会社の代表取締役秋山紅葉）** ☞印鑑証明書，不登令18Ⅱ・Ⅲ（注３なお書），不登規47③イ(1)，注４⑤なお書の指示に注意 ×キ（秋観光株式会社の取締役会議事録） ☞債務者・債権の範囲の変更については不要，注４⑥なお書の指示 **コ**　←株式会社山海開発及び春秋観光株式会社の各会社法人等番号（不登令７Ⅰ①イ） **サ**　←代理権限証明情報（不登令７Ⅰ②），株式会社山海開発の代表取締役水中勝男及び春秋観光株式会社の代表取締役秋山紅葉の各委任状，注４⑧の指示，春秋観光株式会社の代表取締役秋山紅葉の委任状には登記所届出印の押印が必要（不登令18Ⅰ前段）
登録免許税額	**金1,000円**　＜×2,000円＞ ☞不動産１個（各登記事項ごとではない）×1,000円＜登録税別表第一・一・(十四) 変更登記＞

第３欄

(1)	受理することができると解すべきである。 ☞合併は包括承継であり，元本の確定の前後を問わず，合併により移転するからである。登記研究627号
(2)	譲渡債権額が極度額を下回る場合は「譲渡債権額」を，譲渡債権額が極度額以上の場合は「極度額」をそれぞれ課税標準額とし，これに税率「1000分の１」を乗じた額が登録免許税の額となる。 ☞登録税別表第一・一・（六）イ，登記研究646号
(3)	原因　年月日合併 債務者＜×（被合併会社　A社）＞　←問題は登記記録への記録の仕方を問うている 　　　　B社　←E社以外の債務者も全部差し替える 　　　　C社 　　　　D社 　　　　E社 ☞登記研究641号
(4)	B会社からC会社への転根抵当権移転の登記を「申請する必要がある」。 ☞登記研究429号
(5)	請求することは「できない」。
(6)	設立の登記がなされた日ではなく，設立の日の１週間前に現物出資として不動産の「給付をした日」を登記原因の日付とすべきである。 ☞登記研究26号28頁，会34Ⅰ本文
(7)	登記原因は，「出資」，登記原因日付は「定款作成の日」として申請する。 ☞会576Ⅰ⑥

【登記申請後の登記記録】　※太字が今回の申請による登記です。

＜甲土地＞

権　利　部（甲区）　（所有権に関する事項）			
順位番号	登記の目的	受付年月日・受付番号	権利者その他の事項
1	所有権移転	【省略】	【省略】
	余白	余白	昭和63年法務省令第37号附則第２条第２項の規定により移記 平成４年９月22日
2 ※1	所有権移転	平成26年４月23日 第3321号	原因　平成26年４月７日現物出資 所有者　港区赤坂三丁目３番３号 株式会社赤坂商事
3 ※2	**所有権移転**	**令和６年７月９日 第5790号**	**原因　令和５年５月１日株式会社青山興産合併令和６年５月１日合併 所有者　中央区銀座五丁目４番３号 合同会社銀座物産**

権　利　部（乙区）　（所有権以外の権利に関する事項）			
順位番号	登記の目的	受付年月日・受付番号	権利者その他の事項
1	根抵当権設定	令和４年４月７日 第2789号	原因　令和４年４月７日設定 極度額　金5,000万円 債権の範囲　金銭消費貸借取引　手形債権　小切手債権　電子記録債権 債務者　世田谷区成城一丁目５番６号 株式会社成城企画 根抵当権者　新宿区北新宿三丁目４番５号 株式会社法経銀行 （取扱店　成城支店）　※3
付記１号 ※4	**１番根抵当権変更**	**令和６年７月９日 第5791号**	**原因　令和６年５月25日合併 債務者　千代田区三宅坂一丁目１番２号 株式会社田園興業**
付記２号 ※5	**１番根抵当権元本確定**	**令和６年７月９日 第5792号**	**原因　令和６年５月25日確定**

※1　平成21年通達記録例231
※2　平成21年通達記録例196参考
※3　平成21年通達記録例370
※4　平成21年通達記録例489　不登規３②
※5　平成21年通達記録例490

＜乙土地＞

権　利　部（甲区）　（所有権に関する事項）			
順位番号	登記の目的	受付年月日・受付番号	権利者その他の事項
1	所有権移転	【省略】	【省略】
	余白	余白	昭和63年法務省令第37号附則第２条第２項の規定により移記 平成４年９月22日
2 ※1	所有権移転	平成26年３月３日 第2545号	原因　平成26年３月３日交換 所有者　品川区品川四丁目４番４号 春秋観光株式会社

権　利　部（乙区）　（所有権以外の権利に関する事項）			
順位番号	登記の目的	受付年月日・受付番号	権利者その他の事項
1	根抵当権設定	令和３年５月10日 第5678号	原因　令和３年５月10日設定 極度額　金1,500万円 債権の範囲　請負取引　賃貸借取引 債務者　品川区品川四丁目４番４号 秋山紅葉 根抵当権者　新宿区新宿一丁目１番１号 株式会社山海開発
付記１号 **※2** **※3**	**１番根抵当権変更**	**令和６年７月９日** **第5793号**	**原因　令和６年６月23日変更** **債権の範囲　請負取引　売買取引** **令和６年６月23日債務引受（旧債務者秋山紅葉）にかかる債権** **債務者　品川区品川四丁目４番４号** **春秋観光株式会社**

※1　平成21年通達記録例223

※2　平成21年通達記録例473　変更前の債権の範囲を抹消する記号（下線）を記録する（不登規150）。

※3　平成21年通達記録例479　変更前の債務者を抹消する記号（下線）を記録する（不登規150）。

論点の検討

1　所有権の登記名義人である株式会社「Ａ」を株式会社「Ｂ」が吸収合併した後，さらに株式会社「Ｃ」が株式会社「Ｂ」を吸収合併した場合は，数次相続の場合と同様に，１件で，直接，株式会社「Ｃ」名義への合併による所有権移転の登記を申請することができるか。

⑴　“数次相続による登記なら，正しい申請書を書けたのに…”という嘆きが聞こえてきそうであるが，法人の数次合併は決して稀ではありません。

設問は，所有権の登記名義人である「Ａ」から「Ｂ」へ，「Ｂ」から「Ｃ」へと数次に相続が開始し，その後「Ｃ」が婚姻等によって氏を「Ｃ´」に変え，さらに住所を移転したという場合とまったく同じ法律関係です。

⑵　自然人につき数次にわたる相続が生じた場合の登記については，中間の相続人名義の相続による登記を省略して，直接，最後の相続人名義への相続による登記をする，いわゆる「数次相続による登記」が認められています(明治33・３・７民刑260号回答，**昭和30・12・16民甲2670号通達，平成21年通達記録例190**)。

そこで，これに準じて，中間の承継会社名義の合併による登記を省略して，直接，最後の承継会社名義への合併による登記を「数次合併による登記」として申請することができないかが問題となりますが，まずは，数次相続による登記に関する基礎的な知識を整理してみましょう。

⑶　数次相続による登記は，中間の相続が「単独相続」となる場合に限って，中間の相続人名義の相続による登記の省略を認めるものですが，中間省略登記は，不動産登記制度の理想からすれば認めないのが本来の姿勢ですから，登記実務が認めた理由が気になるところですが，その理由は，次の点にあります。

中間の相続人名義の相続による登記を「独立した登記」として公示しないという点においては，確かに中間省略登記の性質を有しますが，登記原因の項に「中間の相続の相続年月日」と「その相続人の氏名」を表示することによって，権利変動の過程と態様を最小限公示する方法を案出したこと，中間の相続が単独相続となる場合でないときは，登記原因の項の記録が複雑となって一覧性に欠ける公示となり，また，申請書の作成や登記官の取扱いにおいても誤記等の間違いを生じやすいので，中間の相続を単独相続となる場合に限ったこと，しかも，このように取り扱っても中間の相続人の利益を害するおそれがないことから，例外的に認められたものです。

⑷　なお，数次相続による登記は，登記原因の項に「中間の相続の相続年月日」と「その相続人の氏名」を表示することによって，権利変動の過程と態様を最小限公示する機能を有するので，「Ａ－（売買）→Ｂ－（売買）→Ｃ」という所有権の移転の過程を「Ａ－（売買）→Ｃ」という形で所有権移転の登記をする，いわゆる中間省略登記とはやや性質を異にします。

したがって，正確には，中間の相続による登記と最後の相続による登記を「同一の申請情報」で一括申請（不登令４）して，直接，最後の相続人名義への相続による登記をすることを認めたのが，いわゆる「数次相続による登記」であるという点に留意すべきです。

⑸　そこで問題となるのが，中間の承継会社名義の合併による登記を省略して，直接，最後の承継会社名義への合併による登記をする「数次合併による登記」の適否ですが，登記実務は，いわゆる「数次相続による登記」に準じるものとして認めています（東京法務局不動産登記部門相談事例）。

「合併」が生じると，吸収合併のときは存続会社が，新設合併のときは設立会社が消滅会社（被合併会社）の権利・義務を包括して承継しますので（一般承継，会750Ⅰ等），その承継の類型は，自然人の相続における権利・義務の承継（民896）と同じであり，また，自然人につき生じた数次相続に関する法律関係と比較してみると，合併によって権利・義務を承継する会社は常に単独ですから，自然人の共同相続のような複雑な法律関係が，中間の合併による承継会社（存続会社，設立会社）について生じることはありません。

そうだとすれば，「数次相続による登記」の理論と方式を「数次合併による登記」に適用することを否定する理由はなく，登記実務は，かかる観点からその適用を認めたと考えられます。

⑹　したがって，設問の場合は，登記原因を「**令和〇年〇月〇日株式会社Ｂ合併令和□年□月□日合併**」と表示し，申請人を「**承継会社**＜（合併による）権利承継者＞（**被合併会社　株式会社Ａ）　東京都△区△丁目△番△号　株式会社Ｃ**」と表示して，直接，最後の承継会社「株式会社Ｃ」名義への合併による所有権移転の登記を申請することができるという結論になります。

２　「数次合併による登記」の申請が認められるとして，最後の承継会社「株式会社Ｃ」が，合併後に組織変更をして「合同会社Ｃ」となっている場合においても，直接「合同会社Ｃ」名義への合併による所有権移転の登記を申請することができるか。

⑴　登記実務は，設問の場合において，当初の被合併会社「株式会社Ａ」から最後の承継会社「株式会社Ｃ」への「数次合併による登記」を，直接「合同会社Ｃ」名義への合併による登記として申請することができるとしています（東京法務局不動産登記部門相談事例）。

⑵　会社の組織変更とは，会社がその法人格の同一性を保ちながら他の種類の会社になることをいい（会２㉖），商業登記の手続面では，会社が解散し，他の種類の会社が設立される形式がとられます（会920）が，実質的には，組織変更の前後を通じて法人格に変動はなく，そのため，解散した会社（組織変更前の会社）から設立した会社（組織変更後の会社）への権利・義務の移転は生じないことに注意しておいてください。変更が生じるのは，その組織及び名称（商号）等に関する事項のみです。

したがって，所有権の登記名義人である「株式会社Ｃ」が「合同会社Ｃ」に組織変更をしたとしても，権利・義務の帰属主体としての地位（人格＝権利能力）の同一性はなお保持され，権利・義務の移転は生じないのですから，「合同会社Ｃ」名義への組織変更を登記原因とする「所有権移転の登記」を申請すべきではなく，所有権の登記名義人の表示中の商号に変更が生じたものとして（商号中の「株式会社」が「合同会社」に変わる。会６参照），「組織変更を登記原因とする所有権登記名義人の氏名の変更の登記」（不登64Ⅰ）を申請すべきであるとするのが登記実務の見解です（昭和29・11・16民甲2404号回答，登記研究32号160頁）。

⑶　そしてまた，登記の申請書における申請人の氏名・住所，名称・事務所は，「登記を申請する時点」でのものを記載すべきですから，所有権の登記名義人となるべき会社が登記を申請する「前」に組織変更をした場合は，組織変更「後」の新商号を申請書に記載すべきであり，さらに，組織変更「後」本店を移転している場合は，本店移転「後」の新本店を記載すべきであるということになります。

⑷　したがって，申請書に記載した商号・本店と申請書に添付した書類上の商号（旧商号）・本店（旧本店）とが一致しない場合を生じますが，そのときは，組織変更と本店移転を証する会社の登記事項証明書を添付して新商号と旧商号，新本店と旧本店との連続性を示すことが必要となります（登記研究182号）。

【登記名義人表示変更登記の省略の可否】（登記研究182号）

要旨　吸収合併後存続会社が商号を変更した場合，解散会社の不動産について，直接商号変更後の表示で会社合併を原因とする所有権移転登記をすることができる。

問　会社が吸収合併により解散し，存続会社が合併後商号変更した後に，解散会社の不動産を会社合併を原因として承継による所有権移転登記をなす場合には，直接商号変更後の表示で移転登記ができるものでしょうか。

答　御意見のとおりと考えます。

⑸　そこで，本問を検討するに，甲土地の所有権が現登記名義人である「㈱赤坂商事」から「㈱青山興産」へ吸収合併によって移転し（令和５年５月１日），さらに「㈱青山興産」から「㈱銀座物産」へと吸収合併によって移転した（令和６年５月１日）後，甲土地の所有者となった「㈱銀座物産」が「合同会社銀座物産」に組織変更をなし（令和６年６月１日），その後に「本店の移転」をしています（令和６年６月10日）。

したがって，本問においては，登記原因を「令和５年５月１日株式会社青山興産合併令和６年５月１日合併」，申請人を「承継会社（被合併会社　株式会社赤坂商事）　東京都中央区銀座五丁目４番３号　合同会社銀座物産」と表示して，数次合併による所有権移転の登記を申請すべきであり，事実関係３と５の内容との関係上，この登記の申請を最初にする必要があります（補足５）。

３　担保すべき元本が確定する前の根抵当権の債務者「株式会社Ｄ」に吸収合併が生じて「根抵当権の債務者たる地位」を存続会社「株式会社Ｅ」が承継した場合において，設定者の地位にある者が民法第398条の９第３項による元本の確定請求をしたときは，直ちに根抵当権の元本確定の登記を申請することができるか。

⑴　次の理由で，先に「債務者の合併による根抵当権の債務者の変更の登記」を申請すべきであり，「民法第398条の９第３項の元本確定請求による根抵当権の元本確定の登記」は，その

後件として申請すべきです。

① 根抵当権の債務者が会社である場合において，その会社が合併（吸収合併，新設合併）によって消滅するときは，消滅する被合併会社が合併の時まで負担していた被担保債務はもちろん，その根抵当権の債務者たる地位（根抵当取引における債務者たる地位）についても存続会社又は設立会社が承継するものとされているので，合併後の会社が根抵当取引によって新たに負担する債務も，当該根抵当権で当然担保されることになる（民398の９Ⅱ）。

したがって，合併による「既存の被担保債務」と「根抵当権の債務者たる地位」の承継を原因として債務者の変更が生じている以上，先に生じた根抵当権の債務者の変更につき「合併」を登記原因として登記の申請をするのが原則である。

なお，設定者による民法第398条の９第３項の元本の確定請求がなされると，元本確定の効力が合併の時に遡及するため（民398の９Ⅳ），合併によって生じた債務者の変更のうちの「根抵当権の債務者たる地位の承継に伴う債務者の変更」は当初からなかったことになるが，「既存の被担保債務の承継に伴う債務者の変更」については影響を及ぼさない。

② また，設定者による上記の元本の確定請求は，設定者が合併のあったことを知った日から２週間を経過したとき，又は，合併の日から１か月を経過したときは，することができないので（民398の９Ⅴ），合併以後当該期間が経過するまでは，当該根抵当権は元本未確定の根抵当権として存続することになるが，登記官としては，前者の行使期間の経過はともかく（根抵当権者が立証責任を負う。），後者の行使期間の経過については，「合併を登記原因とする債務者の変更の登記」がされない限り「合併の日」を知ることができないから，その経過を知らずに実体に反して「民法第398条の９第３項の元本確定請求による根抵当権の元本確定の登記」を受理してしまうおそれがある。

③ さらに，合併を登記原因とする債務者の変更の登記をしないまま元本の確定前にのみ許される根抵当権の変更又は処分の登記がなされた場合において，設定者から上記の元本の確定請求がなされると，その遡及効によって先になされた変更又は処分の効果が覆滅するおそれがあるので，合併を登記原因とする債務者の変更の登記をさせて，合併の日から１か月以内は，根抵当権は元本の確定・未確定が不明確な浮動状態にあるものとして，元本の確定前にのみ許される根抵当権の変更又は処分の登記を制限する必要がある。

⑵ ところで，根抵当権の債務者たる地位（根抵当取引における債務者たる地位）は，根抵当権者及び設定者と債務者との間の信頼関係を基礎にして成り立つものですから，債務者に相続又は合併が生じたときは，根抵当権者及び設定者は，改めて相続人又は合併後の会社との間で新たな信頼関係を築く必要があり，そのため，根抵当権の債務者たる地位は，債務者に相続又は合併が生じても，相続人又は合併後の会社に当然には承継されないのを原則としています（債務者の相続人が指定債務者となるためには，根抵当権者と設定者の合意を必要とする点に留意。民398の８Ⅲ参照）。

⑶ しかし，債務者たる会社に合併が生じた場合については，根抵当権者も合併をする会社相互も，合併後の存続会社又は設立会社に従前の根抵当取引がそのまま承継されることを期待

するという金融取引界の実情があり，かかる実情を考慮した結果，合併の場合は，根抵当権の債務者たる地位も合併後の会社に承継されるものとし，ただ，合併のいかんによっては，設定者が合併後の会社に対して信頼関係を保持し難く，設定者に不利益をきたすおそれが生じる場合もあるため，一定の要件を充たす設定者に元本の確定請求権を与えることによって利害の調整を図ることにした（民398の９Ⅱ・Ⅲ）という立法上の経緯を理解しておく必要があります。そして，債務者の相続の場合（民398の８Ⅲ・Ⅳ・Ⅴ）と異なる扱いを定めた理由は，この点にあります。

⑷　以上により，本問の場合も，「債務者の合併による根抵当権の債務者の変更の登記」を先に申請し，別紙に基づく「民法第398条の９第３項の元本確定請求による根抵当権の元本確定の登記」は，それに続くものとして申請すべきです。

4　民法第398条の９第３項の元本の確定請求権について

⑴　合併によって消滅する「債務者たる会社」が「設定者」でもある場合の合併後の会社（存続会社，設立会社）は，元本の確定請求をなしえないとされています（民法398の９Ⅲただし書）が，その理由は，**合併後の会社が自らの意思で「根抵当権の債務者と設定者たる地位」を同時に取得する以上，設定者としての立場から「根抵当取引をする債務者たる会社」即ち「自社」に対する信頼関係を問題にすることは，本質的に認められないから**です。

⑵　また，**「債務者たる会社」を「設定者（物上保証人）たる会社」が吸収合併した場合**についても，結果において上記の場合と同様の利害状況となるため，直接規定されてはいませんが，設定者たる存続会社は，元本の確定請求をなしえないと解されていることに注意しておいてください。

⑶　もっとも，民法第398条の９第３項の元本の確定請求をすることができない合併後の会社であっても，当該根抵当権が設定後３年を経過している場合（元本確定期日の定めのないことも必要）は，民法第398条の19第１項による元本の確定請求ができることはいうまでもありません。

5　元本確定前の根抵当権（以下「未確定根抵当権」という。）**につき，債務者の交替的変更がなされた場合，交替した旧債務者の既発生債務は，債務者の変更にかかわりなく，当該根抵当権によって従来どおり担保されるか。**

⑴　根抵当権は，根抵当権者（債権者）・債務者・被担保債権の範囲・極度額を構成要素（被担保債権の決定基準ともいう。）とする担保物権であり，具体的には，かかる構成要素から成る根抵当取引より生じた不特定の債権を担保し，元本の確定時に存する債権につき，極度額の範囲内で優先弁済を受けることのできる抵当権の一種である（民398の２Ⅰ）。

⑵　したがって，根抵当取引の債務者が交替的に変更されると，その時点で，交替した旧債務者は，根抵当権を構成する根抵当取引上の債務者ではなくなり，その結果，旧債務者の既発生債務は，根抵当取引上の債務としての性格を失って被担保債権から排除され，当該根抵当

権では担保されないことになる。このように，交替した旧債務者の既発生債務を被担保債権から排除して，新債務者（あるいは残存債務者と新債務者）の債務のみを担保する根抵当権とするべく行われるのが，未確定根抵当権の債務者（あるいは債務者の一部）の交替的変更である（民398の４）。

⑶　そこで，別紙４「根抵当権変更契約証書」を見るに，第１条において，根抵当取引の債務者を，「秋山紅葉」から「春秋観光㈱」に交替的に変更しているので，交替した旧債務者「秋山紅葉」の既発生債務は，本問根抵当権の被担保債権から排除され，このままでは，本問根抵当権では担保されないこととなる。

６　債務者の交替的変更によって担保されなくなった旧債務者の既発生債務を，当該根抵当権によって，改めて担保するためには，どのような方法を講じればよいか

⑴　先ず，新債務者が，債務引受契約によって，旧債務者の既発生債務を，免責的にあるいは併存的に引き受け，次いで，被担保債権の範囲の変更契約（民398の４）によって，その引き受けた既発生債務を，根抵当権の被担保債権の範囲に加えれば，旧債務者の既発生債務は，新債務者の根抵当取引上の債務として，当該根抵当権によって担保されることになる。

⑵　債務引受契約の他に，被担保債権の範囲の変更契約を必要とするのは，新債務者が旧債務者の既発生債務を引き受けただけでは，設定時に（あるいはその後の変更契約によって）定められた当該根抵当権の被担保債権の範囲（根抵当権の構成要素）に含まれないからであり，このままでは，新債務者の根抵当取引上の債務とはならないからである。

⑶　しかし，被担保債権の範囲に加える変更契約を結ぶに当たっては，次の点が問題となる。

それは，新債務者の債務引受に係る旧債務者の既発生債務は，債務者の交替的変更によって根抵当権の被担保債権から排除された時点において，根抵当取引上の不特定の債務ではなくなり，当該根抵当権では担保されない特定の債務（債権）となっているので，特定の債権を根抵当権の被担保債権の範囲に加えることができるかという点である。

この点につき，民法上の解釈及び登記実務は，特定の債権も，それを特定するに足りる事項を定めた上で，他の不特定の債権と共に被担保債権の範囲とする限りは，未確定根抵当権の被担保債権の範囲に加えることができると解している（**昭和46・10・４民甲3230号通達・第二・一・(五)**）。

不特定の債権と併せて担保すべき債権とする限りは，「被担保債権の範囲」の内容が，全体としてなお不特定の債権であると解することができるからである。

したがって，本問においても，先ず，別紙４の「根抵当権変更契約証書」第２条において，新債務者「春秋観光㈱」が，旧債務者「秋山紅葉」の既発生債務を，併存的に引き受けるべく，債務引受契約がなされたわけであるが，このままでは，根抵当取引以外の関係において，「春秋観光㈱」と「秋山紅葉」とが，併存的に（連帯債務者として）債務を負担することになるに過ぎないので，さらに，同「契約証書」第３条において，新債務者「春秋観光㈱」が引き受けた旧債務者「秋山紅葉」の既発生債務を，当該根抵当権の被担保債権の範囲に加えるべく，被担保債権の範囲の変更契約がなされたわけである。

なお，本問における被担保債権の範囲の変更契約は，変更前の被担保債権の範囲である「一定の種類の取引」の一部につき交換的変更をなすと共に，特定の引受債務を追加するものであるが，前者の変更は，本問固有のものであり，かかる変更契約の形式にこだわる必要はない。

(4)　以上により，本問においては，未確定根抵当権の債務者の交替的変更の登記と，被担保債権の範囲の一部の交換的変更と追加的変更の登記とを申請することになる。

(5)　なお，債務者の交替的変更の登記と，被担保債権の範囲の一部の交換的変更の登記の登記原因が，「変更」であることは，もとより当然であるが，特定の引受債務を被担保債権の範囲に追加する変更の登記の登記原因も，「変更」である。既述のように，特定の引受債務は，債務引受契約を結んだだけでは，被担保債権の範囲には含まれず，被担保債権の範囲に追加する変更契約によって，はじめて含まれることになるからである。したがって，**登記原因は，「債務引受」ではなく，「変更」である。**

そして，原因日付も，同一の「令和６年６月23日」（別紙４）であり，さらに，いずれの変更の登記も，根抵当権者「(株)山海開発」を登記権利者とし，設定者「春秋観光(株)」を登記義務者とする共同申請による登記である。

かかる場合につき，登記実務は，同一の申請書による一括申請（不登令４）を認めているので，本問においても，それに従うことになる。

7　甲株式会社（取締役会設置会社，代表取締役Ａ）を設定者，同会社の取締役Ａを債務者とする根抵当権において，甲株式会社が，取締役Ａに代わって根抵当権の債務者となり，次いで，債務者を交替するまでの取締役Ａの既発生債務を引き受け，さらに，この引受債務を当該根抵当権によって担保させるべく，被担保債権の範囲に加える変更をした場合，その債務者の変更と被担保債権の範囲の変更の登記を申請するにつき，申請書に，甲株式会社の取締役会議事録の添付を要するか（不登令７Ｉ⑤ハ，会356Ｉ②③，365）

(1)　先ず，債務者の交替的変更契約につき，会社と取締役間の利益相反の問題が生じるかについて，検討する。

既述のように，債務者の変更（民398の４）は，被担保債権の決定基準の変更であるため，債務者の交替的変更契約がなされると，旧債務者の既発生債務は，当該根抵当権の被担保債権から排除され，新債務者（あるいは残存債務者と新債務者）の債務のみが担保されることになり，特段の事情（債務引受契約等）がない限り，新債務者が，旧債務者の既発生債務を引き継ぐという効果は生じない。そうだとすれば，設定者「甲株式会社」が，旧債務者「取締役Ａ」と交替して，新債務者となるべく，根抵当権者（債権者）と変更契約を結んだだけでは，甲株式会社と取締役Ａとの間に利益相反の問題（会356Ｉ③，間接取引）は生じず，取締役会の承認の要否が問題となることもないということになる。したがって，本問における「債務者の交替的変更契約」（別紙４第１条）についても，同様に解することができ，設定者

「春秋観光(株)」が，根抵当権者と変更契約を結ぶにつき，同会社の「取締役会の承認」は不要である。

⑵　次に，債務引受契約につき，会社と取締役間の利益相反の問題が生じるかについて，検討する。

甲株式会社（代表取締役A）が，自社の取締役Aの債務を引き受ける契約を結ぶに当たっては，取締役会の承認を要すると解されている（会356Ⅰ③，最大判昭和43・12・25）。

債務引受契約は，その効果の違いによって，免責的債務引受と併存的債務引受とに分かれ，また，誰が当事者となるかによって，債権者と債務者と引受人の三当事者の契約（三面契約）による場合，債権者と引受人との契約による場合，債務者と引受人との契約による場合とに分かれる。さらに，会社と取締役間の利益相反行為については，直接取引と間接取引の別があるため，各場合に分けて検討を加えてみると，次のようになる。

⑶　**三面契約（三当事者契約）による場合**

①　かかる契約形態は，債務引受契約の原則的な契約形態であり，免責的債務引受（債務をその同一性を保持したまま引受人に移転する契約）と併存的債務引受（引受人が従来の債務者と併存して同一内容の債務を負担する契約）のいずれの場合においても，その契約の成立要件や効力発生要件等に差の生じない契約形態である。

②　会社と取締役間の利益相反行為の点については，債務者「取締役A＝秋山紅葉」と，引受人「甲株式会社＝春秋観光(株)」が，直接の契約当事者となっており，その債務引受契約は，免責的・併存的のいずれの債務引受の場合においても，会社と取締役との利益が相反するので，利益相反行為としての，会社と取締役との直接取引に該当する（会356Ⅰ②）。

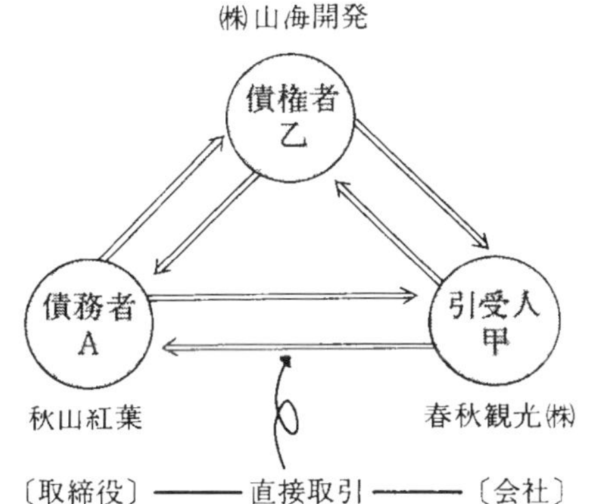

会社が取締役の債務を免責的に引き受ける場合の利益相反性は，特に説明するまでもないが，会社が取締役と併存して同一内容の債務を引き受ける場合の利益相反性は，引受人である会社をして，取締役の債務の連帯債務者（真正連帯債務）となし，一種の保証人的な地位に立たしめるという点にある。

⑷　**債権者と引受人との契約による場合**

①　併存的債務引受は，「債権者と引受人となる者との契約」によって，債務者の意思に反しても，することができるとされている（民470Ⅱ，**大判大正15・3・25**）。併存的債務引受は，債務者に免責を生じさせるものではなく，引受人が債務者と並んで同一内容の債務を負担して，連帯債務者となり（民470Ⅰ，**最判昭和41・12・20**），債権者に一種の保証を与える契約である。そうだとすれば，「主たる債務者の意思に反する保証契約」が有効である（民462Ⅱ）のに準じて，債務者の意思に反する併存的債務引受も有効になし得ると解するのが相当だからである。

② 免責的債務引受も，「債権者と引受人となる者との契約」によってすることができる（民472Ⅱ前段）が，この場合は，免責的債務引受は，「債権者が債務者に対してその契約をした旨を通知した時」に，その効力を生ずるとされている（民472Ⅱ後段）。

③ 会社と取締役間の利益相反行為の点については，債務者「取締役Ａ＝秋山紅葉」は，契約の当事者ではないので，債務引受契約が，会社と取締役間の直接取引として問題になることはない。しかし，引受人「甲株式会社＝春秋観光(株)」が，債権者「乙株式会社＝(株)山海開発」との間で行った債務引受契約は，免責的・併存的のいずれの債務引受の場合においても，会社と取締役との利益が相反するので，利益相反行為としての，会社と取締役以外の者との間接取引に該当する（会356Ⅰ③）。

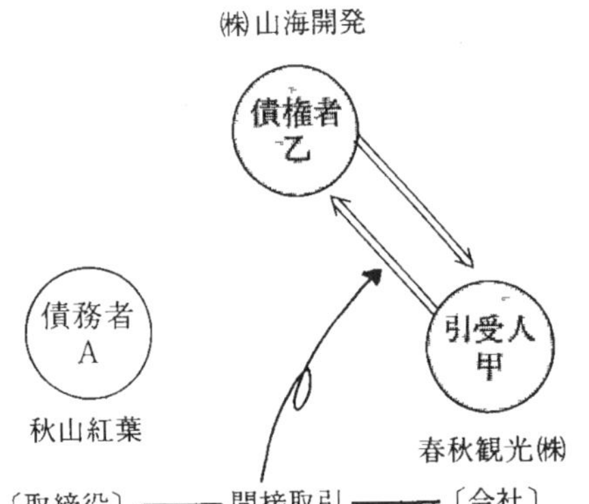

会社が，取締役に対する債権者との契約において，取締役の債務を免責的に引き受ける場合は，「株式会社が…取締役以外の者との間において株式会社と当該取締役との利益が相反する取引をしようとするとき」（会356Ⅰ③）に該当し，併存的に引き受ける場合は，既述のように保証契約に準じるので，「株式会社が取締役の債務を保証すること」等，取締役以外の者との間において株式会社と当該取締役との利益が相反する取引をしようとするとき（会356Ⅰ③）に該当するからである。

⑸ **債務者と引受人との契約による場合**

① 債務者と引受人間の契約によることも認められており，免責的債務引受の場合は，債権者の承諾（申込に対する承諾ではない。）を条件とし，承諾したときは，引受契約の時に遡及して効力が生じると解されている（民472Ⅲ）。債権者を契約の当事者としない形態による免責的債務引受契約は，他人（債権者）の権利を処分する権限のない者による処分行為であるため，債権者の承諾を条件（一種の法定条件的なものであり，いわゆる停止条件ではない。）としたものであり，債権者の承諾に遡及効が認められるのは，かかる承諾は，債務者と引受人間で行われた債務引受をそのまま承諾する趣旨のものだからである。

② 一方，債務者と引受人間の契約による併存的債務引受の場合は，債権者をして引受人に対する債権を取得させる効果をもつ契約であるから，「第三者（債権者）のためにする契約」（民537）として有効に成立し，債権者は，受益の意思表示をすることによって，その時に引受人に対する債権を取得する（民470Ⅲ・Ⅳ，537Ⅲ）。債権者の受益の意思表示が，引受人に対する債権取得の要件となる点については，債権者が引受人に請求すること自体が，受益の意思表示となるので，特に不都合はない。そして，引受人は，真正連帯債務者となる。

③ 会社と取締役間の利益相反行為の点については，債務者「取締役Ａ＝秋山紅葉」と，引受人「甲株式会社＝春秋観光(株)」が，直接の契約当事者となる場合であり，免責的債務

引受の場合はもとより，併存的債務引受の場合は，既述のように，引受人「甲株式会社＝春秋観光(株)」をして，債務者「取締役Ａ＝秋山紅葉」の保証人的な地位に立たせることになるので，利益相反行為としての，会社と取締役との直接取引に該当する（会356Ⅰ②）。

⑹　以上の検討により，甲株式会社（代表取締役Ａ）が，自社の取締役Ａの債務を引き受ける契約を結ぶ場合は，「免責的に引き受ける場合」はもとより，「併存的に引き受ける場合」においても，会社と取締役間の利益相反行為に該当し，また，その契約形態が，「三面契約・債権者と引受人との契約・債務者と引受人との契約」のいずれの形態を取ろうとも，利益相反行為であることに変わりがなく，取締役会の承認を欠く場合は，債務引受契約は無効（相対的無効，**最大判昭和43・12・25**）ということが判明する。

⑺　なお，本問の別紙４「根抵当権変更契約証書」第２条における債務引受契約は，三面契約による併存的債務引受であり，引受人「春秋観光(株)」と，債務者「取締役秋山紅葉」の直接取引としての利益相反行為である。したがって，債務引受契約については，引受人「春秋観光(株)」の取締役会の承認を要し，承認を欠く場合は，上記したように，債務引受契約は無効（相対的無効）となる。

⑻　最後に，**被担保債権の範囲の追加的変更契約につき，会社と取締役間の利益相反の問題が生じるか**について，検討する。

根抵当権の被担保債権の範囲につき，追加的変更契約を結ぶ当事者は，根抵当権者（債権者）と設定者である。つまり，根抵当権者（債権者）「乙株式会社＝(株)山海開発」と，設定者「甲株式会社＝春秋観光(株)」である。そして，本問における両会社は，代表取締役を含む取締役の全員を異にすることを前提としている。したがって，「甲株式会社＝春秋観光(株)」と「取締役Ａ＝秋山紅葉」との間で，利益相反行為が問題になるとすれば，会社と取締役以外の者との間で行われる間接取引である。

そこで検討するに，「債務引受に係る債務を根抵当権の被担保債権の範囲に加える変更契約」は，引き受けた甲株式会社＝春秋観光(株)が負担する自己の債務として，被担保債権の範囲に加える契約であって，取締役Ａ＝秋山紅葉が負担する債務として，加える契約ではない。つまり，設定者「甲株式会社＝春秋観光(株)」が，「自己の債務」として，**独自の計算**において被担保債権の範囲に加えるべく，変更契約を結ぶものである。

したがって，そこには，「取締役Ａ＝秋山紅葉」のためにする，「甲株式会社＝春秋観光(株)」と，取締役以外の者（「乙株式会社＝(株)山海開発」）との間の間接取引（会356Ⅰ③）という関係は，生じないということになる。

以上の検討により，本問における「被担保債権の追加的変更契約」（別紙４第３条）につき，「春秋観光(株)」と「取締役秋山紅葉」との間には，利益相反の要素はなく，設定者「春秋観光(株)」が根抵当権者と変更契約を結ぶにつき，同会社の「取締役会の承認」は不要である。

⑼　さて，所問の「根抵当権の債務者の変更と被担保債権の範囲の変更の登記を申請するにつき，申請書に，甲株式会社（春秋観光(株)）の取締役会議事録の添付を要するか」であるが，

次の理由により，添付を要しないことになる。

既述のように，**本問の変更の登記の登記原因は，「変更」であって「債務引受」ではない。**そして，**不動産登記令第７条第１項第５号ハに従って，申請書に，取締役会議事録の添付を要するのは，「登記原因となる法律行為等」につき，取締役会の承認が効力要件となる場合**である。

したがって，検討すべきは，登記原因である「変更」，即ち「債務者と被担保債権の範囲の変更契約」につき，「甲株式会社＝春秋観光(株)の取締役会の承認」を要するかであるが，既述のように，両事項の変更は，利益相反行為にならないので，かかる変更に関する取締役会の承認は，不要であり，その結果，「両事項の変更に関する取締役会議事録」の添付は，不要であるということになる。

なお，「債務引受」に関しては，既述のように，利益相反行為となるので，「甲株式会社＝春秋観光(株)の取締役会の承認」を要するが，その承認は，「債務引受契約」の効力要件としての承認である。つまり，本問の変更の登記の登記原因となる法律行為，即ち，上記「変更契約」の効力要件としての承認ではない。したがって，「債務引受に関する取締役会議事録」の添付は，不動産登記令第７条第１項第５号ハの求めるところではないと解されている（登記研究478号，「利益相反の先例・判例と実務〔増補改訂版〕」金融財政事情研究会62頁）。

以上により，本問においては，「甲株式会社＝春秋観光(株)の取締役会議事録」の申請書への添付は，いかなる意味においても不要である。

８　別紙４「根抵当権変更契約証書」の登記原因証明情報適格に関する補充

⑴　根抵当権の債務者と被担保債権の範囲の変更の登記を申請する場合であるから，登記原因証明情報としての要件を充足しているといえるためには，その書面が，「根抵当権の債務者と被担保債権の範囲とを変更する契約」に関する書面でなければならないのは，もとより当然であるが，変更契約の効力と変更の登記との関係について定める民法第398条の４第３項を，「変更の登記をもって効力（発生）要件としたもの（民177の例外）」と解するか否かにより，登記原因証明情報としての要件が微妙に異なることになる。

⑵　変更の登記を例外的に効力要件としたものと解する立場によるときは，「根抵当権の債務者と被担保債権の範囲とを変更する契約の成立を証すると共に，当事者，当該根抵当権，目的不動産の各表示並びに申請書に記載すべき登記事項等のすべてが記載された書面」ということになり，変更の登記は原則どおり対抗要件にすぎないと解する立場によるときは，「根抵当権の債務者と被担保債権の範囲とを変更する契約の成立と発効を証すると共に，(以下同文)」ということになる。

前者の立場によるときは，変更契約の効力は変更の登記によって生じるので，契約の成立までを示せば足りるが，後者の立場によるときは，変更契約の効力は変更の合意によって登記をする前に生じるので，契約の成立のみならず，効力の発生までをも示す必要があるからである。

具体的には，登記原因である「変更契約」を特定する原因日付につき，前者の立場によるときは，変更契約の成立の日，後者の立場によるときは，変更契約の効力が生じた日（ただし，契約に条件・期限を付さない限り，成立日と発効日は，同一の日であることを通例とする。民176）が示されていなければならないということになる。

⑶　次に問題となるのは，別紙４の「根抵当権変更契約証書」の第３条によれば，債務者の交代的変更後の新債務者（春秋観光㈱）が，併存的債務引受契約によって引き受けた旧債務者（春秋観光㈱の代表取締役）の既発生債務を，被担保債権の範囲に追加する変更契約を結んでいるので，債務引受契約の成立と発効をも証する書面である必要はないかである。

登記官には，可能な限り実体に合致した登記を実現するべく，審査権限が与えられているが，権利に関する登記については，形式的審査権の範囲に限られており，その限りにおいての，可及的に実体に合致した登記の実現である。そして，その形式的審査権の実効性に資する添付書面の一つが登記原因証明情報であるが，その登記原因証明情報の記載事項のうちで，審査の対象となる事項は，いわゆる「登記原因」等の登記事項，当事者，変更に係る登記された権利（変更の登記の場合），目的不動産等に関する事項である。登記原因についていえば，「特定の日付における法律行為等の法律事実の成立（あるいは成立と発効）」の形式的な有無が，具体的な審査事項である。

そこで，別紙４の「根抵当権変更契約証書」に基づく「根抵当権の債務者と被担保債権の範囲の変更の登記」につき検討してみると，登記原因としての法律事実は，「変更契約」であって，「債務引受契約」ではないので，登記原因についての具体的な審査事項となるのは，「特定の日付における変更契約の成立（あるいは成立と発効）」の形式的な有無であり，「債務引受契約」については，その成立と発効の形式的な有無は，審査の対象事項ではないということになる。

詳論すれば，別紙４の「根抵当権変更契約証書」第２条の債務引受契約については，既に検討したように，会社と取締役間の利益相反行為に該当する（会356Ⅰ②，最大判昭和43・12・25）ので，実体法上，取締役会の事前の承認を要するのは，もとより当然であるが，登記手続上においては，当該債務引受契約は，登記原因としての法律事実ではないので，登記官は，債務引受契約の成否や，その有効性（取締役会の承認の有無）につき，審査権を及ぼすことはなく，したがって，取締役会議事録の添付を求めることもないということである。

さらに具体的に述べれば，別紙４の「根抵当権変更契約証書」第２条の債務引受契約は，登記原因としての法律事実ではないので，同一内容の債務引受契約のみを，別紙４とは異なる契約証書でなすこともでき，その後，その引受債務を被担保債権の範囲に加えるべく，別紙４の「根抵当権変更契約証書」第２条において，次のように変更契約を結ぶことも可能である（なお，かかる場合の第３条以下の条項は，第４条以下の条項が繰り上がった別異の内容となる。）。つまり，別紙４の「根抵当権変更契約証書」に，債務引受契約を締結する旨が直接示されていなくてもよいということになる。

第２条　根抵当権設定者は，第１条の根抵当権の被担保債権の範囲を次のとおり変更することを約定いたしました。 被担保債権の範囲 変更前　①　請負取引による債権 　　　　②　賃貸借取引による債権 変更後　①　請負取引による債権 　　　　②　売買取引による債権 　　　　③　令和６年６月23日債務引受（旧債務者秋山紅葉）に係る新債務者春秋観光株式会社が引き受けた下記債権 　　　　　ⅰ　令和３年10月25日請負取引による債権 　　　　　　　金300万円（弁済期　令和５年７月２日） 　　　　　ⅱ　令和４年１月20日賃貸借取引による債権 　　　　　　　金200万円（弁済期　令和６年５月30日）

以上の検討により，別紙４の「根抵当権変更契約証書」第２条における債務引受契約は，成立した契約であり，かつ，春秋観光(株)の取締役会の事前の承認（原則）を受けたものでなければならないが，登記原因証明情報としての別紙４の「根抵当権変更契約証書」としては，登記原因である「変更契約」の成立（あるいは成立と発効）を証する書面であれば足り，債務引受契約の成立と発効をも証する書面である必要はないということになる。

⑷　また，根抵当権の設定者兼新債務者（春秋観光(株)）が，併存的債務引受契約によって引き受けた旧債務者（春秋観光(株)の代表取締役）の既発生債務を，被担保債権の範囲に追加する変更契約を結ぶことについても，上記債務引受契約とは別の意味において，会社と取締役間の利益相反行為が一応問題にはなるが，既に検討したように，かかる変更契約は，利益相反行為には該当しないので，登記原因としての「変更契約」そのものにつき，利益相反行為としての審査が及ぶことはない（「根抵当登記実務一問一答」金融財政事情研究会109頁～111頁）。

⑸　以上の検討の結果，「根抵当権の債務者と被担保債権の範囲とを変更する契約」は，「令和６年６月23日の合意」によって，成立（あるいは成立し発効）していると解することができるので，別紙４「変更契約証書」は，登記原因である「変更契約」が「令和６年６月23日」に成立（あるいは成立し発効）していることを，形式的に示すにおいて十分である。また，同「契約証書」は，登記原因証明情報としての他の要件をも充足しているので，既述した二つの立場のいずれによるも，登記原因証明情報としての適格性を認めるにつき，特に問題はないということになる。

採点基準

・満点　35点

・配点

第１欄　21点

１番目に申請した登記　７点

・登記原因の記載を間違えた場合　－２点

・登記原因証明情報の記載を間違えた場合　－２点

２番目に申請した登記　６点

・３番目に申請した場合は，２点減点した上で採点する。

・被合併会社の記載をしなかった場合　－２点

・印鑑証明書を添付情報としなかった場合　－２点

３番目に申請した登記　７点

・最後に申請した場合は，２点減点した上で採点する。

・登記原因日付を間違えた場合　－２点

・単独申請で申請した場合　－２点

最後に申請した登記　１点

第２欄　７点

・登記原因日付を間違えた場合　－２点

・添付情報として取締役会議事録を記載した場合　－２点

・登録免許税額を間違えた場合　－２点

第３欄　７点（各１点）

【重要】司法書士試験筆記試験記述式問題の配点の変更について

令和５年12月４日に法務省から以下の発表がございました。

> 令和６年度以降に実施する司法書士試験筆記試験午後の部の記述式問題の配点を以下のとおり変更するので、あらかじめお知らせします。
>
> なお、午後の部の試験時間（３時間）には変更はありません。
>
> 【変更内容】　「２問で70点満点」から「２問で140点満点」に変更します。

なお，本書の採点基準につきましては，「２問で70点満点」です。

第37問　商業登記　記述式

論点

1　前提となる申請会社の判断

(1)　単一株式発行・非公開（会２⑤，別紙１）・非大会社（会２⑥，資本金の額金１億円，会計監査人非設置，会328Ⅱ）

(2)　機関設計

①　取締役会設置会社（任意，会327Ⅰ）

②　監査役設置会社（必置，会327Ⅱ本文），業務監査権限アリ（別紙１，会389Ⅰ，911Ⅲ⑰イ）

(3)　自己株式→100株（別紙２，会308Ⅱ）

(4)　単元株式数→５株（別紙１，会911Ⅲ⑧，308Ⅰただし書）

(5)　株券不発行会社（別紙１，会911Ⅲ⑩）

(6)　公告方法→官報（別紙１）

2　目的の変更の登記

(1)　決議機関・決議要件→株主総会の特別決議（会27①，466，309Ⅱ⑪，注１）

(2)　目的にローマ字を含むことの可否→ローマ字を含む表記方法が社会的に認知されている語句は可

※「ＯＡ機器」「ＬＰガス」「**Ｈ型鋼材**」「ＬＡＮ工事」「ＮＰＯ活動」等ローマ字を含む表記方法が社会的に認知されている語句は，目的の明確性の要請に反しない限り，目的の登記に用いても差し支えない（**平成14・10・７民商2364号回答**）。

3　株式の譲渡制限に関する規定の廃止の登記

(1)　決議機関・決議要件→株主総会の「特別」決議（会107Ⅱ①，466，309Ⅱ⑪，309Ⅲ①の適用ナシ）

(2)　株式の譲渡制限に関する規定の廃止により「公開会社」（会２⑤）になったことによる効果

①　監査等委員会設置会社及び指名委員会等設置会社を除き，任期伸長規定（会332Ⅱ，336Ⅱ）の有無を問わず，定款変更の効力発生時に取締役（会332Ⅶ③）・監査役（会336Ⅳ④）の任期満了

②　当該定款の変更後の発行可能株式総数は，当該定款の変更が効力を生じた時における発行済株式の総数の４倍を超えることができない（会113Ⅲ②）。

4　発行可能株式総数の変更の登記

(1)　決議機関・決議要件→株主総会の「特別」決議（会37Ⅰ，466，309Ⅱ⑪）

(2)　定款の変更が効力を生じた時における発行済株式の総数の４倍を超える増加の可否→不可

（∵公開会社，会113Ⅲ①）

5　取締役会設置会社における取締役，代表取締役及び監査役の変更の登記

⑴　株式の譲渡制限に関する規定の廃止に伴う取締役（会332Ⅶ③）及び監査役の退任（会336Ⅳ④）

⑵　親会社取締役と子会社監査役の兼任の可否→可（会335Ⅱ）→非社外監査役（会２⑯ハ）

⑶　後任取締役５名（会331Ⅴ，注１）・後任監査役１名就任→登記申請可（会346Ⅰ）

⑷　取締役の任期の伸長変更の可否→不可（∵公開会社，会332Ⅱ）

6　電子提供措置に関する登記

⑴　令和４年９月１日施行の改正により，定款の定めに基づき，株式会社（特例有限会社を含む。）の取締役が株主総会参考書類等の内容である情報を自社のホームページ等のウェブサイトに掲載し，株主に対して当該ウェブサイトのアドレス等を株主総会の招集の通知に記載等して通知した場合には，**株主の個別の承諾を得ていないときであっても**（会299Ⅲ参照），取締役は，株主に対して株主総会参考書類等を適法に提供したものとする電子提供措置の制度（電子提供制度）が創設された（会325の２から会325の７まで）。

⑵　株式会社は，取締役が株主総会の招集の手続を行うときは，株主総会資料の内容である情報について，電子提供措置をとる旨を**定款で定める**ことができるとされ，この場合，定款には，**電子提供措置をとる旨を定めれば足りる**とされた（会325の２）。

⑶　定款に電子提供措置をとる旨の定めのある株式会社の設立の登記においては，その旨も登記すべき事項となり（会911Ⅲ⑫の２），登記記録の**商号区**に記録されることとされた（商登規１Ⅱ，別表第五商号区の項記録すべき事項の欄）。

7　特別取締役による議決の定めの設定及び特別取締役の変更の登記

⑴　決議機関→取締役会（会373Ⅰ）

⑵　取締役６人以上（会373Ⅰ①）＋「取締役」（特別取締役ではない）のうち社外取締役「１人」以上（会373Ⅰ②）

⑶　特別取締役の就任承諾書についての本人確認証明書の添付の要否→不要（商登規61Ⅶ）→住所の記載がなくても，就任承諾書として，議事録の記載援用可

8　単元株式数の増加変更の登記

⑴　決議機関・決議要件→減少変更（会195Ⅰ）とは異なり，「増加」変更の場合は，「株式の分割と同時にする場合ではなければ（会191），株主総会の特別決議による定款変更が必要（会188Ⅰ，466，309Ⅱ⑪，注１）

⑵　「理由」説明の要否→単元株式数を「定める」場合ではないので不要（会190，180Ⅳ参照）

⑶　単元株式数は，「**1,000及び発行済株式の総数の200分の１に当たる数**」を超えることはでき

ない（会188Ⅱ，会施規34)。

9　貸借対照表に係る情報の提供を受けるために必要な事項の設定の登記

⑴　申請会社は，①特例有限会社（整備28）又は②金融商品取引法第24条第１項の規定により有価証券報告書を内閣総理大臣に提出しなければならない会社（会440Ⅳ）ではない（別紙７の９)。

⑵　公告をする方法→電子公告以外の「官報」（別紙１）→可（会440Ⅲ)

⑶　代表取締役の決定（別紙７の８）の可否→可，委任状にＵＲＬを記載する。

貸借対照表に係る情報の提供を受けるために必要な事項の設定の登記の申請書には，代理人によって申請する場合のその権限を証する書面（委任状）を除き，他の書面を添付することを要しない（商業登記ハンドブック第４版223頁）が，代理人により申請をする場合は，その権限を証する書面（委任状）には，ウェブページのＵＲＬを記載すべきであるとされている（登記研究690号130頁参照)。

10　公開会社における第三者割当てによる募集株式の発行による変更の登記

⑴　取締役会での決議の可否→可（会201Ⅰ)

⑵　決議日と払込期日の間に２週間ナシ→総株主の同意必要（会201Ⅲ，210)

⑶　取締役会による割当決議の要否→不要（∵非譲渡制限株式，会204Ⅰ・Ⅱ)

⑷　自己株式処分差損→資本金等増加限度額から控除（会計規14Ⅰ)，本問では差損ナシ（別紙７の５)

解答例

※　本来の解答例は太字で記載してある部分です。答案作成に際して注意すべき点を活字のポイントを小さくして記載してありますので，参考にしてください。なお，<×○○>と記載してあるのは，間違いの解答例です。同じ間違いをしていないかどうかを確認してください。また，<▽○○>と記載してあるのは，間違いとまでは言えませんが，受験生としては妥当でない解答例です。

※　単に「注」とあるのは，問題文中の（答案作成に当たっての注意事項）を意味しています。

第１欄　←令和６年６月26日に申請した登記の申請書

【登記の事由】←商登17Ⅱ③

☞注４で，区ごとに整理して記載する（商登規35Ⅱ）ことを要しないとされている。

目的の変更

株式の譲渡制限に関する規定の廃止

<×発行可能株式総数の変更>　←登記申請不可，第３欄に記載する

取締役，代表取締役及び監査役の変更

<×電子提供措置に関する規定の設定>　←期限付決議に注意，第２欄に記載する

【登記すべき事項】←商登17Ⅱ④，注３の指示により申請書に直接記載する（改正商登17Ⅲの適用ナシ）

令和６年６月23日（目的の）**変更**

目的　１　鉄鉱石，石炭の輸入販売

２　Ｈ型鋼材の輸入販売

３　前各号に附帯する一切の事業

☞定款中の目的として，複数の事業を掲げている場合において，その一部を変更したときであっても，目的全体が登記事項となっているため，目的の全体（変更後の全ての事業）について変更の登記を要する（昭和38・９・19民甲2623号回答，登記研究191号66頁，商業登記ハンドブック第４版189頁）。

令和６年６月23日株式の譲渡制限に関する規定廃止

同日取締役甲野一郎，取締役乙野二郎，取締役丙野三郎，監査役丁野四郎（任期満了により）**退任**

同日代表取締役甲野一郎（資格喪失により）**退任**

同日次の者就任

取締役　甲野次郎

取締役　乙野健二

取締役　赤井花子

取締役　白井二郎

取締役<×（社外取締役）>　青井三郎
東京都新宿区新宿二丁目２番２号
代表取締役　白井二郎
監査役　戊野五郎

【課税標準金額】←商登17Ⅱ⑥後段
なし　←注８の指示

【登録免許税の額】←商登17Ⅱ⑥前段
金４万円
内訳　役員変更分　　金１万円
　　　その他変更分　金３万円

☞申請会社は，役員変更時点の資本金の額が１億円「以下」の１億円の会社であるから，役員変更分として申請件数１件につき「金１万円」である（登録税別表第一・二十四・(一)・カ）。

☞目的の変更，株式の譲渡制限に関する規定の廃止の登記は，その他の登記事項の変更分として，申請件数１件につき「金３万円」である（同ツ）。

☞したがって，合計「金４万円」となる。なお，本来は定額課税分のみの課税であるので内訳の記載は不要であるが，注５の指示があるので，その内訳も記載することを要する。

【添付書面の名称及び通数】
株主総会議事録　１通

☞目的の変更及び株式の譲渡制限に関する規定を廃止する旨の定款変更決議，取締役及び監査役の選任決議をそれぞれ証し（商登46Ⅱ），また，株式の譲渡制限に関する規定を廃止する旨の定款変更決議がなされたことにより，取締役及び監査役が任期満了により退任することを証するため（商登54Ⅳ），「別紙２」の株主総会議事録を添付する。

株主の氏名又は名称，住所及び議決権数等を証する書面（株主リスト）　１通

☞商登規61Ⅲ，注７②の指示

<×定款>　←退任を証するため添付する必要はないと解する。

取締役の就任承諾書　５通<×株主総会議事録の記載を援用する>

☞商登54Ⅰ，新任取締役，住所の記載ナシ→援用不可（商登規61Ⅶ），注７①③の指示

監査役の就任承諾書　１通

☞商登54Ⅰ，別紙４の３，注７③の指示

<×本人確認証明書　６通>　←印鑑証明書添付（商登規61Ⅶただし書）

取締役会議事録　1通

☞代表取締役の選定決議をしたことを証するため，「別紙３」の取締役会議事録を添付する（商登46Ⅱ）。

代表取締役の就任承諾書は取締役会議事録の記載を援用する

☞新任代表取締役白井二郎の就任承諾書については印鑑証明書が必要となる（商登規61Ⅴ）が，注６なお書により，取締役議事録に実印を押印しているので，別紙３の取締役会の席上その就任を承諾した旨の記載を援用する（商登54Ⅰ，注７①の指示）。

印鑑証明書　６通<×７通，９通，10通>

☞注６なお書により，別紙３の取締役会の議事録には，出席取締役及び監査役が市町村に登録している印鑑が押印されているとあるので，出席取締役及び監査役全員（取締役甲野次郎，同乙野健二，同赤井花子，同白井二郎，同青井三郎及び監査役戊野五郎）の印鑑証明書６通を添付する（商登規61Ⅵ③）。

☞なお，新任代表取締役白井二郎の就任承諾書の印鑑証明書も必要となる（商登規61Ⅴ）が，１通添付すれば足りる。

委任状　１通　←商登18，注10，注11，注６の示唆（商登規35の２Ⅱ，商登24⑦）

第２欄　←令和６年７月18日に申請した登記の申請書

【登記の事由】

電子提供措置に関する規定の設定

＜×特別取締役による議決の定めの設定，特別取締役の変更＞　←登記申請不可，第３欄

単元株式数の変更

貸借対照表に係る情報の提供を受けるために必要な事項の設定

募集株式の発行

【登記すべき事項】

令和６年７月１日＜×６月23日＞**設定**

電子提供措置に関する規定

当会社は株主総会の招集に際し，株主総会参考書類等の内容である情報について，電子提供措置をとるものとする。

令和６年７月10日＜×９日＞**変更**

単元株式数　10株　←2000株×1/200＝10株＜1000株（会188Ⅱ，会施規34）

令和６年７月10日設定

貸借対照表に係る情報の提供を受けるために必要な事項

ｈｔｔｐ：／／ｗｗｗ．ｓｈｉｎｊｙｕｋｕｓａｎｇｙｏｕ．ｃｏ．ｊｐ／ｋｅｓｓａｎ／ｉｎｄｅｘ．ｈｔｍｌ

令和６年７月16日変更

発行済株式の総数　3900株＜×4000株＞　←2000株＋（2000株－100株＝1900株）

資本金の額　金１億9500万円　←１億円＋（1900株×８万円×5/8＝9500万円），自己株式処分差損ナシ（別紙７の５）

【課税標準金額】

＜×なし＞←注８の指示

金9500万円

☞募集株式の発行により増加した資本金の額金9,500万円である。

【登録免許税の額】

金69万5000円

内訳　資本金増加分　金66万5000円

その他変更分　金３万円

☞募集株式の発行による資本金の増加の登記は，増加した資本金の額金9,500万円に1000分の７を乗じた額であ

り，「金66万5,000円」である（登録税別表第一・二十四・(一)・ニ）。

☞電子提供措置に関する規定の設定，単元株式数の変更及び貸借対照表に係る情報の提供を受けるために必要な事項の設定の登記は，その他の登記事項の変更分として，申請件数１件につき「金３万円」である（同ツ）。

☞したがって，合計「金69万5,000円」となる。なお，本申請には定率課税が含まれているので，注５の指示にかかわらず，内訳の記載が必要である。

【添付書面の名称及び通数】

株主総会議事録　２通

☞電子提供措置に関する規定の設定決議をした「別紙２」の株主総会議事録及び単元株式数を変更する旨の定款変更決議をした「別紙５」の株主総会議事録を添付する（商登46Ⅱ）。

株主の氏名又は名称，住所及び議決権数等を証する書面（株主リスト）　１通＜×２通＞

☞商登規61Ⅲ，注７②の指示

＜×代表取締役の決定書＞　←別紙７の８，添付書面ではない。

取締役会議事録　１通

☞募集株式の発行等の決議をしたことを証するため，「別紙６」の取締役会議事録を添付する（商登46Ⅱ）。

募集株式の引受けの申込みを証する書面　３通

☞募集株式の引受けの申込みがあったことを証するため，別紙７の３により，奥野六郎，山本七郎及び石川八郎から会社に提出された募集株式の引受けの申込みを証する書面３通を添付する（商登56①前段）。

＜×代表取締役の割当て決定書＞　←別紙７の４，譲渡制限株式ではない（会204Ⅰ）。

払込みがあったことを証する書面　１通

☞払込みがあったこと，即ち，別紙７の６により，募集株式の発行の払込金額の全額が払込取扱金融機関に払い込まれたことを証するため，代表取締役の作成に係る証明書に預金通帳の写しを合てつしたものを添付する（商登56②）。

資本金の額の計上に関する証明書（or資本金の額が会社法及び会社計算規則の規定に従って計上されたことを証する書面）　**１通**　←商登規61Ⅸ

株主全員の同意書　５通＜×６通，▽１通＞

☞別紙７の７により，募集事項の株主への通知期間を短縮することについて，個別の書面により，株主全員の同意を得ていることを証するため，株主全員の同意書を添付する（商登46Ⅰ）。

株主全ての氏名又は名称，住所及び議決権数等を証する書面（総株主リスト）　１通

☞商登規61Ⅱ①

委任状　１通　←商登18，注10，注11，注６の示唆（商登規35の２Ⅱ，商登24⑦）

☞なお，貸借対照表に係る情報の提供を受けるために必要な事項の設定の登記の申請書には，代理人によって申請する場合のその権限を証する書面（委任状）を除き，他の書面を添付することを要しない（商業登記ハンドブック第４版223頁）が，代理人により申請する場合は，その権限を証する書面（委任状）には，ウェブページのＵＲＬを記載すべきであるとされている（登記研究690号130頁参照）。

第３欄　登記の申請を代理すべきでない登記及びその理由

＜×ない＞　←問３なお書の指示

①←問３なお書の指示　**発行可能株式総数の変更の登記**

申請会社では，令和６年６月23日開催の定時株主総会において，発行可能株式総数を１万6,000株に増加する旨の定款変更決議を行っているが，同時に，株式の譲渡制限に関する規定の廃止により「公開会社」となるため，発行済株式の総数の「４倍」を超えて増加することはできないからである。

☞会２⑤，113Ⅲ①

②　**特別取締役による議決の定めの設定及び特別取締役の就任の登記**

申請会社では，令和６年７月９日開催の取締役会で特別取締役による議決の定めを設定する旨の決議を行っているが，当該定めを設定するには，取締役が６名存在しなければならないところ，申請会社には取締役は５名しか存在しないからである。

☞会373Ⅰ①

×特別取締役の中に社外取締役が存在しない。　←会373Ⅰ②

×取締役の過半数が社外取締役ではない。

×目的の変更の登記

・会社の目的は明確でなければならないから，目的にローマ字を含むことは認められない。

×株式の譲渡制限に関する規定の廃止の登記

・株主総会の特殊決議の要件を満たす株主の賛成が得られていないから。

×監査役の就任・退任の登記

・親会社取締役と子会社の監査役を兼任することはできないから。

・後任監査役が就任していないので，監査役の権利義務者となるから。

×取締役の任期の伸長

☞登記事項ではない。

論点の検討

1　目的の変更の登記

⑴　目的の意義

①　株式会社は，その定款において，目的を定めなければならない（絶対的記載事項，会27①）。

②　目的とは，会社の営む事業をいい，株式会社は，法令の規定に従い，原則として，定款で定められた目的の範囲内において，権利を有し，義務を負う（民34，**最判昭和45・６・24**）。

⑵　目的の適格性

①　会社の目的についての審査は，適法性・営利性・明確性のみを対象として行われることとされ，「具体性」についての審査は不要とされている（**平成18・３・31民商782号通達・第七部・第二**）。したがって，目的を「商業」「商取引」「運輸業」と定めることも可能である（論点解説新・会社法11頁）。

②　もっとも，適法性・明確性・営利性の要件を満たさない場合には，登記の申請は却下される。

③　なお，「ＯＡ機器」「ＬＰガス」「**Ｈ型鋼材**」「ＬＡＮ工事」「ＮＰＯ活動」等ローマ字を含む表記方法が社会的に認知されている語句は，目的の明確性の要請に反しない限り，目的の登記に用いても差し支えないとされている（**平成14・10・７民商2364号回答**）。

④　したがって，本問では，「Ｈ型鋼材の輸入販売」を変更後の目的に定めているが，このような目的を定めることは差し支えない。

⑶　目的の変更の決議要件

①　目的の変更には，定款変更が必要であるから（会27①），株主総会の特別決議が必要となる（会466，会309Ⅱ⑪）。特別決議は，当該株主総会において議決権を行使することができる株主の議決権の過半数（３分の１以上の割合を定款で定めた場合には，その割合以上）を有する株主が出席し，出席した当該株主の議決権の「３分の２」（これを上回る割合を定款で定めた場合には，その割合）以上に当たる多数によって行う必要がある。

②　申請会社は，単元株式数を５株と定めており（発行済株式の総数2,000株÷５＝400個），自己株式を有しているので（100株÷５＝20個），当該株主総会において議決権を行使することができる株主の議決権数は，400個－20個＝「380個」となる。

③　本問の場合，別紙２により，令和６年６月23日開催の定時株主総会で，目的を変更する旨の定款変更決議をしている。この決議は，当該株主総会において議決権を行使することができる株主の議決権（380個）の過半数（191個）を有する株主（330個）が出席し，出席した当該株主の議決権の３分の２（220個）以上に当たる多数（280個）によってなされており，定款変更決議の要件を満たしている。

⑷　したがって，同日付で目的を変更する旨の定款変更決議の効力が生じるので，目的の変更登記を申請する。

2　株式の譲渡制限に関する規定の廃止

⑴　株式の譲渡制限に関する規定の意義

①　株式会社においては，株主は，原則として，その有する株式を自由に譲渡することができる（会127）。しかし，同族会社や，小規模閉鎖的な株式会社では，株式会社にとって好ましくない者が株主となって株式会社の経営に参加することや，株式会社の乗っ取り等を防止し，経営の安定を図る必要があることから，その発行する全部又は一部の株式の内容として，譲渡による当該株式の取得について当該株式会社の承認を要することを定めることができる（会107Ⅰ①，108Ⅰ④）。

⑵　株式の譲渡制限に関する規定の廃止の手続

株式の譲渡制限に関する規定（会107Ⅱ①，108Ⅱ④）の「廃止」は，定款変更に当たるので，株主総会の特別決議が必要となる（会466，309Ⅱ⑪）が，特殊決議（会309Ⅲ①）までは不要である。特別決議は，当該株主総会において議決権を行使することができる株主の議決権の過半数（３分の１以上の割合を定款で定めた場合には，その割合以上）を有する株主が出席し，出席した当該株主の議決権の３分の２（これを上回る割合を定款で定めた場合には，その割合）以上に当たる多数によって行う必要がある。

⑶　株式の譲渡制限に関する規定の廃止の効果

①　株式の譲渡制限に関する規定を廃止したときは，当該株式会社は，以後，公開会社についての会社法の規定の適用を受けることになる（会２⑤）。

②　公開会社とは，その発行する全部又は一部の株式の内容として譲渡による当該株式の取得について株式会社の承認を要する旨の定款の定めを設けていない株式会社をいい（会２⑤），公開会社は，取締役会を置かなければならず（会327Ⅰ①），また，監査等委員会設置会社及び指名委員会等設置会社を除き，監査役を置かなければならない（会327Ⅱ本文）。

③　また，株式の譲渡制限に関する規定の廃止により，取締役及び監査役の任期は満了し，退任する（会332Ⅶ③，336Ⅳ④）。

④　なお，発行可能株式総数を発行済株式の総数の４倍を超えて定めていた非公開会社が，公開会社となった場合は，公開会社となった時点における発行可能株式総数が発行済株式の総数の４倍を超えることはできない（会113Ⅲ②）。

⑤　また，公開会社は，発行済株式の総数の４倍を超えて発行可能株式総数を増加させることはできない（会113Ⅲ①）。

⑷　本問の検討

①　別紙２の第３号議案により，令和６年６月23日開催の定時株主総会で，株式の譲渡制限に関する規定を廃止する旨の定款変更決議をしている。この決議は，当該株主総会において議決権を行使することができる株主の議決権の過半数（191個）を有する株主（330個）が出席し，出席した当該株主の議決権の３分の２（220個）以上に当たる多数（220個）によってなされており，定款変更決議の要件を満たしている。

②　したがって，決議成立時をもって株式の譲渡制限に関する規定を廃止する旨の定款変更決議の効力が生じるので，株式の譲渡制限に関する規定の廃止の登記を申請する。

3　発行可能株式総数の変更の登記

⑴　発行可能株式総数の意義

①　発行可能株式総数とは，株式会社が発行することができる株式の総数をいう（会37Ⅰ）。

②　発行可能株式総数は，これを定めることによって，発行済株式の総数の最大限を画し，業務執行者の株式発行権限を制限することにより，既存の株主の持株比率の減少を発行可能株式総数の範囲内に留め，株主の保護を図る機能を有するものである（新・会社法100問147頁参照）。

③　発行可能株式総数を増加する場合には，公開会社でない会社においてはその上限はないが，公開会社にあっては，定款変更の効力発生時における発行済株式の総数の４倍を超えることはできない（会113Ⅲ①）。

⑵　発行可能株式総数の変更手続

①　発行可能株式総数は定款の記載事項であるから（会37Ⅰ参照），これを変更する場合，定款変更に当たるので株主総会の特別決議によらなければならない（会466，309Ⅱ⑪）。特別決議は，当該株主総会において議決権を行使することができる株主の議決権の過半数（３分の１以上の割合を定款で定めた場合には，その割合以上）を有する株主が出席し，出席した当該株主の議決権の３分の２（これを上回る割合を定款で定めた場合には，その割合）以上に当たる多数によって，行う必要がある。

⑶　本問の検討

①　別紙２の第３号議案により，令和６年６月23日開催の定時株主総会において，発行可能株式総数を１万6,000株に増加する旨の定款変更決議を行っている。

②　しかし，この時点では，申請会社は公開会社となっており，また，発行済株式の総数は，2,000株である。公開会社において，発行可能株式総数は，発行済株式の総数（2,000株）の４倍（8,000株）を超えることができないため，当該決議は，その決議の内容が法令に反するものとして無効であり，発行可能株式総数の変更の登記は，司法書士として登記の申請を代理すべきでない事項となる。

4　取締役会設置会社における取締役，代表取締役及び監査役の変更の登記

⑴　取締役の変更

①　取締役（監査等委員会設置会社・指名委員会等設置会社を除く）の任期

ア　取締役の任期は，原則として，選任後２年以内に終了する事業年度のうち最終のものに関する定時株主総会の終結の時までである（会332Ⅰ）。なお，公開会社でない株式会社においては，定款によって，その任期を選任後10年以内に終了する事業年度のうち最終のものに関する定時株主総会の終結の時まで伸長することができる（会332Ⅱ）。

イ　監査等委員会設置会社の取締役（監査等委員であるものを除く。）の任期は，原則として，選任後「１年」以内に終了する事業年度のうち最終のものに関する定時株主総会の終結の時までである（会332Ⅲ）。

ウ　監査等委員である取締役の任期は，選任後「２年」以内に終了する事業年度のうち最終のものに関する定時株主総会の終結の時までとし，定款又は株主総会の決議によって，その任期を短縮することはできない（会332Ⅳ）。

エ　指名委員会等設置会社の取締役の任期は，原則として，選任後「１年」以内に終了する事業年度のうち最終のものに関する定時株主総会の終結の時までである（会332Ⅵ）。

オ　上記にかかわらず，次に掲げる定款の変更をした場合には，取締役の任期は，当該定款の変更の効力が生じた時に満了する（会332Ⅶ）。

a　監査等委員会又は指名委員会等を置く旨の定款の変更

b　監査等委員会又は指名委員会等を置く旨の定款の定めを廃止する定款の変更

c　その発行する株式の全部の内容として譲渡による当該株式の取得について当該株式会社の承認を要する旨の定款の定めを廃止する定款の変更（監査等委員会設置会社及び指名委員会等設置会社がするものを除く。）

※公開会社でない株式会社においては，取締役等の任期を伸長することができるが（会332Ⅱ，336Ⅱ），公開会社となった後においても伸長した任期を維持することを認めることとするのは，公開会社でない株式会社に限り，任期伸長を認めた会社法の規定の趣旨を没却することとなるからである（商事法務1744号97頁）。なお，この規定は，公開会社以外の会社が現に取締役の任期の伸長に関する定款の定めを設けているか否かにかかわらず適用される（商事法務1744号98頁）。

②　取締役の就任

ア　取締役は，株主総会において選任される（会329Ⅰ）。この決議は，議決権を行使することができる株主の議決権の過半数（３分の１以上の割合を定款で定めた場合にあっては，その割合以上）を有する株主が出席し，出席した当該株主の議決権の過半数（これを上回る割合を定款で定めた場合にあっては，その割合以上）をもって行わなければならず，当該決議の定足数を株主の議決権の３分の１未満に下すことはできない（会341）。

イ　そして，株式会社と取締役との関係は，民法の委任に関する規定に従うため，株主総会の取締役選任決議は，会社の内部的意思決定又は被選任者に対する就任契約の申込みにすぎないことから，当該決議に加え，被選任者がその就任を承諾することにより，取締役の就任の効力が生ずる（会330，民643）。

ウ　なお，取締役が任期満了による退任後時間を置かずに就任（再任）するときは，これを実務上「重任」という。

③　取締役の員数

取締役会設置会社（会２⑦）における取締役の員数は，３人以上でなければならないが（会331Ⅴ），定款で３人以上の員数の取締役を置く旨を定めることができる。

⑵　代表取締役の変更

①　代表取締役の選定

ア　代表取締役の地位は取締役の地位を前提とするものとして認められる（会349Ⅲ，362

Ⅲ参照)。そのため，取締役会設置会社においては，取締役会の決議をもって，取締役の中から代表取締役を選定しなければならない（会362Ⅱ③・Ⅲ)。

イ　そして，代表取締役は，取締役会の構成員である取締役の地位とは別個の地位であり，代表取締役に就任することは職務や責任の拡大を伴うため，取締役会の選定決議のほか，被選定者がその就任を承諾することにより，代表取締役の就任の効力が生ずる（注釈会社法（6）144頁，昭和39・1・17民甲111号通達参照)。

ウ　なお，代表取締役の場合に限り，退任日と就任日が同じであれば，午前の株主総会の終結時をもって退任し午後の取締役会で選任されるといった時間的間隔があったとしても，「重任」とすることが認められている。(登記研究453号126頁)。

② 代表取締役の員数

代表取締役は，１人以上いれば足りるが，定款で２人以上の員数の代表取締役を置く旨を定めることができる。

③ 代表取締役の退任

代表取締役は，取締役たる資格の存在がその地位の前提をなすので，取締役たる資格の喪失により，代表取締役たる資格も喪失することになる。

⑶ 監査役の変更

① 監査役の任期

ア　監査役の任期は，原則として，選任後４年以内に終了する事業年度のうち最終のものに関する定時株主総会の終結の時までである（会336Ⅰ)。なお，公開会社でない株式会社においては，定款によって，その任期を選任後10年以内に終了する事業年度のうち最終のものに関する定時株主総会の終結の時まで伸長することができる（会336Ⅱ)。また，定款によって，任期の満了前に退任した監査役の補欠として選任された監査役の任期を退任した監査役の任期の満了する時までとすることができる（会336Ⅲ)。

イ　上記アにかかわらず，次に掲げる定款の変更をした場合には，監査役の任期は，当該定款の変更の効力が生じた時に満了する（会336Ⅳ)。

a　監査役を置く旨の定款の定めを廃止する定款の変更

b　監査等委員会又は指名委員会等を置く旨の定款の変更

c　監査役の監査の範囲を会計に関するものに限定する旨の定款の定めを廃止する定款の変更

d　その発行する全部の株式の内容として譲渡による当該株式の取得について当該株式会社の承認を要する旨の定款の定めを廃止する定款の変更

② 監査役の就任

取締役と同様，監査役は，株主総会において選任され（会329Ⅰ，341)，被選任者がその就任を承諾することにより，監査役の就任の効力が生ずる（会330→民643)。

③ 監査役の員数

監査役会設置会社（会335Ⅲ）を除き，１人以上あれば足りるが，定款で２人以上の員数の監査役を置く旨を定めることができる。

④　監査役の兼任禁止

監査役は，株式会社もしくはその子会社の取締役もしくは支配人その他の使用人又は当該子会社の会計参与（会計参与が法人であるときは，その職務を行うべき社員）もしくは執行役を兼ねることができない（会335Ⅱ）。親会社の監査役が子会社の取締役等を兼任した場合には，監査役の職務の独立性を害され，また，監査役の権限の適正な行使が期待できないからである。これに対し，子会社の監査役が親会社の取締役を兼任することは差し支えない。この場合には，このような弊害が生じないからである。

⑷　本問の検討

①　令和６年６月23日開催の定時株主総会の第３号議案で，株式の譲渡制限に関する規定を廃止する旨の定款変更決議がなされこの時点で取締役及び監査役は全員任期満了により退任する。

②　そして，同定時株主総会の第４号議案で，取締役甲野次郎，取締役乙野健二，取締役赤井花子，取締役白井二郎，取締役（社外取締役）青井三郎，監査役戊野五郎の選任決議がなされ，戊野五郎を除く被選任者はそれぞれ席上その就任を承諾し，別紙４の３により，監査役に選任された戊野五郎は，令和６年６月23日開催の定時株主総会の終結後，直ちに監査役に就任する旨の就任承諾書を申請会社に提出している。したがって，取締役甲野一郎，乙野二郎，丙野三郎，監査役丁野四郎については「令和６年６月23日退任」の登記を，取締役甲野次郎等については，「令和６年６月23日就任」の登記をそれぞれ申請する。

③　なお，別紙４の２により，監査役に選任された戊野五郎は，申請会社の親会社である株式会社シンジュク・ホールディングスの取締役であり，引き続き同社の取締役を務める意向であり，現在その職を辞するつもりはないが，子会社の監査役が親会社の取締役を兼任することは差し支えない。

④　また，別紙１により，代表取締役甲野一郎は，令和４年６月25日に重任しているが，令和６年６月23日開催の定時株主総会の第３号議案で，株式の譲渡制限に関する規定を廃止する旨の定款変更決議がなされており，代表取締役の前提資格である取締役の資格を喪失するので，同日付で資格喪失による退任の登記を申請する。

5　電子提供制度の創設（令和４・８・３民商378号通達・第一）

5-1　概要

⑴　令和４年９月１日施行の改正において，定款の定めに基づき，株式会社（特例有限会社を含む。以下同じ。）の取締役が株主総会資料（種類株主総会資料を含む。）の内容である情報を自社のホームページ等のウェブサイトに掲載し，株主に対して当該ウェブサイトのアドレス等を株主総会の招集の通知に記載等して通知した場合には，**株主の個別の承諾を得ていないときであっても**，取締役は，株主に対して株主総会参考書類等を適法に提供したものとする電子提供措置の制度（以下「電子提供制度」という。）が創設された（会325の２から会325

の7まで)。

⑵　株式会社は，取締役が株主総会（種類株主総会を含む。）の招集の手続を行うときは，株主総会資料（種類株主総会資料を含む。）の内容である情報について，電子提供措置をとる旨を**定款で定める**ことができるとされ，この場合，定款には，**電子提供措置をとる旨を定めれば足りる**とされた（会325の2）。

⑶　また，**振替株式**（株券を発行する旨の定款の定めがない会社の株式（譲渡制限株式を除く。）で振替機関が取り扱うもの（社債，株式等の振替に関する法律（平成13年法律第75号。以下「振替法」という。）第128条第1項））**を発行する会社**については，電子提供制度を利用することを**義務付ける**こととされた（改正法による改正後の振替法第159条の2第1項）。

5-2　電子提供措置の採用と登記

株式会社は，その設立の際に作成する定款（会26Ⅰ）に電子提供措置をとる旨を定めること又は設立後に株主総会の特別決議により定款を変更して電子提供措置をとる旨を定款で定めることができるとされ（会325の2，466，309Ⅱ⑪），この定款の定めは登記すべき事項とされた（会911Ⅲ⑫の2）。なお，整備法附則第3号に定める日（以下「施行日」という。）において振替株式を発行している会社は，施行日をその定款の変更が効力を生ずる日とする電子提供措置をとる旨の定款の定めを設ける定款の変更の決議をしたものとみなすとされた（整備法第10条第2項）。

5-3　電子提供措置に関する登記の手続

⑴　株式会社の設立の登記

定款に電子提供措置をとる旨の定めのある株式会社の設立の登記においては，その旨も登記すべき事項となり，登記記録の**商号区**に記録されることとされた（商登規1Ⅱ，別表第五商号区の項記録すべき事項の欄)。なお，この場合の登記の記録例は，別紙記録例1による。

⑵　電子提供措置をとる旨の定款の定めの設定による変更の登記

ア　登記の期間

(ｱ)　施行日において振替株式を発行している会社

施行日において振替株式を発行している会社については，上記4-2のとおり，施行日をその定款の変更の効力が生ずる日とする電子提供措置をとる旨の定款の定めを設ける定款の変更の決議をしたものとみなすとされたところ，当該会社は，施行日より前にあらかじめ電子提供措置をとる旨の定款の定めを設ける定款の変更に係る株主総会の決議をした場合も含めて，施行日から6か月以内に，その本店の所在地において，電子提供措置をとる旨の定款の定めの設定による変更の登記をしなければならない（整備法第10条第4項)。

なお，当該会社は，施行日から上記電子提供措置をとる旨の定款の定めの設定による変更の登記をするまでに他の登記をするときは，当該他の登記と同時に，電子提供措置をとる旨の定款の定めの設定による変更の登記をしなければならないとされた（整備法第10条第5項)。

また，施行日から上記電子提供措置をとる旨の定款の定めの設定による変更の登記をするまでに電子提供措置をとる旨の定款の定めに変更を生じたときは，遅滞なく，当該変更に係る登記と同時に，変更前の事項の登記をしなければならないとされた（整備法第10条第６項)。したがって，この場合には，電子提供措置をとる旨の定款の定めの設定による変更の登記の申請は，電子提供措置をとる旨の定款の定めの廃止による変更の登記の申請と同時でなければ却下するものとする。

(イ) 上記(ア)以外の株式会社

上記(ア)以外の株式会社（施行日後に振替株式を発行する株式会社となる場合を含む。）が株主総会の決議により定款を変更して，電子提供措置をとる旨の定款の定めを設定したときは，当該定款の変更の効力の発生日から２週間以内に，その本店の所在地において，電子提供措置をとる旨の定款の定めの設定による変更の登記をしなければならない（会911Ⅲ⑫の２，915Ⅰ)。

イ　登記すべき事項

(ア)　施行日において振替株式を発行している会社

登記すべき事項は，電子提供措置をとる旨の定款の定め（会911Ⅲ⑫の２）及び変更年月日である。ただし，この場合の変更年月日は，施行日となる。

なお，この場合の登記の記録例は，別紙記録例２による。

(イ)　上記(ア)以外の会社

登記すべき事項は，電子提供措置をとる旨の定款の定め（会911Ⅲ⑫の２）及び変更年月日である。なお，この場合の登記の記録例は，別紙記録例３による。

ウ　添付書面　登記の申請書には，次の書面を添付しなければならない。

(ア)　施行日において振替株式を発行している会社

整備法第10条第７項において，「第二項の規定により定款の変更の決議をしたものとみなされた場合における第四項の登記の申請書には，当該場合に該当することを証する書面を添付しなければならない。」と規定されているところ，これは，当該会社が施行日において振替株式を発行している会社であることを証する書面であり，具体的には，当該株式会社の代表者の作成に係る証明書である。

(イ)　上記(ア)以外の株式会社

株主総会の議事録並びに主要な株主の氏名又は名称，住所及び議決権数等を証する書面（以下「株主リスト」という。）である（商登46Ⅱ，商登規61Ⅲ)。

エ　登録免許税

登録免許税額は，申請件数１件につき３万円である（登税法別表第一・二十四・(一)・ツ)。

オ　その他

公開会社でない会社又は株券発行会社から，上記ウ(ア)に掲げる書面を添付して電子提供措置をとる旨の定款の定めの設定による変更の登記の申請がされた場合には，当該申請は却下するものとする（振替法第128条第１項，商登24⑧）。

⑶　電子提供措置をとる旨の定款の定めの廃止による変更の登記

ア　登記の期間

株式会社が株主総会の決議により定款を変更して，電子提供措置をとる旨の定款の定めを廃止したときは，当該定款の変更の効力の発生日から２週間以内に，その本店の所在地において，電子提供措置をとる旨の定款の定めの廃止による変更の登記をしなければならない（会911Ⅲ⑫の２，915Ⅰ）。

イ　登記すべき事項

登記すべき事項は，電子提供措置をとる旨の定款の定めを廃止した旨及び廃止年月日である。なお，この場合の登記の記録例は，別紙記録例４による。

ウ　添付書面

登記の申請書には，株主総会の議事録及び株主リストを添付しなければならない（商登46Ⅱ，商登規61Ⅲ）。

エ　登録免許税

登録免許税額は，申請件数１件につき３万円である（登税法別表第一・二十四・㈠・ツ）。

（別紙記録例）

１　設立の際の定款に電子提供措置をとる旨の定めがある場合

電子提供措置に関する規定	当会社は株主総会の招集に際し，株主総会参考書類等の内容である情報について，電子提供措置をとるものとする。

〔注〕「電子提供措置に関する規定」欄には，原則として定款の文言どおりに記録する。

２　整備法第10条第４項の規定による電子提供措置をとる旨の定款の定めの登記

電子提供措置に関する規定	当会社は株主総会の招集に際し，株主総会参考書類等の内容である情報について，電子提供措置をとるものとする。	令和４年９月１日設定 令和４年10月３日登記

〔注〕整備法第10条第２項の規定により，振替株式を発行している会社については，同法の施行日（令和４年９月１日）をその定款の変更が効力を生ずる日とする電子提供措置をとる旨の定款の定めを設ける定款の変更の決議をしたものとみなされるため，変更年月日は，「令和４年９月１日」となる。

３　電子提供措置をとる旨の定款の定めを設けた場合

電子提供措置に関する規定	当会社は株主総会の招集に際し，株主総会参考書類等の内容である情報について，電子提供措置をとるものとする。	令和４年10月３日**設定** 令和４年10月14日登記

4　電子提供措置をとる旨の定款の定めを廃止した場合

電子提供措置に関する規定	当会社は株主総会の招集に際し，株主総会参考書類等の内容である情報について，電子提供措置をとるものとする。	令和４年10月３日設定 令和４年10月14日登記
		令和５年４月３日**廃止** 令和５年４月10日登記

6　特別取締役による議決の定め設定の登記

⑴　特別取締役による議決の定めの設定の意義，要件及び特別取締役の選定

特別取締役による議決の定めは，取締役会の決議要件の特則の規定であり，取締役会の決議により，特別取締役による議決の定めを設定すれば，あらかじめ取締役会の決議で選定した３人以上の取締役（特別取締役）によって重要な財産の処分及び譲受け（会362Ⅳ①），多額の借財（会362Ⅳ②）について決議することができる（会373Ⅰ）。

⑵　特別取締役の議決の定めの設定の要件は，次のとおりである（会373Ⅰ）。

①　指名委員会等設置会社を除く，取締役会設置会社であること

※「監査等委員会設置会社」にあっては，取締役の過半数が社外取締役である場合（会399の13Ⅴ）又は取締役会の決議により重要な業務執行の決定を取締役に委任することができる旨の定款の定めがある場合（会399の13Ⅵ）を除く。

②　社外取締役が１名以上存在すること

③　取締役が６人以上存在すること

④　取締役会で３人以上の特別取締役を選定すること

⑶　特別取締役の就任

特別取締役は，取締役会において選定され（会373Ⅰ），被選任者がその就任を承諾することにより，特別取締役の就任の効力が生ずる（会330→民643）。

⑷　社外取締役の要件と登記

①　社外取締役とは，株式会社の取締役であって，当該株式会社又はその子会社の業務執行取締役（ア代表取締役，イ代表取締役以外の取締役であって，取締役会の決議によって取締役会設置会社の業務を執行する取締役として選定されたもの，及びウ当該株式会社の業務を執行したその他の取締役をいう。以下同じ。）もしくは執行役又は支配人その他の使用人でなく，かつ，過去に当該株式会社又はその子会社の業務執行取締役もしくは執行役又は支配人その他の使用人となったことがないものをいう（会２⑮，363Ⅰ）。

②　そして，特別取締役による議決の定めがある場合（会373Ⅰ），監査等委員会設置者である場合（会331Ⅵ），又は指名委員会等設置会社である場合（会400Ⅲ）においてのみ，取締役のうち社外取締役であるものについて，社外取締役である旨の登記を申請しなければならない（会911Ⅲ㉑ハ・㉒ロ・㉓イ）。

⑸　本問の検討

①　別紙６により，令和６年７月９日開催の取締役会で特別取締役による議決の定めを設定

する旨の決議を行っているが，当該定めを設定するには，取締役が６名存在しなければならないところ，５名しか選任されていない。したがって，特別取締役による議決の定めの設定の登記を申請することはできない。

② また，別紙６によれば，同取締役会において特別取締役を選定し，被選定者はその就任を承諾しているが，申請会社では，特別取締役による議決の定めを設定することはできないので，特別取締役を選定することもできない。したがって，特別取締役の選定の登記も，司法書士として登記の申請を代理すべきでない事項となる。

7　単元株式数の増加変更の登記

⑴　単元株式数の意義

株式会社は，その発行する株式について，一定の数の株式をもって株主が株主総会又は種類株主総会において１個の議決権を行使することができる一単元の株式とする旨を定款で定めることができる（会188Ⅰ）。この単元株式数は，1,000及び発行済株式の総数の200分の１に当たる数を超えることができない（会188Ⅱ，会施規34）。

⑵　単元株式数の変更の手続

①　株主総会の決議

単元株式数を変更する場合，定款変更に当たるので，株主総会の特別決議によらなければならないのが原則である（会466，309Ⅱ⑪）。特別決議は，当該株主総会において議決権を行使することができる株主の議決権の過半数（３分の１以上の割合を定款で定めた場合には，その割合以上）を有する株主が出席し，出席した当該株主の議決権の３分の２（これを上回る割合を定款で定めた場合には，その割合）以上に当たる多数によって，行う必要がある。ただし，単元株式数を減少し，又は単元株式数を廃止する場合には，会社法第466条の規定にかかわらず，取締役の決定（取締役会設置会社にあっては，取締役会の決議）によって定款を変更することができる（会195Ⅰ）。

②　効力発生日

単元株式数を変更する旨の定款変更決議の効力は，原則として，定款変更決議の時に生じるが，株主総会の決議には，一般に条件や期限を付すことができ（最判昭和37・３・８），株主総会の決議で定款変更決議の効力に条件や期限を付したときは，条件が成就し，又は，期限の到来により，定款変更決議の効力が生じる。

別紙５により，令和６年７月９日開催の臨時株主総会で，令和６年７月10日付で，単元株式数を変更する旨の定款変更決議をしている。別紙５の（注）により，「(※) には，この決議の時点で，法令上認められる最大の数が記載されているものとする。」とあることから，単元株式数を増加させる定款変更をしていることが分かる。この決議は，当該株主総会において議決権を行使することができる株主の議決権の過半数を有する株主（300個）が出席し，出席した当該株主の議決権の３分の２（200個）以上に当たる多数（200個）によってなされており，定款変更決議の要件を満たしている。また，この定款変更決議では，

「(※) には，この決議の時点で，法令上認められる最大の数が記載されているものとする。」とあり，別紙１によると申請会社の発行済株式の総数は，2,000株であるので，会社法上認められる最大の数は，発行済株式の総数の200分の１に当たる数となり，「10株」となる。

したがって，期限の到来する令和６年７月10日付で単元株式数を変更する旨の定款変更決議が効力を生じるので，その旨の変更登記を申請する。

８　貸借対照表に係る情報の提供を受けるために必要な事項の設定の登記

(1)　貸借対照表に係る情報の提供を受けるために必要な事項の意義

①　株式会社は，法務省令で定めるところにより，定時株主総会の終結後遅滞なく，貸借対照表（大会社にあっては，貸借対照表及び損益計算書）を公告しなければならない（会440Ⅰ）。ただし，公告方法が官報又は時事に関する事項を掲載する日刊新聞紙に掲載してする旨を定款に定めている会社は，貸借対照表の要旨を公告することで足りる（会440Ⅱ，939Ⅰ①・②)。

②　そして，公告方法が官報又は時事に関する事項を掲載する日刊新聞紙に掲載してする旨を定款に定めている会社は，法務省令（会施規116⑥，会計規147）で定めるところにより，定時株主総会の終結後遅滞なく，貸借対照表の内容である情報（要旨だけでなく全文）を，定時株主総会の終結の日後５年を経過する日までの間，継続して電磁的方法（インターネットに接続された自動公衆送信装置を使用する方法）により不特定多数の者が提供を受けることができる状態に置く措置（貸借対照表に係る情報の提供を受けるために必要な事項の設定）をとることができ，この場合は，貸借対照表又はその要旨の公告を要しない（貸借対照表の電磁的開示，会440Ⅲ)。

(2)　貸借対照表に係る情報の提供を受けるために必要な事項の設定の手続

①　貸借対照表の電磁的開示の方法をとる場合，貸借対照表の内容である情報について不特定多数の者がその提供を受けるために必要な事項であって法務省令で定めるもの（会施規220Ⅰ①。具体的には，当該情報が掲載されているウェブページのＵＲＬ）を定めなければならない。このウェブページのＵＲＬの決定は，会社の代表者（代表取締役又は代表執行役）による業務の決定として行われる（商業登記ハンドブック第４版222頁)。そして，このウェブページのＵＲＬを定めた場合には，貸借対照表に係る情報の提供を受けるために必要な事項としてこれを登記しなければならない（会911Ⅲ㉖)。

②　なお，金融商品取引法第24条第１項の規定により有価証券報告書を内閣総理大臣に提出しなければならない株式会社（有価証券報告書提出会社)，又は，電子公告を公告方法とする株式会社においては，貸借対照表に係る情報の提供を受けるために必要な事項を設定することができない（会440Ⅲ・Ⅳ，**平成18・３・31民商782号通達・第二部・第四・１**)。ただし，電子公告を公告方法とする株式会社において，貸借対照表の公告（会440Ⅰ）をするウェブページのアドレスを，それ以外の公告に関するウェブページのアドレスと別に登記することができる（会911Ⅲ㉘，会施規220Ⅱ，**平成18・４・26民商1110号依命通知**，平成17

・１・26民商192号通達)。

③　別紙７の８により，代表取締役白井二郎郎は，令和６年７月10日，定時株主総会の承認を得た貸借対照表等の公告に代えて，貸借対照表に記載された事項を申請会社のホームページに掲げ，不特定多数の者がインターネットを利用してその情報の提供を受けることができる状態に置く措置を執ること及びそのＵＲＬを決定している。

④　また，別紙１により申請会仕の公告をする方法は，電子公告ではなく，別紙７の９により，申請会社は，金融商品取引法第24条第１項の規定により有価証券報告書を内閣総理大臣に提出しなければならない株式会社ではない。

⑤　したがって，令和６年７月10日付をもって，貸借対照表に係る情報の提供を受けるために必要な事項の設定の効力が生じるので，その旨の登記を申請する。

9　公開会社における第三者割当てによる募集株式の発行

⑴　募集株式の発行の意義

株式会社が資金調達をする方法の１つに，募集株式の発行がある。会社法においては，株式会社がその発行する株式又はその処分する自己株式を引き受ける者の募集をした場合において，当該募集に応じてこれらの株式の引受けの申込みをした者に対して割り当てる株式をいずれも「募集株式」として，同一の条文で統一的に規定し，同じ手続として整理している（会199Ⅰ)。なお，「募集」という用語は，いわゆる「公募」を行う場合に限定されるものではなく，例えば，引受人が特定人であるような「第三者割当て」を行う場合も含まれる（商事法務1741号20頁参照)。「第三者割当て」とは，株主に株式の割当てを受ける権利を与えないでする募集株式の発行である。ただし，結果的に株主に割り当てられた場合も含まれる。

⑵　募集株式の発行の手続

①　取締役会の決議

公開会社である株式会社は，その発行する株式を引き受ける者の募集をするときは，原則として，取締役会の決議をもって，その都度，募集株式（当該募集に応じてこれらの株式の引受けの申込みをした者に対して割り当てる株式をいう。以下において同じ。）についての募集事項を定めなければならない（会199Ⅱ，201Ⅰ)。ただし，募集株式の払込金額が募集株式を引き受ける者に特に有利な金額である場合（有利発行の場合）には，公開会社であっても，募集事項の決定は，株主総会の特別決議によらなければならない（会201Ⅰ，199Ⅱ・Ⅲ，309Ⅱ⑤)。

取締役会においては，次の事項（以下，「募集事項」という。）を決定しなければならない。

ⅰ　募集株式の数（種類株式発行会社にあっては，募集株式の種類及び数。以下において同じ。）

ⅱ　募集株式の払込金額（募集株式１株と引換えに払い込む金銭又は給付する金銭以外の財産の額をいう。以下において同じ。）又はその算定方法

iii　金銭以外の財産を出資の目的とするときは，その旨並びに当該財産の内容及び価額
iv　募集株式と引換えにする金銭の払込み又は金銭以外の財産の給付の期日又はその期間
v　株式を発行するときは，増加する資本金及び資本準備金に関する事項

②　公告又は通知

公開会社は，原則として，取締役会（株主総会の特別決議によって募集事項の決定を委任された取締役会を除く。）の決議によって募集事項を定めたときは，募集株式と引換えにする金銭の払込み又は現物出資財産の給付の期日（募集株式と引換えにする金銭の払込み又は現物出資財産の給付の期間を定めた場合にあっては，その期間の初日）の２週間前までに，株主に対し，当該募集事項（払込金額の決定の方法を定めた場合にあっては，その方法を含む。）を通知し，又はこれに代えて公告しなければならない（会201Ⅲ・Ⅳ）。ただし，当該通知又は公告期間の短縮につき株主全員の同意を得ている場合には，当該通知又は公告が払込みの期日の２週間前になされていなくても差し支えないものと解されている（論点解説新・会社法201頁参照）。なお，公開会社が募集株式と引換えにする金銭の払込み又は現物出資財産の給付の期日（募集株式と引換えにする金銭の払込み又は現物出資財産の給付の期間を定めた場合にあっては，その期間の初日）の２週間前までに有価証券届出書の届出（金取４）をしている場合その他の株主の保護に欠けるおそれがないものとして法務省令（会施規40）で定める場合には，株主に対し，当該通知又は公告をすることを要しない（会201Ⅴ）。

③　申込み

株式会社は，募集株式の募集に応じて募集株式の引受けの申込みをしようとする者に対し，一定の事項を通知しなければならない（会203Ⅰ）。そして，募集株式の引受けの申込みをする者は，一定の事項を記載した書面を株式会社に交付しなければならない（会203Ⅱ）。

④　割当て

株式会社は，申込者の中から募集株式の割当てを受ける者を定め，かつ，その者に割り当てる募集株式の数を定めなければならないが（会204Ⅰ前段），当該申込者に割り当てる募集株式の数を，引き受けようとする募集株式の数よりも減少することができる（会204Ⅰ後段）。なお，募集株式が譲渡制限株式である場合には，募集株式の発行の割当て等の決定は，原則として，株主総会（取締役会設置会社にあっては，取締役会）の特別決議（会309Ⅱ⑤）によらなければならない（会204Ⅱ）。そして，株式会社は，払込期日（又は払込期間を定めた場合にあっては，その期間の初日）の前日までに，申込者に対し，当該申込者に割り当てる募集株式の数を通知しなければならない（会204Ⅲ）。

※第三者割当てにおいて会社と引受者が総数引受契約を締結した場合には，上記③・④の手続は不要である（会205）。

⑤　出資の履行

金銭を出資する募集株式の引受人は，払込期日又は払込期間内に，株式会社が定めた銀

行等の払込みの取扱いの場所において，それぞれの募集株式の払込金額の全額を払い込まなければならず（会208Ⅰ），現物出資財産を給付する募集株式の引受人は，払込期日又は払込期間内に，それぞれの募集株式の払込金額の全額に相当する現物出資財産を給付しなければならない（会208Ⅱ）。募集株式の引受人は，金銭の払込み又は現物出資財産の給付（以下において「出資の履行」という。）をする債務と株式会社に対する債権とを相殺することができない（会208Ⅲ）。そして，募集株式の引受人は，出資の履行をしないときは，当該出資の履行をすることにより募集株式の株主となる権利を失う（会208Ⅴ）。

⑥　株主となる時期

募集株式の引受人は，払込期日を定めた場合には当該期日に，払込期間を定めた場合には出資の履行をした日に，出資の履行をした募集株式の株主となる（会209）。

⑶　自己株式の処分がある場合の増加する資本金及び資本準備金の額の計算

株式会社の成立後の資本金の額は，会社法に別段の定めがある場合を除き，株式の発行に際して株主となる者が当該株式会社に対して払込み又は給付をした財産の額である（資本金等増加限度額，会計規13Ⅰ，会445Ⅰ）。ただし，払込み又は給付に係る額の２分の１を超えない額は，資本金として計上しないことができる（会445Ⅱ）。これにより，資本金として計上しないこととした額は，資本準備金として計上しなければならない（会445Ⅲ）。

株式会社が，募集株式の発行にあたって自己株式の交付を行う場合における資本金等増加限度額の計算は，次のとおりである。

資本金等増加限度額＝払込金額等の合計額×株式発行割合－自己株式処分差損

株式発行割合とは，当該募集に際して発行する株式の数を当該募集に際して発行する株式の数及び処分する自己株式の数の合計数で除して得た割合をいう。例えば，当該募集に際して発行する株式の数が2,000株であり，処分する自己株式の数が100株であるとすると，株式発行割合は，1,000株－100株／2,000株，つまり，1,900／2,000となる。

募集株式の募集にあたり自己株式を処分した場合には，自己株式の処分に対応する部分については，資本金の額を増加させることができないことから，払込金額等のうち，その部分（割合）に相当する額については資本金等増加限度額に含めないのである。また，自己株式の帳簿価額（例えば，１株金10万円）以下の価額（１株８万円）で自己株式を処分した場合には，その差額（金10万円－金８万円＝金２万円）が損失となるので（自己株式処分差損），この額についても，資本金の額を増加させることができないことから，払込金額等のうち，その部分（割合）に相当する額については資本金等増加限度額の計算の際にこれを控除するのである。

⑷　本問の検討

①　別紙２により，令和６年６月23日開催の定時株主総会で，株式の譲渡制限に関する規定を廃止する旨の定款変更決議をし，この決議は有効に成立している。したがって，当該決議以降，申請会社は公開会社となり，募集株式の発行については，取締役会で決議することになる。そして，別紙６により，令和６年７月９日開催の取締役会の決議で，第三者割

当てにより募集株式を発行する旨及び募集事項を決定している。

② 別紙７の２により，この決議で定められた募集事項のうち，払込金額は，募集株式を引き受ける者に特に有利な金額には当たらないので，株主総会の特別決議を要しない。

③ また，別紙７の３により，令和６年７月９日，申請会社は，募集に応じて募集株式の引受けの申込みをしようとする者に対し，会社法所定の事項を通知し，その通知は翌日までにそれらの者に到達している。

④ そして，令和６年７月11日までに，奥野六郎から1,200株，山本七郎から600株及び石川八郎から600株について，募集株式の引受けの申込みがあった。別紙７の４により，令和６年７月12日，申請会社の代表取締役は，奥野六郎に1,000株，山本七郎に500株及び石川八郎に500株の募集株式の割当てを行う旨を決定し，申請会社は各申込者に対し当該申込者に割り当てる募集株式の数を通知し，その通知は，翌日までに各申込者に到達している。申請会社は取締役会設置会社であるが，募集株式は譲渡制限株式ではないので，募集株式の割当てを代表取締役が決定すること及び申込みがあった株式数より少ない株式を割り当てることも差し支えない。

⑤ さらに，別紙７の６により，奥野六郎，山本七郎及び石川八郎は，払込期日である令和６年７月16日，払込金額の全額をそれぞれ所定の払込取扱金融機関に払い込んでおり，当会社の預金通帳には，この払込みの事実が記載されている。

⑥ したがって，令和６年７月16日付で募集株式の発行が効力を生じるので，その旨の登記を申請する。

⑦ また，申請会社は公開会社であるので，払込期日の２週間前までに，会社法第201条の規定により株主への募集事項を通知し，又はこれに代えて公告しなければならないところ，所定の期日までに当該通知又は公告がなされていない。しかし，別紙７の７により，令和６年７月９日付で各株主に対して募集事項を通知し，その通知は，翌日までに各株主に到達しており，その通知期間を短縮することについて株主全員の同意を得ているので，問題はない。

⑧ なお，払い込まれた金銭の合計額は，募集株式１株の払込価額（金８万円）×発行する募集株式の数（2,000株）＝金１億6,000万円であるが，別紙６により，発行する募集株式の数（2,000株）のうち，自己株式が100株あり，別紙７の５により，自己株式１株の帳簿価額は金８万円であるので，資本金等増加限度額は，払い込まれた金銭の合計額（金１億6,000万円）×株式発行割合（2,000株－100株／2,000株）＝金１億5,200万円となる。本問の募集株式の発行においては，自己株式処分差損はないため，考慮することを要しない。そして，別紙６により，増加する資本金の額は，資本金等増加限度額に８分の５を乗じて得た額と定められているので，資本金等増加限度額（金１億5,200万円）×5/8＝金9,500万円となる。また，この募集株式の発行により，発行済株式の総数は，自己株式100株を除いた1,900株が増加するので，2,000株＋1,900株＝3,900株となる。

採点基準

- **満点　35点**
- **配点**

第１欄　16点

登記の事由　２点

登記すべき事項　７点

・変更後の目的を全部記載していない場合　－２点

・取締役の退任の登記を申請しなかった場合　－２点

・監査役の退任の登記を申請しなかった場合　－２点

課税標準金額　１点

登録免許税の額　１点

添付書面の名称及び通数　５点

・印鑑証明書の通数を間違えた場合　－２点

第２欄　15点

登記の事由　２点

・貸借対照表に係る情報の提供を受けるために必要な事項の設定の登記を申請しなかった場合　－２点

登記すべき事項　６点

・変更後の単元株式数を間違えた場合　－２点

課税標準金額　１点

登録免許税の額　１点

添付書面の名称及び通数　５点

・株主全員の同意書を添付しなかった場合　－２点

第３欄　４点（各２点）

第2回
解説編

第2回　択一式　正解番号一覧

午前の部

科目	問	出題のテーマ	正解	正誤
憲法	1	検閲と事前抑制	4	
	2	裁判官の身分保障	2	
	3	国会の承認が得られなかった条約の効力	4	
民法	4	法律行為・意思表示	2	
	5	表見代理	5	
	6	取得時効	4	
	7	所有権の移転時期	4	
	8	動産の物権変動等	4	
	9	即時取得	2	
	10	相隣関係	4	
	11	地役権	1	
	12	留置権	5	
	13	質権者が任意に質物を設定者に返還した場合の法律関係	2	
	14	法定地上権	4	
	15	譲渡担保の法的構成	5	
	16	選択債権	3	
	17	債権の譲渡	2	
	18	買戻しと再売買の予約の比較	3	
	19	不法行為	4	
	20	婚姻の要件	1	
	21	親権の喪失・停止等	3	
	22	相続財産の範囲	3	
	23	相続の承認及び放棄	3	
刑法	24	中止犯	3	
	25	信用及び業務に対する罪	1	
	26	放火罪	3	
商法・会社法	27	株式会社の発起人	4	
	28	株券不所持の申出	4	
	29	株式の併合	4	
	30	株式会社の機関設計	4	
	31	指名委員会等設置会社の執行役	5	
	32	株式会社の資本金及び準備金	4	
	33	株式会社の清算	3	
	34	株式交換・株式移転	2	
	35	商人間の売買	2	

午後の部

科目	問	出題のテーマ	正解	正誤
民事訴訟法	1	当事者の欠席	5	
	2	裁判所による証拠認定等	2	
	3	証拠の申出	4	
	4	既判力	2	
	5	補助参加	5	
民事保全法	6	民事保全全般	2	
民事執行法	7	少額訴訟債権執行	5	
司法書士法	8	司法書士法全般	2	
供託法	9	供託の目的物	5	
	10	保管替え	4	
	11	債権者の不受領意思明確を理由とする弁済供託	5	
不動産登記法	12	登記識別情報の提供	3	
	13	農地法所定の許可を証する情報の提供の要否	4	
	14	登記が完了した旨の通知	5	
	15	登記の申請人	3	
	16	前提登記としての相続登記の要否	5	
	17	除権決定による登記の抹消等	5	
	18	抹消された登記の回復	1	
	19	建物のみに関する旨の記録が付記される登記	4	
	20	共有持分の一部についての登記申請の可否	2	
	21	所有権の抹消の登記	4	
	22	区分地上権の登記	2	
	23	抵当権の順位の変更の登記	4	
	24	抵当証券に関する登記	3	
	25	根抵当権設定の登記	1	
	26	買戻特約の登記に後れる登記の抹消	4	
	27	処分禁止の仮処分の登記	3	
商業登記法	28	一切の書面の添付を要しない登記	4	
	29	株主名簿管理人の登記	2	
	30	新株予約権の登記事項	4	
	31	会計参与に関する登記	3	
	32	持分会社の登記	5	
	33	株式移転の登記	4	
	34	特例有限会社の商号変更による通常の株式会社への移行の登記	5	
	35	一般財団法人の登記	5	

「司法書士 最強の模試2024」の解説編における表記・略称

本書の解説編における表記・略称は下記のとおりですので，解説編を読まれるときには，本項を参照してください。

解説編における表記（略記）

※ 解説編においては，原則として下記の表記（略記）といたしました。

1．判例

まず裁判所名と判決・決定の別を，つづけて，年月日を略記いたしました。

（例）　大判＝大審院判決
　　　　最決＝最高裁判所決定
　　　　最大判＝最高裁判所大法廷判決
　　　　東京高判＝東京高等裁判所判決
　　　〔昭和41・4・20＝昭和41年4月20日〕

2．先例

まず年月日を，つづけて通達・回答・認可等の別をその番号とともに下記のように略記いたしました。

（例）　平成2・12・25民四5666号通達
　　　　昭和37・10・12民甲2927号回答
　　　　昭和38・5・25民甲1570号認可

3．条文

本文かっこ書きの法条数については，条数はアラビア数字によって，項数はローマ数字によって，号数は丸囲みの数字によって略記いたしました。

（例）〔（民111 Ⅰ①）＝民法111条1項1号〕

解説編における主な法令等の略称（五十音順）

法令名	本文中の表記
一般社団法人及び一般財団法人に関する法律	(一般法人○)
会社計算規則	(会計規○)
会社更生法	(会更○)
会社法	(会○)
会社法施行規則	(会施規○)
各種法人等登記規則	(法登規○)
家事審判規則	(家審規○)
家事審判法	(家審○)
仮登記担保契約に関する法律	(仮登記担保○)
行政事件訴訟法	(行訴○)
行政手続法	(行手○)
行政不服審査法	(行服○)
供託規則	(供託規○)
供託事務取扱手続準則	(供託準○)
供託法	(供託○)
刑法	(刑○)
憲法	(憲○)
国税通則法	(国通○)
戸籍法	(戸○)
国家賠償法	(国賠○)
司法書士法	(司書○)
司法書士法施行規則	(司書規○)
借地借家法	(借地借家○)
商業登記規則	(商登規○)
商業登記等事務取扱手続準則	(商登準則○)
商業登記法	(商登○)
商法	(商○)
租税特別措置法	(租特○)
滞納処分と強制執行等との手続の調整に関する法律	(滞調○)
建物の区分所有等に関する法律	(区分所有○)
電子公告規則	(公告規○)
登録免許税法	(登録税○)
農地法	(農地○)
破産法	(破○)
非訟事件手続法	(非訟○)
不動産登記規則	(不登規○)
不動産登記事務取扱手続準則	(不登準則○)
不動産登記法	(不登○)
不動産登記令	(不登令○)
民事執行法	(民執○)
民事訴訟法	(民訴○)
民事保全法	(民保○)
民法	(民○)
利息制限法	(利息○)

※上記以外にも略称で表記している法令がありますのでご注意ください。

第２回　午前の部　解説

憲　法

第１問　正解　４

テーマ	検閲と事前抑制

ア　**正しい**。判例（**最大判昭和59・12・12**，札幌税関検査事件）は，憲法第21条第２項前段の検閲の意義について，「検閲とは，**行政権が主体**となって，思想内容等の表現物を対象とし，その全部又は一部の**発表の禁止を目的**として，対象とされる一定の表現物につき**網羅的一般的**に，**発表前**にその**内容を審査**したうえ，不適当と認めるものの**発表を禁止する**ことをいう」と判示している。したがって，本肢の学生の解答は正しい。

イ　**誤り**。「出版物が公務員又は公職選挙の候補者に対する評価，批判等に関するものである場合」における名誉権侵害を理由とする出版差止めについては，判例（**最大判昭和61・６・11**，北方ジャーナル事件）は「**仮処分による事前差止**は，司法裁判所により，個別的な私人間の紛争について，当事者の申請に基づき差止請求権等の私法上の被保全権利の存否及び保全の必要性の有無を判断して発せられるものであり，**検閲には当たらない**から，名誉を違法に侵害された者は，人格権としての名誉権に基づき，加害者に対し，現実に行われている侵害行為を排除し，又は将来生ずべき侵害を予防するため，侵害行為の差止めを求めることができるが，人格権としての名誉権に基づく出版物の印刷，製本，販売，頒布等の事前差止めは，その**出版物が公務員又は公職選挙の候補者に対する評価，批判等に関するものである場合**には，原則として許されず，その**表現内容が真実でないか又は専ら公益を図る目的のものでないことが明白であって，かつ，被害者が重大にして著しく回復困難な損害を被る虞があるときに限り**，例外的に許される」と判示している。しかし，「プライバシーの侵害」を理由とする出版差止めについては，判例（**最判平成14・９・24**，「石に泳ぐ魚」事件）は，「意に反して私生活上の精神的平穏を害するような事実を公表されない利益であるプライバシー権は，人格権として法的保護の対象となり，侵害行為の差止めを求めることができる。記述においては，登場人物を特定の者と同定でき，プライバシー権，名誉等の侵害が認められる。侵害行為の事前差止は，侵害を受けた者の社会的地位や侵害行為の性質に留意しつつ，被害者側の不利益と侵害行為の差止めによって受ける侵害者側の不利益とを比較衡量して決すべきであるが，**侵害行為が明らかに予想され，これにより被害者が重大な損失を受けるおそれがあり，かつ，その回復を事後に図るのが不可能又は著しく困難と思われる場合**には，事前の差止めを認めるべきである」としている。したがって，裁判所がプライバシーの侵害を理由として，出版物の出版を事前に差し止めることは，その表現内容が真実でないか又は専ら公益を図る目的のものでないことが明白で，被害者に重大で著しく回復困難な損害を生ずるおそれがあるときは，例外的に許されるとするのが判例の立場であるとする本肢の学生の解答は，上記の２つの判例を取り違えており，誤っている。

ウ　**正しい**。判例（**最大判昭和59・12・12**，札幌税関検査事件）は，「税関により輸入が禁止される表現物は，一般に，**国外においては既に発表済みのもの**であって，その輸入を禁止したからといって，それは，当該表現物につき，**事前に発表そのものを一切禁止するというものではない**。また，当該表現物は，輸入が禁止されるだけであって，税関により没収，廃棄されるわけではないから，発表の機会が全面的に奪われてしまうというわけのものでもない。その意味において，**税関検査は，事前規制そのものということはできない**」ことを理由として，税関検査は検閲にあたらないと判示した。したがって，本肢の学生の解答は正しい。

エ　**誤り**。「教科書検定制度」が，検閲にあたるかについて，判例（最判平成５・３・16，第１次家永訴訟）は，教科書検定は，本来思想審査を目的とするものではなく，また，既に市販されている図書を検定申請するものであり，不合格となった原稿であっても**一般図書としての発行を何ら妨げるものではなく**，**発表禁止目的や発表前の審査などの特質がない**から，憲法第21条第２項のいう「**検閲**」**にあたらない**としている。したがって，判例はこれが検閲に当たることを認めているとする本肢の学生の解答は，誤っている。なお，当該判例は教科書検定が合憲である理由として，これが検閲には当たらず，合理的でやむを得ない制限であることのほかに，普通教育の場におけるその水準の確保等の必要性があることを理由としている。

オ　**正しい**。判例（最判平成18・３・23）は，「表現の自由を保障した憲法第21条の規定の趣旨，目的にかんがみると，受刑者のその親族でない者との間の信書の発受は，受刑者の性向，行状，監獄内の管理，保安の状況，当該信書の内容その他の具体的事情の下で，これを許すことにより，**監獄内の規律及び秩序の維持**，**受刑者の身柄の確保**，**受刑者の改善**，**更生の点において放置することのできない程度の障害が生ずる相当の蓋然性があると認められる場合に限って**，**これを制限することが許される**ものというべきである」と判示している。したがって，本肢の学生の解答は正しい。なお，当該判例は，「その場合においても，その**制限の程度は**，**上記の障害の発生防止のために必要かつ合理的な範囲にとどまるべき**ものと解するのが相当である」としていることにも注意しておきたい。

各肢の解説より，学生の解答のうち誤っているものはイ及びエであるから，４が正解となる。

第2問　正解　2

テーマ	裁判官の身分保障

ア　**正しい**。**憲法第78条前段**は，「裁判官は，裁判により，**心身の故障のために職務を執ることができないと決定された場合**を除いては，公の弾劾によらなければ罷免されない。」と規定している。その趣旨は，裁判官の身分保障を強化することによって裁判官の職権の独立を確実なものにする点にある。そして，ここにいう「心身の故障のために職務を執ることができない」場合とは，**裁判官の職務を遂行することができない程度の精神上の能力の喪失あるいは身体的故障で，「一時的でなく」相当長期にわたって継続することが確実に予想されるものを指す**と解されている。よって，**単に一時的な故障は，たとえどのような重大なものであってもこれに当たらない**。また，長期にわたる故障であっても，裁判官の職務の執行に差し障りのない程度のものであれば，罷免事由に当たらない。したがって，裁判官が心身の故障のために職務を執ることができない場合は，裁判官の罷免事由となるが，「単に一時的な故障にすぎないとき」には，「たとえそれが重大であったとしても」，心身の故障のために職務を執ることができない場合には「当たらない」とする本肢は，正しい。

イ　**誤り**。**憲法第78条後段**は，「裁判官の懲戒処分は，**行政機関**がこれを行ふことはできない。」と規定している。その趣旨は，行政権により司法権の独立が圧力を受けることを防止すべく，裁判官の懲戒は**専ら裁判所によってのみ**なされるべきであるということを明らかにする点にある。このような趣旨からすれば，国会がいかに国民の代表機関であるとしても，**国会も裁判官の懲戒処分をすることはできない**と解すべきであるとされている。したがって，本肢は，国民の代表機関である国会によるのであれば，裁判官の懲戒処分をすることが「できる」とする後段の記述が，誤っている。

ウ　**誤り**。**憲法第79条第１項前段**は，最高裁判所の長たる裁判官以外の裁判官の員数を，「法律」で定めるとしている。これを受けて，裁判所法は，最高裁判所判事の員数を14人と定めている（**裁５Ⅲ**）が，**この人数を減少することは，裁判所法を改正することによって可能**である。したがって，「最高裁判所は，長官を含めて15人の裁判官で構成されることが法律によって定められている」とする本肢前段は正しいが，「この法律を改正して，最高裁判所裁判官の人数を減少させることは，裁判官の身分保障を害することになり許されない」とする本肢後段は誤っている。なお，法律の改正によって，定員を減らすこと自体は可能であるが，最高裁判所の裁判官は，職務不能の裁判若しくは公の弾劾による場合（憲78前段），又は国民審査に基づく場合（憲79Ⅲ）のほか，その意に反して罷免されない保障が与えられているのであるから，裁判所法の改正によって最高裁判所裁判官の定員を減らす場合には，定年その他の理由により生じた欠員を補充しないことによって，これを行わなければならないという制約が課されることになる。

エ　**誤り**。最高裁判所の長たる裁判官以外の裁判官（**憲79Ⅰ後段**）も下級裁判所の裁判官（**憲80Ⅰ前段**）も，いずれも**内閣によって任命**される。しかし，下級裁判所の裁判官の任期は10年と定められている（憲80Ⅰ後段）が，最高裁判所の裁判官については，任期は定められておらず，定年があるのみである（憲79Ⅴ）。したがって，本肢は「最高裁判所の長たる裁判官以外の裁判官」についてもその「任期は10年である」としている点が，誤っている。

オ　正しい。憲法第79条第６項は，「最高裁判所の裁判官は，すべて定期に相当額の報酬を受ける。この報酬は，在任中，これを減額することができない。」と規定している。その趣旨は，裁判官の身分保障を経済的な側面から担保するという点にある。よって，裁判官は，その裁判官の身分を保有する限り，たとえ疾病のため一定期間以上にわたり服務し得ないときでも，報酬は減額されないし，懲戒処分としても，報酬を減ずることは許されないと解されている。したがって，本肢は正しい。

各肢の解説より，正しいものはア及びオであるから，２が正解となる。

第3問 正解 4

テーマ	国会の承認が得られなかった条約の効力

⑴ 「条約」とは，文書による国家間の合意である。

⑵ 「条約の締結」は，内閣の専権事項である（憲73③本文）が，条約に対する国会の民主的コントロールを及ぼす趣旨から，内閣が条約を締結するには，「国会の承認」を経なければならないとされている（憲73③但書）。

⑶ この承認は，事前に与えられるのが原則であるが，時宜によっては，事後承認でもよいとされている。

⑷ そこで，**事後に国会の承認が得られなかった条約**について，「**国内法的**」には**無効であることに争い**はないが，「**国際法的効力**」**をいかに解するか**については，争いがある。

⑸ 学説上では，**無効説**と**有効説**，さらに**折衷説**がある。

ア 「**無効**」**と解する立場からの記述である**。条約締結前の不承認条約の効力については，「無効」であることに争いはない。そこで，条約締結の前後で不承認の効果を同一に解するということは，条約締結後の場合も同様に「無効」と解する立場であるということができる。

イ 「**無効**」**と解する立場からの記述である**。行政庁等の混乱を回避するためには，憲法の規定する要件を充たさない条約の国際法上の効力を「一律無効」と解すべきであるとの立場からの記述である。

ウ 「**有効**」**と解する立場からの記述である**。条約締結権者である内閣に対する相手国の信頼を保護し，国際法上の法的安定性を確保すべきとして，条約の国際法上の効力を「一律有効」と解するべきであるとの立場からの記述である。

エ 「**有効**」**と解する立場からの記述である**。無効説は，条約締結に国会の承認が必要であることは憲法に明記されているのであるから，相手国も当然承知すべきであることを根拠とする。これに対し有効説は，本肢のように他国の法の条文の意義や解釈を責任をもって判断せよというのは無理を強いるものであると反論している。また，各国の調査能力等によって結論を区別する「折衷説」が主張されているが，本肢の立場は，各国の調査能力等により「結論が左右されるのはおかしい」としているので，折衷説ではなく，条約の国際法上の効力を「一律有効」と解する立場からの記述であることが分かる。

オ 「**無効**」**と解する立場からの記述である**。国内法上の制約を逸脱して国内法的に無効である以上，国際法的にも「無効」とすることで国内法を重視した解釈で一貫させるべきとの主張は，「一律無効」と解すべきであるとの立場からの記述である。

各肢の解説より，有効であると解する立場からの記述はウ及びエでえあるから，４が正解となる。

民　法

第４問　正解　２

テーマ	法律行為・意思表示

ア　**誤り**。判例（**最判昭和39・１・23**）は，「アラレ菓子の製造販売業者が硼砂（ほうしゃ）が有毒性物質であることを知り，これを混入して製造したアラレ菓子の販売を食品衛生法が禁止していることを知りながら，あえてこれを製造のうえ，その販売業者に継続的に売り渡す契約は，**民法第90条により無効**である」としている。したがって，取締法規に違反しているが，公の秩序又は善良の風俗に反する法律行為として「無効となることはない」とする本肢は，判例の趣旨に照らし誤っている。

イ　**正しい**。本肢のような事情がある場合につき，判例（**最判平成18・２・23**）は，「不動産の所有者であるＡから当該不動産の賃貸にかかる事務や他の土地の所有権移転登記手続を任せられていたＢが，Ａから交付を受けた当該不動産の登記済証（登記識別情報通知書），印鑑証明書等を利用して当該不動産につきＢへの不実の所有権移転登記を了した場合において，Ａが，合理的な理由なく上記登記済証（登記識別情報通知書）を数か月間にわたってＢに預けたままにし，Ｂの言うままに上記印鑑証明書を交付した上，ＢがＡの面前で登記申請書にＡの実印を押捺したのにその内容を確認したり使途を問いただしたりすることなく漫然とこれを見ていたなど判示の事情の下では，Ａには，**不実の所有権移転登記がされたことについて自らこれに積極的に関与した場合やこれを知りながらあえて放置した場合と同視し得るほど重い帰責性があり，Ａは，民法第94条第２項及び第110条の類推適用**により，Ｂから当該不動産を買い受けた**善意無過失**のＣに対し，Ｂが当該不動産の所有権を取得していないことを主張することができない」と判示している。したがって，Ｃが当該土地の所有権を取得するには，ＡＢ間の事情について「善意無過失」であることを要するとする本肢は，判例の趣旨に照らし正しい。

ウ　**正しい**。民法第96条第１項にいう「強迫による意思表示」の要件である強迫ないし畏怖につき，判例（**最判昭和33・７・１**）は，明示若しくは暗黙に告知される害悪が客観的に重大であるか軽微であるかを問わず，これによって表意者において畏怖した事実があり，かつ，その畏怖の結果意思表示をしたという関係が主観的に存すれば足り，表意者が完全に意思の自由を失ったことを要するものではなく，**表意者が完全に意思の自由を失った場合**は，むしろその**意思表示は当然無効**であり，民法第96条第１項が適用される余地はないとしている。したがって，相手方の強迫行為により完全に意思の自由を失って贈与の意思表示をした者は，その意思表示の「取消しをしなくても」，相手方に対し，贈与した物の返還を請求することができるとする本肢は，判例の趣旨に照らし正しい。

エ　**正しい**。「**強迫**」による意思表示の取消しは，「**善意・悪意を問わず**」，「取消前」の**第三者に対抗することができる**（**民96Ⅲの反対解釈**）。判例（**大判昭和４・２・20**）も，「強迫によって抵当権を放棄しその登記を抹消した者が後日その放棄行為を取り消したときは，抹消回復登記（不登72）をする前であっても，当該抹消登記後に抵当権を取得した第三者に対し，その**善意悪意を問わず**対抗することができる」としている。したがって，当該抹消登記後に抵当権を取得した「善意・無過失」の第三者に対しても，対抗することが「できる」とする本肢は，判例の趣旨に照らし正しい。

オ　**誤り**。意思表示は，表意者が「相手方を知ること」ができず，又はその「所在を知ること」ができないときは，「公示の方法」によってすることができる（**民98Ⅰ**）。この公示による意思表示は，**最後に官報に掲載した日又はその掲載に代わる掲示を始めた日**から「**２週間を経過した時**」に，相手方に到達したものとみなされる（**民98Ⅲ本文**）が，表意者が相手方を知らないこと又はその所在を知らないことについて「**過失**」があったときは，**到達の効力を生じない**とされている（**民98Ⅲただし書**）。したがって，本肢は，効力発生時期を最後に官報に掲載した日又はその掲載に代わる掲示を始めた日から「１週間」を経過した時としている点が，誤っている。

各肢の解説より，判例の趣旨に照らし誤っているものはア及びオであるから，２が正解となる。

第5問　正解　5

テーマ	表見代理

ア　**正しい**。従来，判例（**最判昭和41・4・22**）は，旧民法第109条にいう代理権授与表示者は，代理行為の相手方の悪意又は過失を主張・立証することにより，同条所定の責任を免れることができるとしていたので，平成16年の改正の際，民法第109条は，この判例の趣旨に照らし，**相手方の善意・無過失の立証責任を本人に負わせるべく**，「第三者に対して他人に代理権を与えた旨を表示した者は，その代理権の範囲内においてその他人が第三者との間でした行為について，その責任を負う。**ただし，第三者が，その他人が代理権を与えられていないことを知り，又は過失によって知らなかったときは，この限りでない。**」と改正された（**民109Ⅰ**）。したがって，本肢は正しい。

イ　**正しい**。民法第109条第1項の表見代理は，代理権を授与していないのに，「代理権を与えた旨を表示」した場合に問題となるのであるから，そもそも代理権の授与が問題にならない「法定代理」については，当然に適用がないということになる（大判明治39・5・17）。したがって，本肢は判例の趣旨に照らし正しい。

ウ　**正しい**。判例（**最判昭和36・12・12**）は，約束手形が，Aの代理人Bにより，その権限を超えて振り出された場合，第110条の権限外の行為の表見代理としてこれを有効とするには，当該手形の受取人Cが，代理人Bに振出の権限があると信ずべき正当な理由を有していなければならず，**Cから当該手形を転得したDにつき正当な理由があったとしても，Dが第110条の第三者として保護されることはない**と判示している。したがって，本肢は判例の趣旨に照らし正しい。

エ　**誤り**。判例（**最判昭和44・7・25**）は，代理権消滅後の表見代理（民112）が成立するためには，表見代理行為の相手方が，**代理人の代理権が消滅する前に，当該代理人と取引をしたことがあることを要するものではなく**，代理権消滅前の取引の有無という事実は，相手方の善意・無過失に関する認定のための一資料となるにとどまるものと解すべきものであるとしている。したがって，民法第112条の代理権消滅後の表見代理が成立するには，表見代理行為の相手方が，代理人の代理権消滅前に，当該代理人と取引をしたことがあることを「要する」とする本肢は，判例の趣旨に照らし誤っている。

オ　**誤り**。従前，判例（大連判昭和19・12・22，最判昭和32・11・29）は，代理権の消滅後，従前の代理人が代理人と称して，「従前の代理権の範囲を超えて」行為をした場合でも，相手方が無権代理人に代理権があると信じたことにつき善意無過失であれば，「**民法第110条と第112条との重畳適用**」により，表見代理が成立し，本人は，その無権代理人の行為につき責任を負うとしていた。なぜなら，民法第110条又は旧民法第112条の直接適用はできないが，両条の背後にある権利外観法理により取引の安全をはかるべきだからである。そこで，令和2年4月1日施行の改正により，第112条に「他人に代理権を与えた者は，**代理権の消滅後に，その代理権**

の範囲内においてその他人が第三者との間で行為をしたとすれば前項の規定によりその責任を負うべき場合において，その他人が第三者との間でその代理権の範囲外の行為をしたときは，第三者がその行為についてその他人の代理権があると信ずべき正当な理由があるときに限り，その行為についての責任を負う。」との上記の判例法理を明文化した規定（民112Ⅱ）が追加された。したがって，Cにおいて，Bに代理権があると信じたことにつき「正当な理由があるとき」でも，Aは，Bの代理行為について責任を「負わない」とする本肢は，誤っている。

各肢の解説より，判例の趣旨に照らし誤っているものはエ及びオであるから，5が正解となる。

第6問　正解　4

テーマ	取得時効

ア　**正しい**。所有権の取得時効の目的物は「他人の物」と規定されている（民162）ことから，不動産の占有権原が所有権の場合，即ち「自己の物」についても取得時効が成立するかが問題となる。この点，判例（**最判昭和44・12・18**）は，「不動産の買主が，売主からその不動産の引渡しを受けて，所有の意思をもって占有を取得し，民法第162条所定の期間を占有したときは，**売買契約当事者の間においても，物件を永続して占有するという事実状態を権利関係にまで高めようとする同条の適用を否定すべき理由はない**から，買主は売主に対する関係でも，時効による所有権の取得を主張することができる。」として，**「自己の物」についても所有権の取得時効の成立を肯定している**。したがって，本肢の学生の解答は判例の趣旨に照らし正しい。

イ　**正しい**。本肢では，「所有の意思」を有することができる年齢が問題とされている。この点，判例（最判昭和41・10・７）は，**15歳くらいに達した者は，特段の事情のない限り，不動産について，所有権の取得時効の要件である自主占有をすることが「できる」**としている。したがって，15歳程度で「所有の意思」を有することができるとする本肢の学生の解答は，判例の趣旨に照らし正しい。

ウ　**誤り**。平穏の占有の意義につき，判例（最判昭和41・４・15）は，民法第162条にいう「平穏の占有」とは，**占有者がその占有を取得し，又は，保持するについて，暴行強迫などの違法強暴の行為を用いていない占有を指称**するものであり，不動産所有者その他占有の不法を主張する者から，異議を受け，「不動産の返還，占有者名義の所有権移転登記の抹消手続方の請求があっても」，これがため，**その占有が平穏でなくなるものでない**としている。したがって，本肢の学生の解答は，不動産の返還，占有者名義の所有権移転登記の抹消手続の請求があった場合には，もはやその占有は平穏でなくなるとしている点が，判例の趣旨に照らし誤っている。

エ　**誤り**。**民法第186条第１項**によって「所有の意思」及び「善意」については推定されるので，**「時効取得を争う者」**が，占有者に所有の意思がないこと（最判昭和54・７・31）及び占有者が悪意であることを立証しなければならない。他方，判例（最判昭和46・11・11）は，**「無過失」**については，民法第186条第１項によって**推定されない**としているので，**権利主張者である「時効取得を主張する者」（占有者）がこれを立証しなければならない**。したがって，本肢の学生の解答は，時効取得を争う者が，占有者に所有の意思がないこと，占有者が悪意であることのほか，「占有者に過失があること」も立証しなければならないとしている点が，判例の趣旨に照らし誤っている。

オ　**正しい**。賃借権の時効取得につき，判例（**最判昭和43・10・８**）は，「他人の土地の**継続的な用益という外形的事実**が存在し，かつ，**その用益が賃借の意思に基づくものであることが客観的に表現**されているときには，民法第163条により，土地の賃借権を時効取得する。」としている。そして，その具体例として「他人の土地について，所有者と称する者から当該土地上の建物を買い受けると同時にその敷地を賃借し，この者に20年以上賃料を支払ってきた場合は，本件土地の継続的な用益が賃借の意思に基づくものであることが客観的に表現されていると認められるから，**土地の所有者に対する関係において**，当該土地の賃借権を時効取得する」としている（**最判昭和62・６・５**）。したがって，本肢の学生の解答は判例の趣旨に照らし正しい。

各肢の解説より，判例の趣旨に照らし誤っているものはウ及びエであるから，４が正解となる。

第7問　正解　4

テーマ	所有権の移転時期

ア　**正しい**。原則として，売買契約の目的物である所有権が移転する時期は，意思主義（民176）に基づき，特約がない限り，「売買契約の成立した時」である（**最判昭和33・6・20**）。ただし，所有権の移転に「客観的障害」がある場合には，障害がなくなった時に移転する。本肢においては，Aは，無権限で，自己の名において，C所有の甲土地をBへ売却しているが，これは他人物売買（民561）であり，所有権の移転に客観的障害がある場合に該当する。しかし，その後，AはCから甲土地の所有権を取得しており，所有権の移転についての客観的障害が消滅したことから，判例（**最判昭和40・11・19**）は，「**AがCから甲土地を取得した時点**」で，**甲土地の所有権は他人物売主Aを経由して「何らの意思表示も要せず」買主Bに移転する**としている。したがって，Aが，Bからの甲土地の引渡請求を拒否したとしても，Cから甲土地をAが取得した時点で，既に甲土地の所有権はBに帰属しているので，本肢は判例の趣旨に照らし正しい。

イ　**誤り**。AB間のりんご300個を目的とする売買契約は「不特定物売買」であり，未特定であることは，所有権の移転に客観的障害がある場合に該当することから，判例（**最判昭和35・6・24**）は，「**特定時**」（民401Ⅱ）に所有権は移転するとしている。そして，特定の発生要件として，「債務者が物の給付をするのに必要な行為を完了する」必要があるところ（民401Ⅱ），本肢のような持参債務の場合は，**目的物を債権者の住所において提供（現実の提供）した時**が，それに該当すると解されている。もっとも，不特定物を目的とする売買において「**瑕疵ある物」の提供したときは債務の本旨に従った弁済の提供とはいえない**ことから（民493本文），債務者が物の給付をするのに必要な行為を完了したとはいえず，特定は生じないと解されていることに注意する必要がある。本肢においては，確かに，Aは，履行期日にりんご300個をBの住所地に持参しているが，「Aが持参した当該りんごの一部が腐敗していた」ことから債務の本旨に従った弁済の提供とはいえず，Aが物の給付をするのに必要な行為を完了したとはいえないことになる。したがって，売買の目的物は当該りんごに特定していないので，当該りんごの所有権は，依然としてAに帰属しているので，「Bに帰属する」とする本肢は，誤っている。

ウ　**正しい**。旧法は，「債務者が，債権者の承諾を得て，その負担した給付に代えて他の給付をしたときは，その給付は，弁済と同一の効力を有する。」と規定していた（旧民482）ことから，代物弁済による債権の消滅の効果が現実の代物の給付によって生ずることに着目し，代物弁済契約は「要物契約」であると解していたが，代物弁済による所有権の移転時期については，判例（**最判昭和57・6・4**）は，不動産所有権の譲渡をもってする代物弁済による債務消滅の効果は，単に当事者がその意思表示をするだけでは足りず，登記その他引渡行為を完了し，第三者に対する対抗要件を具備しなければ生じないが，そのことは，**代物弁済による所有権移転の効果が，原則として当事者の代物弁済契約の意思表示によって生ずることを妨げるものではない**としていた。しかし，このような取扱いについては，代物弁済を要物契約であるとすると，代物弁済契約が成立していない時点において，所有権の移転という物権変動を認めることとなり，この判例の結論を説明することは難しいのではと指摘されていた。そこで，令和２年４月１日施行の改正により，第482条は「弁済をすることができる者（以下「弁済者」という。）が，債権者との間で，債務者の負担した給付に代えて他の給付をすることにより債務を消滅させる旨の**契約**＜諾成契約＞をした場合において，その弁済者が**当該他の給付をしたとき**は，その給付は，**弁済と同一の効力**を有する。」と改正され（**民482**），代物弁済の法律関係を明確化するため，代物弁済契約も「**諾成契約**」であることを明示した上で，**代物弁済による債権の消滅の効果**は，**代物の給付をした時点**であることを確認する改正がなされた。したがって，甲土地の所有権の登記名義は依然としてＡにあるとしても，甲土地の所有権自体は代物弁済契約の成立時に既にＢに移転していることから（民176），本肢は正しい。

エ　**誤り**。ＡはＢとの愛人関係を維持することを条件に，自己の所有する既登記の甲建物をＢに贈与しているが，当該贈与契約は公序良俗違反（民90）に該当し無効であることから，Ａは，Ｂに対し甲建物の返還を請求することができるのが原則である（民703）。しかし，不法原因給付に該当する場合には，給付者Ａは給付したものの返還をＢに対して不当利得返還請求権に基づき請求することができない（**民708**）。そして，「給付」とは強制可能性を残さない終局的給付をいうところ，判例（**最判昭和46・10・28**）は，「既登記不動産」については，引渡しだけでは足らず，所有権移転登記手続まで完了していなければ，民法第708条の「給付」があったとはいえないとしている。本肢においては，Ａは，Ｂに対して，甲建物を引き渡し，その旨の所有権移転登記もしていることから，Ａの当該行為は不法原因給付に該当する。もっとも，不法原因給付は不当利得制度の特則にあたることから，物権である所有権は依然として給付者Ａに帰属しており，Ａは当該「所有権」に基づき甲建物の返還を請求することができるのではないかが次に問題となる。この点につき，判例（**最大判昭和45・10・21**）は，民法第708条は，みずから反社会的な行為をした者に対しては，その行為の結果の復旧を訴求することを許さない趣旨であるから，給付者は，不当利得に基づく返還請求が許されないばかりでなく，**目的物の所有権が自己にあることを理由として，給付した物の返還を請求することも許されない**とし，この場合は，その**反射的効果として，目的物の所有権は受贈者に帰属するに至った**ものと解すべきであるとしている。したがって，甲建物の所有権は「Ｂには帰属しない」とする本肢は，判例の趣旨に照らし誤っている。

オ　**正しい**。請負契約における目的物の所有権の帰属と移転時期に関して，判例は，まず，特約があればそれに従い（大判大正５・12・13），特約がない場合は，①注文者が材料の全部又は主要な部分を供給した場合には，原始的に注文者に所有権が帰属し（大判昭和７・５・９），②請負人が供給した場合には，まず請負人に所有権が帰属し，「引渡し」によって注文者に移転すると解している（**大判大正３・12・26**）。請負人の請負代金債権確保の実効性を確保するためである。もっとも，本肢のように，注文者Ａが乙建物の完成前に，「請負代金の全額を契約で定めた支払期日までに請負人Ｂに既に支払っているとき」は，判例（**最判昭和44・９・12**）は，請負人の請負代金債権確保の実効性を確保する必要性がない以上，乙建物のＡに対する引渡しを待たずに，乙建物の所有権は，「原始的に注文者Ａに帰属する」としている。したがって，本肢は判例の趣旨に照らし正しい。

各肢の解説より，判例の趣旨に照らし誤っているものはイ及びエであるから，４が正解となる。

第8問　正解　4

テーマ	動産の物権変動等

ア　**誤り**。民法第178条の「引渡し」には，現実の引渡し（民182Ⅰ）だけでなく，簡易の引渡し（民182Ⅱ），指図による占有移転（民184）のほか，**占有改定**（民183）**も含む**と解されている（**最判昭和30・6・2**）。占有改定による引渡しは外部から認識できず，取引の安全を害するようにも思えるが，取引関係に入った相手方は，多くの場合に公信の原則（民192）によって保護されるため，不測の損害を被る心配は少ないという理由から，判例・通説は，本条の「引渡し」を緩やかに解釈している。したがって，占有改定は含まれないとする本肢の学生の解答は，判例の趣旨に照らし誤っている。

イ　**誤り**。例えば，Aの動産の賃借人Cに対して，その動産の譲受人Bが所有権の取得を対抗するためには，引渡しを必要とすると解されている（**大判大正4・4・27**）。賃借人には期限まで使用収益する権利が認められ，保護されるべき独立の利益が認められるからである。この場合の引渡しは，譲渡人AからCに通知する方法，即ち，指図による占有移転（民184）によって行われる。これに対し，Aの動産の受寄者Dに対して，その動産の譲受人Bが所有権の取得を対抗するためには引渡しを必要としないと解されている（**最判昭和29・8・31**）。なぜなら，受寄者は目的物を一時保管する者にすぎず，寄託者の請求があればいつでも受寄物を返還する義務を負担しているので（民662Ⅰ），受寄者は引渡しの欠缺を主張する正当な利益があるとはいえないからである。したがって，本肢の学生の解答は，受寄者も第三者に含まれるとしている点が，判例の趣旨に照らし誤っている。

ウ　**正しい**。不動産についての民法第177条の場合と同様，動産の物権変動にかかる対抗問題においても，無権利者や不法行為者に対しては，引渡しを受けなくても対抗することができると解されている（無権利者につき，最判昭和33・3・14）。したがって，本肢の学生の解答は，判例の趣旨に照らし正しい。

エ　**正しい**。動産について登記や登録制度が設けられているものとして，船舶（商687），自動車（道路運送車両5，自動車抵当5），航空機（航空3の3，航空機抵当5）などがある。したがって，本肢の学生の解答は正しい。その背景としては，物の占有を移転せずに担保にとる抵当権の対象とする需要が大きいことがあり，抵当権が設定されていることを公示するには，登記・登録制度しかないからである。これらの動産は，いったん登記・登録されれば，引渡しではなく登記・登録が対抗要件となる。

オ　**誤り**。明認方法は，第三者が利害関係を有するに至った時点において存続していなければ対抗力を有しないと解されている（**最判昭和36・5・4**）。なぜならば，この時点で明認方法が存続していなければ公示の機能を果たさないからである。したがって，明認方法の消滅後，第三者が譲渡人との間で取引関係に入った場合でも，いったん明認方法を施した以上，譲受人は第三者に対して対抗することができるとする本肢の学生の解答は，判例の趣旨に照らし誤っている。

各肢の解説より，学生の解答のうち判例の趣旨に照らし正しいものはウ及びエであるから，４が正解となる。

第9問　正解　2

テーマ	即時取得

ア　**誤り**。「登録自動車」を即時取得することはできないというのが判例である（**最判昭和62・4・24**）。登録を公示方法とする自動車については，占有が権利の表象とはならないため，占有に公信力を与えた民法第192条を適用することができないからである。したがって，Bは善意無過失であったとしても，登録自動車を即時取得することはできないので，「即時取得する」とする本肢の学生の解答は，判例の趣旨に照らし誤っている。

イ　**誤り**。無権代理人と取引をした場合には即時取得は成立しない。代理権の欠缺のために，前主が権利者であったとしても権利を取得し得ないような場合には，前主の無権利を治癒して取引の安全を図る制度である即時取得は機能しないからである。したがって，Bは善意無過失であったとしても，即時取得しないので，「即時取得する」とする本肢の学生の解答は，誤っている。

ウ　**誤り**。判例（**大判昭和2・5・20**）は，執行債務者の所有に属さない動産が「**強制競売**」に付された場合にも，買受人が民法第192条の要件を具備すれば，その動産の所有権を取得できるとしている。即時取得は，無権利者の有している占有への信頼を保護する制度であり，取引をした第三者の保護ということに重点を置いているので，**譲渡する側が任意である必要はない**からである。したがって，強制競売における競落には即時取得の「適用はなく」，Bが善意無過失であったとしても，Bはテレビの所有権を即時取得できないとする本肢の学生の解答は，判例の趣旨に照らし誤っている。

エ　**正しい**。判例（**最判昭和35・2・11**）は，「**占有改定**」**による即時取得の成立を否定**している。無権利者から動産の譲渡を受けた場合において，譲受人が民法第192条によりその所有権を取得し得るためには，**一般外観上従来の占有状態に変更を生ずるがごとき占有を取得することを要し**，かかる状態に一般外観上変更を来さないいわゆる占有改定の取得では足りないというのがその理由である。したがって，占有改定によってパソコンの占有を取得しているにすぎないBは善意無過失であったとしても，パソコンを「即時取得しない」とする本肢の学生の解答は，判例の趣旨に照らし正しい。

オ　**正しい**。即時取得が成立するためには，取得者が平穏・公然・善意・無過失に占有を取得することが必要である。この点，「平穏・公然・善意」については推定規定（**民186 I**）があるが，「無過失」については，直接推定する規定は存しない。しかし，判例（**最判昭和41・6・9**）は，民法第192条にいう「過失がないとき」とは，物の譲渡人である占有者が権利者たる外観を有しているため，その**譲受人が譲渡人にこの外観に対応する権利があるものと誤信**し，かつこのように信ずるについて過失のないことを意味するものであるが，およそ占有者が占有物の上に行使する権利はこれを適法に有するものと推定される（**民188**）以上，譲受人たる占有取得者がそのように信ずるについては過失のないものと推定され，**占有取得者自身において過失**

のないことを立証することを要しないものと解すべきであると判示している。したがって，即時取得を主張する者は無過失を立証する責任は負わないとする本肢の学生の解答は，判例の趣旨に照らし正しい。

各肢の解説より，学生の解答のうち判例の趣旨に照らし正しいものはエ及びオの２個であるから，２が正解となる。

第10問　正解　4

テーマ	相隣関係

ア　**正しい**。令和５年４月１日施行の改正により，土地の所有者は，隣地の竹木の枝が境界線を越えるときは，その竹木の所有者に，その枝を切除させることができる（**民233Ⅰ**）だけでなく，「竹木の所有者を知ることができず，又はその所在を知ることができないとき」は，土地の所有者は，その枝を切り取るため必要な範囲内で，隣地を使用することができるとの規定が追加された（**民233Ⅲ②，209Ⅰ③**）。したがって，本肢は正しい。

イ　**誤り**。立法当初の趣旨としては，囲繞地通行権は主として徒歩等による通行を想定していたものと解される。しかしながら，現代社会においては，自動車による通行を必要とすべき状況が多く見受けられることも否定できないため，判例（**最判平成18・３・16**）は，「現代社会においては，自動車による通行を必要とすべき状況が多く見受けられる反面，**自動車による通行を認めると，一般に，他の土地から通路としてより多くの土地を割く必要がある上，自動車事故が発生する危険性が生ずる**ことなども否定することができない。したがって，自動車による通行を前提とする民法第210条第１項所定の通行権の成否及びその具体的内容は，**公道に至るため他の土地について自動車による通行を認める必要性**，周辺の土地の状況，**当該通行権が認められることにより他の土地の所有者が被る不利益等**の**諸事情を総合考慮して判断すべき**である。」としている。したがって，自動車による通行を前提とする民法第210条第１項に基づく通行権は，囲繞地について自動車による通行を認める必要性が認められさえすれば成立するというわけではないので，本肢は判例の趣旨に照らし誤っている。

ウ　**正しい**。令和５年４月１日施行の改正により，「土地の所有者は，他の土地に設備を設置し，又は他人が所有する設備を使用しなければ**電気，ガス又は水道水の供給**その他これらに類する継続的給付を受けることができないときは，継続的給付を受けるため**必要な範囲内**で，**他の土地に設備を設置**し，又は**他人が所有する設備を使用する**ことができる。」との，継続的給付を受けるための設備の設置権等に関する規定（**民213の２Ⅰ**）が新設された。したがって，本肢は正しい。

エ　**正しい**。土地の所有者は，隣地から水が「**自然に流れて来る**」のを妨げてはならないとされている（**民214**，承水義務）。これは，できるだけ自然の摂理に従い排水が流れるようにするという考えがあるためである。また，土地の所有者は，「**直接に**」雨水を隣地に注ぐ構造の屋根その他の工作物を設けてはならないとされている（**民218**）。そのような工作物を設けることによって起こる水流は，人為的なものであり，自然に流れる水とはいえないからである（民214参照）。したがって，本肢は正しい。

オ　**誤り**。境界線付近の掘削の制限については，「**井戸，用水だめ，下水だめ又は肥料だめ**」を掘るには境界線から「**２メートル以上**」，「**池，穴蔵又はし尿だめ**」を掘るには境界線から「**１メートル以上**」の距離を保たなければならないとされている（**民237Ⅰ**）。また，「**導水管を埋め，**

又は溝若しくは堀を掘る」には，境界線からその「**深さの２分の１以上の距離**」を保たなければならないが，「**１メートル**」**を超えることを要しない**とされている（民237Ⅱ）。したがって，本肢は，「池，穴蔵又はし尿だめ」を掘るにも境界線から「２メートル以上」の距離を保たなければならないとしている点が，誤っている。

各肢の解説より，判例の趣旨に照らし誤っているものはイ及びオであるから，４が正解となる。

第11問　正解　1

テーマ	地役権

ア　**誤り**。地役権の利用の対価については，民法上に特段の規定はない。判例（**大判昭和12・3・10**）も，「地役権は承役地を**無償**で要役地の便益に供する土地使用権であるから，地役権者としては，土地使用の対価として承役地の所有者に対し定期の地代その他報酬の支払をすることを要するものではない。したがって，たとい設定行為と同時に当事者がかかる報酬支払の特約をしても，その特約は地役権の内容を構成することなく，単に**債権的効力**を有するにすぎないものと解すべきものである」としている。したがって，地役権を設定する際には，地役権者が承役地の所有者に対して支払うべき土地使用の対価の額を「定めなければならない」とする本肢は，判例の趣旨に照らし誤っている。

イ　**正しい**。承役地の所有者は，地役権者の権利行使を妨げない範囲において承役地を使用収益することができるところ，眺望のための地役権の設定は通行のための地役権の行使を妨げるものではないため，重ねて眺望地役権を設定することができることに問題はない。したがって，本肢は正しい。登記先例（**昭和38・2・12民甲390号回答，昭和43・12・27民甲3671号回答**）も，地役権は，要役地の利用価値を増進するために承役地に設定される権利であるので，排他性を有さず，同一の承役地を目的として，**「設定の目的を同じくする」数個の地役権を設定することもでき**（民285Ⅱ参照），その登記を申請することができるとしている。

ウ　**誤り**。地役権は，**「継続的」**に行使され，「かつ」，「外形上認識することができる」ものに限り，時効によって取得することができるとされている（**民283**，163）が，**汲水地役権は「不継続地役権」に分類されており**，継続性の要件を満たさないため，これを時効取得することはできない。したがって，甲土地の所有者Aが，隣地であるB所有の乙土地の泉から20年以上にわたり水を汲んでいた場合，Aは汲水地役権を「時効取得することができる」とする本肢は，誤っている。

エ　**正しい**。地役権を行使する共有者が数人ある場合には，その「1人について時効の完成猶予の事由」があっても，時効は，「各共有者のために進行」するとされている（**民284Ⅲ**）。したがって，本肢は正しい。

オ　**正しい**。承役地の所有者は，**地役権の行使を妨げない範囲内**において，**「その行使のために承役地の上に設けられた工作物」を使用することができる**（民288Ⅰ）が，この場合には，承役地の所有者は，その**「利益を受ける割合に応じて」**，工作物の設置及び保存の費用を「分担」しなければならないとされている（**民288Ⅱ**）。したがって，本肢は正しい。

各肢の解説より，判例の趣旨に照らし誤っているものはア及びウであるから，1が正解となる。

第12問　正解　5

テーマ	留置権

ア　**誤り**。判例（**大判大正11・８・21**）は，新地主に対抗しえない借地人が，新地主からの土地明渡請求に対して，「賃借権」を被担保債権として留置権を主張したケースにつき，賃借物を使用・収益する賃借人の債権は，「**賃借物自体を目的とする債権**」であって，「**その物に関して生じた債権**」（民295Ⅰ本文）**ではない**，として留置権の成立を否定している。したがって，賃借権は「土地に関して生じた債権」であるので，留置権を行使して土地の明渡しを拒絶することが「できる」とする本肢は，判例の趣旨に照らし誤っている。

イ　**誤り**。不動産が二重に譲渡された場合において，第二の買主のために所有権移転登記がなされたときは，売主の第一の買主に対する債務は履行不能となり，損害賠償債務となる（民415Ⅰ）。しかし，判例（**最判昭和43・11・21**）は，第一の買主は，第二の買主から明渡しを請求された場合，売主に対して有するこの損害賠償請求権に基づき，第二の買主に対して留置権を主張することはできないと解している。そもそも，第一の買主の売主に対する債権は「**物自体を目的とするもの**」であって，物との間に牽連性がない以上，その変形物にすぎない損害賠償請求権にも牽連性（民295Ⅰ本文）がないからである。実質的にも，第一の買主が目的物を留置することによって，**売主の損害賠償債務の履行が促されるという関係にはない**。したがって，第一の買主が売主に対して有する履行不能による損害賠償請求権に基づき留置権を主張することができるとする本肢は，判例の趣旨に照らし誤っている。

ウ　**正しい**。建物の賃借人が「必要費」を支出したときは，賃貸人に対し「直ちに」その償還を請求することができ（民608Ⅰ），この償還請求権に基づき留置権が成立する。一方，「有益費」の償還請求権（民608Ⅱ）についても，原則として留置権は成立するが，必要費の償還請求権と異なり，裁判所が賃貸人の請求により相当の期限を与えることができるため（**民608Ⅱただし書**），かかる期限が許与された場合には，弁済期未到来として（**民295Ⅰただし書**），留置権は消滅する。したがって，本肢は正しい。

エ　**誤り**。占有が「**不法行為によって始まった場合**」には，留置権は成立しないとされている（**民295Ⅱ**）。不法行為によって留置物の占有を始めた者にまで留置権を認めるのは，公平に反するからである。したがって，ＡがＢの所有する甲建物を「権原がないことを知りながら占有を開始した場合」であっても，その後にＡが甲に関して生じた債権を取得したときは，Ａは，その債権の弁済を受けるまで，甲を「留置することができる」とする本肢は，誤っている。

オ　**正しい**。判例は，「借家」の場合は，従前どおりに「留置権者が建物に居住すること」は，建物の保存に必要な使用（民298Ⅱただし書）として許される（**大判昭和10・５・13**）が，「借地」の場合に，「**借地上の建物を第三者に賃貸すること**」**は，保存に必要な使用の範囲を超え，許されない**としている（大判昭和10・12・24）。したがって，土地の賃貸借の終了後に，借地人であった者が借地の留置権に基づき当該土地上の建物を第三者に賃貸するには，債務者の承諾を得なければならないとする本肢は，判例の趣旨に照らし正しい。

各肢の解説より，判例の趣旨に照らし正しいものはウ及びオであるから，５が正解となる。

第13問　正解　2

テーマ	質権者が任意に質物を設定者に返還した場合の法律関係

⑴　民法が質権の設定を要物契約とし（民344），かつ質権設定者による代理占有を認めない（民345）のは，目的物の占有を質権設定者から取り上げて留置することで，債務の履行を間接的に強制するためである（質権の留置的効力）。

⑵　そこで，この留置的効力を重視すれば，質権者が質権設定者に質物を任意に返還した場合には，質権は消滅することになる（B説：質権消滅説）。

⑶　一方，質権成立後においては，動産質の場合は，質物の占有の継続は対抗要件とされているにすぎない（民352）ことを重視すれば，質権者が質権設定者に質物を任意に返還したとしても，質権は消滅せず対抗力を失うにすぎないことになる（A説：対抗力喪失説）。

⑷　この点，判例（**大判大正５・12・25**）は，質権者がいったん有効に質権を設定した後に，設定者に質物を占有させた場合は，代理占有の効力を生じないだけであって，質権が消滅することはなく，動産質においては，質権を第三者に対抗することができなくなる（民352）が，不動産質においては，質物の占有は第三者に対する対抗要件ではないから（登記が対抗要件，民177），その質権の効力には何等の影響を及ぼさないとしている。

ア　**適切でない**。A説は，民法が質権設定契約を要物契約とし（民344），設定者による代理占有を禁止している（民345）のは，質権者に目的物を占有させることにより**公示の目的を徹底するため**であると解し，それゆえ質権者が質物を任意に設定者に返還しても，質権が消滅するわけではなく，第三者に対抗することができなくなるにすぎないと考えている。したがって，**B説よりも「A説」の方が，占有による公示の機能を重視している**といえるので，本肢は適切ではない。

イ　**適切である**。B説は，動産所有権の移転でさえ対抗要件（民178）は占有改定で足りる（**最判昭和30・６・２**）のに，**質権だけ公示を厳格にしても無意味**であると主張して，**むしろ動産質権における占有の意義はその留置的効力を発揮させることにあるとみるべきだ**と主張している。したがって，B説は，動産所有権移転の対抗要件が占有改定で足りることを根拠としているとする本肢は，適切である。

ウ　**適切である**。B説は，そもそも**不動産質権は登記によって公示されるのであるから，占有による公示の機能を重視する必要はない**と主張している。したがって，B説は，不動産質権が登記によって公示されることを重視しているとする本肢は，適切である。

エ　**適切である**。質物の継続占有を動産質権の第三者に対する対抗要件としている民法第352条を反対解釈すれば，質物の占有を失った場合には，第三者に対抗することができなくなるにすぎないと解するのが素直である。したがって，A説は，質物の継続占有を動産質権の第三者に対する対抗要件としている民法第352条の反対解釈に素直であるとする本肢は，適切である。

オ　**適切でない**。質権者が質物を任意に設定者に返還した場合，それによって単に対抗力が失われるというよりも，**質権そのものが消滅するという方が，設定者と取引する者の保護される範囲が広い**といえる。したがって，**Ａ説より「Ｂ説」の方が，取引の安全を図ることができる**ので，Ｂ説よりＡ説の方が取引の安全を図ることができるとする本肢は，適切ではない。

各肢の解説より，適切でないものはア及びオであるから，２が正解となる。

第14問　正解　4

テーマ	法定地上権

ア　**誤り**。判例は，土地・建物に対して共同抵当権が設定された後，当該建物が取り壊され，再築建物について改めて抵当権が設定されたときは，「新建物の所有者が土地の所有者と同一であり，かつ，新建物が建築された時点での土地の抵当権者が新建物について土地の抵当権と同順位の共同抵当権の設定を受けたなどの特段の事情」がある場合には，例外的に新建物のために法定地上権が成立する（**最判平成９・２・14**）が，「**当該抵当権の被担保債権に優先する国税債権が存在するとき**」は，**上記判例にいう特段の事情がある場合には当たらず**，新建物のために法定地上権は「**成立しない**」（**最判平成９・６・５**）としている。したがって，本肢のような場合は，「特段の事情がない限り」法定地上権が成立するのではなく，「特段の事情がある場合」に例外的に法定地上権の成立が認められるのであるから，本肢は判例の趣旨に照らし誤っている。

イ　**正しい**。法定地上権が成立するためには，「抵当権設定当時」に土地と建物が同一の所有者に属していることが必要である（民388前段）。この点，判例（**最判昭和48・９・18**）は，「**建物の名義が前主のまま**」**であっても，抵当権設定時に土地と建物の所有者が同一である以上，抵当権が実行されると，法定地上権が成立する**としている。その根拠として判例は，土地について抵当権を取得しようとする者は，**現実に土地を見て地上建物の存在を了知してこれを評価するのが通例**であり，買受人は抵当権者と同視すべきで，**建物の登記の有無，取得登記の経由の有無にかかわらず**，法定地上権の成立を認めるのが法の趣旨に合致することを述べている。したがって，土地及び同土地上の建物を所有するＡが，当該土地のみにＢのための抵当権を設定した時は，「建物の登記がＡの前主であるＣ名義であった場合であっても」，Ａは，土地を競売によって買い受けたＤに対して，「法定地上権を主張することができる」とする本肢は，判例の趣旨に照らし正しい。

ウ　**誤り**。民法第388条により法定地上権の成立が認められるためには，抵当権設定当時に土地とその地上建物が**同一の所有者に属する**ことを要し，これらが別の所有者に属するときには，判例（**最判昭和51・10・８**）は，**両所有者間に「親子・夫婦の関係があるとき」でも法定地上権の成立は認められない**としている。抵当権設定当時に土地とその地上建物が同一の所有者に属する場合には，土地の利用権を設定することが法律上不可能であるので，抵当権の実行としての競売の結果土地と建物の所有者を異にするに至ったときに建物所有者のため法定地上権の成立を認めることにより建物の存続を図る必要があるが，土地と建物が別個の所有者に属する場合には，たとえその間に親子・夫婦の関係があっても，土地の利用権を設定することが可能であるから，その間の土地利用に関する法律関係に従って競売後の土地所有者と建物所有者との間の法律関係も決せられるべきであって，法定地上権の成立を認める必要はないからである。したがって，乙建物について「法定地上権が成立する」とする本肢は，判例の趣旨に照らし誤っている。

エ　**誤り**。判例（**最判昭和29・12・23**）は，本肢と同様の事案において，民法第388条により地上権を設定したものとみなすべき事由が単に「土地共有者の１人だけ」について発生したとしても，これがため**他の共有者の意思如何に拘わらずそのものの持分までが無視さるべきいわれはない**のであって，当該共有土地については地上権を設定したとみなすべきでないとし，法定地上権は発生しないとしている。その理由として，判例は，「元来共有者は，各自，共有物について所有権と性質を同じくする独立の持分を有しているのであり，しかも共有地全体に対する地上権は共有者全員の負担となるのであるから，共有地全体に対する地上権の設定には共有者全員の同意を必要と」し，「共有者中一部の者だけがその共有地につき地上権設定行為をしたとしても，これに同意しなかった他の共有者の持分は，これによりその処分に服すべきいわれはない」こと，また，民法第388条は「建物の存在を全うさせようとする国民経済上の必要を多分に顧慮した規定である」ものの，「同条により地上権を設定したとみなされる者は，もともと当該土地について所有者として完全な処分権を有する者に外ならないのであって，他人の共有持分につきなんら処分権を有しない共有者に他人の共有持分につき本人の同意なくして地上権設定等の処分をなし得ることまでも認めた趣旨でない」ということを挙げている。したがって，本肢は，抵当権の実行によりＣがその共有持分を取得したときは，法定地上権が「成立する」としている点で，判例の趣旨に照らし誤っている。

オ　**正しい**。判例（**最判平成３・10・１**）は，民法第388条による法定地上権の成立後に建物の競落があり，建物を競落して法定地上権を承継した者は，その建物所有権を取得した後の地代支払義務を負担すべきであるが，**それ以前の未払い地代については，その債務の引受けをしない限り，これを当然には負担しない**としている。したがって，本肢は判例の趣旨に照らし正しい。

各肢の解説より，判例の趣旨に照らし正しいものはイ及びオであるから，４が正解となる。

第15問　正解　5

テーマ	譲渡担保の法的構成

⑴　「譲渡担保」とは，担保の目的たる所有権を設定者が債権者に移転し，債務が弁済されると設定者に復帰するが，債務不履行が生じると，所有権は確定的に債権者に帰属するという形式をとる担保方法であるが，「担保」という当事者の意図した経済的目的と「譲渡」という法律上の形式のいずれに重点を置いて法律構成するかをめぐって争いがある。

⑵　大きく分けて，所有権的構成説と担保権的構成説とが対立している。本問においては，「第1説」が「所有権的構成説」であり，「第２説」が「担保権的構成説」である。

ア　**どちらかの説を指すとは言えない**。譲渡担保の法的構成に関する設問の二つの見解は，いずれも，それぞれ自説は当事者の合理的意思解釈に合致すると主張している。即ち，第１説（所有権的構成説）からは，「あえて所有権移転という形式を採用した当事者の意思」を，第２説（担保権的構成説）からは「担保目的という当事者の意思」を重視すべきであると主張されている。これらはいずれも妥当であり，法的構成に関する論点において一方を否定し，他方を採用する根拠とはなりえない。したがって，より「当事者の意思を重視する」説は，いずれかの説を指すとは言いえない。

イ　**どちらの説も指さない**。第１説（所有権的構成説）によれば，譲渡担保の目的物の所有権は，譲渡担保権者が有している以上，譲渡担保権者から目的動産の譲渡を受けた第三者は，問題なく目的物の所有権を取得することができる。これに対し，第２説（担保権的構成説）によれば，譲渡担保権者は担保権を有するのみであるから，譲渡担保権者からの譲受人も担保権を取得するにすぎないのが原則である。しかし，本肢は「動産」を譲り受けた場合であるから，譲受人である第三者が善意かつ無過失の場合には即時取得（民192）により所有権を取得する余地はある。したがって，目的動産の譲渡を受けた第三者は，有効に所有権を取得することはないとする本肢の「この説」は，第１説は当然として，第２説を指すとも言いえない。

ウ　**第１説を指す**。不動産登記の実務は，譲渡担保権が設定された場合の登記につき，譲渡担保を登記原因とする「所有権移転登記」をするとしている（平成21年通達記録例229）。また，民事執行においては，譲渡担保権者は強制執行の目的物について所有権を有する第三者として，第三者異議の訴え（民執38）を提起することができるとされている（**最判昭和56・12・17**等）。いずれも譲渡担保権者が所有権者であることを前提とする取扱いであり，第１説（所有権的構成説）を主張する立場の根拠となっている。

エ　**第２説を指す**。担保権的構成説によれば，目的動産の所有権は設定者のもとにとどまっているので，後の譲渡担保権者が善意無過失で，目的動産の譲渡担保権を即時取得しても，前の譲渡担保権者の権利は消滅することはなく，優先の順位が後の譲渡担保権者に劣後することになるだけである。これにより，後順位の譲渡担保権者となる者は先順位の者が弁済を受けた余剰金から優先弁済を受けることになる。これに対し，所有権的構成説によれば，後の譲渡担保権者が善意無過失で，目的動産の所有権を即時取得してしまうと，前の譲渡担保権は消滅することになる。したがって，本肢の「この説」は第２説を指している。

オ　**第１説を指す**。所有権的構成に基づくと，本肢のような場合は譲渡担保権設定者を起点とする二重譲渡の関係となり，第一譲受人である譲渡担保権者は対抗要件（登記）を備えているので，第三者はこれに対し所有権を対抗することができないことになる。したがって，本肢の「この説」は第１説を指している。

各肢の解説より，「この説」が第１説（所有権的構成説）を指すものはウ及びオであるから，５が正解となる。

第16問　正解　3

テーマ	選択債権

ア　**誤り**。債権の目的が数個の給付の中から選択によって定まるときは，その選択権は，「**債務者**」に属するとされている（**民406**）。特約がない場合には，給付義務者にその選択を委ねるのが公平であると考えられるからである。したがって，「債権者」がその内容を決定する選択権を有するとする本肢の学生の解答は，誤っている。

イ　**誤り**。第三者が選択をすべき場合には，その選択は，債権者「**又は**」債務者のいずれか一方に対する意思表示によってすれば足りるとされている（**民409Ⅰ**）。したがって，「双方」に対してする必要があるとする本肢の学生の解答は，誤っている。

ウ　**正しい**。エ　**誤り**。不能による選択債権の特定については，令和２年４月１日施行の改正により，「債権の目的である給付の中に不能のものがある場合（原始的不能か後発的不能かは問わない）において，その不能が**選択権を有する者の過失によるものであるとき**は，債権は，その**残存するものについて存在**する。」と改正された（**民410**）。したがって，Ａにいずれの花瓶を引き渡すかについての選択権がある本事例の場合は，選択権を有しない当事者であるＢだけでなく，選択権を有しない第三者であるＣの過失による場合も，Ａが給付すべきものは残ったもう一つの花瓶に特定することはないので，肢ウの学生の解答は正しいが，肢エの学生の解答は誤っている。

オ　**正しい**。選択の効力については，「**選択**は，債権の発生の時に**さかのぼって**その効力を生ずる。ただし，**第三者の権利を害することはできない**。」と規定されている（**民411**）。したがって，本肢の学生の解答は正しい。

各肢の解説より，学生の解答のうち正しいものはウ及びオの２個であるから，３が正解となる。

第17問　正解　2

テーマ	債権の譲渡

ア　**誤り**。将来債権の譲渡の有効性につき，判例（**最判平成11・１・29**）は，「将来発生すべき債権を目的とする債権譲渡契約にあっては，契約当事者は，譲渡の目的とされる債権の発生の基礎を成す事情をしんしゃくし，当該事情の下における債権発生の可能性の程度を考慮した上，その債権が見込みどおり発生しなかった場合に譲受人に生ずる不利益については譲渡人の契約上の責任の追及により清算することとして，契約を締結するものと見るべきであるから，当該**契約の締結時においてその債権発生の可能性が低かったことは，当該契約の効力を当然に左右するものではない**と解するのが相当である」としていた。そこで，令和２年４月１日施行の改正（以下，単に「改正」という。）により，上記の判例法理を明文化した「債権の譲渡は，その**意思表示の時に債権が現に発生していることを要しない。**」との規定（**民466の６Ⅰ**）が新設されたことに注意しておく必要がある。したがって，将来発生すべき債権を目的とする債権譲渡契約は，その目的とされる債権が「発生する相当程度の可能性が契約締結時に認められないとき」は，「無効である」とする本肢は，誤っている。

イ　**正しい**。旧法下においては，譲渡禁止特約は物権的効力を有することを前提に，債権の譲受人が悪意又は重過失である場合は，譲渡禁止特約に違反する譲渡は債務者に対抗することができないだけではなく，「譲渡当事者間でも譲渡は無効である」と解されていたが，改正により，譲渡制限の意思表示に反する譲渡も「**その効力を妨げられない**」（**民466Ⅱ**）として，仮に債権の譲受人が悪意又は重過失であったとしても，その債権は譲受人に帰属するものとしたうえで，「譲渡制限の意思表示がされたことを**知り，又は重大な過失によって知らなかった**譲受人その他の第三者に対しては，債務者は，その**債務の履行を拒む**ことができ，かつ，**譲渡人に対する弁済その他の債務を消滅させる事由をもってその第三者に対抗することができる。**」との規定（**民466Ⅲ**）が追加された。ただし，預金債権又は貯金債権に係る譲渡制限の意思表示の効力については，通常の場合と原則と例外を逆転する「預金口座又は貯金口座に係る預金又は貯金に係る債権（以下「**預貯金債権**」という。）について当事者がした譲渡制限の意思表示は，**第466条第２項の規定にかかわらず**，その譲渡制限の意思表示がされたことを知り，又は重大な過失によって知らなかった譲受人その他の第三者に**対抗することができる。**」との規定（**民466の５Ⅰ**）が追加されていることに注意しておく必要がある。これは，預貯金債権については，弁済の相手方を固定化する必要性が高いこと，預貯金債権に譲渡制限特約が付されていることは周知されていることから，従来の取扱いを維持しても問題はないと考えられたからである。したがって，当事者が債権の譲渡を禁止し，又は制限する旨の意思表示をしたときであっても，債権（預貯金債権を除く。）の譲渡は，その効力を妨げられないが，譲渡制限の意思表示がされたことを知り，又は重大な過失によって知らなかった譲受人その他の第三者に対しては，債務者は，その債務の履行を拒むことができ，かつ，譲渡人に対する弁済その他の債務を消滅させる事由をもってその第三者に対抗することができるとする本肢は，正しい。

ウ　**誤り**。譲渡制限の意思表示がされた債権に対する強制執行の効力につき，改正法は，「第466条第３項の規定は，**譲渡制限の意思表示がされた債権に対する強制執行をした差押債権者**に対しては，**適用しない。**」（**民466の４Ⅰ**），「前項の規定は，**譲渡制限の意思表示がされた預貯金債権に対する強制執行をした差押債権者**に対しては，**適用しない。**」（**民466の５Ⅱ**）との規定を追加して，譲渡制限の意思表示がされた債権に対する強制執行をした差押債権者に対しては，譲渡制限の意思表示がされたことを知り，又は重大な過失によって知らなかったとしても，債務者は対抗することができないとした。したがって，本肢は，譲渡制限の意思表示がされた債権に対する強制執行をした差押債権者は，当該債権に譲渡制限の意思表示がされたことを知っていたとしても，転付命令によって当該債権を取得することができるとする点は，正しいが，「預貯金債権を除く」としている点が，誤っている。

エ　**正しい**。債務者は，譲渡制限の意思表示がされた金銭の給付を目的とする債権が譲渡されたときは，その**債権の全額に相当する金銭**を**債務の履行地**（債務の履行地が債権者の現在の住所により定まる場合にあっては，譲渡人の現在の住所を含む。）**の供託所に供託**することができるとされている（**民466の２Ⅰ**）。したがって，譲渡制限の意思表示がされた債権が譲渡された場合，譲受人が譲渡制限の意思表示がされたことを「過失なく知らなかったとき」であっても，債務者は，弁済の責任を免れるために，その債権の全額に相当する金銭を供託することができるとする本肢は，正しい。なお，この規定による供託は，債権者不確知を理由とする供託（民494Ⅱただし書）とは異なり，債務者に「過失なく」弁済の相手方がわからないことは要求されていない。

オ　**正しい**。譲渡制限の意思表示がされた金銭の給付を目的とする債権が譲渡された場合において，**譲渡人について破産手続開始の決定があったとき**は，**譲受人**（当該債権の**全額**を譲り受けた者であって，その債権の譲渡を債務者その他の第三者に**対抗することができる**ものに**限る。**）は，譲渡制限の意思表示がされたことを知り，又は重大な過失によって知らなかったときであっても，**債務者にその債権の全額に相当する金銭を債務の履行地の供託所に供託させることができる**とされている（**民466の３前段**）。したがって，譲渡制限の意思表示がされた債権の「全額」が譲渡された場合において，譲渡人について破産手続開始の決定があったときは，債権譲渡について「第三者対抗要件を備えた」譲受人は，債務者にその債権の全額に相当する金銭の供託をするよう請求することができるとする本肢は，正しい。

各肢の解説より，誤っているものはア及びウであるから，２が正解となる。

第18問　正解　3

テーマ	買戻しと再売買の予約の比較

⑴　本問は，「民法上」の買戻しと再売買の予約についての異同を問うものである。

⑵　民法上の買戻しとは，不動産の売買契約と同時に一定期間内に買主が支払った代金（別段の合意により定めた金額も可）と契約費用を返還して目的物を取り戻せる旨を特約することである（民579前段）。

⑶　これに対し，再売買の予約とは，目的物を一旦売却し，買主が将来これを売り渡す旨の予約（再売買の予約）をいう。

⑷　両者とも担保を目的としているが，前者は，最初になされた売買契約を「解除」するという構成をとるのに対し，後者は，新たな売買を予約し，その「予約を完結する」権利を売主が持つという構成である。

⑸　そして，前者は比較的詳細な規定（民579以下）が置かれているのに対し，後者は専ら契約自由の原則が妥当する。

⑹　そこで，買戻しの特約は売買契約と同時に（民597前段），かつ付記登記をなさなければならず（民581Ⅰ，不登96，不登規3⑨），期間も10年を超えることができない（民580Ⅰ）とされているのに対し，再売買の予約は，このような厳格な制限を受けないとされている。

ア　**再売買の予約のみ入る。**

⑴　「民法上」，買戻しの目的物は，「不動産」に限られている（**民579前段**）。これは，動産においては第三者に対する公示方法が不完全であるだけでなく，動産について認める実益が多くないためといわれている。なお，動産の買戻しも契約としては有効である（大判明治44・5・20）が，民法上の買戻しとは異なるものであり，民法第579条以下の適用はないとされている。

⑵　これに対し，再売買の予約の目的物は「動産，不動産」を問わないとされている（民555，556）。

⑶　したがって，目的物は「不動産に限定されない」とする本肢は，（　　　）に「再売買の予約」を入れたときのみ内容が適切になる。

イ　**再売買の予約のほか，買戻しも入る。**

⑴　再売買の予約の代金については，何らの制限は規定されていない。

⑵　これに対し，買戻しの代金は，従前は「売買代金と契約費用」を超えることはできないとされていた（**旧民579前段，583Ⅰ**）が，この点で買戻しよりも再売買の予約が多く用いられていたという実態を踏まえ，買戻しを利用しやすくするため，令和2年4月1日施行の改正により，第579条は「不動産の売主は，売買契約と同時にした買戻しの特約により，買主が支払った代金（**別段の合意をした場合**にあっては，その**合意により定めた金額**。第583条第1項において同じ。）及び契約の費用を返還して，売買の解除をすることができる。」との規

定（**民579前段**）に改められた。

⑶　したがって，代金は，買主が支払った代金と契約の費用を加えた額に限られないとする本肢は，(　　　)に「再売買の予約」を入れたときのみならず，「買戻し」を入れたときも内容が適切になる。

ウ　**買戻しのみ入る。**

⑴　買戻しの特約は，これを登記することができ（民581Ⅰ，不登96），買主の権利取得の登記に「**付記**」してするとされている（**不登規３⑨**）。この登記は，「**売買契約と同時**」（売買による買主への権利取得の登記と同時）になされなければならず，買戻しの特約を登記したときは，買戻しは，「第三者」に対抗することができるとされている（**民581Ⅰ**）。

⑵　これに対し，再売買の予約の対抗要件は，不動産の場合には，その予約完結権を「**仮登記**」することによる（不登105②）。なお，再売買の予約は，必ずしも売買契約と同時になされる必要はない。

⑶　したがって，対抗要件は，最初の売買契約における所有権移転登記に，付記登記をすることであり，売買契約と同時になされなければならないとする本肢は，(　　　)に「買戻し」を入れたときのみ内容が適切になる。

エ　**再売買の予約のほか，買戻しも入る。**

⑴　買戻しも再売買の予約も，一種の物権取得権としての性格を有するので，独立の財産権として譲渡の対象となるとされている。

⑵　そして，義務者の承諾について，買戻しでは，代金の提供をもってはじめて効力を生ずることから，買主の承諾を要しないとしても買主に特別の不利益をもたらすものではないことなどから，承諾は不要と解されている（民540Ⅰ）。

⑶　また，再売買の予約についても，買戻しと同様に承諾を要しないと解されている。判例（**大判大正13・２・29**）も，予約権利者は，予約完結権の行使前であれば，その権利を，債権譲渡の規定にしたがって「**自由に**」譲渡することができるとしている。

⑷　したがって，権利は，譲渡の対象となり，義務者の承諾は不要であるとする本肢は，(　　　)に「再売買の予約」を入れたときのみならず，「買戻し」を入れたときも内容が適切になる。

オ　**再売買の予約のみ入る。**

⑴　買戻しの行使期間は，10年を超えることはできず，これより長い期間を定めても10年に短縮するとされている（**民580Ⅰ**）。また，期間の定めなき場合は，５年以内に行使しなければならない（**民580Ⅲ**）。これは，買戻権の永続により所有権の帰属が不安定な状態になることは，不動産の改良をおろそかにさせ，かつその融通を妨げる原因となるためである。

⑵　これに対し，再売買の予約については，その行使期間につき民法上の制限はないが，判例（大判大正10・３・５）は，形成権である売買予約完結権は，一般の債権に準じて消滅時効（民166Ⅰ）に服するとしている。

⑶　したがって，消滅時効にかかるほかは，その権利行使期間に制限はないとする本肢は，(　　　)に「再売買の予約」を入れたときのみ内容が適切になる。

カ　**買戻しのみ入る。**

⑴　買戻しの目的物が第三者に譲渡された場合，対抗要件を備えている限り，その買戻しは，「第三者」に対抗することができる（民581Ⅰ）。そして，転得者がいる場合の買戻権行使の相手方につき，判例（**最判昭和36・５・30**）は，買主が買戻しの特約を登記した不動産を第三者に転売し，その**登記を経由した場合**は，最初の売主は「**転得者**」に対し買戻権を行使すべきであるとしている。

⑵　これに対し，再売買の予約の目的不動産が譲渡された場合は，予約完結権の行使の相手方につき，判例（**大判昭和13・４・22**）は，不動産の再売買の予約では，予約上の権利について仮登記された後に目的物の所有権が第三者に譲渡されている場合でも，仮登記上の権利であることを理由に，売買完結の意思表示は，「**当初の予約義務者**」に対してすべきであるとしている。

⑶　したがって，目的物が第三者に譲渡された場合の権利の行使は，「譲受人」に対してなす必要があるとする本肢は，（　　　）に「買戻し」を入れたときのみ内容が適切になる。

各肢の解説より，民法によれば，「再売買の予約」を入れたときのみ内容が適切になるものはア及びオの２個であるから，３が正解となる。

第19問　正解　4

テーマ	不法行為

ア　**誤り**。我が国では木造家屋が多く，類焼すると損害が甚大になるため，失火による責任については，失火ノ責任ニ関スル法律が「重過失」による失火の場合にのみ責任を負うと規定している（**民法第709条ノ規定**ハ失火ノ場合ニハ之ヲ適用セス但シ失火者ニ**重大ナル過失**アリタルトキハ此ノ限ニ在ラス）。しかし，その趣旨及び法文の文言より，同法は「不法行為責任」を軽減したものであり，**「債務不履行責任」までをも軽減したものではない**と解されている。判例（**最判昭和30・３・25**）も，「失火責任法は，**契約責任との関係では，失火者の責任は軽減されない**。したがって，借家人が軽過失で借家を焼失させてしまった損害であっても，**債務不履行責任を免れることができない**」としている。したがって，本肢は，建物の賃借人が，「軽過失」による出火により借家を全焼させた上，近隣の住宅まで延焼させてしまった場合，当該賃借人は「近隣の住民」に対しては責任を負わないとしている点は正しいが，「建物の賃貸人」に対しても責任を「負わない」としている点が，判例の趣旨に照らし誤っている。

イ　**誤り**。精神上の障害により自己の行為の責任を弁識する能力（責任能力）を欠く状態にある間に他人に損害を加えた場合でも，**故意又は過失によって一時的にその状態を招いたときは**，その**賠償の責任を免れない**とされている（**民713**）。したがって，精神上の障害により自己の行為の責任を弁識する能力を欠く状態にある間に他人に損害を加えた者は，「過失によって一時的にその状態を招いた」としても，損害賠償の責任を「負わない」とする本肢は，誤っている。

ウ　**正しい**。**「他人の不法行為」**に対し，自己又は第三者の権利又は法律上保護される利益を防衛するため，やむを得ず加害行為をした者は，損害賠償の責任を負わないとされている（**民720Ⅰ本文**）。したがって，路上でナイフを振り回して襲ってきた「暴漢」から自己の身を守るために「他人の家の窓を割って」逃げ込んだ者は，損害賠償の責任を負わないが，この違法性阻却事由は，民法では，刑法（刑36，37）とは異なり，緊急避難ではなく，「正当防衛」とされているので，本肢は正しい。

エ　**正しい**。交通事故の被害者が，事故のため介護を要する状態となった後に，別の原因により死亡した場合の損害賠償の範囲につき，判例（**最判平成11・12・20**）は，「介護費用の賠償は，逸失利益の賠償と異なり，**被害者において現実に支出すべき費用を補てんするもの**であるが，**被害者が死亡すれば，その時点以降の介護は不要となるから，もはや介護費用の賠償を命ずべき理由はなく**，その費用をなお加害者に負担させることは，被害者ないしその遺族に根拠のない利得を与える結果となり，かえって衡平の理念に反することになるから，この場合には，死亡後の期間にかかる介護費用を当該交通事故による損害として賠償請求することはできない」と判示している。したがって，本肢は判例の趣旨に照らし正しい。

オ　**誤り**。旧法は，「不法行為による損害賠償の請求権は，被害者又はその法定代理人が損害及び加害者を知った時から３年間行使しないときは，時効によって消滅する。不法行為の時から

20年を経過したときも，**同様とする。**」と規定していた（旧民724）ことから，判例（**最判平成元・12・21**）は，「(旧）民法第724条後段の規定は，不法行為によって発生した損害賠償請求権の**除斥期間**を定めたものと解するのが相当である。」としていた。しかし，この判例に対しては著しく正義・公平の理念に反し，被害者にとって酷な場合があり得るとの批判がなされていたことから，令和２年４月１日施行の改正により，判例を変更して，20年の期間についても「**時効期間**」であることを条文上明らかにする改正がなされた（**民724②**)。したがって，不法行為による損害賠償の請求権は，不法行為の時から20年間行使しないときは，「除斥期間」の経過によって消滅するとする本肢は，誤っている。

各肢の解説より，判例の趣旨に照らし正しいものはウ及びエであるから，４が正解となる。

第20問　正解　1

テーマ	婚姻の要件

ア　**誤り**。旧法は，未成年者（20歳未満，旧民４）でも，男は18歳に，女は，「16歳」になれば，婚姻をすることができる（旧民731）が，未成年の子が婚姻をするには，父母の一方が同意しないとき，父母の一方が知れないとき，死亡したとき，又はその意思を表示することができないときを除き，「父母の同意」を得なければならないとしていた（旧民737)。しかし，令和４年４月１日施行の改正により，婚姻は，「**男女を問わず**」，18歳にならなければすることができないとされ（**民731**），また，「年齢18歳をもって，成年とする。」とされたことから（民４），未成年者の婚姻についての父母の同意について規定していた旧民法第737条は削除された。したがって，本肢は，原則として父母の同意を「得なければならない」としている点が，誤っている。

イ　**正しい**。重婚（民732）が生じた場合に，その後，後婚が「重婚者本人の死亡」によって解消した場合は，検察官以外の重婚当事者の配偶者等は，なお後婚の取消しを請求することができる（**民744Ⅰただし書**）が，後婚が「離婚」によって解消された場合については，判例（**最判昭和57・９・28**）は，重婚の場合において，後婚が離婚によって解消されたときは，なお後婚の取消しを請求するとしても，**婚姻取消しの効果は離婚の効果に準ずる**のであるから（民748Ⅰ，749），**原則として法律上その利益がない**ものというべきであり，特段の事情のない限り，後婚が重婚に当たることを理由としてその**取消しを請求することは許されない**としている。したがって，前婚の協議離婚が離婚意思を欠き無効であるために重婚状態が生じた場合であっても，その後に後婚が離婚により解消されたときは，「重婚者本人が死亡したときとは異なり」，特段の事情がない限り，重婚を理由として後婚の取消しを求めることは「できない」とする本肢は，判例の趣旨に照らし正しい。

ウ　**誤り**。女は，原則として，前婚の解消又は取消しの日から起算して100日を経過した後でなければ，再婚をすることができないと規定していた**旧民法第733条**は，令和６年４月１日施行の改正により**削除**された。したがって，本肢は誤っている。

エ　**正しい**。「３親等内の傍系血族間」では，優生学上の理由から近親婚が禁止されている（**民734Ⅰ本文**）が，**特別養子縁組により親族関係が終了した後**（民817の９）**も**，**同様**とするとされている（**民734Ⅱ**）。なぜなら，法律上の親族関係が終了しても，近親婚を禁止する優生学上の理由はなくならないからである。したがって，実子とその実親の弟とは，一方の特別養子縁組により親族関係が終了した後も，婚姻することができないとする本肢は，正しい。

オ　**正しい**。Ａ女がＢ女の養子になっている場合において，Ｂ女がＣ男と婚姻し，その後ＡＢ間の離縁が成立した後，Ｂ女がＣ男と離婚した場合は，**Ａ女とＣ男の姻族関係は，ＡＢ間の離縁**（民729）**で終了した**のであって，ＢＣ間の離婚（民728Ⅰ）で終了したのではないから，Ａ女とＣ男が婚姻できるかは，民法第735条後段の問題ではなく，**第736条**の問題になるところ，民法第736条は「**養子と養親の配偶者**とは，第729条の規定により親族関係が終了した後でも，婚姻をすることができない。」と規定していないので，「養子Ａ女と養親の配偶者Ｃ男」の姻族関係が離縁により第729条の規定により終了した場合は，後にＢ女がＣ男と離婚して重婚とならなければ（民732），両者の婚姻を禁止する規定はないことになる。したがって，この場合はＡ女はＣ男と婚姻することができるとする本肢は，正しい。

各肢の解説より，判例の趣旨に照らし誤っているものはア及びウであるから，１が正解となる。

第21問　正解　3

テーマ	親権の喪失・停止等

ア　誤り。**父又は母による虐待又は悪意の遺棄があるときその他父又は母による親権の行使が著しく困難又は不適当であることにより子の利益を「著しく」害するときは，２年以内にその原因が消滅する見込みがあるとき**を除き，家庭裁判所は，「**子**」，その親族，「**未成年後見人，未成年後見監督人**」又は検察官の請求により，その父又は母について，「親権喪失の審判」をすることができるとされている（**民834**）。平成24年４月１日施行の改正により，親権喪失の審判の申立権者に子が含まれることとされた。本肢にあるように親子関係を再構築することができなくなるなどの理由により，子を申立権者に含めるか否かについて異論もあった。しかし，年長の未成年者が虐待されて被害者になるケースがある以上，子に申立権を認める必要性は否定できない。そこで，子にも申立権を認めたのである。したがって，本肢は，子は親権喪失の審判を請求することが「できない」としている点が，誤っている。なお，同改正により，親権停止期間中に選任された「未成年後見人・未成年後見監督人」も申立てができることとされたことにも注意しておくこと。

イ　**正しい**。平成24年４月１日施行の改正以前は，親権停止についての規定がなかった。しかし，親権喪失か否かというようにオール・オア・ナッシングだとすると，当事者もその利用を躊躇してしまいかねない。そこで，**父又は母による「親権」の行使が困難又は不適当であることにより子の利益を害するとき**は，家庭裁判所は，**子**，**その親族**，**未成年後見人**，**未成年後見監督人又は検察官の請求**により，その父又は母について，「親権停止の審判」をすることができるとされた（**民834の２Ⅰ**）。なお，家庭裁判所は，親権停止の審判をするときは，その**原因が消滅するまでに要すると見込まれる期間**，**子の心身の状態及び生活の状況その他一切の事情を考慮**して，「**２年を超えない範囲内**」で，親権を停止する期間を定めるとされている（**民834の２Ⅱ**）。したがって，本肢は正しい。

ウ　**誤り**。平成24年４月１日施行の改正において，親権の一部制限の審判は導入されなかった。親権停止制度の導入によって親権の一部制限の必要性が軽減されたからである。したがって，家庭裁判所は親権の一部を制限する審判をすることができるとする本肢は，誤っている。

エ　**正しい**。**父又は母による「管理権」の行使が困難又は不適当であることにより子の利益を害するとき**は，家庭裁判所は，「**子**」，**その親族**，「**未成年後見人，未成年後見監督人**」**又は検察官の請求**により，その父又は母について，「**管理権喪失の審判**」をすることができるとされている（**民835**）。したがって，本肢は正しい。なお，管理権喪失の審判についても，平成24年４月１日施行の改正により，親権に服している「子」及び親権停止期間中に選任された「未成年後見人・未成年後見監督人」も申立てができることとされたことに注意しておくこと。

オ　**誤り**。親権喪失（民834本文），親権停止（民834の２Ⅰ）又は管理権喪失（民835）の審判の原因が消滅したときは，家庭裁判所は，「**本人又はその親族の請求**」によって，それぞれ親権喪失，親権停止又は管理権喪失の審判を取り消すことができるとされている（民836）。請求権者に本人が含まれていることに注意しておくこと。本人が悔い改めて子の福祉にとって危惧がなくなったのであれば，親権喪失の審判等を受けた本人からの審判の取消しを求めることができるとしても，問題はないからである。しかし，「検察官」は親権喪失の審判等の取消しの請求権者とされていないので，本肢はこの点で誤っている。

各肢の解説より，正しいものはイ及びエであるから，３が正解となる。

第22問　正解　３

テーマ	**相続財産の範囲**

ア　**誤り**。相続人は，相続開始の時から，被相続人の財産に属した一切の権利義務を承継するが，「被相続人の一身に専属したもの（帰属上の一身専属権）」はこの限りでないとされている（民896）。この点，慰謝料請求権の相続性が問題とされているが，判例（**最大判昭和42・11・１**）は，「慰謝料請求権が発生する場合における被害法益は当該被害者の一身に専属するものであるけれど，これを侵害したことによって生ずる不法行為による**慰謝料請求権そのものは，財産上の損害賠償請求権と同様，単純な金銭債権であり**（民722Ⅰ→417），**相続の対象となりえないものと解すべき法的根拠はない**。また，民法第711条により同条所定の者が固有の慰謝料請求権を取得し得るとしても，それは被害者の取得する慰謝料請求と併存しうるものであるから，被害者の慰謝料請求権が相続の対象にならないものではなく，当該被害者が死亡した場合は，相続人が当然に慰謝料請求権を相続する。」と判示している。したがって，本肢は，不法行為による慰謝料請求権は，被害者自身の精神的損害を補填するためのものであるから「相続財産には含まれない」としている後段の記述が，判例の趣旨に照らし誤っている。

イ　**正しい**。**系譜，祭具及び墳墓**の所有権は，①被相続人の「**指定**」に従って祖先の祭祀を主宰すべき者があるときは，その者が承継するが，そのような者がいない場合には，②「**慣習**」に従って祖先の祭祀を主宰すべき者が承継するとされている（**民897Ⅰ**）。したがって，相続人が数人ある場合において，被相続人が祖先の祭祀を主宰すべき者を指定していなかったとしても，被相続人が所有していた墳墓は，遺産分割の対象とならないとする本肢は，正しい。なお，②の場合において「慣習が明らかでないとき」は，権利を承継すべき者は，③「家庭裁判所」が定めるとされている（民897Ⅱ）。

ウ　**正しい**。「定期貯金債権」（定期郵便貯金債権）については，既に判例（最判平成22・10・８）により遺産分割の対象になることが確認されていたが，「普通預金債権及び通常貯金債権」については，従来の判例（最判平成16・４・20ほか）は，預貯金債権の法的性質が可分債権であることを前提として，預貯金等の可分債権は相続開始と同時に当然に相続分に応じて分割され，各共同相続人の分割単独債権となり，遺産分割の対象とならないと解していた。しかし，近時，最高裁（**最大判平成28・12・19**）は，「共同相続された**普通預金債権，通常貯金債権**及び定期貯金債権は，いずれも，**相続開始と同時に当然に相続分に応じて分割されることはなく，遺産分割の対象となる**」と判示した。この判例により，共同相続人による単独での払戻しができないこととされたことから，令和元年７月１日施行の改正（以下，単に「改正」という。）により，遺産分割前に生活資金や葬儀代などを被相続人の預貯金から引き出すことを可能とするため，「各共同相続人は，遺産に属する**預貯金債権**のうち**相続開始の時の債権額の「３分の１」**に第900条及び第901条の規定により算定した当該共同相続人の**相続分を乗じた額**（標準的な当面の必要生計費，平均的な葬式の費用の額その他の事情を勘案して預貯金債権の債務者ごとに法務省令で定める額を限度とする。）については，**単独でその権利を行使することができる**。この場合において，当該権利の行使をした預貯金債権については，当該共同相続人が**遺産の一部の分割によりこれを取得**したものと**みなす**。」との相続された預貯金債権の仮払いの制度が新設された（**民909の２**）。したがって，本肢は正しい。

エ　**誤り**。遺産の分割前に遺産に属する財産が処分された場合の遺産の範囲につき，改正により，「遺産の分割前に遺産に属する財産が処分された場合であっても，共同相続人は，その**全員の同意**により，当該処分された財産が**遺産の分割時に遺産として存在するものとみなすことができる**。」との規定（**民906の２Ⅰ**）が新設された。処分された遺産を遺産分割の対象とできないとすると，処分した相続人が不公平な利益を得てしまうこともあるからである。なお，「前項の規定にかかわらず，**共同相続人の一人又は数人**により同項の財産が処分されたときは，**当該共同相続人**については，同項の**同意を得ることを要しない**。」とされている（**民906の２Ⅱ**）。したがって，相続開始後，遺産分割前に共同相続人の１人が，相続財産に属する財産を処分した場合，当該財産は遺産分割の対象となる「相続財産ではなくなる」ため，残余の相続財産について遺産分割を行い，共同相続人間の不公平が生じたときには，「別途訴訟等により回復する必要がある」とする本肢は，誤っている。

オ　**誤り**。賃貸不動産の遺産分割がなされた場合の賃料債権の帰属につき，判例（**最判平成17・９・８**）は，遺産は，相続人が数人あるときは，相続開始から遺産分割までの間，共同相続人の共有に属するものであるから，この間に遺産である賃貸不動産を使用管理した結果生じる金銭債権たる賃料債権は，「**遺産とは別個の債権**」というべきであって，各共同相続人がその相続分に応じて分割単独債権として「**確定的に取得**」し，後にされた遺産分割の影響を受けないとしている。したがって，遺産である賃貸不動産から相続開始後に生じた賃料債権も，遺産分割によって当該不動産を取得した者が相続開始時に遡って取得するとする本肢は，判例の趣旨に照らし誤っている。

各肢の解説より，判例の趣旨に照らし正しいものはイ及びウであるから，３が正解となる。

第23問　正解　3

テーマ	相続の承認及び放棄

ア　**誤り**。被保佐人が「**相続の承認**（「限定承認」も含まれる。）**又は相続の放棄をする**」には，保佐人の同意を得なければならないとされている（**民13Ⅰ⑥前段**）。相続の限定承認も放棄も共に身分行為ではあるが，財産行為としての色彩が強く，財産法上の行為能力を要求することが妥当だからである。したがって，本肢は，相続の放棄をするには保佐人の同意を得る必要はないとしている点が，誤っている。

イ　**正しい**。相続人は，原則として，「**自己のために相続の開始があったことを知った時**」から「３箇月」以内に，相続について，単純若しくは限定の承認又は放棄をしなければならない（民915Ⅰ本文）が，判例（**最判昭和51・７・１**）は，「相続人が数人いる場合には，民法第915条第１項が定める３箇月の期間は，**相続人がそれぞれ自己のために相続の開始があったことを知ったときから各別に進行し**，当該期間を徒過した相続人は，もはや**相続の放棄をすることはできない**」としている。相続の放棄は相続人各自が単独ですることができるので，その者について熟慮期間が満了すれば相続放棄ができなくなるとしても，他の共同相続人を害することはないからである。これに対して，「限定承認」は，相続人が数人あるときは，共同相続人の「**全員が共同してのみ**」これをすることができるとされていることから（**民923**），**個々の相続人について熟慮期間の起算点が異なる場合には，「最後の相続人の熟慮期間が満了するまで」限定承認をすることができる**とした下級審の判例（東京地判昭和30・５・６）がある。全ての相続人に熟慮期間を保証することが必要だからである。したがって，共同相続人各人が自己のために相続があったことを知った時期が異なる場合には，「最後」に知った者の熟慮期間が満了するまで，他の相続人も「限定承認」をすることができるとする本肢は，判例の趣旨に照らし正しい。

ウ　**正しい**。相続人が相続の承認又は放棄をしないで死亡したときは，相続の承認又は放棄をすべき期間（民915Ⅰ）は，「その者の相続人が自己のために相続の開始があったことを知った時」から起算するとされている（**民916**）が，この民法第916条にいう「その者の相続人が自己のために相続の開始があったことを知った時」の意味につき，判例（**最判令和元・８・９**）は，相続の承認又は放棄をしないで死亡した者の相続人が，**当該死亡した者からの相続により，当該死亡した者が承認又は放棄をしなかった相続における相続人としての地位を，自己が承継した事実を知った時**をいうと判示している。したがって，本肢は，判例の趣旨に照らし正しい。

エ　**誤り**。限定承認をした相続人が「数人ある場合」には，家庭裁判所は，**相続人の中から，「職権で」相続財産の清算人を選任**しなければならないとされている（**民936Ⅰ**）。この場合に，相続財産の管理・清算を全員共同でするものとすれば，その責任の所在が不明確となり，手続上も不便だからである。したがって，本肢は，「相続人の申立てがあるときは」としている点が，誤っている。この相続財産の清算人は，相続人のため，これに代わって，相続財産の管理及び債務の弁済に必要な一切の行為をする権限を有するとされており（**民936Ⅱ**），この相続財産の清算人が選任された場合には，他の相続人の財産管理権は失われる。なお，令和５年４月１日施行の改正により，相続財産の「管理人」が「清算人」と改正されたことに注意しておくこと。

オ　**誤り**。判例（**最判昭和49・９・20**）は，「相続の放棄のような身分行為については，民法第424条の**詐害行為取消権行使の対象とならない**と解するのが相当である。なんとなれば，当該取消権行使の対象となる行為は，積極的に債務者の財産を減少させる行為であることを要し，**消極的にその増加を妨げるにすぎないものを包含しない**ものと解するところ，相続の放棄は，相続人の意思からいっても，また法律上の効果からいっても，これを既得財産を積極的に減少させる行為というよりは，**むしろ消極的にその増加を妨げる行為にすぎない**とみるのが，妥当である。また，相続の放棄のような身分行為については，他人の意思によってこれを強制すべきでないと解するところ，もし相続の放棄を詐害行為として取り消しうるものとすれば，**相続人に対し相続の承認を強制することと同じ結果となり，その不当である**ことは明らかである。」と判示している。したがって，相続人が債権者を害する目的で相続の放棄をした場合，債権者は，その相続の放棄の取消しを裁判所に「請求することができる」とする本肢は，判例の趣旨に照らし誤っている。

各肢の解説より，判例の趣旨に照らし正しいものはイ及びウであるから，３が正解となる。

刑　法

第24問　正解　3

テーマ	中止犯

⑴　犯罪の実行に着手したが，「自己の意思により犯罪を中止した」ために，犯罪が既遂とならなかった場合を「中止未遂」（中止犯）という。

⑵　中止未遂に当たる場合は，必ず刑が減軽又は免除される（刑43ただし書）。

⑶　中止未遂の要件は，①中止の任意性と②中止行為であり，②はⓐ結果発生防止のための真摯な努力とⓑ構成要件的結果の不発生の二つの要件からなる。

ア　**誤り**。中止犯は「未遂犯」の一態様として規定されているので，**結果が発生し犯罪が既遂に達している場合には中止犯を認めることはできない**。本件では，Aには暴行の故意があるに過ぎず，殺意があるとはいえないため，殺人未遂ではなく，Bが負傷した以上，傷害罪（刑204）が成立している。したがって，Bに対する傷害罪という結果が発生している以上，中止犯は成立し得ないので，Aに中止未遂が「成立する」とする本肢は，誤っている。

イ　**正しい**。中止犯が成立するには，「自己の意思により」（**刑43ただし書**）犯行を中止するという**任意性**があることが必要である。本件でAは，Bに通報されたのに気付くという「**外部的障害**」**を原因として犯行を中止した**のであり，任意で犯行を中止したものとはいえず，任意性があるとはいえない。したがって，Aに中止未遂は「成立しない」とする本肢は，正しい。

ウ　**誤り**。実行に着手した後に中止未遂の成立が認められるためには，結果を防止するために「真摯な中止行為」が必要とされている。そして，**結果防止のために真摯な中止行為をした場合には，「他人の助力を得た」としても中止犯が成立しないわけでない**。判例（大判大正15・12・14）も，放火して自分一人では消火できなかったので，大声で隣人を呼び，その助けで消火した場合でも中止犯になるとしている。したがって，放火の実行に着手したAが，その結果の発生を防止するために真剣に努力したとしても，「結果の発生を防止したことにつき他人の援助を受けたとき」は，中止犯は「成立しない」とする本肢は，判例の趣旨に照らし誤っている。

エ　**正しい**。中止犯が認められるためには，行為者が犯罪の実行に着手した後，自己の意思によりこれを中止することが必要である（刑43ただし書）。本件の場合，住居侵入罪（刑130）は既に既遂に達しており，中止犯は成立しない。また，不同意性交罪（刑177）については，Aは未だBを発見してもおらず，実行に着手したとは評価できない。したがって，Aに中止未遂は「成立しない」とする本肢は，正しい。

オ　**誤り**。本件では，Aは殺人の準備をしていることから，殺人予備罪（刑201）が成立している。そこで，予備罪にも中止犯が観念できるかが問題となるが，判例（**最大判昭和29・1・20**）は，準備行為が行われれば予備行為が完成するので，予備罪には中止犯は認められないとしている。ただ，**殺人予備罪には，情状により刑を免除することができる旨の規定（刑201ただし書）が**

あるので，刑の免除をすることができないわけではない。したがって，殺人を計画して凶器を用意したAが，実行に着手する前に悔悟して計画を取りやめたとしても，「刑が免除されることはない」と言い切っている本肢は，誤っている。

各肢の解説より，判例の趣旨に照らし正しいものはイ及びエの２個であるから，３が正解となる。

第25問　**正解　1**

テーマ	信用及び業務に対する罪

ア　**正しい**。信用毀損罪（刑233前段）の「信用」について，かつての判例（大判大正５・６・１）は，人の支払能力又は支払意思に関する信用に限定していた。しかし，現在の判例（**最判平成15・３・11**）は，これを変更し，「刑法第233条が定める信用毀損罪は，**経済的な側面における人の社会的な評価**を保護するものであり，同条にいう『信用』は，人の支払能力又は支払意思に対する社会的な信用に限定されるべきものではなく，**販売される商品の品質に対する社会的な信頼も含む**と解するのが相当である」としている。したがって，本肢は判例の趣旨に照らし正しい。

イ　**誤り**。「偽計を用い」るとは，人を欺罔・誘惑し，又は人の錯誤・不知を利用することをいうと解されているところ，偽計を用いた業務妨害の例としては，新聞社の経営者が，他紙の購読者を奪うため，自己の経営する新聞紙をその他紙に似せて改名し，題字その他の体裁も他紙に酷似させて発行した場合（大判大正４・２・９）のほか，「日本電信電話公社の架設する電話回線において，発信側電話機に対する課金装置を作動させるため受信側から発信側に送出される応答信号の送出を阻害する機能を有する機器（マジックホン）を加入電話回線に取り付け使用して，応答信号の送出を妨害するとともに発信側電話機に対する課金装置の作動を不能にした行為が偽計業務妨害罪に当たるとした原判断は，正当である」とした判例（**最決昭和59・４・27**）がある。したがって，電話料金の支払を免れるための機器を電話回線に取り付けて課金装置の作動を不能にする行為は，偽計業務妨害罪における「偽計」に「該当しない」とする本肢は，判例の趣旨に照らし誤っている。

ウ　**正しい**。威力業務妨害罪（刑234）における「威力」の意義につき，判例（最判昭和和28・１・30）は，「威力」とは，犯人の威勢，人数及び四囲の状勢から見て，**被害者の自由意思を制圧するに足りる勢力**をいい，**現実に被害者が自由意思を制圧されたことを要しない**としている。したがって，本肢は，判例の趣旨に照らし正しい。

エ　**誤り**。威力業務妨害罪における「威力」は，「被害者の面前で」行使される必要があるかが問題とされているが，判例（最決平成４・11・27）は，「被害者が執務に際して目にすることが予想されるロッカー内の作業服ポケットに犬のふんを，**事務机引き出し内に猫の死骸をそれぞれ入れておき，被害者にこれを発見させ，畏怖させるに足りる状態においた一連の行為**は，**被害者の行為を利用する形態でその意思を制圧するような勢力を用いたものといえる**から，刑法第234条にいう**威力を用いた場合に当たる**」としている。したがって，被害者が執務のために日頃使っている机の引き出しに猫の死骸をひそかに入れた場合，後に被害者がこれを発見するに至ったとしても，「威力」業務妨害罪は「成立しない」とする本肢は，判例の趣旨に照らし誤っている。

オ　**誤り**。電子計算機損壊等業務妨害罪（**刑234の２Ⅰ**）は，近時，電子計算機による大量迅速な事務処理を行う業務の範囲が増大しており，これを妨害する行為によって重大かつ広範な被害の発生が予測されることから，設けられた罪であり，人の業務に使用する電子計算機若しくはその用に供する電磁的記録を損壊し，若しくは人の業務に使用する電子計算機に虚偽の情報若しくは不正な指令を与え，又はその他の方法により，電子計算機に**使用目的に沿うべき動作をさせず，又は使用目的に反する動作をさせて**，人の業務を妨害することによって成立するとされている（未遂犯につき，刑234の２Ⅱ）。したがって，人の業務に使用する電子計算機に対して不正な指令を入力した場合，その指令の内容が人の業務を妨害するおそれのあるものであれば，「当該電子計算機の動作に影響を及ぼしていなくても」，電子計算機損壊等業務妨害罪の「既遂犯」が成立し得るとする本肢は，誤っている。

各肢の解説より，判例の趣旨に照らし正しいものはア及びウであるから，１が正解となる。

第26問　正解　3

テーマ	放火罪

ア　**正しい**。現住建造物放火罪（刑108）の客体である「建造物」とは，家屋その他これに類似する工作物であって，土地に定着し，人の起居出入に適する構造を有するものをいう（大判大正13・５・31）。建物の一部に見えても当該建物を毀損しないで取り外せるものは，「建造物」ではない（大判大正８・５・３）。本肢の**カーテンは，通常建物を毀損しないでも取り付け具を外すことにより容易に建物から取り外すことが可能なものであるから，建物の一部とはいえず「建造物」には該当しない**。したがって，カーテンを全焼したところで火が消し止められた場合は，現住建造物放火「未遂罪」（刑112，108）が成立するとする本肢は，判例の趣旨に照らし正しい。

イ　**誤り**。判例（**最決平成元・７・７**）は，多数人が居住するタワーマンションのエレベーター内で，昇降ボタン脇のエレベーター内壁化粧板に火を放ち，エレベーターのみを焼損させたという事案において，**エレベーター設備がマンションの各居住空間部分と一体として機能し，多数人が居住する現住建造物であるマンションを構成していることや，エレベーターは，取り外し作業に著しい手間と時間を要するのであるから「建造物」の一部である**ことを肯定した上で，現住建造物放火罪の「既遂」（刑108）の成立を認めている。したがって，甲が憂さ晴らしの目的で，甲の世帯を含めて計30世帯が居住するマンション内部に設置されたエレベーターのかご内に，灯油を染み込ませて点火した新聞紙を投げ入れて放火したが，「エレベーターのかごの側壁を焼損したにとどまり，住居部分には延焼しなかった場合」，甲には，現住建造物等放火「未遂罪」（刑108，112）が成立するとする本肢は，判例の趣旨に照らし誤っている。

ウ　**正しい**。判例（大判大正15・９・28）は，**現住建造物放火罪を実現する意思で，隣接する非現住建造物に放火し，現住建造物が焼損する危険を惹起した場合，非現住建造物放火罪が既遂とならなくても，現住建造物放火罪の未遂罪**（刑108，112）**が成立する**としている。この場合でも，目的であった現住建造物放火罪の実行の着手があったとみることができるからである。したがって，甲所有の現住家屋に放火する目的で，誰も使用していない乙所有の隣接家屋に放火したが，「乙所有家屋も焼損に至らなかったとしても」，現住建造物放火「未遂罪が成立する」とする本肢は，判例の趣旨に照らし正しい。

エ　**誤り**。まず，自動二輪車は建造物等以外放火罪（刑110Ⅰ）の客体に該当するが，この成立には「よって公共の危険を生じさせた」ことが必要となる。この点，他人が所有する自動二輪車を燃やす目的で火をつけようとしたが，隣家に燃え移らないように近隣の広場で火を放ったところ，近隣の他人の住む家屋に燃え移ってしまったという事例において，判例（**最判昭和60・３・28**）は，刑法第110条第１項の放火罪が成立するためには，火を放って同条所定の物を焼損する認識のあることが必要であるが，**焼損の結果公共の危険を発生させることまでを認識する必要はない**ものと解すべきであるとして，公共の危険の発生の認識まではなくても同罪は成立するとしている。したがって，燃え移らないように火を放ったという本肢の場合も建造物等以外放火罪は成立するので，他人が所有する自動二輪車を燃やす目的で火をつけようとしたが，「隣家に燃え移らないように近隣の広場で火を放った」ところ，近隣の他人の住む家屋に燃え移ってしまった場合，建造物等以外放火罪は「成立しない」とする本肢は，判例の趣旨に照らし誤っている。なお，この場合は延焼罪は成立しないことにも注意しておくこと（刑111Ⅰ参照）。

オ　**正しい**。延焼罪（刑111Ⅰ）の成立には，第110条第２項の罪の成立が前提となるが，自宅前においた家庭ごみは，自己の所有に係る物であり，「第110条第２項の客体」にあたる。そして，現住建造物である隣家（刑108）に延焼させているので，延焼罪が成立する。したがって，本肢は正しい。

各肢の解説より，判例の趣旨に照らし誤っているものはイ及びエであるから，３が正解となる。

商法・会社法

第27問　正解　4

テーマ	株式会社の発起人

ア　**正しい**。「発起人」とは，定款に発起人として署名又は電子署名（会施規224，225Ⅰ①・Ⅱ）をした者をいう（会26，**大判大正３・３・12**）。発起人は，株式会社の設立に際して①発起人が割当てを受ける設立時発行株式の数，②①の設立時発行株式と引換えに払い込む金銭の額，及び③**成立後の株式会社の資本金及び資本準備金の額に関する事項**（以上につき**定款に定めがある事項を除く**。）を定めようとするときは，その「**全員の同意**」を得なければならないとされている（**会32Ⅰ**）。したがって，発起人は，株式会社の設立に際して成立後の株式会社の資本金及び資本準備金の額に関する事項を定めようとするときは，定款に定めがある場合を除き，発起人全員の同意を得なければならないとする本肢は，正しい。

イ　**正しい**。「発起人の氏名又は名称及び住所」は定款の絶対的記載・記録事項とされている（会27⑤）が，「**発起人が割当てを受ける設立時発行株式の数**」は，定款の絶対的記載・記録事項とされていないため，**定款で定めていない場合**には，**発起人全員の同意**で定めることができるとされている（**会32Ⅰ①**）。したがって，発起人は，「定款の作成後」にも株式を引き受けることができるとする本肢は，正しい。

ウ　**誤り**。会社法により，株式会社の原始定款には，「株式会社ノ設立ニ際シテ発行スル株式ノ総数」（旧商166Ⅰ⑥）ではなく，株式会社の「設立に際して出資される財産の価額又はその最低額」を定めるものとされたことから（会27④）会社法においては，設立に際して引受け・払込みがない株式は，設立前にすべて失権することとされたため（会36Ⅲ，63Ⅲ），会社成立後にその取扱いを問題とすべき株式は存在せず，引受・払込担保責任が問題となる場面はなくなった。このため，旧商法における引受・払込担保責任に係る規定（旧商192）は，会社法においては設けられていない。したがって，発起人は，設立時募集株式の引受人が払込みをしない株式については，これを「引き受けたものとみなされる」とする本肢は，誤っている。

エ　**正しい**。発起人のうち出資の履行をしていないものがある場合には，発起人は，当該出資の履行をしていない発起人に対して，期日を定め，その期日の「**２週間前**」までに当該出資の履行をしなければならない旨を「**通知**」しなければならないとされている（**会36Ⅰ・Ⅱ**）。したがって，本肢は正しい。

オ　**誤り**。「発起人」，設立時取締役又は設立時監査役がその職務を行うについて「**悪意又は重大な過失があったとき**」は，当該発起人，設立時取締役又は設立時監査役は，これによって**第三者に生じた損害を賠償する責任を負う**とされている（**会53Ⅱ**）。したがって，発起人の第三者に対する責任は「無過失責任」ではないので，発起人は，会社の設立に関して第三者に損害を与えた場合には，「その職務を行うについて過失がなくても」，その第三者に対して損害を「賠償しなければならない」とする本肢は，誤っている。

各肢の解説より，誤っているものはウ及びオであるから，４が正解となる。

第28問　正解　４

テーマ	**株券不所持の申出**

ア　**誤り**。株主は株券を喪失すると善意取得（会131Ⅱ）によって他の者に権利を奪われてしまうおそれがある。そこで，株式を長期に，かつ，安全に保持するために，株券発行会社の株主は，当該株券発行会社に対し，当該株主の有する株式に係る株券の所持を希望しない旨を申し出ることができるとされている（**会217Ⅰ**）。この申出をするには，**定款による授権を要するとはされていない**。したがって，株券発行会社の株主は，「定款に定めがある場合に限り」，当該会社に対し，株券の所持を希望しない旨の申出をすることができるとする本肢は，誤っている。

イ　**誤り**。株券発行会社の株主は，当該株主の有する株式に係る株券が，「**いまだ発行されていない場合**」でも，株券不所持の申出をすることが**できる**とされている（**会217Ⅱ後段**参照）。したがって，株券発行会社の株主でも，当該株主の有する株式に係る株券が，「いまだ発行されていない場合」は，株券不所持の申出をすることが「できない」とする本肢は，誤っている。

ウ　**正しい**。株券不所持の申出は，当該申出に係る株券が既に発行されているときは，当該株券を株券発行会社に提出してしなければならず（**会217Ⅱ後段**），提出された株券は，株券発行会社が株券を発行しない旨を「**株主名簿に記載又は記録した時**」（会217Ⅲ参照）において，無効となるとされている（**会217Ⅴ**）。したがって，本肢は正しい。

エ　**正しい**。株券不所持の申出をした株券発行会社の株主は，「**いつでも**」，株券発行会社に対し，当該申出に係る株券を発行することを請求することができるとされている（**会217Ⅵ前段**）。したがって，本肢は正しい。なお，この場合の株券の発行に要する費用は，株券不所持の申出の時に，既に株券が発行されていた場合（会217Ⅱ後段）は，株主の負担とするとされている（会217Ⅵ後段）が，いまだ発行されていなかった場合は会社が負担する。

オ　**誤り**。「**株券発行会社**」の株式の「**譲渡**」は，当該株式に係る「**株券を交付**」しなければ，**その効力を生じない**とされている（**会128Ⅰ本文**）。したがって，株券不所持の申出をした場合においても，株主は，当該申出に係る株式を譲渡するには，**株券の発行を受けたうえで**，当該株券を交付しなければならないので，株券不所持の申出をした株券発行会社の株主は，当該申出に係る株式を譲渡する場合は，株券を「交付することを要しない」とする本肢は，誤っている。

各肢の解説より，正しいものはウ及びエであるから，４が正解となる。

第29問　正解　4

テーマ	株式の併合

ア　**誤り**。「株式の併合」とは，数個の発行済株式を合わせて，従来よりも少数の株式とすることをいうが，株式会社が，株式の併合をしようとするときは，その都度，「株主総会」の「特別決議」（**会309Ⅱ④**）によって，①**併合の割合**，②株式の併合がその効力を生ずる日，③株式会社が種類株式発行会社である場合には，「**併合する株式の種類**」，④「効力発生日における発行可能株式総数」を定めなければならないとされている（**会180Ⅱ**）。しかし，併合の割合を定める必要はあるが，「**併合する株式の数**」**を定める必要はない**し，株式会社が種類株式発行会社である場合には，併合する株式の種類を定める必要はあるが，「種類ごとの数」を定めるとはされていないので，本肢は誤っている。なお，株式の併合は，株式の種類ごとに行うものであり，異なる種類の株式間における併合は認められていない。

イ　**誤り**。平成27年５月１日施行の改正で，株式併合の効力発生日における発行可能株式総数は，株式会社が**公開会社でない場合を除き，効力発生日における発行済株式の総数の４倍を超えることができない**とされた（**会180Ⅲ**）。その趣旨は，公開会社では，取締役会の決議によって新株の発行をすることができる（会201Ⅰ）が，既存株主の持株比率の低下の限界を画すため，発行可能株式の総数は発行済株式の総数の４倍を超えてはならないものとされており（会37Ⅲ，113Ⅲ），その規制を株式の併合の場面にも及ぼす点にある。したがって，「公開会社であっても」，発行可能株式の総数が発行済株式総数の４倍を超えることとなることが「認められる」とする本肢は，誤っている。

ウ　**正しい**。会社法においては，旧商法とは異なり，株式の併合をなしうる場合について規制をせず，会社の判断に任せているが，取締役は，株式の併合の内容を決定する株主総会において，「**株式の併合をすることを必要とする理由**」を説明しなければならないとされている（**会180Ⅳ**）。したがって，本肢は正しい。なお，株主総会の議事録に，株式の併合をすることを必要とする理由を説明した旨の記載がない場合でも，株式の併合の「決議が適法に行われた旨」の記載があるときは，当該株式の併合による変更の登記の申請は受理するとされている（登記研究654号124頁）。

エ　**正しい**。株式会社が株式の併合を行うときは，株式の併合の効力発生日の「**２週間前**」までに，株主（種類株式発行会社にあっては，併合する種類の株式の種類株主）及びその登録株式質権者に対し，①併合の割合，②株式の併合がその効力を生じる日，③株式会社が種類株式発行会社である場合には，併合する株式の種類，④効力発生日における発行可能株式総数を「**通知**」するか（**会181Ⅰ**），又は「**公告**」をしなければならないとされている（**会181Ⅱ**）が，株式会社が株式の併合をすることにより「**株式の数に一株に満たない端数が生ずる場合**」には，当該通知等は効力発生日の「**20日前**」までにしなければならないとされている（**会182の４Ⅲ**，116Ⅲ参照）。したがって，本肢は正しい。

オ　**誤り**。株式の併合（単元株式数（種類株式発行会社にあっては，第180条第２項第３号の種類の株式の単元株式数。）を定款で定めている場合にあっては，当該単元株式数に同条第２項第１号の割合を乗じて得た数に一に満たない端数が生ずるものに限る。会182の２Ⅰかっこ書）が「**法令又は定款に違反する**」場合において，「**株主**」が不利益を受けるおそれがあるときは，「**株主**」は，株式会社に対し，当該株式の併合をやめることを請求することができるとされている（**会182の３**）。その趣旨は，多くの端数が生じる株式併合が行われた場合，端数について適切な対価が交付されないおそれが生じるため，組織再編の場合の手続（会784の２等）と足並みを合わせて，株主の保護を図ることにある。したがって，公開会社においても，「６箇月前から引き続き株式を有していること」という要件は課されていないので，本肢は誤っている。

各肢の解説より，正しいものはウ及びエであるから，４が正解となる。

第30問　正解　4

テーマ	株式会社の機関設計

ア　**誤り**。取締役会の設置が強制されるのは，①**公開会社**，②「**監査役会**設置会社」，③**監査等委員会**設置会社及び④指名委員会等設置会社である（**会327Ⅰ**）。これに対し，「監査役設置会社」においては，取締役会の設置は任意である（会326Ⅱ）。したがって，本肢は，監査等委員会設置会社は，公開会社でなくても，必ず取締役会を置かなければならないとしている点は，正しいが，「監査役」設置会社も，必ず取締役会を置かなければならないとしている点が，誤っている。

イ　**誤り**。「**監査等委員会設置会社及び指名委員会等設置会社**」は，「**監査役**」**を置いてはならない**とされている（**会327Ⅳ**）。したがって，本肢の前段は正しい。これに対し，「**監査等委員会設置会社及び指名委員会等設置会社でない**取締役会設置会社」は**監査役を置かなければならない**のが原則である（**会327Ⅱ本文**）が，「**公開会社でない**取締役会設置会社」については，株主又は株主総会による取締役会の監督が可能であるとの判断から，**会計参与の設置を条件として，監査役の設置義務が免除されている**（**会327Ⅱただし書**）。したがって，監査等委員会設置会社及び指名委員会等設置会社でない取締役会設置会社は，「必ず」監査役を置かなければならないとする本肢の後段は，誤っている。

ウ　**正しい**。「**監査等委員会設置会社及び指名委員会等設置会社でない会計監査人設置会社**」は，「**監査役**」を置かなければならないとされている（**会327Ⅲ**）。したがって，本肢は正しい。会計監査人による会計監査の制度を有効に機能させるためには，監査対象である取締役からの会計監査人の独立性の確保が重要であり，そのためには，監査役による業務監査が不可欠と考えられるからである（会389Ⅰ参照）。

エ　**正しい**。「監査等委員会設置会社及び指名委員会等設置会社」は，大会社でなくても（会328），必ず「会計監査人」を置かなければならないとされている（**会327Ⅴ**）。また，「監査等委員会設置会社及び指名委員会等設置会社」は，公開会社でなくても，「取締役会」を置かなければならないとされている（**会327Ⅰ③④**）。したがって，本肢は正しい。

オ　**誤り**。監査役会の設置が強制されるのは，①監査等委員会設置会社及び指名委員会等設置会社でない「大会社」であって，かつ，②「公開会社」であるものである（**会328Ⅰ**）。したがって，監査等委員会設置会社及び指名委員会等設置会社でない大会社であっても，**公開会社でなければ，監査役会を置く必要はない**（**会328Ⅱ**）ので，本肢は誤っている。

各肢の解説より，正しいものはウ及びエであるから，4が正解となる。

第31問　正解　5

テーマ	指名委員会等設置会社の執行役

ア　**誤り**。執行役とは，①取締役会の決議（会416Ⅳ）によって委任を受けた指名委員会等設置会社の業務の執行の決定及び②指名委員会等設置会社の業務の執行を行う機関をいう（会418）が，執行役の欠格事由については，**取締役の欠格事由の規定**（**会331Ⅰ，331の２**）**が準用**されている（**会402Ⅳ**）。したがって，「**法人**」は**執行役となることができない**（**会331Ⅰ①**）が，令和３年３月１日施行の改正により，取締役と同様，「**成年被後見人**」**は執行役になることができる**とされたので（**会331Ⅰ②の削除**），本肢は，「成年被後見人」も執行役となることは「できない」としている点が，誤っている。

イ　**誤り**。「監査委員会」の委員は，およそ指名委員会等設置会社の「**執行役を兼ねることができない**」とされている（**会400Ⅳ**）。これに対し，「指名委員会」の委員については，執行役を兼ねることができないとの規定は置かれていないが，**各委員会の委員の「過半数」は，「社外取締役」でなければならない**（**会400Ⅲ**）とされているところ，**執行役を兼ねている取締役**（会402Ⅵ）は**社外取締役の要件を満たさない**ため（**会２⑮イ**），指名委員会の委員の「過半数」は，執行役を兼ねることができないということになる。したがって，指名委員会については，委員の「過半数」が「執行役を兼ねることもできる」とする本肢は，誤っている。

ウ　**誤り**。執行役の任期は，原則として，選任後「**１年以内**」に終了する事業年度のうち最終のものに関する定時株主総会の終結後「**最初に招集される取締役会の終結の時**」までとされている（**会402Ⅶ本文**）。したがって，「定時株主総会の終結の時まで」としている本肢は，誤っている。なお，「定款」により任期を「短縮」することはできるが，伸長することはできないこと，取締役の任期の定め（会332Ⅰただし書）とは異なり，「株主総会の決議」によって短縮することはできないことにも注意しておくこと（**会402Ⅶただし書**）。

エ　**正しい**。報酬委員会は，執行役等の個人別の報酬等の内容を決定する委員会である（**会404Ⅲ前段**）が，執行役が指名委員会等設置会社の支配人その他の使用人を兼ねているときは，**当該支配人その他の使用人の報酬等の内容についても，同様とする**とされている（**会404Ⅲ後段**）。つまり，執行役が使用人を兼任している場合には，報酬委員会は，その使用人としての報酬等の部分についても決定することができるということであり，取締役会の決議等により使用人の報酬等の体系が明確に定められている場合であっても，使用人を兼務する執行役に付与する使用人としての報酬等に関する限り，報酬委員会の介入が認められるということである。したがって，執行役が使用人を兼ねている場合は，執行役の個人別の報酬のみならず，使用人としての報酬についても，報酬委員会がその内容を決定するとする本肢は，正しい。

オ　**正しい**。「**取締役会**」は，執行役の中から代表執行役を選定「しなければならない」とされている（**会420Ⅰ前段**）。もっとも，執行役が「**１人**」のときは，その者が代表執行役に「選定されたものとする」とされている（会420Ⅰ後段）ので，取締役会は，執行役が「２人以上」いるときは，執行役の中から代表執行役を選定しなければならない。なお，指名委員会等設置会社の取締役会は，その決議によって，指名委員会等設置会社の業務執行の決定を執行役に委任することはできる（会416Ⅳ本文）が，**代表執行役の選定及び解職については委任することができない**とされている（**会416Ⅳ⑫**）。したがって，執行役が２人以上ある場合の代表執行役の選定は，取締役会の委任により，執行役の過半数をもって行うことはできないとする本肢は，正しい。

各肢の解説より，正しいものはエ及びオであるから，５が正解となる。

第32問　正解　4

テーマ	株式会社の資本金及び準備金

ア　**誤り**。募集株式の「発行」に際して株主となる者が当該株式会社に対して払込み又は給付をした財産の額の「**2分の1を超えない**」額は，資本金として計上しないことができる（**会445Ⅱ**）が，資本金として計上しないこととした額は，「**資本準備金**」として計上しなければならないとされている（**会445Ⅲ**）。したがって，本肢は，「利益準備金」として計上することもできるとしている点が，誤っている。

イ　**誤り**。剰余金の配当をする場合，株式会社は，法務省令（会施規116⑨，会計規22）で定めるところにより，当該剰余金の配当により減少する剰余金の額に「**10分の1**」を乗じて得た額を「**資本準備金又は利益準備金**」として計上しなければならないとされている（**会445Ⅳ**）。したがって，本肢は，計上する額を減少する剰余金の額の10分の1「以上」としている点と，「資本準備金」への計上に言及していない点が，誤っている。

ウ　**正しい**。株式会社が資本金の額を減少する場合においては，減少する資本金の額の全部又は一部を「**準備金**」とすることができると規定されている（**会447Ⅰ②**）が，ここにいう「準備金」とは，「**資本準備金**」を意味し（**会計規26Ⅰ①**），利益準備金を意味しない（会計規28Ⅰ参照）。したがって，株式会社が資本金の額を減少する場合においては，減少する資本金の額の全部又は一部を資本準備金とすることはできるが，利益準備金とすることはできないとする本肢は，正しい。なお，資本準備金としなかった額は「その他資本剰余金」となる（会計規27Ⅰ①）。

エ　**正しい**。減少した資本準備金は，欠損填補目的（会449Ⅰ②）又は資本金への組入れの場合（会448Ⅰ②）を除き，「**その他資本剰余金**」に計上されるため（**会計規27Ⅰ②**），剰余金の額を増加させることができる（**会446④**参照）。したがって，剰余金の分配の財源とするために資本準備金の額を減少することもできるとする本肢は，正しい。

オ　**誤り**。株式会社は，「**株主総会**」の「**普通**」決議によって，剰余金の額を減少して準備金の額を増加することができるとされている（**会451Ⅰ前段・Ⅱ，309Ⅰ**）。したがって，本肢は，「定時株主総会」としている点と「特別」決議としている点が，誤っている。

各肢の解説より，正しいものはウ及びエであるから，4が正解となる。

第33問　正解　3

テーマ	株式会社の清算

ア　**誤り**。清算人は，**裁判所が選任したもの**（会478Ⅱ～Ⅳ）**を除き**，いつでも，株主総会の「**普通決議**」によって解任することができるとされている（**会479Ⅰ**，309Ⅰ）。したがって，「裁判所が選任した清算人」は，そもそも株主総会の決議によって解任することはできないので，特別決議によれば解任することが「できる」とする本肢は，誤っている。

イ　**正しい**。清算中の会社においては，存立中（会336Ⅳ④）とは異なり，株式の譲渡制限に関する規定の定めを廃止する定款の変更をしても，監査役は退任しないとされている（**会480Ⅰ**参照）。したがって，本肢は正しい。清算株式会社の監査役については，監査役の任期に関する会社法第336条の規定は適用されないからである（会480Ⅱ，336Ⅰ・Ⅱ参照）。

ウ　**誤り**。清算人会は，原則として，「**各清算人**」が招集する（**会490Ⅰ本文**）が，清算人会を招集する清算人を「定款又は清算人会」で定めたときは，その清算人が招集するとされている（**会490Ⅰただし書**）。したがって，本肢は，原則として清算人会を招集するものを，各清算人ではなく，「代表清算人」としている点が，誤っている。

エ　**正しい**。清算株式会社は，法務省令で定めるところにより，「**各清算事務年度に係る貸借対照表**（会施規146）**及び事務報告**（会施規147）**並びにこれらの附属明細書**」を作成しなければならないとされている（**会494Ⅰ**）。したがって，本肢は正しい。

オ　**誤り**。清算株式会社の財産がその「**債務を完済するのに足りないことが明らかになったとき**」は，清算人は，「**直ちに**」破産手続開始の申立てを「**しなければならない**」とされている（**会484Ⅰ**）。そして，清算人は，清算株式会社が破産手続開始の決定を受けた場合において，「**破産管財人にその事務を引き継いだとき**」は，その任務を終了したものとするとされている（**会484Ⅱ**）。したがって，本肢は，破産手続開始の決定を受けた場合は，清算人は，「その時」に任務を終了するとしている点が，誤っている。

各肢の解説より，正しいものはイ及びエであるから，3が正解となる。

第34問　正解　2

テーマ	株式交換・株式移転

ア　**誤り**。『株式交換』とは，「株式会社」がその発行済株式（株式会社が発行している株式をいう。）の「全部」を「他の株式会社又は合同会社」に取得させることをいう（**会２㉛**）。これに対し，『株式移転』とは，「１」又は２以上の「株式会社」がその発行済株式の全部を「新たに設立する株式会社」に取得させることをいう（**会２㉜**）。したがって，株式交換をする場合においては，株式会社又は合同会社と株式会社との間で「株式交換契約」を締結しなければならない（**会767**）が，株式移転をする場合においては，１又は２以上の株式会社が，「株式移転計画」を作成するのであって（**会772**），契約を締結するわけではないので，本肢は，株式移転をする場合においても，株式会社又は合同会社と株式会社との間で，契約を締結しなければならないとしている点が，誤っている。

イ　**正しい**。株式交換をする場合においても，株式移転をする場合においても，株主に変動は生じても，原則としては当事会社の財産に変動はないので，会社債権者の保護手続はとらないのが原則であり，例外的に，①新株予約権付社債の社債債権者（**会789Ⅰ③，810Ⅰ③**），②対価が完全親会社株式でない場合又は株式交換契約新株予約権が新株予約権付社債に付された新株予約権であるとき（会768Ⅰ④ハ）における完全親会社となる会社の債権者（**会799Ⅰ③**）に限って，会社債権者異議手続が認められている。したがって，株式交換をする場合においても，株式移転をする場合においても，原則として，債権者は異議を述べることができないとする本肢は，正しい。

ウ　**正しい**。株式交換の効力は，株式交換契約で定められた「効力発生日」に発生する（**会768Ⅰ⑥，769Ⅰ**）。これに対し，株式移転の効力は，株式移転設立完全親会社の本店の所在地において「設立の登記がされた日」に発生する（**会814Ⅰかっこ書，49，774Ⅰ**）。したがって，本肢は正しい。

エ　**正しい**。株式交換完全子会社は，「効力発生日から６か月間」，株式交換に関する事項を記載し，又は記録した書面又は電磁的記録をその「本店」に備え置かなければならないとされている（**会791Ⅱ**）。また，株式移転完全子会社も，「株式移転設立完全親会社の成立の日から６か月間」，株式移転に関する事項を記載し，又は記録した書面又は電磁的記録をその「本店」に備え置かなければならないとされている（**会811Ⅱ**）。したがって，本肢は正しい。

オ　**誤り**。株式交換の無効も，株式移転の無効も，**訴えをもってのみ**主張することができるとされている（**会828Ⅰ⑪⑫**）。したがって，本肢は，株式交換の無効は訴えによらなくても主張することができるとしている点が，誤っている。

各肢の解説より，誤っているものはア及びオであるから，２が正解となる。

第35問　正解　2

テーマ	商人間の売買

ア　**正しい**。「**商人間**」の売買において，**買主がその目的物の受領を拒み**，又はこれを受領することができないときは，売主は，①その物を「供託」し，「又は」②相当の期間を定めて「**催告**」をした後に「**競売**」に付することができる（**商524Ⅰ前段**）が，「**損傷その他の事由による価格の低落のおそれがある物**」については，**催告をしないで**競売に付することができるとされている（**商524Ⅱ**）。したがって，本肢は正しい。

イ　**誤り**。「**商人間の売買**」において，「売買の性質又は当事者の意思表示により，特定の日時又は一定の期間内に履行をしなければ契約をした目的を達することができない場合」において，当事者の一方が履行をしないでその時期を経過したときは，相手方は，「**直ちにその履行の請求をした場合を除き**」，「**契約の解除をしたものとみなす**」とされている（**商525**）。民法上の定期行為の場合（民542Ⅰ④）は，解除の際に催告は不要であるが，「解除の意思表示は必要」であるとされているが，商人間の売買においては解除の意思表示すら不要とされている。したがって，本肢は誤っている。その趣旨は，債務者が不安定な状態に置かれることを防ぎ，債務者の保護を図るとともに，取引の迅速な処理を実現する点にある。

ウ　**誤り**。「**商人間の売買**」においては，買主は，その売買の目的物を受領したときは，**遅滞なく**，その物を「**検査**」しなければならず（商526Ⅰ），当該検査により売買の目的物が種類，品質又は数量に関して契約の内容に適合しないことを発見したときは，**直ちに売主に対してその旨の通知**を発しなければ，売買の目的物が種類，品質又は数量に関して契約の内容に適合しないことにつき「**売主が悪意であった場合**」**を除き**（**商526Ⅲ**），その不適合を理由とする履行の追完の請求，代金の減額の請求，損害賠償の請求及び契約の解除をすることができないとされている（**商526Ⅱ前段**）。したがって，「売主が悪意であった場合」でも，検査することを怠ったときは履行の追完の請求等をすることが「できない」とする本肢は，誤っている。

エ　**誤り**。売買の目的物が「**種類又は品質**」（数量は含まれていないことに注意）に関して契約の内容に適合しないことを「直ちに発見することができない場合」において，買主が「**6か月以内**」にその不適合を発見したときも，「**直ちに**」売主に対してその旨の通知を発しなければ，その不適合を理由とする履行の追完の請求，代金の減額の請求，損害賠償の請求及び契約の解除をすることができなくなるとされている（**商526Ⅱ後段**）。したがって，本肢は，種類，品質又は「数量」に関してとしている点，及び直ちにではなく，「6か月の期間が満了するまで」としている点が，誤っている。

オ　**正しい**。「商人間の売買」において買主が売買の目的物を受領している場合（商526Ⅰ）は，**売主及び買主の営業所（営業所がない場合にあっては，その住所）が同一の市町村の区域内にある場合を除き**（**商527Ⅳ**），買主は，契約の解除をしたときであっても，「**売主の費用**」**をもって売買の目的物を保管し，又は供託しなければならない**とされている（**商527Ⅰ本文**）。商取引における売主の保護及び取引の円滑を図る趣旨から，民法上の買主が原状回復義務を負うにすぎない（民545 I 本文）のとは違って，**商事売買の買主には目的物の保管・供託義務が課されている**のである。したがって，本肢は正しい。

各肢の解説より，正しいものはア及びオであるから，２が正解となる。

第２回　午後の部　解説

民事訴訟法

第１問　正解　５

テーマ	当事者の欠席

ア　**誤り**。攻撃又は防御の方法でその**趣旨が明瞭でないもの**について当事者が必要な釈明をせず，又は「**釈明をすべき期日に出頭しないとき**」は，裁判所は申立て又は「職権」で当該攻撃防御方法を「**却下**」**することができる**とされている（**民訴157Ⅱ**）。不明瞭な証拠が提出されることによって審理が複雑になることをあらかじめ防止するためである。したがって，攻撃防御方法の趣旨が明確でなく，当事者が「釈明すべき期日に欠席した場合」であっても，裁判所はその証拠の請求を却下することは「できない」とする本肢は，誤っている。

イ　**誤り**。原告「**又は**」被告が「**最初にすべき**」口頭弁論の期日に出頭せず，又は出頭したが本案の弁論をしないときは，裁判所は，その者が提出した**訴状又は答弁書その他の準備書面に記載した事項を陳述したものとみなし**，出頭した相手方に弁論をさせることができるとされている（**民訴158**）が，**当事者「双方」が欠席した場合は，この陳述の擬制はなされない**。したがって，裁判所は，「当事者双方」が最初にすべき口頭弁論の期日に欠席した場合であっても，当事者が提出した訴状及び答弁書を陳述したものとみなすことが「できる」とする本肢は，誤っている。

ウ　**正しい**。当事者が口頭弁論の期日に欠席した場合には，擬制自白が成立する（民訴159Ⅲ本文）が，「**公示送達による呼出し**」を受けた場合には，**擬制自白は成立しない**とされている（**民訴159Ⅲただし書**）。このような場合にまで，擬制自白を認めると，欠席者にあまりに酷だからである。したがって，裁判所は，公示送達による呼出しを受けた被告が口頭弁論の期日に欠席した場合であっても，原告の主張する事実を自白したものとみなすことは「できない」とする本肢は，正しい。

エ　**誤り**。当事者「**双方**」が口頭弁論の期日に欠席し，それから「**１月以内**」に期日指定の申立てをしないときは，当事者双方とも訴訟を維持する意思がないと考えられることから，「訴えの取下げ」があったものとみなすとされている（**民訴263前段**）。この規定は，控訴審の手続においても準用されているが，その場合は，訴えの取下げが擬制されるのではなく，「**控訴の取下げ**」が擬制される（**民訴292Ⅱ→263**）。したがって，原告が請求を棄却する判決に対して控訴を提起した場合において，当事者双方が控訴審の口頭弁論の期日に欠席し，１か月以内に期日指定の申立てをしなかったときは，「訴え」の取下げがあったものとみなされるとする本肢は，誤っている。

オ　**正しい**。裁判所は，当事者の「双方」又は「**一方**」が「口頭弁論の期日に出頭せず」，又は弁論をしないで退廷をした場合において，審理の現状及び当事者の訴訟追行の状況を考慮して相当と認めるときは，終局判決をすることができるが，当事者の「**一方**」が口頭弁論の期日に出頭せず，又は弁論をしないで退廷をした場合には，その時点までの審理の結果に基づいて終局判決をしてしまうと，出席当事者にかえって不利な結果となることもありうるから，「**出頭した相手方の申出**」があるときに限るとされている（**民訴244**）。したがって，当事者の「一方」が口頭弁論期日に欠席したにすぎない場合には，審理の現状及び訴訟追行の状況を考慮して相当と認めるときであっても，「出席当事者からの申出がなければ」裁判所は終局判決をすることはできないとする本肢は，正しい。

各肢の解説より，正しいものはウ及びオであるから，５が正解となる。

第2問 正解 2

テーマ	裁判所による証拠認定等

ア **誤り**。外国においてすべき証拠調べは，**その国の管轄官庁又はその国に駐在する日本の大使，公使若しくは領事に嘱託してしなければならない**とされている（**民訴184Ⅰ**）。しかし，外国においてした証拠調べは，**その国の法律に違反する場合**であっても，**この法律**（我が国の民事訴訟法）**に違反しない**ときは，その「**効力を有する**」とされている（**民訴184Ⅱ**）。したがって，本肢は，外国においてした証拠調べがその国の法律に違反する場合は，我が国の民事訴訟法に違反しないときでも，その「効力を有しない」としている点が，誤っている。

イ **正しい**。裁判所は，「**決定**」で完結すべき事件について，「**参考人又は当事者本人**」を「**審尋**」することができる（**民訴187Ⅰ本文**）とされている。決定で完結すべき事件は，特に迅速性が要求されることから，簡易な証拠調べ方法としての審尋が認められているのである。なお，「**参考人**」については，「**当事者が申し出た者に限る**」とされていることに注意しておきたい（**民訴187Ⅰただし書**）。なお，この審尋は，**相手方がある事件**については，**当事者双方が立ち会うことができる審尋の期日**においてしなければならないとされている（**民訴187Ⅱ**）。したがって，裁判所は，「決定」で完結すべき事件については，当事者本人のみならず，「当事者が申し出た」参考人を審尋することもできるが，相手方がある事件については，「当事者双方が立ち会うことができる審尋の期日」においてしなければならないとする本肢は，正しい。

ウ **正しい**。「**当事者が文書提出命令に従わないとき**」（**民訴224Ⅰ**）又は「**当事者が相手方の使用を妨げる目的で提出の義務がある文書を滅失させ，その他これを使用することができないようにしたとき**」（**民訴224Ⅱ**）は，裁判所は，当該文書の「**記載**」に関する相手方の主張（文書によって立証されるべき事実そのものではなく，文書の記載内容としての情報そのものに関する主張）を真実と「**認めることができる**」にとどまるが，この場合において，「**相手方が当該文書の記載に関して具体的な主張をすること及び当該文書により証明すべき事実を他の証拠により証明することが著しく困難であるとき**」は，裁判所は，「**その事実**」に関する相手方の主張を真実と「認めることができる」とされている（**民訴224Ⅲ**）。したがって，本肢は正しい。

エ **正しい**。判例（**最判昭和23・12・21**）は，裁判所は，一方の当事者が提出した証拠を，その者に有利な事実認定にだけ使用することができるわけではなく，**相手方に有利な事実認定のためにも使用することができる**としている。これを「**証拠共通の原則**」という。したがって，本肢は正しい。

オ **誤り**。**ⓐ損害が生じたことが認められる場合**において，**ⓑ損害の性質上その「額」を立証することが極めて困難であるとき**は，裁判所は，**口頭弁論の全趣旨及び証拠調べの結果に基づき，相当な損害額を認定**することが**できる**とされている（**民訴248**）。したがって，「損害の額が立証されない以上」，裁判所は，口頭弁論の全趣旨及び証拠調べの結果に基づき，相当な損害額を認定することは「できない」と言い切っている本肢は，誤っている。例えば，建物が他人の放火あるいは重過失による失火で焼失したような場合に「建物の中にあった動産の損害額を証明する」には，原告が，個別に品名をあげ，購入時期・購入価額を明らかにして，現在の価額の算定に必要な事実と証拠を提出してするのが本来であるが，それは主要な動産については可能であるとしても，全部についてすることは極めて困難である。しかし，原告が主張・立証することができたものだけについて被告は賠償すれば足りるとしたのでは，正義に反することになりやすい。そこで，このような場合には，損害額の証明度を一般の事実認定よりも低減して，裁判所は，口頭弁論の全趣旨及び証拠調べの結果に基づき，相当な損害額を認定することができるとしたのが，民事訴訟法第248条である。

各肢の解説より，誤っているものはア及びオであるから，２が正解となる。

第3問　正解　4

テーマ	証拠の申出

⑴　「証拠の申出」（民訴180）とは，裁判所に対して特定の証拠方法の取調べを要求することをいう。

⑵　証拠調べは，当事者の証拠の申出に基づいて開始されるのが原則である。これは，訴訟資料の収集が当事者の権能かつ責任とされている「弁論主義」に基づくからである。

⑶　そして，裁判所は証拠の申出がなされるとその採否を決定し，必要があると判断すると証拠調べが行われることとなる。

ア　**誤り**。証拠の申出の方式については，特別の定めがないので，**「書面又は口頭」ですることができる（民訴規１Ⅰ）**。したがって，本肢は，証拠の申出は，「書面」によって行わなければならないとしている点が，誤っている。なお，証拠の申出をする際には，「**証明すべき特定の事実及びこれと証拠との関係を具体的に明示**」してしなければならないとしている点は正しい（**民訴180Ⅰ，民訴規99Ⅰ**）。

イ　**誤り**。適法な証拠の申出がされても，裁判所は，**必ずしも証拠調べをする必要はなく，「必要と認めるもの」のみ取り調べれば足りる**ので，「裁判所は，当事者が申し出た証拠で必要でないと認めるものは，取り調べることを要しない。」と規定されている（**民訴181Ⅰ**）。これは，事実認定が裁判官の自由心証に委ねられているという自由心証主義（民訴247）に基づく取扱いである。したがって，適法な証拠の申出があれば，裁判所は必ず証拠調べを「しなければならない」とする本肢は，誤っている。なお，証拠調べについて「**不定期間の障害**」（例えば，証人が転居し転居先が不明である（最判昭和30・９・９）など，証拠調べを行うことができない故障があって，その障害が除去されるか否か不明のため，証拠調べを行いうる時期の見通しがつかないことをいう。）があるときは，裁判所は，証拠調べを「**しないことができる**」とされている（**民訴181Ⅱ**）。

ウ　**正しい**。**証拠の申出は，証拠決定がされた後でも，「証拠調べを開始する前」であれば撤回することができる**とされている。なぜなら，証拠の申出は「弁論主義」に基づいてされるものである以上，証拠調べ開始前であれば，当事者の意思を尊重すべきだからである。したがって，本肢は正しい。なお，「証拠調べ開始後」は，証拠が相手方にとって有利な事実の認定にも用いることができることから，「相手方の同意」がなければ撤回することができず，「証拠調べ終了後」は，裁判官の証拠に対する心証が形成されているから，自由心証主義（民訴247）との関係で，相手方の同意を得ても撤回することは「できない」と解されていることに注意しておくこと（**最判昭和32・６・25**）。

エ　**正しい**。裁判所は，当事者が申し出た証拠で必要でないと認めるものは，取り調べることを要しない（民訴181Ⅰ）。これは，肢イで述べたように，証拠の申出の採否につき裁判所の裁量による判断を認めたものである。そして，**当事者からの証拠の申出自体が不適法な場合や証拠**

の申出が時機に後れた場合などにおいては，**裁判所は，証拠の申出を「却下」することができる**とされている（最大判昭和30・4・27）。したがって，裁判所は，当事者が時機に後れて証拠の申出をした場合は，その申出を不適法として却下することができるとする本肢は，判例の趣旨に照らし正しい。

オ　**誤り。証人尋問等の証拠の申出を却下する裁判に対しては，原則として，抗告をすることができない**とされている（**民訴283本文**：終局判決前の裁判）。なぜなら，証拠の申出の採否は本案の審判と密接にかかわるので，本案の審判から「独立した不服申立て方法」を認めるべきでなく，終局判決と一体として不服申立てをさせ審理するのが適切だからである。したがって，証拠の申出を却下する裁判に対しては，原則として，抗告をすることが「できる」とする本肢は，誤っている。なお，例外的に，「文書提出命令の申立てについての決定」に対しては，即時抗告をすることができるとされていることに注意しておくこと（民訴223Ⅶ）。

各肢の解説より，判例の趣旨に照らし正しいものはウ及びエであるから，４が正解となる。

第4問　正解　2

テーマ	既判力

ア　**誤り**。建物収去土地明渡請求訴訟における**建物買取請求権**（借地借家13，14）は，既判力の基準時（事実審の口頭弁論終結時）後でも行使できるかについて，判例（最判平成７・12・15）は，これを**行使できる**としている。その理由として，買取請求権は，賃貸借契約の終了を前提とするものであるから，賃借権の存在を争う者には建物買取請求権の行使の主張を期待できないし，明渡請求権の発生原因に内在する瑕疵に基づく権利とは異なり，これとは別個の制度目的から発生する権利であること，基準時までにこれを行使しなくても実体法上の買取請求権が消滅するとはいえないこと等を挙げている。したがって，前訴判決の既判力により「主張することはできない」とする本肢の学生の解答は，判例の趣旨に照らし誤っている。

イ　**正しい**。既判力が及ぶ人的範囲（主観的範囲）には，「**口頭弁論終結後の承継人**」も含まれる（**民訴115Ⅰ③**）ところ，建物収去土地明渡請求訴訟の口頭弁論終結「後」に被告からその建物を譲り受けた者はその「承継人」に該当するので，この者に対しても既判力が及ぶ（大判昭和５・４・24）。したがって，本肢の学生の解答は，判例の趣旨に照らし正しい。なお，口頭弁論終結「前」に譲渡された場合は，訴訟承継の問題となる。

ウ　**誤り**。「確定判決」についての異議の事由は，「口頭弁論の終結後」に生じたものに限るとされている（民執35Ⅱ）が，判例（**最判昭和55・10・23**）は，売買代金の支払請求を認容した確定判決を債務名義として不動産に対し強制執行がされた場合，債務者は，当該売買契約を債権者の「**詐欺**」によるものとして取り消したことを理由として請求異議の訴えを提起することはできないとしている。「取消権の抗弁」は**口頭弁論終結前に主張しえた事由**であり，口頭弁論終結「前」に生じた事由といえるからである。したがって，事実審の口頭弁論終結後に取消権を行使したのであれば，主張することが「できる」とする本肢の学生の解答は，判例の趣旨に照らし誤っている。

エ　**正しい**。既判力は「主文に包含するものに限り」生じ（民訴114Ⅰ），判決理由中の判断には生じないのが原則であるが，相殺のために主張した請求の成立又は不成立の判断は，例外的に「**相殺をもって対抗した額**」について既判力を生ずるとされている（**民訴114Ⅱ**）。本肢では，前訴において相殺の抗弁が認められ，Ｘの請求が棄却されているため，Ｙの貸金債権120万円のうち100万円が相殺により消滅し，口頭弁論終結時には不存在であったという既判力を生じる。しかし，**対抗額を超える20万円については既判力を生じない**ため，Ｙは後訴において「20万円」を請求することはできるので，本肢の学生の解答は正しい。

オ　**正しい**。本肢事案につき判例（最判平成９・３・14）は，所有権確認請求訴訟において請求棄却の判決が確定したときは，**原告が同訴訟の事実審口頭弁論終結の時点において目的物の所有権を有していない旨の判断につき既判力が生じるから**，原告がその「口頭弁論終結の時点以前に生じた所有権の一部たる共有持分の取得原因事実」を後の訴訟において主張することは，前訴の確定判決の既判力に抵触するものと解されるとしている。したがって，本肢の学生の解答は判例の趣旨に照らし正しい。

各肢の解説より，学生の解答のうち判例の趣旨に照らし誤っているものはア及びウであるから，２が正解となる。

第5問　正解　5

テーマ	補助参加

ア　**正しい**。「補助参加」とは，他人間の訴訟の結果につき，法律上の利害関係を有する第三者（補助参加人）が，当事者の一方（被参加人）を勝訴させることによって自己の利益を守るために訴訟に参加する訴訟参加の形態をいう（民訴42）が，この補助参加の申出は，「**書面又は口頭**」で（**民訴規１Ⅰ**），「**参加の趣旨**」（参加すべき訴訟及び自己が補助する当事者）**及び**「（参加の）**理由**」として補助参加をする利益をなす事情**を明らか**にして，「**補助参加により訴訟行為をすべき裁判所**」にしなければならないとされている（**民訴43Ⅰ**）。したがって，本肢は正しい。

イ　**正しい**。判例（**最判昭和43・９・12**）は，「通常の共同訴訟」においては，共同訴訟人間に共通の利害関係があるときでも，**補助参加の申出をしない限り**，当然には補助参加をしたと同一の効果を生ずるものではないとしている。したがって，本肢は，判例の趣旨に照らし正しい。

ウ　**正しい**。「証人」とは，証拠方法の一つであり，過去の事実や状態について自ら認識した内容を陳述する人で，「当事者本人及びその法定代理人以外の者」を指すところ，**補助参加人は当事者本人及びその法定代理人以外の者であるから，証人能力がある**。したがって，補助参加人は，補助参加をした訴訟において証人となることが「できる」とする本肢は，正しい。

エ　**誤り**。補助参加人の訴訟行為は，「**被参加人の訴訟行為と抵触するとき**」は，その**効力を有しない**とされている（**民訴45Ⅱ**）ところ，**被参加人が自白をしている場合に補助参加人が自白に係る事実を争うことは，被参加人の行為と抵触する行為**である。したがって，貸主Ｘの借主Ｙに対する貸金返還請求訴訟において，Ｙの連帯保証人ＺがＹに補助参加した場合，「Ｙが自白をしても」，Ｚは，その自白に係る事実を「争うことができる」とする本肢は，誤っている。

オ　**誤り**。判決の補助参加人に対する効力（民訴46）につき，判例（**最判昭和45・10・22**）は，既判力ではなく，判決の確定後補助参加人が被参加人に対してその判決が不当であると主張することを禁ずる効力であって，**判決の主文に包含された権利関係の存否についての判断だけでなく，その前提として判決の理由中でなされた事実の認定や先決的権利関係の存否についての判断にも及ぶ**ものと解すべきであるとしている。したがって，補助参加に係る訴訟における判決の補助参加人に対する効力（いわゆる参加的効力）は，判決の主文中の訴訟物に係る判断の前提として理由中でされた事実の認定や先決的権利関係の存否についての判断には「生じない」とする本肢は，判例の趣旨に照らし誤っている。補助参加人が補助参加訴訟で十分に主張・立証を尽くす機会が与えられた以上は，補助参加人といえども判決の効力を受け，補助参加人を当事者とする第二の訴訟において，補助参加人は前訴（補助参加訴訟）で確定された事柄と矛盾する主張をなすことはできないという趣旨である（賀集他・コンメンタールⅠ128頁）。

各肢の解説より，判例の趣旨に照らし誤っているものはエ及びオであるから，５が正解となる。

民事保全法

第6問　正解　2

テーマ	民事保全全般

ア　**誤り**。保全命令は，申立てにより，「**裁判所**」が行うのが原則である（**民保２Ⅰ**）が，**急迫の事情があるときに限り**，「**裁判長**」が「発する」ことができるとされている（**民保15**）。なお，保全命令は，裁判所が主体となってする裁判であるから，その性質は，「決定」である（民保３）。**裁判長が発する保全命令**も，裁判所の代わりになされるのであるから，その性質は，「命令」ではなく「**決定**」である。したがって，本肢は，裁判長が「命令」の形式で発するとしている点が，誤っている。

イ　**正しい**。「保全命令」の申立ては，Ⓐその趣旨並びにⒷ保全すべき権利又は権利関係及びⒸ保全の必要性を明らかにして，「書面」で（民保規１①），これをしなければならず（民保13Ⅰ），保全命令の申立書には，①当事者の氏名又は名称及び住所（債務者を特定することができない場合にあっては，その旨，民保25の２参照）並びに代理人の氏名及び住所のほか，②申立ての趣旨及び理由を記載しなければならない（**民保規13Ⅰ**）が，保全命令の申立ての理由においては，保全すべき権利又は権利関係及び保全の必要性を具体的に記載し，かつ，立証を要する事由ごとに証拠を記載しなければならないとされている（**民保規13Ⅱ**）。したがって，本肢は正しい。

ウ　**正しい**。民事執行法第143条に規定する「債権」に対する仮差押命令の申立書には，「**第三債務者の氏名又は名称及び住所並びに法定代理人の氏名及び住所**」を（**民保規18Ⅰ**），民事執行規則第150条の２に規定する「**振替社債等**」に関する仮差押命令の申立書には，「**債務者がその口座の開設を受けている振替機関等の名称及び住所**」を記載しなければならないとされている（**民保規18Ⅱ**）。したがって，本肢は正しい。

エ　**正しい**。裁判所は，「保全異議についての審理を終結する」には，当事者の対等を手続的に保障し，不意打ちを防止するため，「原則」として，「相当の猶予期間」を置いて，「審理を終結する日」を決定しなければならない（**民保31本文**）が，「**口頭弁論又は当事者双方が立ち会うことができる審尋の期日**」においては，「**直ちに審理を終結する旨**」を宣言することができるとされている（**民保31ただし書**）。当事者双方が出頭していれば，手続保障の機会が与えられているからである。したがって，本肢は正しい。

オ　**誤り**。保全仮登記に係る権利の表示がその保全仮登記に基づく本登記をすべき旨の本案の債務名義における権利の表示と符合しないときは，本案の債務名義を発した裁判所ではなく，第53条第２項の「**処分禁止の仮処分の命令を発した裁判所**」は，「**債権者の申立て**」により（「**職権」によりなされることはない**ことに注意），その命令を更正しなければならないとされている（**民保60Ⅰ**）。したがって，本肢は，「職権」により更正することができるとしている点が，誤っている。なお，この更正決定に対しては「**即時抗告**」をすることができ（**民保60Ⅱ**），また，この決定が確定したときは，「**裁判所書記官**」が保全仮登記の更正を「嘱託」しなければならないとされている（**民保60Ⅲ**）ので，この点に関する本肢の記述は正しい。

各肢の解説より，誤っているものはア及びオであるから，２が正解となる。

民事執行法

第7問　正解　5

テーマ	少額訴訟債権執行

⑴　少額の債権については，できるだけ簡易・迅速に，低い費用で，権利を実現することが望まれる。そのために，平成8年の民事訴訟法の改正で少額訴訟の制度（民訴368～381）が設けられ，簡略な手続で債務名義を取得することができる途が開かれたが，その強制執行の手続負担が重かったため，実効を得なかった。

⑵　そこで，平成17年4月1日施行の改正により，一般の債権執行のほかに，少額訴訟手続で得られた債務名義を有する債権者だけが利用することができる略式の債権執行制度として「少額訴訟債権執行」が設けられ，①少額訴訟における確定判決，②仮執行の宣言を付した少額訴訟の判決，③少額訴訟における訴訟費用又は和解の費用の負担の額を定める裁判所書記官の処分，④少額訴訟における和解又は認諾の調書＜改正法施行後は，少額訴訟における和解又は認諾の調書又は電子調書＞，⑤少額訴訟における民事訴訟法第275条の2第1項の規定による和解に代わる決定の少額訴訟に係る債務名義による金銭執行に対する強制執行は，裁判所が行うほか，民事執行法第2条の規定にかかわらず，申立てにより，「裁判所書記官」が行うことができるとされた（民執167の2Ⅰ）。

ア　**正しい**。少額訴訟における確定判決（民執167の2Ⅰ①）に係る債務名義による金銭債権に対する強制執行の申立ては，「当該少額訴訟における確定判決をした簡易裁判所の**裁判所書記官**」に対してするとされている（**民執167の2Ⅲ①**）。したがって，本肢は正しい。民事執行法の近時の動向として，執行裁判所の手続における裁判官と裁判所書記官との間における権限の分配を見直し，裁判所書記官の職務権限の拡大が図られてきたが，更に，裁判所書記官を少額訴訟債権執行において執行裁判所と並ぶ執行機関とし，「差押処分」と「弁済金の交付」を裁判所書記官の権限としたのである。

イ　**正しい**。少額訴訟債権執行の手続において裁判所書記官が行う執行処分に関しては，その「**裁判所書記官の所属する簡易裁判所**」をもって「執行裁判所」とするとされている（**民執167の3**）。したがって，本肢は正しい。

ウ　**正しい**。少額訴訟債権執行の不許を求める「第三者異議の訴え」は，民事執行法第38条第3項の規定にかかわらず，執行裁判所（民執167の3）ではなく，「**執行裁判所の所在地を管轄する地方裁判所**」が管轄するとされている（**民執167の7**）。したがって，本肢は正しい。通常，第三者異議の訴えは執行裁判所が管轄する（民執38Ⅲ）が，少額訴訟債権執行の執行裁判所である簡易裁判所（民執167の3）に第三者異議の訴えのような，その法的性質について様々な議論があり困難な判断を要するものを判断させることは相当ではないためである。

エ　**誤り**。少額訴訟債権執行の手続において「裁判所書記官が行う執行処分」に対しては，「**執行抗告」を申し立てることはできない**。執行抗告は，「執行裁判所の裁判（決定）」につき，特別の定めがある場合に限り許されるのであり（民執10Ⅰ），裁判所書記官が行う執行処分に対して執行抗告をすることができる旨の規定は存しない。したがって，本肢は誤っている。少額訴訟債権執行の手続において裁判所書記官が行う執行処分に対しては，**執行裁判所に「執行異議」を申し立てる**ことができるとされている（**民執167の４Ⅱ**）。

オ　**誤り**。執行裁判所は，差し押さえるべき金銭債権の内容その他の事情を考慮して相当と認めるときは，「**その所在地を管轄する地方裁判所**」における債権執行の手続に事件を移行させることができる（**民執167の12Ⅰ，裁量移行**）が，**この決定に対しては不服を申し立てることができない**とされている（**民執167の12Ⅱ**）。したがって，即時抗告をすることができるとする本肢は，誤っている。なお，民事訴訟法第18条の簡易裁判所の職権による地方裁判所への裁量移送の決定については，即時抗告が認められている（民訴21）。

各肢の解説より，誤っているものはエ及びオであるから，５が正解となる。

司法書士法

第8問　正解　2

テーマ	司法書士法全般

ア　**正しい**。令和２年８月１日施行の改正により，司法書士の使命に関する規定（**司書１**）が新設され，「司法書士は，この法律<司法書士法>の定めるところによりその業務とする登記，供託，訴訟その他の**法律事務の専門家**として，**国民の権利を擁護**し，もって**自由かつ公正な社会の形成に寄与する**ことを使命とする。」と規定された。この規定は司法書士法人にも準用されているので（**司書46Ⅰ**），本肢は正しい。この改正は，司法書士制度を取り巻く状況が変化し，司法書士が社会において以前にも増して重要な役割を果たすようになってきていること等を踏まえ，司法書士が我が国社会において専門家として認知されていることを前提に，その使命を明らかにする規定を設けることが適切であると考えられたことによるものである。即ち，現下の社会経済情勢の変化を背景に，司法書士は，登記・供託や訴訟の分野にとどまらず，それ以外にも，成年後見業務，財産管理業務，民事信託業務等を担うなど，その活躍の場面は大きく増加しており，司法書士がその専門性を発揮する場面は著しく拡大してきている。そこで，「登記，供託及び訴訟等」（旧司書１）といった分野に制限せず，より広く，司法書士法の定めるところによりその業務とする「法律事務の専門家」であることを明らかにし，そのような専門家として，国民の権利の擁護に資する活動を行い，自由かつ公正な社会の形成に寄与するという使命を負うことが宣明されたのである。

イ　**正しい**。令和元年９月14日施行の改正により，当該司法書士が**精神の機能の障害を有する状態となり司法書士の業務の継続が著しく困難となった場合**又は**２年以上の休養を要する**こととなった場合（**司書規18の２Ⅰ**）は，「**その者又はその法定代理人若しくは同居の親族**」は，遅滞なく，当該司法書士が所属する**司法書士会を経由**して，**日本司法書士会連合会**にその旨を記載した届出書に，**病名**，**障害の程度**，**病因**，**病後の経過**，**治癒の見込みその他参考となる所見を記載**した「**医師の診断書**」を添付して（**司書規18の２Ⅱ**），**届け出る**ものとされた（**司書16Ⅱ**）。したがって，本肢は正しい。

ウ　**正しい**。従前は，司法書士法人を設立するためには，社員となろうとする司法書士が「２人以上」いることが必要であるとされていたが，令和２年８月１日施行の改正により，司法書士法第32条第１項から「共同して」の文言を削除して，「司法書士法人を設立するには，その社員となろうとする司法書士が，定款を定めなければならない。」と規定して（**司書32Ⅰ**），社員が一人の司法書士法人の設立が許容され，社員が一人になったことを司法書士法人の解散事由とする規定（旧司書44Ⅱ）を削除して，新たに「**社員の欠亡**」が司法書士法人の解散事由に追加された（**司書44Ⅰ⑦**）。この改正に伴い，「司法書士法人の清算人は，社員の死亡により前条第１項第７号に該当するに至った場合<**社員の死亡により社員が欠亡し，司法書士法人が解散**

するに至った場合>に限り，**当該社員の相続人**（第46条第３項において準用する会社法第675条において準用する同法第608条第５項の規定により，相続人が２人以上いる場合に**社員の権利を行使する者**が定められている場合にはその者）**の同意**を得て，**新たに社員を加入**させて司法書士法人を**継続**することができる。」との規定（**司書44の２**）が新設された。したがって，本肢は正しい。

エ　**誤り**。司法書士は，その業務の補助をさせるため補助者を置くことができる（**司書規25Ⅰ**）が，補助者を置いたときは，「遅滞なく」，その旨を「**所属の司法書士会**」に届け出なければならないとされている（**司書規25Ⅱ前段**）。「当該司法書士の事務所の所在地を管轄する法務局又は地方法務局の長」に届け出るわけではないため，本肢は誤っている。なお，「司法書士会」は，補助者を置いた旨の届出があったときは，その旨をその「司法書士会の事務所の所在地を管轄する法務局又は地方法務局の長」に「通知」しなければならないとされている（司書規25Ⅲ）。

オ　**正しい**。司法書士は，「簡裁訴訟代理等関係業務」については，**正当な事由がなくても依頼を拒むことができる**とされている（**司書21かっこ書**）。簡裁訴訟代理等関係業務は，登記手続代理等業務と異なり，その業務の性質上，独立性の高い職務として，依頼者との間で，継続的で強い信頼関係が必要になるため，司法書士に対し，罰則の制裁（司書75Ⅰ）のもと，依頼に応ずる義務を課すことは相当でないからである（注釈司法書士法第３版223頁）。なお，司法書士は，「簡裁訴訟代理等関係業務」について事件の依頼を**承諾しないとき**は，「**速やかに**」，その旨を依頼者に「**通知**」しなければならないとされている（**司書規27Ⅱ**）。これは，依頼者に他の司法書士を速やかに選任する機会を確保させるためである。したがって，司法書士は，簡裁訴訟代理等関係業務については，正当な事由がなくても依頼を拒むことができるが，簡裁訴訟代理等関係業務について事件の依頼を承諾しないときは，「速やかに」，その旨を依頼者に「通知」しなければならないとする本肢は，正しい。

各肢の解説より，誤っているものはエの１個であるから，２が正解となる。

供託法

第9問　正解　5

テーマ	供託の目的物

ア　**正しい**。不法行為による損害賠償は，**別段の意思表示がないときは**，「**金銭**」をもってその額を定めるとされている（**民722Ⅰ→417**）。したがって，当事者間で特約をしない限り，不法行為による損害賠償債務の弁済の目的物は金銭となるので，本肢は正しい。

イ　**正しい**。仮差押解放金の供託は必ず「金銭」によりする必要があり（**民保22Ⅰ**），有価証券を金銭に代えて供託することはできない。仮差押解放金は仮差押えの目的物に代わって金銭執行を保全するものであるため（民保20Ⅰ），供託の目的物は金銭に限定されているのである。したがって，本肢は正しい。

ウ　**誤り**。不動産の強制執行において，配当等を受けるべき債権者の債権が停止条件付であるときは，裁判所書記官は，その配当等の額に相当する「**金銭**」を供託しなければならないとされている（**民執91Ⅰ①**）。配当手続における供託は，元来金銭の分配により配当がされるものだからである。したがって，裁判所書記官がする供託は，**金銭に限られているので**，「発令裁判所が相当と認める有価証券」を供託することができるとする本肢は，誤っている。

エ　**正しい**。「町村の議会の議員」の選挙の場合を除くほか，公職の候補者の届出をしようとする者は，公職の候補者一人につき，**一定の金額**（衆議院小選挙区選出議員の選挙の場合は300万円）又はこれに相当する額面の「**国債証書**」（その権利の帰属が社債、株式等の振替に関する法律の規定による「**振替口座簿の記載又は記録により定まるものとされるもの**」を含む。）を供託しなければならないとされている（**公選92Ⅰ**）。したがって，衆議院（小選挙区選出）議員の候補者の届出をしようとする場合において，公職選挙法第92条第１項の規定による供託は，金銭のほか，「振替国債」によってすることが「できる」とする本肢は，正しい。

オ　**誤り**。宅地建物取引業者は，営業保証金をその主たる事務所のもよりの供託所に供託しなければならない（宅建業25Ⅰ）が，この営業保証金は，国土交通省令の定めるところにより，「国債証券，**地方債証券**その他国土交通省令で定める有価証券」（社債，株式等の振替に関する法律第278条第１項に規定する「振替債」を含む。）をもって，これに充てることができるとされている（**宅建業25Ⅲ**）。したがって，宅地建物取引業者がする営業保証供託は，「地方債証券」によってすることは「できない」とする本肢は，誤っている。

各肢の解説より，誤っているものはウ及びオであるから，５が正解となる。

第10問 正解 4

テーマ	保管替え

ア **誤り**。法令の規定により「供託金」の保管替えを請求しようとする者は，第24号書式による供託金保管替請求書「**1通**」に，「**供託書正本**」を添付して，これを「**当該供託金を供託している供託所**」に提出しなければならない（**供託規21の３Ⅰ**）が，この場合も，**原則としては「印鑑証明書」を添付することを「要する」**とされている（**供託規21の３Ⅲ→26**）。したがって，本肢は，印鑑証明書を添付することは「要しない」としている点が，誤っている。

イ **誤り**。保管替えは，「**有価証券」が供託されている場合には認められない**が，金銭が供託されている場合にのみならず，「**振替国債」が供託されている場合にも認められている**（**供託規21の６Ⅰ→21の３Ⅰ**）。したがって，保管替えは金銭が供託されている場合に「のみ」認められるとする本肢は，誤っている。

ウ **正しい**。「数回にわたって供託されている供託金」については，「一括して」保管替えを請求することができるとされている（**供託規21の３Ⅱ**）。したがって，本肢は正しい。

エ **正しい**。供託金の保管替えは，供託者の供託金の取戻しと新たな供託所に対する供託手続を一体として関連付けて行われる供託金の移管手続であるため，保管替えを行うことができるためには，**供託金取戻請求権について差押え，譲渡，質入れがなされていないことが要件となる**。したがって，供託金払渡請求権が差し押さえられ，又は譲渡あるいは質入れされた後は，供託金の保管替えは認められないとされている（**昭和36・７・19民甲1717号回答**）ので，本肢は正しい。

オ **誤り**。供託官は，保管替えの請求を相当と認めるときは，供託金保管替請求書に保管替えする旨を記載して記名押印し，これを供託書正本とともに保管替えを受ける供託所に送付し，当該保管替えに関する事項を副本ファイルに記録し，かつ，「**財務大臣**」の定める保管金払込事務等の取扱いに関する規定に従い，国庫金振替の手続をしなければならないとされている（**供託規21の４Ⅰ**）。したがって，本肢は，「法務局又は地方法務局の長」の定める保管金払込事務等の取扱いに関する規定に従いとしている点が，誤っている。

各肢の解説より，正しいものはウ及びエであるから，４が正解となる。

第11問　正解　５

テーマ	債権者の不受領意思明確を理由とする弁済供託

ア　**正しい。**判例は，債権者があらかじめ弁済の受領を拒絶したとしても，債務者は，適法な履行の提供をした後でなければ，供託しても弁済を免れることはできない（大判明治40・５・20）が，債務者が口頭の提供をしても債権者が受領しないことが明らかな場合には，口頭の提供をしなくても弁済供託をすることができるとしている（**大判明治45・７・３**）。したがって，本肢のように賃貸人が「**賃借権自体を否認しているような場合**」には，**債権者の受領しない意思が明確**であるといえる（**昭和38・２・４民甲351号認可**）ので，不受領意思明確を理由として供託することができるとする本肢は，正しい。

イ　**正しい。**賃借物（不動産）の明渡請求があった場合において，「現に明渡請求訴訟が提起されている」か，当事者間で明渡しに関し係争中であるときは，債権者の受領しない意思が明確なので，弁済の提供をすることなく，直ちに供託をすることができるとされている（昭和37・５・31民甲1485号認可）。したがって，賃貸借契約が締結されている土地の明渡請求訴訟が現に提起されている場合，賃借人は，不受領意思明確を理由として弁済の提供をすることなく，直ちに地代を供託することができるとする本肢は，正しい。

ウ　**正しい。**先例（昭和42・１・12民甲175号認可，登記研究235号59頁）は，賃貸人の賃料増額請求に対して，賃借人が，従前の額を提供して受領拒否されたことを理由に供託した後，賃貸人が再三にわたり増額請求をし，かつ，全く供託金の還付請求をしない場合でも，賃借人は，その後の賃料について，弁済の提供をすることなく直ちに供託をすることはできないとしている。したがって，本肢は正しい。賃貸人が再三にわたり増額請求をし，かつ，全く供託金の還付請求をしない場合であっても，その後の賃料については不受領意思が明確であるとは必ずしもいえないからである。

エ　**正しい。**賃貸人が家屋の明渡請求をして係争中であるために家賃を受領しないことが明らかであるときは，賃借人は，「当月分」の家賃については，口頭の提供（民493ただし書）をすることなく，「不受領意思明確」を理由として供託することができる（昭和37・５・31民甲1485号認可）が，この場合であっても，賃借人が毎月末日までに「**当月分**」の家賃を支払う旨の約定があるときは，「**次月分」の家賃については弁済期が到来していないので**，供託することはできないとされている（**昭和39年度全国供託課長会同決議**）。したがって，本肢は正しい。

オ　**正しい。**賃貸人が家屋明渡訴訟を提起しているため，家賃の弁済を受領しないことが明らかである場合においては，賃借人が支払日を数か月経過した後に供託をするときであっても，「**遅延損害金を付すことを要しない**」とされている（昭和37・５・25民甲1444号認可）。したがって，本肢は正しい。債務不履行としての遅延損害金は，債務者の責めに帰すべき事由があるときに生じるものであるが，債権者が受領する意思が全くない場合には，債務者の責めに帰すべき事由はなく，口頭の提供がないときであっても，債務者は，債務不履行責任を負うものではないからである（昭和39・６・15民甲2093号認可）。

各肢の解説より，正しいものはア，イ，ウ，エ及びオの５個であるから，５が正解となる。

不動産登記法

第12問　正解　3

テーマ	登記識別情報の提供

ア　**誤り**。財産分与を登記原因とする所有権の移転の登記を申請する旨の公正証書は，登記原因証明情報にはなるが，公正証書は，金銭の一定の額の支払又はその他の代替物もしくは有価証券の一定の数量の給付に限って執行力を有し（民執22⑤），**登記手続をなす旨の意思表示については執行力を有しない**ので，不動産登記法第63条第１項による判決の登記の規定は適用されず（**明治35・７・１民刑637号回答**），通常の共同申請の登記の規定が適用されるので，登記義務者の登記識別情報の提供を要する（不登22本文）。したがって，Ａを所有権の登記名義人とする甲土地について，Ａとその配偶者Ｂが離婚した後，ＡからＢへの財産分与を登記原因とする所有権の移転の登記を申請する旨の公正証書が作成された場合において，当該公正証書を登記原因証明情報として，ＡからＢへの所有権の移転の登記を申請するときは，Ａに対して通知された登記識別情報を「提供することを要しない」とする本肢は，誤っている。

イ　**誤り**。破産管財人が裁判所の許可を得て破産者所有の不動産を売却した場合の所有権移転の登記は，破産管財人が登記義務者である破産者の代理人として登記権利者である買主と共同して申請し，しかも，その申請には，**裁判所の許可があったことを証する情報の提供を要する**（破産78Ⅱ①，不登令７Ⅰ⑤ハ）**ので**，**虚偽の申請がなされる可能性は皆無といってよい**ことから，登記義務者の登記識別情報を提供することは「**要しない**」取扱いである（昭和34・５・12民甲929号通達，**平成16・12・16民二3554号通達・第五・二・（１）・イ・（エ）**）。したがって，Ａを所有権の登記名義人とする甲土地について，Ａの破産管財人Ｂが，破産財団に属する甲土地を裁判所の許可を得て売却し，その所有権の移転の登記を申請するときも，Ａに対して通知された登記識別情報を「提供することを要する」とする本肢は，誤っている。

ウ　**正しい**。相続財産の清算人が家庭裁判所の許可を得て相続財産に属する不動産を売却した場合の所有権移転の登記は，裁判所から選任された相続財産の清算人が登記義務者として関与するのであり，その申請には**家庭裁判所による権限外行為の許可**（民953→28前段）**があったことを証する情報**（不登令７Ⅰ⑤ハ）**を提供する**等の理由から，**虚偽の申請がされる可能性は少ない**と考えられるので，登記義務者の登記識別情報を提供することを「**要しない**」とされている（登記研究606号199頁）。したがって，本肢は正しい。

エ　**正しい**。官公署が「登記権利者」として登記を嘱託する場合には，「登記義務者の承諾を証する情報」を提供することを要するとされているため（**不登116Ⅰ，不登令別表七十三・添ロ**），これにより登記の真正は十分に担保されると考えられること，かつ，登記権利者が官公署であり，虚偽の登記がなされるおそれは少ないと考えられることから，**登記義務者の登記識別情報の提供は不要**とされている（**昭和33・５・１民甲893号通達**）。したがって，本肢は正しい。

オ　**正しい**。２号仮登記所有権（不登105②）の「物権的移転」の登記は，**付記による「本登記」**によってなされる（**昭和36・12・27民甲1600号通達**，仮登記によってされるのではない）。したがって，当該移転登記の登記義務者である仮登記の登記名義人の登記識別情報の提供が**必要である**（不登22本文，昭和39・８・７民甲2736号通達）ので，本肢の前段は正しい。これに対し，仮登記された権利の変更又は更正の登記も本登記によってなされるが，共同申請によるときであっても，**登記義務者の登記識別情報の提供は不要**とされている。その対象となった仮登記申請の際に登記識別情報が不要だったことから（不登107Ⅱ），仮登記された権利の変更又は更正の登記を申請する際にも不要とされたものである。したがって，本肢は後段も正しい。

各肢の解説より，誤っているものはア及びイの２個であるから，３が正解となる。

第13問　正解　4

テーマ	農地法所定の許可を証する情報の提供の要否

ア　「死因贈与」による申請の場合のみ提供を要する。

⑴　「**包括遺贈**」を原因として所有権の移転の登記を申請する場合には，「受遺者が相続人でない」としても，農地法所定の許可を証する情報を提供することを**要しない**とされている（**農地規15⑤**）。

⑵　これに対し，「**死因贈与**」の場合は，たとえ相続人に対する包括的な贈与であっても，農地法所定の許可を証する情報の提供を**要する**とされている（登記研究427号104頁，昭和32・9・10民三982号回答）。**当事者間の合意によるものであり，行政処分の介入の余地があるから**である。

イ　いずれの申請の際にも提供を要しない。

⑴　「**相続人**」**に対する特定遺贈**を原因として所有権の移転の登記を申請する場合には，農地法所定の許可を証する情報を提供することを**要しない**とされている（**農地規15⑤**）。「特定」遺贈の場合には，包括遺贈とは異なり，受遺者が相続人でも農地法所定の許可を証する情報の提供を要するとするのが従前の先例（昭和43・3・2民三170号回答）であったが，**平成24年12月14日施行の農地法施行規則第15条第5号の改正**により，**受遺者が相続人である場合には許可を要しない**とされた。

⑵　「相続分の贈与」を原因として「第三者」への持分移転の登記を申請する場合には，農地法所定の許可を証する情報を提供することを要するが，「**他の共同相続人**」へ持分移転の登記を申請する場合には，農地法所定の許可を証する情報の提供を**要しない**とされている（**最判平成13・7・10**，登記研究645号115頁）。

ウ　「共有物分割」による申請の場合のみ提供を要する。

⑴　「**持分放棄**」による場合は，農地法所定の許可を証する情報の提供を**要しない**とされている（昭和23・10・4民甲3018号通達）。**民法第255条の規定によるものであり，行政処分の介入の余地がないから**である。

⑵　これに対し，「**共有物分割**」による場合は，農地法所定の許可を証する情報の提供を**要する**とされている（**昭和41・11・1民甲2979号回答**）。共有物分割は，**共有者全員の意思表示によるものであり，共有者間で持分の交換又は売買が行われたのと同様の効果を生じさせるから**である。

エ　「遺産分割による贈与」による申請の場合のみ提供を要する。

⑴　「**真正な登記名義の回復**」を登記原因として，「**従前の所有権登記名義人以外の者**」に対して所有権移転の登記を申請する場合には，農地法所定の許可があったことを証する情報の提供を「**要する**」が，「**従前の所有権登記名義人**」に対して所有権移転の登記を申請する場合には，農地法所定の許可があったことを証する情報の提供を「**要しない**」とされている（昭

和40・９・24民甲2824号回答)。前所有者への真正な登記名義の回復を原因とする所有権移転の登記は，虚偽の登記名義人から真の所有者への移転であり，**前所有者は新たに農地を取得する者にあたらないから**である。

⑵　「遺産分割」による登記を申請する際には，農地法所定の許可を証する情報の提供を**要しない**とされている（農地３Ⅰ⑫）が，「**遺産分割による贈与**」による場合は，農地法所定の許可を証する情報の**提供を要する**とされている（登記研究528号184頁)。**遺産分割による贈与の対象となる不動産は相続人固有の財産であり，相続又はそれに準ずる権利変動とみることはできないから**である。

オ　**いずれの申請の際にも提供を要しない**。

⑴　「**民法第958条の２による特別縁故者への財産の分与の審判**」を原因とする所有権又は持分の移転登記を申請する際には，農地法所定の許可を証する情報の**要しない**とされている（**農地３Ⅰ⑫後段**)。

⑵　「**協議**」による離婚に伴う財産分与である場合には，農地法所定の許可を証する情報の提供を**要する**（登記研究523号138頁）が，民法第768条第２項（民法第749条及び第771条において準用する場合を含む。）の規定による財産の分与に関する「**裁判もしくは調停**」による場合には，農地法所定の許可を証する情報の提供を**要しない**とされている（**農地３Ⅰ⑫前段**)。

カ　「**民法第646条第２項による移転**」**による申請の場合のみ提供を要する**。

⑴　権利能力なき社団の代表者の更迭による「**委任の終了**」による場合は農地法所定の許可を証する情報の提供を**要しない**とされている（**昭和58・５・11民三2983号回答**)。権利能力なき社団の内部において代表者が交替しただけであり，**権利能力なき社団自体については実体的に何ら物権変動が生じているわけではないから**である。

⑵　これに対し，「**民法第646条第２項による移転**」による場合は，当事者間の委任によりなされている行為であるから，農地法所定の許可を証する情報の提供を**要する**とされている（登記研究456号130頁)。

各肢の解説より，いずれか一方の申請についてのみ農地法所定の許可を証する情報の提供を要するものはア，ウ，エ及びカの４個であるから，４が正解となる。

第14問　正解　5

テーマ	登記が完了した旨の通知

ア　**誤り**。登記官は，登記の申請に基づいて登記を完了したときは，「**申請人**」に対し，「登記完了証を交付」することにより，登記が完了した旨を通知しなければならない（**不登規181Ⅰ前段**）。さらに，「**民法第423条その他の法令の規定により他人に代わってする申請に基づく登記を完了した場合**」には，登記官は「**当該他人**」（被代位者）に対しても，「登記が完了した旨」を通知しなければならないとされている（**不登規183Ⅰ②**）。したがって，本肢は，債権者の代位により相続を原因とする所有権の移転の登記が申請され，当該登記を完了したときは，登記官は「被代位者たる当該債務者」に対しては，登記が完了した旨を「通知する必要はない」としている点が，誤っている。

イ　**誤り**。抵当権の債務者の氏名等の変更又は更正の登記は，原則としては，抵当権者と設定者の共同申請による（不登60）が，抵当証券が発行されている場合は，債務者が単独で申請することができる（不登64Ⅱ）。登記が完了した旨の通知は，申請人に対してなされるのが原則であり（不登規181Ⅰ前段），例外的に申請人以外の者に対して通知がなされる場合（不登規183）もあるが，**抵当証券が発行されている抵当権の債務者の氏名の変更の登記が債務者から単独で申請された場合に，抵当権者に対して登記が完了した旨の通知をすると定めた規定はない**。したがって，本肢は誤っている。

ウ　**誤り**。登記官は，表題登記がない不動産又は所有権の登記がない不動産について嘱託による所有権の処分の制限の登記をする際に，職権で所有権保存登記を完了したとき（不登76Ⅱ）は，「**当該不動産の所有者**」に対し，**登記が完了した旨を通知**しなければならないとされている（**不登規184Ⅰ**）が，「**登記完了証を交付することにより**」**登記が完了した旨を通知しなければならないとはされていない**（不登規181Ⅰ前段参照）。したがって，本肢は，「登記完了証を交付する」としている点が，誤っている。なお，この通知は，不動産所在事項等の一定の事項を明らかにしてされる（不登規184Ⅱ）が，特に様式が定められていない点で登記完了証（不登規181Ⅱ参照）と異なることにも注意しておくこと。

エ　**正しい**。登記完了証の交付は，法務大臣が別に定める場合を除き，電子申請であれば，法務大臣の定めるところにより，登記官の使用に係る電子計算機に備えられたファイルに記録された登記完了証を電子情報処理組織を使用して送信し，これを申請人又はその代理人の使用に係る電子計算機に備えられたファイルに記録する方法で，書面申請であれば，登記完了証を書面により交付する方法により行われる（不登規182Ⅰ）。また，「送付の方法」により登記完了証の交付を求めることもできるが，この場合は，申請人は，「**その旨及び送付先の住所**」を申請情報の内容としなければならないとされている（**不登規182Ⅱ**）。したがって，本肢は正しい。

オ　**正しい**。登記完了証は，「申請情報」の内容等を記録して作成される（不登規181Ⅱ⑦）。しかし，申請情報のすべての内容を記録するのではなく，電子申請の場合にあっては，申請人又は代理人の電話番号その他の連絡先（不登規34Ⅰ①）及び住民票コード（不登規36Ⅳ）を除いた内容が記録されるが，「**書面申請**」の場合にあっては，申請情報のうち「**登記の目的のみ**」を記録するとされている（**不登規181Ⅱ⑦かっこ書**）。したがって，本肢は正しい。

各肢の解説より，正しいものはエ及びオであるから，５が正解となる。

第15問　正解　3

テーマ	登記の申請人

ア　**〔B欄〕と〔C欄〕のいずれも正しい。**Aは，Cへの所有権移転の登記をしても，未だに当該仮登記に基づく本登記義務を負っているので，当該仮登記の抹消により登記上利益を受ける者といえる。また，AからCへの所有権移転の登記は，もしBの仮登記に基づく本登記がされれば，職権抹消されてしまう（不登109Ⅱ）ので，「C」も，Bの仮登記の抹消につき登記上の利害関係人として，Bの承諾があったことを証する当該Bが作成した情報又はBに対抗することができる裁判があったことを証する情報を提供して（不登令別表七十・添ロ），Bの仮登記の抹消を単独で申請することができる（**不登110後段**）。単独で抹消の登記の申請をすることができるのであれば，Bとの共同申請を認めても差し支えない。したがって，本肢の登記は，「A又はC」を登記権利者，「B」を登記義務者として申請することができるので，〔B欄〕と〔C欄〕はいずれも正しい。

イ　**〔B欄〕は正しいが，〔C欄〕が誤っている。**所有権移転の仮登記に基づく本登記の申請人は，「仮登記名義人」を登記権利者，「仮登記義務者」を登記義務者として申請するとされている（**昭和37・7・30民甲2117号通達**）。なお，仮登記後に所有権移転の登記があっても，「現在の所有権登記名義人」は申請人とはならず，登記上の利害関係人となる（不登109Ⅰ）ので，本肢のCは，申請人とはならず，登記上の利害関係人となる。したがって，本肢は，〔C欄〕を「A又はC」としている点が，誤っている。

ウ　**〔B欄〕と〔C欄〕のいずれも正しい。**Cへの抵当権移転の登記がなされていても，「B」は仮登記に基づく本登記義務を負うので，登記義務者となり，Cは現在の抵当権の登記名義人であるので，抹消の仮登記に基づく本登記により，登記上不利益を受け，また，Bの本登記義務を承継していると考えることができるので，「C」も抹消の仮登記に基づく本登記の登記義務者となるとされている（**昭和37・10・11民甲2810号通達**）。したがって，本肢の登記は，「A」を登記権利者，「B又はC」を登記義務者として申請するので，〔B欄〕と〔C欄〕はいずれも正しい。

エ　**〔C欄〕は正しいが，〔B欄〕が誤っている。**抵当権の抹消の登記によって「登記上」利益を受ける者は，「現在の所有権の登記名義人」であり，また，登記上不利益を受ける者は，現在の抵当権の登記名義人である。したがって，「C」は所有権を取得しているが，所有権登記名義人となっていないので，申請人とはならない（形式的確定力）。したがって，本肢は，〔B欄〕を「A又はC」としている点が，誤っている。

オ　**〔B欄〕と〔C欄〕のいずれも誤っている。**根抵当権の担保すべき元本の確定の登記は，原則として，**「根抵当権設定者」を登記権利者，「根抵当権者」を登記義務者**として共同で申請するとされている（**昭和46・10・4民甲3230号通達・第九**）。したがって，本肢の登記は，「A」を登記権利者，「B」を登記義務者として申請することになるので，〔B欄〕と〔C欄〕はいずれも誤っている。

各肢の解説より，〔B欄〕と〔C欄〕がいずれも正しいものはア及びウの２個であるから，３が正解となる。

第16問　正解　5

テーマ	前提登記としての相続登記の要否

ア　**正しい。**先例（昭和40・３・30民三309号回答）は，**農地の売主の死亡後になされた農地法第３条の許可は有効であるが，売買による所有権移転の登記の前提として，相続の登記を要する**としている。したがって，農地の売主Aが死亡した後，農地法第３条の許可があった場合において，買主への所有権移転の登記を申請するときは，その前提としてAの相続人への所有権移転の登記を「申請しなければならない」とする本肢は，正しい。農地を売買するには，原則として農業委員会の許可が必要であり（農地３Ⅰ），当該許可があったときに売買の効力が生ずるとされている（農地３Ⅵ）ので，売主Aが，「農地法の許可が到達する前に死亡」したのであれば，農地の所有権は，先に相続により売主Aからその相続人へ移転し，その後，農地法所定の許可により買主Bへ移転したことになるからである。

イ　**正しい。農地法所定の許可を条件とする「条件付所有権移転の仮登記に基づく本登記」をする場合は，許可前に所有権登記名義人が死亡しているときであっても，本登記の前提として，相続の登記をすることを要しない**とされている（昭和35・５・10民三328号回答）。相続の登記をしても，不動産登記法第109条第２項の規定により，その相続登記は登記官の職権により抹消されてしまうからである。したがって，甲土地について仮登記に基づく所有権移転の本登記を申請する場合は，前提としてAの相続人への所有権移転の登記を「申請する必要はない」とする本肢は，正しい。

ウ　**誤り。**所有権の登記名義人の死亡を始期とする所有権移転の仮登記がされている場合において，所有権の登記名義人が死亡し，当該仮登記に基づく本登記を申請するときは，**前提として相続人への所有権移転登記を申請する必要はない**とされている（死因贈与につき，登記研究445号109頁）。始期の到来（所有権の登記名義人の死亡）によって，所有権は直ちに仮登記の名義人に移転し，**相続人に移転していない**からである。したがって，当該仮登記に基づく本登記を申請するときは，その前提としてAの相続人への所有権移転の登記を「申請しなければならない」とする本肢は，誤っている。

エ　**正しい。**権利能力のない社団の代表者が死亡し，新たに代表者が選任された場合に，旧代表者名義で登記されている不動産について新代表者名義へ委任の終了による所有権移転の登記を申請するときは，**前提として旧代表者の相続人名義に所有権移転の登記をする必要はない**とされている（登記研究239号75頁，登記研究459号98頁参照）。その不動産は権利能力のない社団の総有に属するのであって，旧代表者の所有物ではないから，その相続財産とならないからである。したがって，甲土地について委任の終了によるBへの所有権移転の登記を申請する場合，前提としてAの相続人への所有権移転の登記を「申請する必要はない」とする本肢は正しい。

オ　**誤り。**「抵当権設定者」の「**死亡後**」に抵当権が消滅した場合において，当該抵当権の設定登記を抹消するには，**抵当権設定者について相続登記を経ることを要する**とされている（登記研究661号225頁)。抵当権設定者の死亡時には抵当権はまだ存続しており，当該抵当権の設定登記の抹消登記請求権は存在していないからである。したがって，当該抵当権の設定登記の抹消を申請するときは，その前提としてＡの相続人への所有権移転の登記を「申請する必要はない」とする本肢は，誤っている。

各肢の解説より，誤っているものはウ及びオであるから，５が正解となる。

第17問　正解　5

テーマ	除権決定による登記の抹消等

ア　**正しい**。登記権利者は，共同して登記の抹消の申請をすべき者の「所在が知れないため」その者と共同して「**権利に関する登記**」の抹消を申請することができないときは，非訟事件手続法（平成23年法律第51号）第99条に規定する「公示催告の申立て」をし（**不登70Ⅰ**），「**除権決定**」を得て単独で登記の抹消を申請することができるとされている（**不登70Ⅲ**）。**この場合の「権利に関する登記」は担保権に関する登記に限定されていない**ため，「地上権」についても除権決定を得て単独で抹消登記の申請をすることができる。したがって，本肢は正しい。

イ　**正しい**。令和5年4月1日施行の改正により，「前項の登記が**地上権**，**永小作権**，**質権**，**賃借権若しくは採石権に関する登記**又は**買戻しの特約に関する登記**であり，かつ，**登記された存続期間又は買戻しの期間が満了している場合**において，**相当の調査が行われたと認められるものとして法務省令で定める方法により調査を行ってもなお共同して登記の抹消の申請をすべき者の所在が判明しないとき**は，**その者の所在が知れないものとみなして**，**同項の規定を適用**する。」との規定（**不登70Ⅱ**）が追加された。したがって，本肢は正しい。

ウ　**正しい**。「先取特権，質権又は抵当権」の抹消登記を申請するにつき，登記義務者の所在が知れない場合，登記権利者は，①**債権証書並びに被担保債権及び最後の２年分の利息その他の定期金の完全な弁済があったことを証する情報**及び②**登記義務者の所在が知れないことを証する情報**を提供すれば，当該登記の抹消を単独で申請することができるとされている（**不登70Ⅳ前段，不登令別表二十六・添ハ**）。したがって，本肢は正しい。

エ　**誤り**。不動産登記法第70条第４項の規定により抹消することができる担保権には「先取特権，質権又は**抵当権**」が挙げられているが，この中には「**元本確定後の根抵当権**」**も含まれている**。そして，根抵当権についての被担保債権の「弁済期」は「**元本確定の日**」とみなされている。この場合，元本確定の日は，**元本確定の登記があるとき又は登記記録上元本が確定したことが明らかであるとき**は，その**記録により明らかとなる日**となり，**それ以外の場合**には，当該担保権の**設定の日から３年を経過した日**（民398の19Ⅰ前段参照）とみなされている（**昭和63・７・１民三3499号依命通知・第二・３**）。したがって，「登記記録から元本の確定の日が明らかな場合であると否とを問わず」，根抵当権の設定の日から３年を経過した日から20年を経過した後であれば，不動産登記法第70条第４項後段の規定に基づき，単独で当該元本確定後の根抵当権の登記の抹消を申請することができるとする本肢は，誤っている。

オ　**誤り**。登記義務者の所在が知れない場合の登記の抹消に関する不動産登記法第70条第４項後段は，被担保債権の弁済供託による担保権の消滅を擬制するための制度である。それゆえ，登記義務者の所在が知れないため登記義務者と共同して先取特権，質権又は抵当権の登記の抹消を申請することができないときは，被担保債権の弁済期から20年を経過し，かつ，その期間の経過した後に当該被担保債権，その利息及び債務不履行によって生じた損害の全額に相当する金銭が供託されたときは，登記権利者は単独で当該権利（先取特権，質権又は抵当権）の登記の抹消を申請することができるとされている（不登70Ⅳ後段）。そして，この場合に申請情報の内容とすべき登記原因は「供託」ではなく「**弁済**」であり，その登記原因日付は「**供託の効力が生じた日**」であるとされている（**昭和63・７・１民三3456号通達・第三・６**）。したがって，本肢は，登記原因を「供託」としている点が，誤っている。

各肢の解説より，誤っているものはエ及びオであるから，５が正解となる。

第18問　正解　1

テーマ	抹消された登記の回復

ア　**誤り**。仮登記は，１号仮登記であっても，２号仮登記であっても，その表示する権利に実体上の対抗力を付与するものではない。しかし，仮登記に基づいて本登記がなされると，その本登記の順位は仮登記の順位によることになるので（不登106），仮登記は本登記の順位保全の効力を有している。そこで，判例（**最大判昭和43・12・４**）は，本登記の不法抹消について回復をすることができるのに準じて，**「仮登記」が不適法な原因により抹消された場合にも，登記の回復をすることができる**としている。したがって，仮登記には順位保全効しかないので，仮登記が不適法に抹消された場合であっても，抹消回復の登記を申請することは「できない」とする本肢は，判例の趣旨に照らし誤っている。

イ　**正しい**。抹消回復の登記の申請は，**抹消された登記と同一の申請構造により申請する**とされているので，抵当権設定登記の抹消回復の登記は「共同申請」（不登60）で申請する必要があるが，抹消された抵当権の回復の登記の登記義務者につき，先例（昭和57・５・７民三3291号回答）は，抵当権設定者たる従前の所有権の登記名義人ではなく，目的不動産の「**現在の所有権の登記名義人**」であるとしている。これは，抵当権の登記を回復することによって直接不利益を被るのは現在の所有権の登記名義人だからである（不登２⑬）。したがって，A所有の土地に，Ｂを抵当権者として設定の登記がされた抵当権の登記が不適法に抹消された後に，ＡからＣへの所有権移転の登記がなされている場合，その抵当権の回復の登記は，Ｂを登記権利者，「Ｃ」を登記義務者として申請する「必要がある」とする本肢は，正しい。

ウ　**誤り**。ＡからＢへの所有権移転の登記後，当該Ｂの所有権の登記が不適法に抹消され，その後，ＡからＣへと所有権移転の登記がなされている場合においては，Ｂの抹消された所有権の回復は，その**前提として，Ｃの所有権の登記の抹消（権利者Ａ，義務者Ｃ）をした後でなければ**，その登記を申請することはできないとされている。したがって，Ｂの抹消回復の登記は，Ｂを登記権利者，「Ｃ」を登記義務者として申請するとする本肢は，誤っている。これは，所有権が転々と移転している場合において，中間者の所有権の抹消登記を申請するときには，現に効力を有する登記名義人の登記を抹消してからでなければすることができない（巻き戻し抹消）こととパラレルなものだからである。

エ　**正しい**。抹消された登記の回復は，登記上の利害関係を有する第三者がある場合には，**当該第三者の承諾があるときに限り**，申請することができるとされていることから（**不登72**），「登記上の利害関係を有する第三者があるときは，当該第三者の承諾を証する当該第三者が作成した情報又は当該第三者に対抗することができる裁判があったことを証する情報」を提供する必要があるとされている（**不登令別表二十七・添ロ**）。この「登記上の利害関係を有する第三者」とは，**抹消回復の登記の申請時を基準**として，登記を回復することによって，登記上不利益を受ける全ての第三者をいうと解されており，先例（**昭和52・６・16民三2932号回答**）も，先順位の抵当権の登記の抹消回復につき，その**登記が抹消された当時から設定の登記がされていた後順位の抵当権の登記名義人**であっても，登記上利害の関係を有する第三者に当たるとしている。したがって，「２番抵当権設定の登記がされた後」，１番抵当権設定の登記が債務の弁済を原因として抹消されたが，その後，その弁済が無効であるとして抹消された１番抵当権の登記の回復を申請する場合には，２番抵当権者の承諾を証する当該２番抵当権者が作成した情報又は当該２番抵当権者に対抗することができる裁判があったことを証する情報を提供する「必要がある」とする本肢は，正しい。

オ　**正しい**。乙区１番でＡの，乙区２番でＢの抵当権の設定登記がされているＣ名義の不動産について，ＣからＡへの売買による所有権移転の登記がされた後，Ａが混同を原因とする１番抵当権の登記の抹消を申請し，誤ってその登記がされたことにより，１番抵当権の登記の回復を申請する場合には，２番抵当権の登記名義人Ｂは，**登記上の利害関係を有する第三者には該当しない**とされている（**昭和41・10・６民甲2898号回答**）。なぜなら，この場合は，回復すべき登記が真実であること，つまり，混同の例外（民179Ⅰただし書）として，**抹消すべきでなかったことが登記記録上から，登記官に明白である**ので，承諾があったことを証する情報等を提供してまで真実性を担保する必要がないからである。したがって，Ｂの承諾を証する情報を「提供することは要しない」とする本肢は，正しい。

各肢の解説より，判例の趣旨に照らし誤っているものはア及びウであるから，１が正解となる。

第19問　正解　4

テーマ	建物のみに関する旨の記録が付記される登記

ア　**正しい**。登記官は，建物の表題部の登記事項に関する変更の登記又は更正の登記により新たに敷地権の登記をした場合において，建物についての「**所有権**」又は「**特定担保権**（「**一般**」**の先取特権，質権又は抵当権**をいう。）」に係る権利に関する登記があるときは，「**所有権の登記を除き**」，当該権利に関する登記についてする「付記登記」によって「建物のみに関する旨」を記録しなければならないとされている（**不登規123Ⅰ本文**）が，「**賃借権**」**に関する登記には建物のみに関する付記登記をするとはされていない**。したがって，本肢は正しい。賃借権は，土地あるいは建物について個別に設定される権利であるとともに，そもそも用益権であるため，土地の「持分」に対して設定することができない権利だから，敷地権の登記のない区分建物についてされている賃借権の登記は，その性質上，建物のみに関するものであることが明らかだからである。

イ　**正しい**。「**特別**」の先取特権の保存登記がされた区分建物について，敷地権の登記がされた場合，特別の先取特権の保存登記には，建物のみに関する付記登記はなされない（**不登規123Ⅰ本文かっこ書**）。したがって，本肢は正しい。特別の先取特権は，「一般」の先取特権（民306）とは異なり，土地あるいは建物にそれぞれ成立するものであるから，その性質上，建物のみに関するものであることが明らかであるので，建物のみに関する付記登記をする必要はないからである。

ウ　**誤り**。登記官は，建物の表題部の登記事項に関する変更の登記又は更正の登記により新たに敷地権の登記をした場合において，建物についての「**所有権に関する登記**」があるときは，「**所有権の登記」を除き**，当該権利に関する登記についてする付記登記によって建物のみに関する旨を記録しなければならないとされている（**不登規123Ⅰ本文**）ところ，**所有権に関する「仮登記」又は「買戻しの特約」の登記**は，「**所有権の登記以外の所有権に関する登記**」である。したがって，「買戻しの特約の登記」には，建物のみに関する旨の付記登記をしなければならないので，買戻しの特約の登記にも，建物のみに関する付記登記は「なされない」とする本肢は，誤っている。

エ　**誤り**。敷地権の登記のない区分建物について「**差押えの登記**」があり，その後新たに敷地権の登記がされた場合は，登記官はその差押えの登記に**建物のみに関する旨の付記登記をしなければならない**とされている。したがって，本肢は誤っている。なぜなら，差押えの登記は，敷地権の登記をする前に区分建物についてのみされた登記であり，その登記に建物のみに関する旨を付記しないと，敷地権についても同一の登記原因による相当の登記の効力を有するかのような外観を呈してしまうからである。

オ　**正しい**。抵当権に関する登記がされている敷地権の登記のない区分建物について，その後新たに敷地権の登記がされた場合でも，「**敷地権についてされた抵当権の登記と登記の目的，申**

請の受付の年月日及び受付番号並びに登記原因及びその日付が同一であるもの」があるときは，建物のみに関する付記登記をするのではなく（**不登規123Ⅰただし書**），登記官は**敷地権についてされている抵当権の登記を抹消しなければならない**とされている（**不登規123Ⅱ前段**）。したがって，本肢は正しい。なお，この場合には，敷地権の目的である土地の登記記録の権利部の相当区に不動産登記規則第123条第２項の規定により抹消をする旨及びその年月日が記録される（不登規123Ⅱ後段）。

各肢の解説より，誤っているものはウ及びエであるから，４が正解となる。

第20問　正解　2

テーマ	共有持分の一部についての登記申請の可否

ア　**正しい。**共有者の１人が，抵当権の登記のある他の共有者の持分及び差押えの登記のある他の共有者の持分をそれぞれ取得し，その各移転の登記を受けた後，その共有持分の一部を移転したため，その持分の一部移転の登記を申請するときは，移転する持分が抵当権の目的である持分の部分であるのか，差押えの目的である持分の部分であるのかを，登記の目的の記載において明らかにしなければならない。この場合の登記の目的の記載は，「**Ａ持分一部（順位何番で登記した持分又は持分の一部）移転**」の振り合いによるとされている（**平成21年通達記録例207**）。したがって，本肢は正しい。

イ　**正しい。**同一の土地について，抵当権等の担保権の目的である持分とその目的でない持分を相続した場合において，相続人の持分のうち担保権の目的でない持分のみを移転したときは，便宜，登記の目的を「何某持分一部（順位何番**から移転した**持分）移転」の振り合いにより記載して，持分一部移転登記を申請することができるとされている（**平成11・７・14民三1414号回答**）。したがって，本肢は正しい。

ウ　**誤り。**物権は，その性質上，目的たる対象物が独立し，かつ，特定していることを要し，所有権又は持分権の一部は，その目的としてその範囲が公示上独立し，特定しているとはいえないことから，それに担保権を設定することはできないとされている（**昭和35・６・１民甲1340号通達**，昭和36・１・17民甲106号通達）。本肢の場合，Ｃは，Ａ及びＢより「共有者全員持分全部移転」の登記により，Ａ・Ｂ各々の持分の移転の登記を受けたのであるから，Ａより譲り受けた持分が，公示上独立し，特定されているとはいえない。したがって，Ｃは，Ａより買い受けた持分のみについて抵当権を設定し，その登記を申請することはできないので，できるとする本肢は，誤っている。

エ　**正しい。**先例（**昭和58・４・４民三2252号通達**）は，**同一名義人が「各別の登記により数回に分けて持分を取得しているとき」は，各別の登記に係る個々の持分に抵当権を設定し，その登記をすることは公示上可能であり，することができる**としている。したがって，Ａ・Ｂ共有名義（各々持分２分の１）の不動産について，ＡがＢから持分を譲り受け，その移転の登記がされた場合は，肢ウとは異なり，Ａの債権者Ｃは，そのＢからの移転に係る持分のみについて抵当権を設定し，Ａと共同で，登記の目的を「**Ａ持分一部（順位何番で登記した持分）抵当権設定**」の振り合いで（**平成21年通達記録例355注２**），その登記を申請することができるので，本肢は正しい。

オ　**正しい。**先例（**昭和37・３・26民甲844号通達**，登記研究191号72頁）は，地上権について，Ａ・Ｂ共有名義の不動産の「Ａの持分に対する地上権」の設定の登記は，申請書にＢの同意書を添付しても，申請することはできないとしている。これは，用益物権は，設定行為によって定められた目的の範囲内において，目的不動産を全面的かつ排他的に使用収益することを内容とするものであるから，共有持分上に，例えば地上権を設定すると，他の共有者のその持分権によりその不動産全体を使用収益する権限（民249Ⅰ）と完全に抵触することになるからである。また，先例（**昭和48・10・13民三7694号回答**）は，Ａ・Ｂ共有名義の不動産についての「Ａの持分を目的とする賃借権」の設定の登記についても，Ｂの同意書を添付しても，申請することはできないとしている。賃借権は，債権といえども，その内容が物を全面的に使用収益することを内容とする権利であるから（民601），実質的には用益物権と同様に取り扱うべきだからである。したがって，本肢は正しい。

各肢の解説より，誤っているものはウの１個であるから，２が正解となる。

第21問　正解　4

テーマ	所有権の抹消の登記

ア　**誤り**。先例（**昭和38・４・10民甲966号通達**）は，処分の制限の登記の嘱託により，登記官が職権で行なった所有権の保存の登記（不登76Ⅱ）については，その後，錯誤を原因として処分の制限の登記の抹消の嘱託がされ，その抹消登記をしたときでも，登記官において，**職権でこれを抹消することはできない**としている。処分の制限の登記の嘱託により登記官の職権をもってなされた所有権保存の登記につき，その処分の制限の登記の抹消の嘱託があった場合に登記官が職権をもってこれを抹消すべき旨の規定は置かれていないし，不動産登記法第76条第２項の規定は，所有権保存の登記の嘱託権限を処分制限の登記の嘱託者に付与したものではないと解すべきであり，また，所有権の処分制限の登記をする前提としてなされた職権による所有権保存の登記も，いったんなされた後は，当該処分制限の登記とは別個・独立の登記として取り扱われ，申請による所有権保存の登記と何らその性質を異にすることはないからである。したがって，処分制限の登記の嘱託により，職権でした所有権保存の登記については，その後，嘱託により，錯誤を原因として処分制限の登記を抹消したときは，「職権で抹消される」とする本肢は，誤っている。

イ　**誤り**。先例（**昭和41・８・24民甲2446号回答**）は，買戻しの特約が付された所有権の移転の登記を錯誤を登記原因として抹消する場合は，当該**所有権移転の登記を抹消する前提として**（又は同時に）**買戻しの特約の登記の抹消を「申請」しなければならない**としている（平成21年通達記録例249参照）。買戻しの特約の登記は，所有権移転の登記に付記して実行される（不登規3⑨）が，所有権移転の登記と同一の受付番号で登記されているので（不登19Ⅲ），それを所有権移転の登記の抹消の際にする登記官の職権抹消（不登規152Ⅱ）の対象として取り扱うことはできないからである。したがって，「買戻権者Ａの承諾を証する情報を提供」してＢ名義の所有権移転の登記の抹消「のみ」を申請することができるとする本肢は，誤っている。

ウ　**正しい**。売買による所有権移転の登記後，売主が死亡した場合，**その相続人は，売主の地位を承継する**ので（民896），売主の死亡後に，その相続人Ａと買主Ｂとの間で売買契約を合意解除することができる。そこで，先例（**昭和30・８・10民甲1705号回答**）は，売買による所有権移転の登記後に売主が死亡した場合，その相続人と買主との間に売買契約の解除につき合意が成立したときは，これを原因として，所有権移転登記の抹消を申請することができるとしている。したがって，本肢は正しい。

エ　**誤り**。所有権についても，登記原因である法律行為に「受贈者が死亡したときは所有権移転が失効する」というような終期又は解除条件を付加することができ，このような定めを「権利の消滅に関する定め」（不登59⑤）として登記することができるとされている（**昭和39・12・12民甲3957号通達**，平成21年通達記録例203）。しかし，この場合に受贈者が死亡したときは，**贈与による所有権移転の登記につきその抹消の登記をすべきではなく，さらに「所有権移転の登**

記」をすべきとされている（**大判大正３・８・24**）ことに注意しておく必要がある。なぜなら，受贈者は，消滅に至るまでは有効に贈与の目的物である不動産の所有権を有していたのであり，その終期の到来（消滅）とともに所有権が贈与者に復帰する（将来効）と解されるからである。したがって，Ｂが死亡したときは所有権移転が失効する旨の付記登記があるＡからＢへの贈与による所有権移転登記がされている場合において，Ｂが死亡したときは，「Ｂ名義の所有権移転登記の抹消」を申請することが「できる」とする本肢は，誤っている。

オ　**正しい**。判例（**最判平成17・12・15**）は，Ａ名義の不動産につきＢ，Ｙが順次相続したことを原因として「直接」Ｙに対して所有権移転の登記がされている場合は，Ａの共同相続人であるＸは，Ｙが上記不動産につき共有持分権を有しているとしても，上記登記の「全部抹消」を求めることができるとしている。Ｙも持分を有している以上，本来は抹消ではなく更正の登記によるべきとも思えるが，更正の登記によるとすれば，登記名義人をＹとする登記につき，①登記名義人をＡの相続人（Ｙは含まれない。）とする登記と，②登記名義人をＢの相続人（Ｙを含む。）とする登記の２個の登記が必要となるが，この方法によると，上記①の登記は更正前の登記と登記名義人が全く異なることになり，かつ，１個の登記を２個の登記に更正することになるが，この処理は登記名義人及び登記の個数の点において，更正の前後を通じて登記としての同一性を欠くことになるから許されないとしたのである。したがって，Ａ名義の不動産につき，ＡからＢ，ＢからＹが順次相続したことを原因として，直接Ｙに対して所有権移転の登記がされている場合は，Ａの共同相続人であるＸは，当該登記の「全部」抹消を命じる判決を求めて，当該所有権移転の登記を「抹消」することができるとする本肢は，正しい。

各肢の解説より，正しいものはウ及びオであるから，４が正解となる。

第22問　正解　2

テーマ	区分地上権の登記

ア　**誤り**。普通地上権は,「工作物又は竹木」の所有を目的として設定することができる（**民265**）が，区分地上権では,「**工作物**」の所有のみがその目的とされている（**民269の２Ⅰ前段**）。したがって,「竹木の所有」を目的として，地下５メートルから地上15メートルまでを範囲とする区分地上権設定の登記を申請することはできないので,「申請することもできる」とする本肢は，誤っている。

イ　**正しい**。区分地上権設定の登記を申請するには,「その目的である地下又は空間の上下の範囲」を申請情報として提供する必要はある（**不登78⑤前段**）が,「**地下又は空間の上下の範囲を明確にするための図面**」**の提供は要しない**とされている（**昭和41・11・14民甲1907号回答・ニ**）。したがって，本肢は正しい。

ウ　**正しい**。既登記の区分地上権がある場合は，新たに設定する区分地上権の範囲と「**重なる部分があるときに限り**」，その者の承諾を証する情報の提供を要するとされている。したがって，既に区分地上権の設定の登記がされているときでも，新たに設定する区分地上権の範囲と「重なる部分がなければ」，その区分地上権者の承諾を証する情報の提供を要しないので,「提供を要しない場合がある」とする本肢は，正しい。

エ　**正しい**。範囲の拡張は，拡張部分に新たな区分地上権を「設定」するのと同様な実質があるから,「先順位地上権者」の承諾がなければ変更（拡張）の効力が生じない（**民269の２Ⅱ前段**）。したがって，区分地上権の範囲を拡張する変更の登記を申請するには，先順位の普通地上権者の承諾を証する情報を提供しなければならない（不登令７Ⅰ⑤ハ）とする本肢は，正しい。

オ　**誤り**。「普通地上権を区分地上権に変更」する登記の申請（**平成21年通達記録例264**）も,「区分地上権を普通地上権に変更」する登記の申請（**平成21年通達記録例265**）も，することができるとされている。したがって，本肢は，普通地上権を区分地上権に変更する登記の申請はすることが「できない」としている点が，誤っている。

各肢の解説より，誤っているものはア及びオであるから，２が正解となる。

第23問　正解　4

テーマ	抵当権の順位の変更の登記

ア　**正しい**。「順位の変更」とは，複数の担保権者間でその順位を絶対的に入れ替え，変更後の順位で優先弁済を受けることができるようにするものである。したがって，「順位譲渡の登記がされた（根）抵当権」でもその実益がある限り，順位変更の登記の申請をすることができ（登記研究322号74頁），また，「順位変更の登記がされた（根）抵当権」でも，更に順位変更の登記の申請をすることができるとされている（**昭和46・10・４民甲3230号通達・第一・四**参照，平成21年通達記録例415）。したがって，本肢は正しい。

イ　**正しい**。「国（財務省）を抵当権者とする相続税債権」を被担保債権とする抵当権，「仮登記」された（根）抵当権，また，「不動産質権」（民361→374）のいずれについても，順位変更の登記を申請することができるとされている（登記研究300号69頁）。したがって，本肢は正しい。

ウ　**誤り**。抵当権の順位の変更を有効に成立させるためは，関係各抵当権者全員の合意が必要である。この「合意を必要とする抵当権者」は，**順位の変更前の最先順位と最後順位及び中間順位にある全ての抵当権者**である。また，順位の変更の合意をした抵当権者全員の合同申請によって（不登89Ⅰ），順位変更の登記の申請をする。本問の場合，合意の当事者はA，「B」及びCであり，この三者が抵当権の順位変更の登記の申請をすることになる（**昭和46・10・４民甲3230号通達・第一・一**）。したがって，順位変更後のＢの先順位の抵当権の被担保債権の債権額が，変更前のＢの先順位の抵当権の被担保債権の債権額と同額であるとしても，Ｂも合意の当事者・申請人とならなければならないので，A及びCのみによって申請することができるとする本肢は，誤っている。

エ　**誤り**。順位の変更は，担保権者間でのみその順位を絶対的に入れ替えるものであるから，「登記された用益権，差押え・仮処分の登記，所有権に関する仮登記等」の順位には全く影響を及ぼさない（順位変更の相対効）。これらの登記と順位変更に係る担保権の登記の優劣は，原則どおり，登記記録の形式的な順位により決することになる。したがって，本肢の地上権の登記名義人は利害関係人（民374Ⅰただし書，不登令７Ⅰ⑤ハ）に該当しないので，本肢は誤っている。

オ　**正しい**。抵当権の順位変更については，登記が「効力発生要件」とされているので（民374Ⅱ），その「仮登記」を申請することは，１号仮登記，２号仮登記を問わず，できないとされている（登記研究313号63頁）。したがって，本肢は正しい。

各肢の解説より，誤っているものはウ及びエであるから，４が正解となる。

第24問　正解　3

テーマ	抵当証券に関する登記

ア　**誤り**。抵当証券の発行は，（普通）抵当権のみに許されており，「根抵当権」にあっては禁じられている（**抵証２①**）。これは，根抵当権においては実行の時点においてどの債権を担保するのか不確定であるからである。したがって，根抵当権設定契約において抵当証券を発行する旨を定めた場合は，当該定めを登記することができる（不登88Ⅰ⑤・Ⅱ参照）とする本肢は，誤っている。

イ　**正しい**。抵当権設定の登記の申請に際し，抵当証券発行の定めがある場合（不登88Ⅰ⑤）においては，「**元本又は利息の弁済期又は支払場所の定めがあるときは，その定め**」は申請情報の内容となるとされている（**不登88Ⅰ⑥**，不登令別表五十五・申ロ）。したがって，本肢は正しい。

ウ　**正しい**。抵当証券発行の特約の登記（不登88Ⅰ⑤）がない場合であっても，「**当該抵当権の設定者又は第三取得者及び債務者の同意があったことを証する情報**」を提供すれば，抵当証券の交付を申請することができるとされている（**抵証３Ⅰ④**）。したがって，抵当証券発行の特約の登記がない場合でも，抵当証券の交付を申請することが「できないわけではない」とする本肢は，正しい。

エ　**誤り**。権利に関する登記の抹消は，抹消につき利害関係を有する「**抵当証券の所持人又は裏書人があるとき**」は，その者の承諾があるときに限り申請することができるとされている（**不登68かっこ書**）。したがって，ＡからＢへの所有権移転の登記がされた後に，Ｃのために抵当権が設定されて抵当証券が発行され，これがDに裏書譲渡された場合に，ＡからＢへの所有権移転の登記の抹消を申請するときは，「**C及びD**の承諾を証する情報」（**不登令別表二十六・添トかっこ書**）及び当該「**抵当証券**」（**不登令別表二十六・添チ**）を提供することを要するとされているので，本肢は，Ｃの承諾を証する情報の提供は要しないとしている点が，誤っている。

オ　**誤り**。抵当権の債務者についてその氏名等の変更が生じた場合のその変更の登記は，抵当権者と抵当権設定者との共同申請によるのが原則である（不登60）が，「抵当証券が発行されている旨の付記登記がある」抵当権の債務者の氏名等の変更の登記は，「債務者」が単独で申請することができるとされている（**不登64Ⅱ**）。これは，抵当証券が発行されている場合は，現在の抵当権者である抵当証券の所持人を確知し得ないことが多いことから，当該変更の登記は，債務者が単独で申請することができるとされたものである，なお，当該変更の登記は，抵当証券法第17条後段（抵当権の債務者の表示の変更の登記の後に，抵当証券の記載のみの変更を申請することができる）に該当するため，債務者が単独で申請する抵当権の債務者の氏名等の変更の登記の申請情報には，**抵当証券を提供することを要しない**とされている（**不登令別表二十四・添**参照）。したがって，本肢は，「抵当証券を提供して」としている点が，誤っている。

各肢の解説より，正しいものはイ及びウであるから，３が正解となる。

第25問　正解　1

テーマ	根抵当権設定の登記

ア　**正しい**。「**問屋取引**」は，民法第398条の２第２項所定の「債務者との一定の種類の取引によって生ずるもの」とはいえないとされている（昭和47・８・４民甲1231号回答）ので，本肢の根抵当権の設定契約書の有効性が問題となるが，「**保証委託取引**」は，一定の種類の取引として認められるので（**昭和46・10・４民甲3230号通達・第二・一・(二)**），その根抵当権の設定契約の全部が無効となるわけではない。したがって，債権の範囲を「保証委託取引」のみとするのであれば，当該根抵当権設定の登記の申請をすることができるので，本肢は正しい。なお，「問屋取引」が根抵当権の担保すべき債権の範囲としての取引とすることはできないのは，「問屋」というものが，商法第551条が定める「問屋営業としての問屋（トイヤ)」(自己の名をもって「他人の計算において他人のために」物品の販売又は買入れをすることを業とする者）であるのか，それとも，「卸売商の俗称としての問屋（トンヤ)」(自己の名をもって「自己の計算」において物品の販売又は買入れをすることを業とする者）であるのかが明らかでないことから，その内容を第三者が客観的に認識できるものとはいえないからである。

イ　**誤り**。根抵当権の元本確定の期日は，設定契約の日から「５年以内の日」でなければならず（**民398の６Ⅲ**），**５年を超える期日の定めがあっても，５年以内の最後の日とみなすといった規定は存しない**。したがって，元本の確定期日として，確定期日を定めた日より５年を超える日が登記原因証明情報の内容となっている場合には，**確定期日の定めのない**根抵当権となり，５年以内の最終の日に引き直して申請情報の内容としたとしても，当該申請は受理されないので，本肢は誤っている。

ウ　**正しい**。甲地に設定された根抵当権の「元本が確定した後」に，乙地を追加担保とする根抵当権設定契約をした場合は，乙地について甲地と共同根抵当権とする根抵当権設定の登記を申請することはできないとされている（平成元・９・５民三3486号回答)。元本が確定したことにより被担保債権が特定しているので，不特定の債権を担保する担保権（民398の２Ⅰ）である根抵当権の設定契約自体を有効にすることができないからである。また，元本が確定する前に追加担保契約をしたときでも，その「追加設定の登記を申請する前に元本が確定した場合」も，**共同担保の旨の登記は登記がその効力発生要件とされている**ので（民398の16），その追加設定の登記を申請することはできないと解されている（登記先例解説集34巻１号99頁以下)。したがって，本肢は，正しい。

エ　**誤り**。共同根抵当権についてする極度額の変更は，すべての不動産につき，その登記をしなければ効力を生じないとされているので（**民398の17Ⅰ**），本肢のように甲不動産についてのみ極度額変更の登記がされているときは，増額後の極度額による共同根抵当権は確定的には生じていない。したがって，このような不確定な段階では，変更後の額を極度額とする共同根抵当権追加設定の登記を申請することはできないので，本肢は誤っている。

オ　**誤り**。共同根抵当権設定の登記をする場合，共同担保となる不動産につき，「極度額，債権の範囲及び債務者」はすべて同一でなければならない（民398の17Ⅰ）。しかし，民法第370条ただし書の定め，「**確定期日の定め**」（**民398の17Ⅱ**）及び共有根抵当権の優先の定めは，**各不動産ごとに異なっていても差し支えない**とされている。したがって，甲不動産について確定期日の定めが登記されている場合に，乙不動産については確定期日を定めずに，これを追加担保として共同根抵当権設定の登記を申請することはできるので，「できない」とする本肢は，誤っている。

各肢の解説より，正しいものはア及びウであるから，1が正解となる。

第26問　正解　4

テーマ	買戻特約の登記に後れる登記の抹消

ア　**誤り**。買戻権の行使による所有権移転の登記をする際に，当該買戻特約付売買による所有権移転の登記後になされた「滞納処分による差押えの登記」を**職権で抹消することはできない**とされている（登記研究228号65頁）。職権で抹消する旨の規定が存在しないからである。したがって，「職権で抹消される」とする本肢は，誤っている。

イ　**正しい**。「賃借権」については，買戻特約の登記に後れる賃借権であっても，**民法第605条の２第１項に規定する対抗要件**（民法第605条，借地借家法第10条又は第31条その他の法令の規定による賃貸借の対抗要件）**を備えた賃借人**の権利は，その「**残存期間中１年を超えない期間**」に限り，買戻権者を害する目的で賃貸借をした場合を除き，買戻権者に対抗することができるとされているので（**民581Ⅱ**），当該賃借権の登記を抹消することはできない。これは，利用権の保護を図ったものである。したがって，買戻権の行使に係る登記を申請するにあたり，買戻特約の登記に後れる賃借権については，「その抹消を申請することができない場合がある」とする本肢は，正しい。

ウ　**誤り**。買戻特約の登記に後れる登記の抹消をする場合，登記原因は「年月日買戻権行使による**所有権移転**」であり，その日付は「**買戻しの意思表示が到達した日**」であるとされている（民583Ⅰ，540Ⅰ，97Ⅰ）。したがって，本肢は，登記原因を「買戻権行使による消滅」としている点が，誤っている。

エ　**誤り**。権利に関する登記を申請する場合には，申請人は，法令に別段の定めがある場合を除き，その申請情報と併せて登記原因を証する情報を提供しなければならない（不登61）。登記申請にあたり，登記原因証明情報の提供がされることは，本来あるべき姿であることから，登記の内容の正確性の確保のために，原則として登記原因証明情報の提供を要することとされているのである。買戻特約の登記に後れる登記の抹消の場合も例外ではない。したがって，買戻特約の登記に後れる登記の抹消を申請するにあたっては，登記記録から登記原因の存在が自明であるので，登記原因証明情報の提供は「不要である」とする本肢は，誤っている。

オ　**正しい**。登記の抹消に係る登録免許税は，不動産１個につき「**金1,000円**」とされている（**登録税別表第一・一・(十五)**）。したがって，本肢は正しい。

各肢の解説より，正しいものはイ及びオであるから，４が正解となる。

第27問　正解　3

テーマ	処分禁止の仮処分の登記

ア　**正しい**。「**所有権以外の権利の保存，設定又は変更**」についての登記請求権を保全するための処分禁止の仮処分の執行は，処分禁止の登記とともに，「保全仮登記」をする方法により行うとされている（**民保53Ⅱ**）が，この所有権以外の権利の保存，設定，又は変更の登記とは，実質的に新たに権利を設定する登記をいい，先取特権の保存の登記，抵当権若しくは地上権設定の登記，その抹消回復の登記，「**根抵当権の極度額を増額する変更若しくは更正の登記**」又は民法第376条による抵当権の処分の登記であるとされている（**平成２・11・８民三5000号通達・第三・三・（１）・イ**）。したがって，根抵当権の極度額の増額変更登記請求権を保全するための処分禁止の仮処分の執行は，処分禁止の登記とともに，極度額変更の保全仮登記がなされる（平成21年通達記録例677）ので，本肢は正しい。

イ　**誤り**。既に根抵当権の設定の登記がされている不動産について，所有権の移転の登記請求権を保全するための処分禁止の登記がされた後，当該根抵当権について全部譲渡による移転の登記がされているとしても，仮処分の債権者は，自己名義とする所有権の移転の登記の申請と同時に，**当該根抵当権の全部譲渡による移転の登記の抹消を単独で申請することはできない**とされている（**平成９・１・29民三151号回答**）。民事保全法第58条第２項の処分禁止の登記に後れる登記とは，処分禁止の登記より後順位の登記のうち，仮処分に対抗することができることが登記記録上明らかな登記を除いたものであるとされている（**平成２・11・８民三5000号通達・第三・一・（２）・ウ**）。そして，根抵当権の移転の登記は主登記たる根抵当権の設定の登記に付記して実行され（不登規３⑤），主登記と同一の順位（効力）を有することから（不登４Ⅱ），処分禁止の登記がされる前に既に設定の登記がされている根抵当権についての移転の登記は，**処分禁止の登記に後れる登記には該当しない**と解されるからである。したがって，Xは，自己名義とする所有権の移転の登記の申請と同時に，単独で，当該根抵当権のCへの移転の登記の抹消を申請することはできないので，「申請することができる」とする本肢は，誤っている。

ウ　**誤り**。所有権について民事保全法第53条第１項の規定による処分禁止の登記（同条第２項に規定する保全仮登記とともにしたものを除く。）がされた後，当該処分禁止の登記に係る仮処分の債権者が当該仮処分の債務者を登記義務者とする所有権の登記（**仮登記を除く。**）を申請する場合においては，当該債権者は，当該処分禁止の登記に後れる登記の抹消を単独で申請することができるとされている（**不登111Ⅰ**）。「**仮登記を申請する場合」が除かれている**ので，Aを所有権の登記名義人とする甲土地について，Bを仮処分の債権者とする所有権の処分禁止の登記がされた後，A及びBが甲土地について「所有権の移転請求権の保全の仮登記」を申請する場合には，Bは，当該処分禁止の登記に後れる登記の抹消を単独で申請することはできないので，「申請することができる」とする本肢は，誤っている。所有権の移転請求権の保全の仮登記の申請では，保全していた登記請求権を実現する登記の申請とは言えないからである。

エ　**正しい**。地上権は不動産の使用又は収益をする権利であるので（民265），地上権設定の登記請求権を保全するための処分禁止の仮処分の執行は，処分禁止の登記とともに保全仮登記をする方法により行われる（民保53Ⅱ）。そして，保全仮登記に基づく本登記と同時に申請することにより，単独で，**不動産の使用若しくは収益をする権利**（所有権を除く。）又は「**その権利を目的とする権利の取得に関する登記**」で，その処分禁止の登記に後れるものを抹消することができるとされている（**民保58Ⅳ，不登113**）。したがって，「保全仮登記より後順位の地上権に設定された抵当権設定の登記」も抹消することができるので，本肢は正しい。

オ　**正しい**。「建物収去土地明渡請求権」を保全するための処分禁止の仮処分の執行は，その建物に処分禁止の登記をする方法で行われる（民保55Ⅰ）。そして，その処分禁止の登記がなされたときは，仮処分債権者は，本案の債務名義に基づき，その登記がされた後に建物を譲り受けた第三者に対し，「**建物収去土地明渡の強制執行をする**」ことはできる（**民保64**）が，建物を譲り受けた者がその建物に所有権取得の登記を受けても，その「登記を抹消する」ことはできない。民事保全法は，建物収去土地明渡請求権を保全するための処分禁止の登記に，そのような効力を認めていないからである（**平成２・11・８民三5000号通達・第四・二**）。したがって，本肢は正しい。

各肢の解説より，誤っているものはイ及びウであるから，３が正解となる。

商業登記法

第28問　正解　4

テーマ	一切の書面の添付を要しない登記

ア　**A欄：書面の添付不要。B欄：原則として登記事項証明書の添付必要。**

⑴　会社の組織変更による解散の登記の申請については，一切の書面の添付を要しないとされている（**商登78Ⅱ**，107Ⅱ，114，123）。

⑵　会社の新設分割による設立の登記の申請については，新設分割設立会社の管轄登記所の管轄区域内に新設分割会社の本店がある場合を除き，「新設分割会社」の登記事項証明書の添付を要するとされている（**商登86⑤**，109Ⅱ③，116Ⅰ，125）。

イ　**A欄：書面の添付不要。B欄：原則として登記事項証明書の添付必要。**

⑴　合併による解散の登記の申請については，一切の書面の添付を要しないとされている（**商登82Ⅳ**，108Ⅲ，115Ⅰ，124）。

⑵　株式交換完全親会社がする株式交換による変更の登記の申請については，株式交換完全親会社の管轄登記所の管轄区域内に株式交換完全子会社の本店がある場合を除き，「株式交換完全子会社」の登記事項証明書の添付を要するとされている（**商登89⑤**，126Ⅰ②）。

ウ　**A欄：書面の添付不要。B欄：原則として登記事項証明書の添付必要。**

⑴　持分会社の種類変更による解散の登記の申請については，一切の書面の添付を要しないとされている（**商登106Ⅱ**，113Ⅲ，122Ⅲ）。

⑵　会社の新設合併による設立の登記の申請については，新設合併設立会社の管轄登記所の管轄区域内に新設合併消滅会社の本店がある場合を除き，「新設合併消滅会社」の登記事項証明書の添付を要するとされている（**商登81⑤**，108Ⅱ③，115Ⅰ，124）。

エ　**A欄：書面の添付不要。B欄：原則として登記事項証明書の添付必要。**

⑴　特例有限会社の商号変更による移行の場合の解散の登記の申請については，一切の書面の添付を要しないとされている（**整備136ⅩⅩⅡ**）。

⑵　株式移転による設立の登記の申請については，株式移転完全親会社の管轄登記所の管轄区域内に株式移転完全子会社の本店がある場合を除き，「株式移転完全子会社の登記事項証明書」の添付を要するとされている（**商登90⑤**）。

オ　**A欄：代理人の権限を証する書面は必要。B欄：原則として登記事項証明書の添付必要。**

⑴　本店を他の登記所の管轄区域内に移転した場合の「新所在地における登記」の申請は，旧所在地を管轄する登記所を「**経由**」して（**商登51Ⅰ**），「**同時**」に申請する（**商登51Ⅱ**）ので，新所在地における登記の申請書には，**代理人の権限を証する書面**（商登18）**を除き**，「他の書面」の添付を要しないとされている（**商登51Ⅲ**）。

⑵　会社の吸収合併による変更の登記の申請については，吸収合併存続会社の管轄登記所の管

轄区域内に吸収合併消滅会社の本店がある場合を除き，「吸収合併消滅会社」の登記事項証明書の添付を要するとされている（商登80⑤，108Ⅰ②，115Ⅰ，124）。

各肢の解説より，オを除き，Ａ欄には添付書面が一切不要な登記の申請が，Ｂ欄には原則として登記事項証明書の添付が必要な登記の申請が記載されているので，正しく記載されているものは４個であるから，４が正解となる。

第29問　正解　2

テーマ	株主名簿管理人の登記

ア　**正しい**。株主名簿管理人を置いた場合には，これを事実上置いた日（＝事務委託契約の締結日）から，２週間以内に「株主名簿管理人の氏名又は名称及び住所並びに営業所」を登記しなければならない（会911Ⅲ⑪，915Ⅰ）。そして，この場合の添付書面として，①定款（商登64），②取締役会議事録（取締役の過半数の一致があったことを証する書面）（商登46Ⅰ・Ⅱ）のほか，③「**株主名簿管理人との契約を証する書面**」（**商登64**）が必要である。したがって，取締役会設置会社による，定款及び取締役会議事録のみを添付してなされた株主名簿管理人の設置の登記の申請は受理されない（商登24⑦）とする本肢は，正しい。

イ　**誤り**。株主名簿管理人の氏名，名称，住所又は営業所の変更の登記の申請書に，その「変更を証する書面」の添付を要求した規定は存しない（商登54Ⅲと対比）。したがって，法人である株主名簿管理人の商号又は本店の変更の登記についても，その申請書に，その変更を証する書面を「添付する必要はない」とされている（商業登記ハンドブック第４版267頁）ので，添付しなければならないとする本肢は，誤っている。

ウ　**誤り**。株主名簿管理人の交代による登記の申請書にも，「定款」を添付しなければならないと解されている（商登64，商業登記ハンドブック第４版266頁）。したがって，添付する「必要はない」とする本肢は，誤っている。実質的には従前の株主名簿管理人の廃止と新たな株主名簿管理人の設置だからである。

エ　**正しい**。株主名簿管理人を置く旨の定め（会123）を廃止する旨の定款変更決議をした場合は，株主名簿管理人の廃止の登記の申請書には，株主総会議事録を添付しなければならない（商登46Ⅱ）。しかし，株主名簿管理人との契約を解除し，後任の株主名簿管理人を定めないことにより，株主名簿管理人を廃止した場合には，株主総会決議による定款変更を伴わないので，当然その議事録を添付する必要はない。なお，この場合は，契約解除に関する取締役会議事録（商登46Ⅱ）又は取締役の過半数の一致があったことを証する書面（商登46Ⅰ）は添付する必要はある。したがって，本肢は正しい。

オ　**誤り**。従前の株主名簿管理人から契約を解除した場合の株主名簿管理人の廃止の登記の申請書には，**委任状以外の書面は添付することを要しない**と解されている（商業登記ハンドブック第４版267頁）。したがって，本肢は誤っている。なお，代理人による申請の場合は，委任状に従前の株主名簿管理人から契約を解除した旨の記載を要するとされている。

各肢の解説より，正しいものはア及びエであるから，２が正解となる。

第30問　正解　4

テーマ	新株予約権の登記事項

ア　**正しい**。旧法においては，株式会社は，その発行する新株予約権を引き受ける者の募集をしようとするときに，募集事項として，募集新株予約権の払込金額又はその算定方法を定めた場合（会238Ⅰ③）には，募集新株予約権の払込金額又はその算定方法を登記しなければならないこととされていた（旧会911Ⅲ⑫ニ）。そこで，第238条第１項第３号に掲げる事項として，募集新株予約権の払込金額ではなく，その「算定方法を定めた場合」には，登記の申請の時までに募集新株予約権の払込金額が確定したときであっても，同号の解釈上，当該算定方法を登記するものと解されていたため，払込金額の算定方法についてブラック・ショールズ・モデルに関する詳細かつ抽象的な数式等の登記を要するなど，全般的に煩雑で申請人の負担となっているとの指摘がなされていた。また，募集新株予約権の払込金額やその算定方法は，資本金の額に直接的に影響を与えるものではないため，上記のような詳細かつ抽象的な数式を新株予約権の発行の段階から登記事項として公示する必要性は乏しいとする指摘もなされていた。しかし，他方で，新株予約権の発行の透明性を確保する観点や，新株予約権の払込金額又はその算定方法の登記は，新株予約権発行の無効の訴え（会828Ⅰ④）や関係者に対する責任追及（会285，286等）の資料となる可能性もあるという指摘も踏まえると，募集新株予約権の払込金額に関する一切の事項の登記を要しないものとすることも相当でないと考えられる。そこで，令和３年３月１日施行の改正において，募集新株予約権について第238条第１項第３号に掲げる事項として募集新株予約権の払込金額の算定方法を定めた場合であっても，**原則的には，募集新株予約権の払込金額を登記すれば足りる**こととし，**例外的に，登記の申請の時までに募集新株予約権の払込金額が確定していないときは，当該算定方法を登記しなければならない**こととされた（**会911Ⅲ⑫ヘ**）。したがって，登記の申請の時までに募集新株予約権の払込金額が確定したときは，募集新株予約権の払込金額を登記すれば足りるとする本肢の補助者の解答は，正しい。

イ　**正しい**。登記事項としての「新株予権の数」（**会911Ⅲ⑫イ**）は，募集事項で決議した募集新株予約権の数（会238Ⅰ①）ではなく，「**割当日に現実に発行された数**」（**会245Ⅰ**）である。したがって，本肢の補助者の解答は正しい。

ウ　**誤り**。新株予約権の目的である株式の数については，「種類株式発行会社にあっては，株式の種類及び**種類ごと**の数」と規定されているので（**会236Ⅰ①かっこ書**），**１個の新株予約権の行使によって，Ａ種類株式１株及びＢ種類株式２株を交付するなどの旨の定めも可能である**と解されている（論点解説新・会社法227頁）。したがって，かかる定めは登記（会911Ⅲ⑫ロ）することができないとする本肢の補助者の解答は，誤っている。

エ　**正しい**。発行後の事情により行使価額を調整した結果，１円未満の端数が生じた場合において，募集事項で円未満の行使価額を予定しているときは，「○○円○○銭」などと登記することができるとされている（商業登記ハンドブック第４版323頁）。したがって，本肢の補助者の解答は，正しい。

オ　**誤り**。行使期間としては，ストック・オプション目的の新株予約権につき，給与所得課税の特例措置との関係で，「新株予約権に係る付与決議の日後２年を経過した日から当該付与決議の日後10年を経過する日までの間に行使しなければならない」旨が定められることが多い（租特29の２Ⅰ①参照）が，**行使期間の末日を定めず，「無期限」とすることも可能**であるとされている（登記情報550号35頁，商業登記ハンドブック第４版324頁）。したがって，無期限とする登記は「認められていない」とする本肢の補助者の解答は，誤っている。

各肢の解説より，補助者の解答のうち誤っているものはウ及びオであるから，４が正解となる。

第31問　正解　３

テーマ	会計参与に関する登記

ア　**正しい**。会計参与の就任による変更の登記の登記すべき事項は，①会計参与の就任年月日のほかに，②会計参与の氏名又は名称及び③計算書類等の備置場所（会378Ⅰ）がある（**会911Ⅲ⑯後段**）。また，初めて会計参与の登記をする際には，会計参与設置会社である旨も登記しなければならない（**会911Ⅲ⑯前段**）。したがって，本肢の学生の解答は，正しい。

イ　**誤り**。会計参与の就任による変更の登記の申請書の添付書面としては，①会計参与の選任に係る株主総会の議事録（商登46Ⅱ），②就任承諾書（**商登54Ⅱ①**），③会計参与が監査法人又は税理士法人であるときは，当該法人の登記事項証明書（**商登54Ⅱ②**），④法人でないときは，公認会計士又は税理士であることを証する書面（**商登54Ⅱ③，会333Ⅰ**）がある。しかし，「**計算書類等の備置場所を証する書面**」の**添付は要求されていない**。したがって，本肢の学生の解答は，「計算書類等の備置場所を証する書面があります」としている点が，誤っている。なお，会計参与が法人である場合において，申請先の登記所の管轄区域内に当該法人の主たる事務所がないときは，登記事項証明書が提出されることになる（商登54Ⅱ②）ので，当該書面により計算書類等の備置場所（会施規103Ⅱ参照）について審査されることはある。

ウ　**誤り**。会計参与の就任による変更の登記の登録免許税額は，資本金の額が「１億円を**超える**」株式会社では３万円である（登録税別表第一・二十四・(一)・**カ**）。また，会計参与設置会社である旨の登記をするときは，別途，３万円が必要になる（同**ツ**）。したがって，本肢の学生の解答は，１億円「以上」としている点が，誤っている。

エ　**誤り**。株式会社と会計参与との関係は，委任に関する規定に従うので（会330），法人でない会計参与が後見開始の審判を受けたときは，委任契約の終了により退任する（**民653③**）。したがって，その登記原因は「**退任**」であり（商業登記ハンドブック第４版440頁），「資格喪失」として申請するとする本肢の学生の解答は，誤っている。

オ　**正しい**。会計参与である監査法人又は税理士法人が合併により消滅する場合には，**合併後の存続法人が会計参与の地位を承継する**ことになるので，合併による退任及び「就任」の登記を申請する必要があるとされている（商業登記ハンドブック第４版440頁）。したがって，本肢の学生の解答は正しい。

各肢の解説より，学生の解答のうち正しいものはア及びオの２個であるから，３が正解となる。

第32問　正解　5

テーマ	持分会社の登記

ア　**正しく記載されている。**持分会社は新たに社員を加入させることができる（会604Ⅰ）が，持分会社の社員の加入は当該社員に係る定款の変更をした時に，その効力を生ずるのが原則である（会604Ⅱ）が，「合同会社」が新たに社員を加入させる場合において，新たに社員となろうとする者が定款の変更をした時にその出資に係る払込み又は給付を完了していないときは，その者は「当該払込み又は給付を完了した時」に合同会社の社員となるとされている（**会604Ⅲ**）。持分会社における新たな出資による社員の加入の場合には，資本金の額は，原則として，出資により払込み又は給付がされた財産の額の範囲内で，業務執行社員の過半数の一致により定めた額だけ増加する（会計規30Ⅰ①，商業登記ハンドブック第４版655頁）。そして，合同会社においては，「資本金の額」は登記事項である（**会914⑤**）が，社員のうち「**業務を執行する社員**」のみが登記事項とされている（**会914⑥**）。したがって，本肢の場合，令和６年４月１日に，「業務を執行しない」社員が新たな社員として加入し，同日に100万円の払込みをして資本金の額が500万円となっているので，**同日に資本金の額が金500万円に増加した登記のみを申請すること**となるので，本肢の第３欄の登記すべき事項の記載は正しい。

イ　**正しく記載されている。**合資会社においては，社員の氏名又は名称及び住所（**会913⑤**），無限責任社員又は有限責任社員の別（**会913⑥**）が登記事項であり，会社を代表しない社員がいる場合に限り，代表社員の氏名又は名称が登記事項とされている（**会913⑧**）。また，合資会社を「代表する社員」が法人であるときは，**当該社員の職務執行者**が登記事項とされている（**会913⑨**）。そして，合資会社において，社員が各自代表社員となる場合において，法人である社員があるときは，職務執行者の氏名及び住所の登記は，**社員の氏名及び住所の登記に付随する形**でなされる（社員の中から代表社員を定めた場合は，代表社員の氏名の登記に付随する形でされる，商業登記ハンドブック第４版638頁）。したがって，本肢の合資会社は社員が各自代表社員となる場合であり，令和６年４月１日に，法人である社員株式会社Ａが加入し，職務執行者としてＢを定めているので，職務執行者Ｂの氏名及び住所の登記は，社員株式会社Ａの名称及び住所の登記に付随する形で記載されるので，本肢の第３欄の登記の記載は正しい。

ウ　**正しく記載されている。**「合同会社」においては，職務執行者の氏名及び住所の登記は，「**常に**」，「**代表社員の氏名及び住所の登記に付随する形**」でするとされている（商業登記ハンドブック第４版639頁）。したがって，本肢の会社は，合同会社であり，代表社員である業務執行社員株式会社Ａの職務執行者Ｂが退任し，Ｃが就任しているので，**職務執行者Ｃの就任登記は，代表社員株式会社Ａの登記に付随する形ですることになるので**，本肢の第３欄の登記の記載は正しい。

エ　**正しく記載されている。**合資会社において，「有限責任社員の持分の一部の譲受けによる加入」の場合は，譲受人である社員の氏名及び住所，社員が有限責任社員である旨，譲受人である社員の出資の目的及びその価額及び既に履行した出資の価額の登記に加えて，「**譲渡人である有限責任社員の出資の価額等**」の変更の登記も必要となる（会913⑤⑥⑦，商業登記ハンドブック第４版665頁）。したがって，本肢の第３欄の登記の記載は正しい。

オ　**正しく記載されている**。持分会社（**合名会社及び合資会社に限る**。）は，定款又は総社員の同意によって，当該持分会社が総社員の同意によって解散した場合（**会641③**）における当該持分会社の財産の処分の方法を定めることができる（任意清算，**会668Ⅰ**）が，この場合は，２週間以内に本店の所在地において，任意清算による解散の登記をしなければならないとされている（**会926**）。したがって，本肢の場合，令和６年４月１日に，合名会社が総社員の同意により解散し，任意清算に関する事項を定めているので，令和６年４月１日に総社員の同意により解散した旨の登記を申請することとなるので，本肢の第３欄の登記の記載は正しい。

各肢の解説より，登記すべき事項が第３欄に正しく記載されているものはア，イ，ウ，エ及びオの５個であるから，５が正解となる。

第33問　正解　4

テーマ	株式移転の登記

ア　**正しい**。株式移転完全子会社となる会社が「**種類株式発行会社でない公開会社**」である場合において，当該会社の株主に対して譲渡制限株式が交付されるときの子会社における株式移転計画の承認に係る株主総会の決議は,「**特殊決議**」によらなければならないとされている（**会804Ⅰ，309Ⅲ③**)。したがって,「種類株式発行会社ではない公開会社」が株式移転完全子会社となる場合において，株式移転設立完全親会社から株式移転完全子会社の株主に対して交付される株式が「譲渡制限株式」である場合には，株式移転による設立の登記の申請書には，株式移転完全子会社において「特殊決議」(会社法第309条第３項に定める決議）により株式移転計画の承認を受けた株主総会議事録を添付しなければならない（商登90⑥）とする本肢は，正しい。

イ　**誤り**。株式移転完全子会社が「**種類株式発行会社**」である場合において，株式移転完全子会社の株主に対して株式移転設立完全親会社の譲渡制限株式が交付される場合には，当該株式移転は，**当該譲渡制限株式の割当てを受ける種類の株式（譲渡制限株式を除く。）の種類株主を構成員とする種類株主総会の「特殊決議」**がなければその効力を生じないとされている（**会804Ⅲ，324Ⅲ②**）が，**株主総会の承認決議は「特別決議」で足りる**とされている（会804Ⅰ，309Ⅱ⑫・Ⅲ③，**309Ⅲ柱書において種類株式発行会社の株主総会を除外している**ことに注意しておくこと)。本肢の場合，Ｂ種類株式には譲渡制限が付されていないので，当該種類株主総会において特殊決議による株式移転計画の承認が必要であるが，**株主総会の承認は「特別決議」で足りる**。したがって，本肢は,「特殊決議」による承認を受けた株主総会議事録を添付しなければならないとしている点が，誤っている。

ウ　**正しい**。株式移転においては，**簡易・略式株式移転の制度は存在しない**（新設分割の場合につき，会805参照)。したがって，株式移転完全子会社における株式移転計画の株主総会による承認（会804Ⅰ）を省略することができる場合はなく，株式移転完全子会社が取締役会設置会社であったとしても，株式移転計画の承認を受けたことを証する書面（商登90⑥）として取締役会議事録を添付すれば足りる場合はない。したがって，本肢は正しい。

エ　**正しい**。「新設合併及び組織変更による設立」の場合には，設立時代表取締役の就任承諾書に押印した印鑑に係る印鑑証明書の添付を要しないとされている（**商登規61Ⅳ前段かっこ書・Ⅴ**）が,「**新設分割又は株式移転**」**による設立の場合については，通常の設立の場合と同様に，設立時代表取締役の就任承諾書に押印した印鑑に係る印鑑証明書の添付を要する**とされている（**平成20・１・25民商306号回答**)。新設分割及び株式移転による会社の設立は，その設立手続の面で通常の設立の場合と異なる点（検査役の調査の要否等）があるものの，本質的には現物出資による会社の設立と差異はなく，特に役員の就任関係では，会社が現物出資により新たな会社を設立する場合と異なる取扱いをすべき理由はないからである。また，新設分割及び株式移転の場合には，当該組織再編後も分割会社及び完全子会社は引き続き存続し，それらの会社の取締役の身分関係は当該組織再編によっては変更しないことから，新設合併や組織変更の場合と異なり，組織再編前の取締役が引き続き当該組織再編により設立される会社の取締役に就任することが当然に予定されているものとして，通常の会社設立の場合と比べて設立時取締役の就任に係る意思確認の必要性が低いということもできないからである。したがって，株式移転により設立する会社が指名委員会等設置会社ではない取締役会設置会社である場合には，株式移転による設立の登記の申請書に，設立時代表取締役の就任承諾書に押印された印鑑についての市町村長の作成した印鑑証明書を「添付しなければならない」（商登規61Ⅳ前段・Ⅴ）とする本肢は，正しい。

オ　**誤り**。株式移転による設立の登記の申請書には，当該登記所の管轄区域内に株式移転完全子会社の本店がある場合を除き，株式移転完全子会社の「**登記事項証明書**」を添付しなければならないとされている（**商登90⑤**）が，「株式移転完全子会社の代表取締役又は代表執行役の**印鑑証明書**」を**添付する必要はない**。したがって，本肢は誤っている。なお，令和３年２月15日施行の改正で，株式移転完全子会社の代表取締役等の印鑑証明書は，「株式移転完全子会社がする株式移転による新株予約権の変更の登記」についても添付書面ではなくなったことにも注意しておくこと（商登91Ⅰ・Ⅲ）。

各肢の解説より，誤っているものはイ及びオであるから，４が正解である。

第34問　正解　5

テーマ	特例有限会社の商号変更による通常の株式会社への移行の登記

ア　**誤り**。特例有限会社が通常の株式会社へ移行する場合，当該株主総会の決議には特別決議が必要であるが，特例有限会社の株主総会の特別決議は，**総株主の半数以上（これを上回る割合を定款で定めた場合は，その割合以上）であって，当該株主の議決権の４分の３以上に当たる多数**をもって行うことを要するとされている（**整備14Ⅲ**，会309Ⅱ⑪）。したがって，議決権を行使することができる株主の議決権の過半数を有する株主が出席し，出席した当該株主の議決権の３分の２以上に当たる多数による賛成があった旨の記載では足りないので，本肢は誤っている。

イ　**誤り**。特例有限会社は，定款を変更して，その商号中に株式会社という文字を用いる商号の変更をすることができる（整備45Ⅰ）。特例有限会社が当該定款変更をする株主総会の決議をしたときは，当該特例有限会社については「解散の登記」をし，商号変更後の株式会社については「設立の登記」をしなければならず（整備46），当該特例有限会社の解散の登記と株式会社の設立の登記の申請は「**同時**」にしなければならない（**整備136ＸＸⅠ**）。この場合，特例有限会社の解散の登記の申請書には，代理人によって申請する場合の「**委任状を含め**」**一切の書面を添付することを要しない**とされている（**整備136ＸＸⅡ**）。同時に申請することによって，解散の登記の真正が担保されているからである。したがって，本肢は，「委任状は添付する必要がある」としている点が，誤っている。

ウ　**正しい**。特例有限会社が，通常の株式会社に移行することにより，会社法が適用され，従前の取締役の任期が移行の時に満了する場合において，**商号変更後の株式会社の取締役として予選された取締役全員が特例有限会社の取締役全員と「一致するとき」**（**取締役全員が重任するとき**）は，定款に取締役の互選で代表取締役を定める旨の規定のある特例有限会社は，移行の登記前でも当該規定に基づき移行後の代表取締役を予選することができ，移行による設立の登記と併せて代表取締役の登記を申請することができる。しかし，**予選された取締役（Ａ，Ｂ及びＣ）と特例有限会社の取締役（Ａ及びＢ）の構成員が「一致しない場合」**には，**当該予選された取締役の互選で代表取締役を予選することはできない**と解されている（登記研究702号67頁，昭和41・１・20民甲271号回答）。したがって，本肢は正しい。

エ　**誤り**。特例有限会社は，通常の株式会社へ移行する商号変更による定款変更の決議と同時に，資本金の額の増加，役員の改選等をすることができ，当該変更後の登記事項を，商号の変更後の株式会社についてする設立の登記の申請書に記載することができるが，移行による設立の登記においては，**登記官は，職権で，「すべて」の取締役及び監査役につき，その「就任年月日」を記録する**とされているので，取締役が商号変更と同時に就任した場合には，**申請書には，取締役及び監査役の氏名のみを記載すれば足りる**。したがって，商号の変更後の株式会社についてする設立の登記の「申請書」には，選任された取締役の氏名のほか，就任年月日を記載しなければならないとする本肢は，誤っている。なお，取締役が商号変更の時に就任した場合には，登記官は，「商号変更の年月日」を記録しなければならないとされている（**平成18・３・31民商782号通達・第三部・第三・２・（２）・ア**）。

オ　**正しい**。特例有限会社が通常の株式会社へ移行する場合，移行による通常の株式会社の設立の登記と併せて本店移転の登記を申請することはできないとされている（登記研究702号68頁）。商号変更後の株式会社については特例有限会社の商号及び商号を変更した旨が登記されるが，**特例有限会社が本店を移転した旨は登記されないため**（整備136ＸＩＸ），移行による設立登記と本店移転の登記との同時申請を認めると，**登記記録上の連続性が確認できない**という不都合が生じるからである（民事月報61巻７号35頁）。したがって，本肢は正しい。

各肢の解説より，正しいものはウ及びオであるから，５が正解となる。

第35問 正解 5

テーマ	一般財団法人の登記

ア **誤り**。一般財団法人を設立しようとする者が「遺言」で定款の内容を定めた場合（一般法人152Ⅱ前段）であっても，「定款」は添付しなければならない（一般法人319Ⅱ①）が，「**遺言書**」**を添付することを要するとはされていない**（一般法人319Ⅱ参照）。したがって，本肢は誤っている。

イ **誤り**。一般財団法人においては，定款は，原則として，評議員会の特別決議により変更することができる（一般法人200Ⅰ本文，189Ⅱ③）が，「**目的及び評議員の選任及び解任の方法**」（一般法人153Ⅰ①⑧）については，設立者が原始定款にこれらの事項を変更することができる旨を定めている場合又は「**裁判所の許可を受けた場合**」を除き，変更することができないとされている（**一般法人200Ⅰただし書・Ⅱ・Ⅲ**）。したがって，目的を評議員会の決議によって変更することができる旨の定款の定めのない一般財団法人であっても，その設立の当時予見することのできなかった特別の事情により，目的を変更しなければその運営の継続が不可能又は著しく困難となるに至ったときは，裁判所の許可を得れば，評議員会の決議によって，目的を変更することができる（**一般法人200Ⅲ**）ので，目的を評議員会の決議によって変更することができる旨の定款の定めのない一般財団法人は，目的の変更の登記を申請することはできないとする本肢は，誤っている。なお，この場合の目的の変更の登記の申請書には，評議員会の議事録（一般法人317Ⅱ）のほか，「裁判所の許可書」（一般法人登記規３→商登規61Ⅰ）を添付しなければならない。

ウ **正しい**。一般財団法人がある事業年度及びその翌事業年度に係る貸借対照表上の純資産額がいずれも300万円未満となったため，当該翌事業年度に関する定時評議員会の終結の時に解散する場合（**一般法人202Ⅱ**）は，解散の登記の申請書には，「**純資産が300万円未満となったことを証する書面**」の添付が必要であるとされている（**一般法人324Ⅰ**）。したがって，本肢は正しい。

エ **正しい**。一般財団法人が清算一般財団法人になった場合には，原則として監事を置くことは要しないとされており，既存の監事は任期満了により退任することとなる。もっとも，清算の開始前に，その定款に清算一般財団法人となった場合には監事を置くこととする旨の定めを設けておくことは可能であり，そのような定款の定めがある場合には，一般財団法人が清算一般財団法人となっても，既存の監事の任期は当然には終了しないので，この場合には，解散の日から２週間以内に，監事を置く清算一般財団法人である旨を登記しなければならない（**一般法人310Ⅰ④・Ⅲ→303**）とされている（**平成20・９・１民商2351号通達・第三部・第三・二・（一）・エ**）。したがって，本肢は正しい。

オ **誤り**。「一般社団法人の場合」には，定款で定めた解散の事由の発生により解散した場合には，継続の登記の申請をすることができる（一般法人148②，150，309）が，「**一般財団法人**」

については，**定款で定めた解散の事由の発生により解散した場合**（一般法人202Ⅰ②）**の継続は認められていない（一般法人204**参照）。したがって，本肢は誤っている。

各肢の解説より，正しいものはウ及びエであるから，５が正解となる。

第36問　　不動産登記　記述式

論点

1　「保証人」が債務の一部につき代位弁済した場合の登記

(1)　「一部代位弁済」を登記原因とする抵当権の「一部移転」の登記を申請する（民499，501Ⅰ，502Ⅰ，不登84）。

(2)　「保証人」は，弁済をするについて正当な利益を有する「法定代位者」（**大判大正６・７・５**）→債務者に対する通知又は承諾がなされていなくても，債務者等に対抗可（民500かっこ書）。

2　「債務者の父親」が代位弁済した場合の登記

(1)　債務者の父親は弁済をするについて正当な利益を有しない。

①　弁済につき債務者の意思に反していないこと（民474Ⅱ本文）。

②　令和２年４月１日施行の改正により，債権者に弁済拒絶権が付与され（民474Ⅲ），代位するには，弁済と同時に債権者の承諾を得る必要はなくなった（民499）。

(2)　債務者に対する通知又は承諾がなされていなければ，債務者等に対抗不可（民500）。

3　代位弁済に関するその他の問題

(1)　**「代物弁済予約上の権利」は代位の目的となるか**→なる

①　代物弁済予約上の権利もまた，その担保的機能からして，弁済による代位の目的となる（**最判昭和41・11・18**）。

②　債権を担保するため代物弁済予約を原因として所有権移転請求権仮登記がされている場合，当該債権の代位弁済があったときは，代位弁済を原因として仮登記された移転請求権の移転登記をすることができる（登記研究266号）

(2)　**第三取得者に対する所有権移転登記がなされている場合の代位弁済を登記原因とする抵当権移転登記の可否**→第三取得者が「弁済後」の第三取得者の場合でも，可

令和２年４月１日施行の改正により，弁済後の登記した第三取得者がいる場合でも，登記申請が可能となった（旧民法第501条第１号は削除された）。

4　抵当権の一部移転の登記後，「原抵当権者」の債権が弁済により消滅した場合の「抵当権変更」の登記

(1)　「年月日○○の債権弁済」を原因とする「抵当権変更」の登記を申請＜平成21年通達記録例394＞

(2)　利害関係人の承諾→一部抹消の実質を有する→常に第三者の承諾を証する当該第三者が作成した情報又は当該第三者に対抗することができる裁判があったことを証する情報を提供す

る必要アリ（不登68類推，不登令別表二十六・添ト）→常に付記登記（平成21年通達記録例394と389の欄外注の記載の違いを参照）

5　抵当権の２個の被担保債権のうち１個の債権の全部が弁済された場合の「抵当権変更」の登記

⑴　２個の債権を合わせて担保する抵当権の設定登記をした後，１個の債権全部が弁済により消滅した場合の抵当権の変更登記の原因は，「弁済により消滅した被担保債権とその消滅原因」を記載すべきであり，変更後の登記事項は，「原因並びに変更後の債権額及び利息」を記載するのが相当であり，変更前の登記原因及びその日付，債権額及び利息のすべてに抹消の記号を記録すべきである。なお，利息，損害金及び債務者は「各別のものを登記していた場合」に申請すれば足りる（登記研究587号189頁：質疑応答【7584】）。

問：　登記原因及びその日付を「(あ）平成16年５月１日金銭消費貸借　(い）平成16年７月１日金銭消費貸借同日設定」と，債権額を「金2,000万円（内訳　(あ）金1,500万円　(い）金500万円)」と，利息を「(あ）年4.7％　(い）年4.4％（年365日日割計算)」として登記されている抵当権について，(あ）の債権全部について令和２年９月１日弁済を登記原因とする抵当権の変更（債権額の減少）の登記を申請する場合，申請書に記載する登記原因及び変更後の事項は，下記によるべきと考えますが，質疑応答【7402】（登記研究550号）もあり，いかがでしょうか。

記

原因　令和２年９月１日（あ）金銭消費貸借の弁済

変更後の事項

原　因　平成16年７月１日金銭消費貸借同日設定

債権額　金500万円

利　息　年4.4％（年365日日割計算）

答：　御意見のとおりと考えます。

なお，変更前の登記原因及びその日付，債権額及び利息のすべてに抹消の記号を記録すべきと考えます。

登記研究550号【7402】の質疑応答は，本件質疑応答によって変更されたものと了知願います。

※　２個の債権を合わせて担保する抵当権の設定登記をした後，１個の債権全部が弁済により消滅した場合の抵当権の変更後の登記事項は，変更後の債権額である（登記研究550号：登記研究587号189頁質疑応答〔7584〕により回答変更)。

問：　登記原因及びその日付を「(あ）平成４年何月何日金銭消費貸借　(い）平成５年何月何日金銭消費貸借平成５年何月何日設定」と，債権額を「金400万円（内訳（あ）金300万円　(い）金100万円)」として登記されている抵当権について，(い）の債権全部の弁済を登記原因として抵当権の変更（債権額の減少）の登記を申請する場合，変更後の事項は「原因　平成４年何月何日金銭消費貸借平成５年何月何日設定　債権額　金300万円」と記載すべきものと考えますが，いかがでしょうか。

答：　変更後の事項は，「債権額　金300万円」と記載すべきものと考えます。

⑵　利害関係人の承諾の要否→承諾があれば付記登記（不登66，不登規３②）

６　債権額の一部についての抵当権設定登記後一部弁済があった場合の登記

⑴　弁済の充当の合意がない限り，当該抵当権で「担保されていない」債権額から充当されるとして処理する。

債権額10億円のうち５億円について抵当権を設定した場合，仮りに４億円の弁済があっても，当該抵当権によって担保される債権額は，依然として５億円である（昭和30・４・８民甲683号通達）。

⑵　利害関係人の承諾の要否→承諾があれば付記登記（不登66，不登規３②，平成21年通達記録例389注２）

７　債権額の増額による「抵当権変更」の登記

⑴　増額変更の可否→可

将来発生する特定債権である金銭消費貸借の予約，分割貸付契約，「限度貸付契約」を変更して，貸付金を増額したときは，債権の同一性があるので，債権額を増額する変更の登記をすることもできる。

⑵　利害関係人の承諾→効力要件ではない。

解答例

※　本来の解答例は太字で記載してある部分です。答案作成に際して注意すべき点を活字のポイントを小さくして記載してありますので，参考にしてください。また，＜×○○＞と記載してあるのは，間違いの解答例です。同じ間違いをしていないかどうかを確認してください。

※　以下，次の略称を用いています。

①　事実関係に関する補足→補足

②　答案作成に当たっての注意事項→注

第１欄　←令和６年７月４日に申請した登記

１番目に申請した登記の申請書

<table>
<tr><td colspan="2">登記の目的
不登令３⑤</td><td colspan="2">＜×１番抵当権変更（付記）　令和６年５月２日一部弁済＞

１番抵当権一部移転　→乙区１番付記２号で登記（不登規３⑤）

＜２番抵当権変更（付記）　令和６年５月30日（い）金銭消費貸借の弁済＞
☞登記を申請する順序を問わない場合は，「登記原因の日付の古い順」に登記を申請したものとするとの補足５の指示により，「１番抵当権一部移転」の登記を１番目に申請する。</td></tr>
<tr><td rowspan="2">申請事項等</td><td>登記原因及びその日付
不登令３⑥</td><td colspan="2">**令和６年５月２日一部代位弁済**
☞事実関係１，保証人が弁済→通知・承諾不要（民500かっこ書）</td></tr>
<tr><td>上記以外の申請事項等</td><td colspan="2">**弁済額　金1,000万円**　←不登84，不登令別表五十七・申

権利者　Ｘ　←代位弁済者（不登２⑫）
☞注３①により「申請人の資格」（不登60）を記載する必要はあるが，注３②により「住所」の記載（不登令３①）は省略
☞登記識別情報通知（不登21本文，不登規62Ⅱ）
義務者　Ｂ　←現抵当権登記名義人（不登２⑬）</td></tr>
<tr><td rowspan="3"></td><td></td><td>Ⅰ欄</td><td>Ⅱ欄</td></tr>
<tr><td>登記識別情報</td><td>○
注５①の指示</td><td>**Ｂの乙区１番**
☞不登22本文，注５③の指示</td></tr>
<tr><td>印鑑証明書</td><td>×</td><td>←提供不要（∵義務者は抵当権者，不登規47③ハ）</td></tr>
</table>

添付情報			<×なし> ☞注１ただし書の指示により何らの記載も要しない。
	その他の添付情報		×登記原因証明情報 ☞不登61，不登令別表五十七・添，注５⑤なお書の指示により記載省略 ×住所証明情報（Xの住民票の写し）　←提供不要 ×承諾証明情報（C及びEの各承諾書）　←提供不要 ×代理権限証明情報（X及びBの各委任状） ☞不登令７Ⅰ②，注５⑤なお書の指示により記載省略
登録免許税額 不登規189Ⅰ前段		**金２万円** ☞1,000万円（代位弁済額）×2/1000<登録税別表第一・一・（六)ロ>	

２番目に申請した登記の申請書

<table>
<tr><td colspan="2">登記の目的</td><td colspan="2">１番抵当権変更＜×（付記）＞
☞乙区１番付記３号で登記（不登68類推，66，不登規３②）

＜×１番抵当権（一部）抹消：令和６年５月５日弁済＞
☞事実関係１の代位弁済は有効，一部抹消の登記は認められない。</td></tr>
<tr><td rowspan="2">申請事項等</td><td>登記原因及びその日付</td><td colspan="2">令和６年５月５日Ｂの債権弁済＜×弁済＞　←事実関係２</td></tr>
<tr><td>上記以外の申請事項等</td><td colspan="2">変更後の事項　←不登令別表二十五・申
☞問１は，登記記録の「権利者その他の事項」欄に記録される事項「に関する申請情報」を記載するとしているので，登記記録に記録されるわけではないが，登記記録に記録される事項に関する申請情報として，「変更後の事項」も記載すること。
債権額　金1,000万円
☞１番抵当権の債権額及び抵当権者を抹消する記号（下線）が記録される（平成21年通達記録例394）

権利者　Ａ　←抵当権設定者（不登60，２⑫）
義務者　Ｂ　←弁済を受けた抵当権者（不登２⑬）
　　　　Ｘ　←弁済を受けなかった抵当権者Ｘも申請人とした方がベター</td></tr>
<tr><td rowspan="4">添付情報</td><td></td><td>Ⅰ欄</td><td>Ⅱ欄</td></tr>
<tr><td>登記識別情報</td><td>○</td><td>Ｂの乙区１番
Ｘの乙区１番付記２号
☞不登22本文，不登規67，注５③なお書の指示</td></tr>
<tr><td>印鑑証明書</td><td>×</td><td>←提供不要（義務者は抵当権者，不登規47③ハ）</td></tr>
<tr><td>その他の添付情報</td><td></td><td>承諾証明情報（Ｃ及びＥの各承諾書）
☞不登68類推，不登令別表二十六・添ト，不登令19Ⅱ，補足３及び注４の示唆，注５⑤の指示

×登記原因証明情報
☞不登61，不登令別表二十五・添イ，記載省略
×代理権限証明情報（Ａ，Ｂ及びＸの各委任状）
☞記載省略</td></tr>
</table>

登録免許税額	**金1,000円** ☞「不動産１個」×1,000円＜登録税別表第一・一・(十四)変更登記＞

３番目に申請した登記の申請書

<table>
<tr><td colspan="2">登記の目的</td><td colspan="2">２番抵当権変更（付記）
☞乙区２番付記２号で登記（不登66，不登規３②）
☞登記を申請する順序を問わない場合は，「登記原因の日付の古い順」に登記を申請したものとするとの補足５の指示により，３番目に申請する。</td></tr>
<tr><td rowspan="2">申請事項等</td><td>登記原因及びその日付</td><td colspan="2">令和６年５月30日（い）金銭消費貸借の弁済　←事実関係３</td></tr>
<tr><td>上記以外の申請事項等</td><td colspan="2">変更後の事項
原因　令和３年９月１日限度貸付令和３年９月９日設定
債権額　金2,000万円
利　息　年４％
＜×損害金　年14％＞
＜×債務者　A＞
☞利息，損害金及び債務者は，各別のものを登記していた場合に申請すれば足りる（登記研究587号189頁）。

権利者　A　←抵当権設定者（不登60，２⑫）
義務者　C　←弁済を受けた抵当権者（不登２⑬）</td></tr>
<tr><td rowspan="4">添付情報</td><td></td><td>Ⅰ欄</td><td>Ⅱ欄</td></tr>
<tr><td>登記識別情報</td><td>○</td><td>Cの乙区２番
☞不登22本文</td></tr>
<tr><td>印鑑証明書</td><td>×</td><td>←提供不要（義務者は抵当権者，不登規47③ハ）</td></tr>
<tr><td>その他の添付情報</td><td></td><td>承諾証明情報（Eの承諾書）
☞不登66，不登令別表二十五・添ロ，不登令19Ⅱ，補足３及び注４の示唆，注５⑤の指示

×登記原因証明情報
☞不登61，不登令別表二十五・添イ，記載省略
×代理権限証明情報（A及びCの各委任状）
☞記載省略</td></tr>
<tr><td colspan="2">登録免許税額</td><td colspan="2">金1,000円
☞「不動産１個」×1,000円＜登録税別表第一・一・(十四)変更登記＞</td></tr>
</table>

４番目に申請した登記の申請書

<table>
<tr><td colspan="2">登記の目的</td><td colspan="2">３番抵当権変更（付記）
☞乙区３番付記２号で登記（不登66，不登規３②）
☞登記を申請する順序を問わない場合は，「登記原因の日付の古い順」に登記を申請したものとするとの補足５の指示により，４番目に申請する。

<×３番抵当権抹消：令和６年６月10日弁済></td></tr>
<tr><td rowspan="2">申請事項等</td><td>登記原因及びその日付</td><td colspan="2">令和６年６月10日一部弁済
☞事実関係４，弁済の充当に関する合意ナシ→抵当権で担保されていない債権額から充当（昭和30・４・８民甲683号通達）</td></tr>
<tr><td>上記以外の申請事項等</td><td colspan="2">変更後の事項
債権額　金200万円　←1,000万円−800万円

権利者　Ａ　←抵当権設定者（不登60，２⑫）
義務者　Ｆ　←弁済を受けた抵当権者（不登２⑬）</td></tr>
<tr><td rowspan="4">添付情報</td><td></td><td>Ⅰ欄</td><td>Ⅱ欄</td></tr>
<tr><td>登記識別情報</td><td>○</td><td>Ｆの乙区３番
☞不登22本文</td></tr>
<tr><td>印鑑証明書</td><td>×</td><td>←提供不要（∵義務者は抵当権者，不登規47③ハ）</td></tr>
<tr><td>その他の添付情報</td><td></td><td>承諾証明情報（Ｈの承諾書）
☞不登66，不登令別表二十五・添ロ，不登令19Ⅱ，補足３及び注４の示唆，注５⑤の指示

×登記原因証明情報
☞不登61，不登令別表二十五・添イ，記載省略
×代理権限証明情報（Ａ及びＦの各委任状）
☞記載省略</td></tr>
<tr><td colspan="2">登録免許税額</td><td colspan="2">金1,000円
☞「不動産１個」×1,000円<登録税別表第一・一・(十四)変更登記></td></tr>
</table>

５番目に申請した登記の申請書

<table>
<tr><td colspan="2">登記の目的</td><td colspan="2">＜×登記不要＞　←注２の指示

２番抵当権変更（付記）
☞乙区２番付記３号で登記（不登66，不登規３②）</td></tr>
<tr><td rowspan="2">申請事項等</td><td>登記原因及びその日付</td><td colspan="2">**令和６年６月20日**＜×21日＞**変更**
☞事実関係５。被担保債権が「限度貸付」→増額変更可（昭和42・８・23民甲2437号回答）
☞根抵当権の極度額の増額（民398の５）と異なり，抵当権の債権額の増額についての利害関係人の承諾は効力要件ではないことに注意（補足２）。</td></tr>
<tr><td>上記以外の申請事項等</td><td colspan="2">**変更後の事項**
債権額　金5,000万円

権利者　Ｃ　←抵当権者（不登60，２⑫）
義務者　Ａ　←抵当権設定者（不登２⑬）</td></tr>
<tr><td rowspan="4">添付情報</td><td></td><td>Ⅰ欄</td><td>Ⅱ欄</td></tr>
<tr><td>登記識別情報</td><td>○</td><td>**Ａの甲区２番**
☞不登22本文</td></tr>
<tr><td>印鑑証明書</td><td>○</td><td>**Ａ**
☞不登令18Ⅱ・Ⅲ（注４なお書），不登規47③イ(1)，注５④の指示</td></tr>
<tr><td>その他の添付情報</td><td></td><td>**承諾証明情報（Ｘ＜×Ｂ，Ｅ＞，Ｆ及びＨの各承諾書）**
☞不登66，不登令別表二十五・添ロ，不登令19Ⅱ，補足３及び注４の示唆，注５⑤の指示

×登記原因証明情報
☞不登61，不登令別表二十五・添イ，記載省略
×代理権限証明情報（Ｃ及びＡの各委任状）
☞記載省略，Ａの委任状には，実印の押印が必要（不登令18Ⅰ前段）</td></tr>
<tr><td colspan="2">登録免許税額</td><td colspan="2">**金12万円**＜×金1,000円＞
☞3,000万円（増加債権額）×4/1000＜登録税12Ⅰ，登録税別表第一・一・（五）＞</td></tr>
</table>

第２欄　【事実関係】のうち，登記の申請をしても却下を免れない事項の番号及びその理由

番号	理由
ない ＜×なし＞ ＜×５＞	←問２ただし書の指示 抵当権の債権額の増加変更は，抵当権の付従性の見地から認められないから。 ☞将来発生する特定債権である金銭消費貸借の予約，分割貸付契約，「限度貸付契約」を変更して，貸付金を増額したときは，債権の同一性があるので，債権額を増額する変更の登記をすることもできる。

第３欄

登記の目的	**１番抵当権移転** ＜×１番抵当権抹消　令和６年５月２日弁済＞ ☞旧法は，弁済をするについて「正当な利益を有しない者」は弁済と同時に「債権者の承諾」を得なければ，債権者に代位することができないとしていたので（旧民499Ⅰ），弁済による代位は生じなかったが，令和２年４月１日施行の改正により，「代位弁済」を原因とした「１番抵当権移転」の登記を申請することになった（民499，500）。
登記原因及びその日付	**令和６年５月２日代位弁済**

第４欄

(1)	**申請することが「できる」。** ☞**最判昭和41・11・18，**登記研究266号
(2)	**申請することが「できる」。** ☞令和２年４月１日施行の改正により，第三取得者が「弁済前」の第三取得者である場合だけでなく，「弁済後」の第三取得者である場合も，申請することができるようになったことに注意しておくこと。

【登記申請後の登記記録】　※太字が今回の申請による登記です。

権　利　部（甲区）　（所有権に関する事項）			
順位番号	登記の目的	受付年月日・受付番号	権利者その他の事項
1	所有権移転	【省略】	【省略】
	余白	余白	昭和63年法務省令第37号附則第２条第２項の規定により移記 平成４年９月22日
2	所有権移転	平成24年７月８日 第800号	原因　平成24年７月８日売買 所有者　何市何町何番地 A

権　利　部（乙区）　（所有権以外の権利に関する事項）			
順位番号	登記の目的	受付年月日・受付番号	権利者その他の事項
1 ※２	抵当権設定	令和２年８月10日 第1000号	原因　令和２年８月10日金銭消費貸借同日設定 債権額　金5,000万円 利息　省略 損害金　省略 債務者　何市何町何番地 A 抵当権者　何市何町何番地 B
付記１号	１番抵当権の２番抵当権への順位譲渡	令和４年３月15日 第500号	原因　令和４年３月12日順位譲渡
付記２号 ※１	**１番抵当権一部移転**	**令和６年７月４日** **第720号**	**原因　令和６年５月２日一部代位弁済** **弁済額　金1,000万円** **抵当権者　何市何町何番地** **X**
付記３号 ※２	**１番抵当権変更**	**令和６年７月４日** **第721号**	**原因　令和６年５月５日Bの債権弁済** **債権額　金1,000万円**
2 （1付1）	抵当権設定	令和３年９月９日 第1300号	原因　（あ）令和３年９月１日限度貸付 （い）令和３年９月９日金銭消費貸借同日設定 債権額　金5,000万円

			内訳　（あ）金2,000万円 （い）金3,000万円 利息　（あ）年４％ （い）年３％ 損害金　年14％ 債務者　何市何町何番地 A 抵当権者　何市何町何番地 C
付記１号	２番抵当権転抵当	令和４年11月11日 第1500号	原因　令和４年11月11日金銭消費貸借同日設定 債権額　金5,000万円 利息　省略 損害金　省略 債務者　何市何町何番地 C 転抵当権者　何市何町何番地 E
付記２号	**２番抵当権変更**	**令和６年７月４日 第722号**	**原因　令和６年５月30日（い）の金銭消費貸借の弁済 原因　令和３年９月１日限度貸付令和３年９月９日設定 債権額　金2,000万円 利息　年４％**
付記３号 ※4	**２番抵当権変更**	**令和６年７月４日 第724号**	**原因　令和６年６月20日変更 債権額　金5,000万円**
3	抵当権設定	令和４年７月８日 第790号	原因　令和４年７月８日金銭消費貸借金1,000万円のうち金500万円同日設定 債権額　金500万円 債務者　何市何町何番地 A 抵当権者　何市何町何番地 F
付記１号	３番抵当権転抵当	令和５年２月９日 第290号	原因　令和５年２月９日金銭消費貸借同日設定

			債権額　金500万円 債務者　何市何町何番地 G 転抵当権者　何市何町何番地 H
付記２号 ※3	**３番抵当権変更**	**令和６年７月４日** **第723号**	**原因　令和６年６月10日一部弁済** **債権額　金200万円**

※1　平成21年通達記録例383　不登規３⑤

※2　平成21年通達記録例394　１番抵当権の債権額及び抵当権者を抹消する記号（下線）を記録する。常に付記登記。

※3　平成21年通達記録例389

（注）1　変更前の債権額を抹消する記号（下線）を記録する。

2　登記上の利害関係人が存する場合には，その者が承諾したことを証する情報を提供したときに限り，付記登記による。

※4　平成21年通達記録例390

（注）1　変更前の債権額を抹消する記号（下線）を記録する。

2　登記上の利害関係人が存する場合には，その者が承諾したことを証する情報を提供したときに限り，付記登記による。

論点の検討

1　保証人の一部代位弁済による抵当権一部移転の登記

(1) 抵当権の被担保債権の一部につき弁済がなされた場合において，弁済者が主たる債務者の場合と保証人の場合とでは，次のような差異が生じることに注意しておく必要がある。

それは，主たる債務者の場合は，被担保債権は弁済がなされた部分につき消滅するが，保証人の場合は，保証人が主たる債務者に対して取得する求償権（民459～465）の実現を確保させるために，弁済による代位（民499，500，法律上当然の代位，法定代位）が生じ，被担保債権とそれに伴う従たる権利（担保権等）は，弁済の範囲内で保証人に法律上当然に移転し（民501），消滅しない点である。

(2) したがって，保証人は，主たる債務者に対して，自己固有の求償権と代位によって取得した債権の２つの債権を有することになるが，１個の給付のために存在する２個の債権であるから，いずれか一方の権利を行使して目的を達すれば，他方の権利は消滅する（請求権競合の関係）と解されている。

(3) そして，保証人による債権の一部の弁済（なお，登記実務上の用語例では，債務者に代わって弁済することを「代位弁済」と称するので，一部の弁済の場合は，「一部代位弁済」を登記原因とする。）に基づく一部の代位の場合は，「代位者は，**債権者の同意を得て**その**弁済をした価額**に応じて，債権者とともにその権利を行使することができる。（民502Ⅰ）と定められている（ただし，配当に際しては保証人は債権者に劣後することにつき，民502Ⅲ参照）。一部弁済による代位については，旧法下の判例（大決昭和６・４・７）は，代位者も単独で抵当権を実行できるとしていたが，この判例に対しては，債権者に不測の損害が生じるとの批判があったこと（東京高決昭和55・10・20），金融実務では，一部代位者の取得した権利は金融機関の同意がなければ行使できないとする約款が用いられることが多かった事にかんがみ，一部代位弁済者よりも債権者を保護する方向に改正されたことに注意しておくこと。

(4) この弁済者が誰であるかによる差異は，申請すべき登記にも反映し，弁済者が主たる債務者の場合は，「一部弁済」を登記原因として，「被担保債権額の減少の登記を求める抵当権変更の登記」を申請すべきであり（平成21年通達記録例389），保証人の場合は，「一部代位弁済」を登記原因として「被担保債権の一部移転に伴う抵当権一部移転の登記」を申請すべきこととなる（平成21年通達記録例383）。

(5) 本問においても，保証人による抵当権の被担保債権（金5,000万円）の一部（金1,000万円）の弁済（一部代位弁済）の事実が判明するので，上記に従って，「被担保債権の一部移転に伴う抵当権一部移転の登記」を申請することになる。

(6) なお，保証人が弁済する場合は，債務者への通知・承諾等の対抗要件は不要であることも注意しておくこと（民500）。法定代位は，代位する弁済者の範囲は限定されていることから，予測できない弁済者の出現によって，債務者その他の第三者に不測の損害を及ぼすおそれはないというのがその理由である。

(7)　旧法においては，保証人の弁済による代位の場合は，弁済後，抵当権の目的たる権利の第三取得者の出現前に，抵当権等の登記につき，弁済による代位の付記登記をしておかないと，弁済による代位の効果をかかる第三者には対抗できないとされていた（旧民501①，最判昭和41・11・18）が，令和２年４月１日施行の改正により，弁済後の債務者からの第三取得者に対しても登記なくして対抗できるとされたことに注意しておく必要がある。

2　第三者の弁済に関する令和２年４月１日施行の改正

旧法	現行法
第474条（第三者の弁済） １　債務の弁済は，第三者もすることができる。 ただし，その債務の「**性質**」がこれを許さないとき，又は当事者が「**反対の意思を表示**」したときは，この限りでない。 ２　＜法律上の＞**利害関係を有しない**第三者は，「**債務者の意思に反して**」弁済をすることができない。 **【利害関係を有する者】** 「利害の関係」を有する者とは，「**物上保証人**」，「**担保不動産の第三取得者**」などのように，弁済をするについて「**法律上の利害關係**」を有する第三者をいう（**最判昭和39・４・21**）。	**第474条（第三者の弁済）** １　債務の弁済は，第三者もすることができる。 ←ただし書は，４項に移動 ２　弁済をするについて**正当な利益を有する者でない**第三者は，「**債務者**」**の意思に反して**弁済をすることができない。ただし，**債務者の意思に反することを債権者が**「**知らなかったとき**」は，この限りでない。 ☞債務者の意思の尊重と過酷な求償権の行使から債務者を保護する趣旨から，第三者弁済の効果を安定させる方向への改正。 ☞「善意の債権者」については，弁済の効果を生じさせる→後から債務者の意思に反する弁済だったことが判明したとしても，債権者は給付物の返還義務を負わない。 ３　前項に規定する＜弁済をするについて正当な利益を有する者でない＞第三者は，「**債権者の意思**」**に反して**弁済をすることができない。ただし，その**第三者が債務者の委託を受けて弁済をする**場合において，そのことを**債権者が知っていたとき**は，この限りでない。 ☞新たに，債権者に「弁済拒絶権」を付与した規律。原則として，債務者の意思に

	反していなくても正当な利益のない第三者からの弁済を債権者は拒むことができるが，例外的に，第三者が債務者から委託を受けていた場合には拒むことができないとされた。 4　前3項の規定は，その**債務の性質**が第三者の弁済を許さないとき，又は当事者が第三者の弁済を禁止し，若しくは制限する旨の**意思表示**をしたときは，適用しない。

3　**弁済による代位に関する令和2年4月1日施行の改正**

旧法	現行法
第499条（任意代位） 1　債務者のために弁済をした者は，その「**弁済と同時**」<事前は可，事後は不可>に「**債権者の承諾**」を得て，債権者に代位することができる。 2　第467条の規定は，前項の場合について準用する。	**第499条（弁済による代位の要件）** 債務者のために弁済をした者は，債権者に代位する。 ☞債権者が，弁済の受領のみして，代位を承諾しないのは相当でないことから，改正により，任意代位についても「債権者の承諾」を不要とした→代わりに，債権者には，第三者弁済における弁済拒絶権（改正民474Ⅲ）を付与。
第500条（法定代位） <保証人等の>弁済をするについて「**正当な利益を有する者**」は，弁済によって「**当然に**」<弁済と同時に債権者の承諾不要>債権者に代位する。<債務者に対する通知等がなくても債務者等に対抗可>	**第500条** 第467条の規定は，前条の場合（**弁済をするについて正当な利益を有する者が債権者に代位する場合を除く。**）について準用する。 ☞本条による第467条の準用は任意代位のみ。法定代位には適用されない。
第501条（弁済による代位の効果） 前2条の規定により債権者に代位した者は，自己の権利に基づいて求償をすることができる範囲内において，債権の効力及び担保としてその債権者が有していた一切の権利を行使することができる<法上当然に移転，元本確定前の根抵当権を除く（民398の7Ⅰ後段）>。この場合においては，次の各号の定めるとこ	**第501条（弁済による代位の効果）** 1　前2条の規定により債権者に代位した者は，債権の効力及び担保としてその債権者が有していた一切の権利を行使することができる。 2　前項の規定による権利の行使は，債権者に代位した者が自己の権利に基づいて債務者に対して求償をすることができる範囲内

ろに従わなければならない。 【**代物弁済予約上の権利は代位の目的となるか**】 代物弁済予約上の権利もまた，その担保的機能からして，弁済による代位の目的となる（**最判昭和41・11・18**）。 ① 保証人は，あらかじめ先取特権，不動産質権又は抵当権の登記にその代位を付記しなければ，その先取特権，不動産質権又は抵当権の目的である不動産の＜弁済後の：最判昭和41・11・18＞第三取得者に対して債権者に代位することができない。 【**弁済前の第三取得者に代位するための登記の要否**】 担保権の目的である不動産を「**第三者が取得した後**」に債務を弁済した保証人は，予め第501条第１号所定の代位の付記登記をしなくても，債権者に代位して右担保権を実行することができる（**最判昭和41・11・18**）。 ② ＜債務者からの＞**第三取得者**は，**保証人**に対して債権者に**代位しない**。	（保証人の一人が他の保証人に対して債権者に代位する場合には，自己の権利に基づいて当該他の保証人に対して求償をすることができる範囲内）に限り，することができる。 ☞共同保証人間でも債権者に代位することができるが，他の共同保証人への代位の範囲は，新465条によって取得する求償権の範囲内であることを明確化。 3 第１項の場合には，前項の規定によるほか，次に掲げるところによる。 ←旧法第501条第１項第１号を削除→第１号の削除により，保証会社が代位弁済しても，第三取得者出現との関係で抵当権移転の登記を急ぐ必要がなくなった→逆に，弁済済みの抵当権付不動産を購入する際は，第三者弁済でないかの確認が必要となる。 ① 第三取得者（**債務者から担保の目的となっている財産を譲り受けた者**をいう。以下この項において同じ。）は，保証人及び**物上保証人**に対して債権者に代位しない。 ☞旧法第２号に対応し，物上保証人も含むという一般的な理解を明文化。
第502条（一部弁済による代位） 1 債権の一部について代位弁済があったときは，代位者は，その「**弁済をした価額**」に応じて，債権者とともにその権利を行使する。 【**一部代位者による分割行使の可否**】	**第502条（一部弁済による代位）** 1 債権の一部について代位弁済があったときは，代位者は，**債権者の同意を得て**その弁済をした価額に応じて，債権者とともにその権利を行使することができる。 ☞一部代位者よりも債権者を保護する方向

債権の一部について代位弁済があったときは，その代位者は，弁済した額に応じて債権者とともにその権利を行使することができるが，その権利の分割行使が可能である場合は，債権者とは別にその権利を行使することができる（**大決昭和６・４・７**）。 **【一部代位弁済者に対する債権者への優先配当の可否】** 弁済による代位は，代位弁済者が債務者に対して取得する求償権を確保するための制度であって，そのために債権者が不利益を受けるべき理由はない。したがって，債権者が物上保証人の設定にかかる抵当権の実行によって債権の一部の満足を得た場合，物上保証人は，民法502条１項の規定により，債権者と共に債権者の有する抵当権を行使することができるが，この抵当権が実行されたときには，その**代金の配当については債権者に優先される**（**最判昭和60・５・23**）。	へ改正 ☞代位者が単独で抵当権を実行できるとする判例（**大決昭和６・４・７**）に対しては，債権者に不測の損害が生じるとの批判があったこと（東京高決昭和55・10・20），金融実務では，一部代位者の取得した権利は金融機関の同意がなければ行使できないとする約款が用いられることが多かった事にかんがみ，その方向で改正。 ２　前項の場合であっても，**債権者**は，**単独で**その権利を行使することができる。 ３　前２項の場合に債権者が行使する権利は，その債権の担保の目的となっている財産の売却代金その他の当該権利の行使によって得られる金銭について，**代位者が行使する権利に優先**する。 ☞判例（**最判昭和60・５・23**）を明文化。
２　前項の場合において，債務の不履行による**契約の解除**は，「**債権者のみ**」がすることができる。この場合においては，代位者に対し，その**弁済をした価額及びその利息を償還**しなければならない。	４　第１項の場合において，債務の不履行による契約の解除は，債権者のみがすることができる。この場合においては，代位者に対し，その弁済をした価額及びその利息を償還しなければならない。

４　抵当権の一部移転の登記後，「原抵当権者」の債権が消滅した場合の抵当権変更の登記

⑴　被担保債権の一部移転に伴う抵当権の一部移転後の抵当権は，原抵当権者と抵当権の一部移転を受けた者とが，各自の債権額の割合で「１個の抵当権」を準共有する関係となる。

⑵　したがって，登記実務は，原抵当権者が債務者より自己の債権の全額の弁済を受けた場合は，準共有名義の１個の抵当権が，抵当権の一部移転を受けた者の債権のみを担保する単独名義の抵当権に変更したものとして，抵当権「変更」の登記を申請すべきであるとしている。

具体的には，「原抵当権者の記録」に抹消の記号を付すと同時に，被担保債権額としての登記すべき「債権額」を抵当権の一部移転を受けた者の債権額に減少する「抵当権変更の登記」を申請することとなる（平成21年通達記録例394）。

⑶　なお，この変更の登記は，「抵当権の一部抹消の登記」の実質を有するが，「一部抹消の登記」の形式は，現行不動産登記法上は認められていないため，変更の登記の形式で登記する

こととされているものである。

⑷　そこで，本問をみるに，被担保債権の一部代位弁済に伴う抵当権の一部移転後，原抵当権者「B」につき，その被担保債権の「全額」が，債務者「A」より弁済されている（事実関係２）ので，上記に従って，「原抵当権者Bの記録」に抹消の記号を付すと同時に，１番抵当権の被担保債権額として登記された債権額「金5,000万円」を抵当権の一部移転を受けた「X」の債権額「金1,000万円」に減少する抵当権変更の登記を申請することになる。

⑸　登記申請人については，変更の登記は，当初の登記の当事者，あるいは，その承継人（包括承継人又は特定承継人）が申請人となるのが原則である。

したがって，「Bの債権の消滅に伴う被担保債権額減少の変更の登記」により，登記の形式上その負担が軽減する「抵当権の目的たる権利の登記名義人」，即ち，設定者（第三取得者を含む。）が登記権利者であり，登記義務者は，当該「変更の登記」により，登記の形式上準共有持分を失って抵当権の準共有登記名義人から脱落する現抵当権者Bと，登記の形式上自己が有する抵当権の被担保債権額が減少する現抵当権者Xである。つまり，登記義務者は，抵当権の準共有者「全員」である。

⑹　なお，登記実務では，Bの準共有抵当権の持分について，転抵当権又は順位の譲渡等の登記が存在する場合は，当該抵当権変更の登記は，形式こそ変更の登記ではあるが，Bの準共有持分の消滅になる「抵当権の登記の一部抹消の登記」の実質を有すると考えられるので，これらの登記に利害関係を有する第三者があるときは，常に当該第三者の承諾を証する当該第三者が作成した情報又は当該第三者に対抗することができる裁判があったことを証する情報を提供して（不登68類推，不登令別表二十六・添ト），付記登記による変更の登記をすべきであり，承諾書等のない場合は，主登記による変更の登記をすべきではなく，その申請を却下するのが相当であると解されている（平成21年通達記録例394と389の欄外注の記載の違いを参照）。

5　抵当権の２個の被担保債権のうち１個の債権の全部が弁済された場合の「抵当権変更」の登記

⑴　２個の債権を担保する抵当権の設定登記をした後，そのうちの１個の債権が全額弁済により消滅した場合には，抵当権の変更登記をするが，その登記原因として，弁済により消滅した被担保債権及びその消滅原因を記載しなければならない。

⑵　また，変更後の登記事項は，原因，変更後の債権額及び利息を記載する（登記研究587号189頁）。

⑶　権利の変更の登記につき登記上利害関係を有する第三者がいる場合には，添付情報としてその者の承諾を証する当該第三者が作成した情報又は当該第三者に対抗することができる裁判があったことを証する情報を提供したときに限り付記登記でなされる（不登66，不登令別表二十五・添ロ）。したがって，これらが提供できないときは，主登記でなされることになる。なお，この場合は前記４⑹と異なり，抵当権者Cが抵当権を失うわけではないので，一部弁

済を原因とする抵当権の変更登記と同様，不動産登記法第68条の類推ではなく，不動産登記法第66条が適用されると考える。

⑷　本問において，２番抵当権は，「(あ）令和３年９月１日限度貸付」「(い）令和３年９月９日金銭消費貸借」の２個の債権を担保しており，（い）の債権全部が弁済により消滅したのであるから（事実関係３），「原因　令和６年５月30日（い）金銭消費貸借の弁済」とし，変更後の事項として「原因　令和３年９月１日限度貸付令和３年９月９日設定，債権額金2,000万円，利息年４％」と記載する。

⑸　また，債権額の減少による抵当権の変更の登記なので，２番抵当権の転抵当権者であるＥが利害関係人となり，本問は，補足３及び注４によりＥの承諾書があることがわかるので，主登記ではなく付記登記でなされることに問題はない。

⑹　なお，不動産登記法第66条，第68条，第109条の承諾は手続法上の承諾であるため，原因日付には影響を与えないことに注意しておくこと。

６　債権額の一部についての抵当権設定後一部弁済があった場合の抵当権の効力

⑴　抵当権によって債権の一部（金1,000万円のうち金500万円）が担保されている場合に，債務者が一部弁済（金800万円）をしたときは，抵当権の被担保債権である500万円が全額弁済されたことになるのか，という問題である。

⑵　先例（昭和30・４・８民甲683号通達）によれば，債権額10億円のうち５億円について抵当権を設定した場合，債務者が４億円を弁済しても，抵当権設定契約に別段の定めがない限り，当該抵当権によって担保される債権額は，依然として５億円であるとされている。

即ち，債務者が一部弁済しても，それは**当該抵当権で担保されない債権額から充当**されるということであり，４億円の弁済をしても，それは抵当権で担保されていない５億円の一部弁済となるにすぎない。

⑶　したがって，本問のように，債権額金1,000万円のうち金500万円が抵当権で担保されている場合に，800万円を弁済したときは，まず当該抵当権で担保されていない500万円に充当され，次に被担保債権の500万円に充当されることになる。この結果，当該抵当権の被担保債権は**金200万円に減少**する。

⑷　そこで，登記申請手続としては，債権額の減額による抵当権の変更登記を申請することになる。

⑸　ただし，本問では当事者間で弁済充当に関する特約がなされていないため，上述のような登記をすることになるが，当事者間で，抵当権で担保されている部分の弁済とする契約を締結することはさしつかえない（『不動産登記先例百選（第二版）』の42）。この契約をしておけば，本問の事例においても，抵当権抹消の登記をすることができることになる。

7　債権額の増額変更による抵当権の変更の登記

⑴　抵当権の債権額の増額変更は，債権契約を変更することによって「債権の同一性」が失われない場合に限って認められる。例外的に債権額の増加が認められるのは，下記の場合である。

①　債権の一部を被担保債権額とする抵当権設定の登記がされていた場合は，その後の変更契約によりその債権全部にまで増額する変更の登記は許される。

しかし，当初から被担保債権全額を債権額とする設定の登記がなされていた場合は，その後，いわゆる貸増しによって債権額を増加させる変更の登記は許されず，増額部分につき新たな抵当権設定の登記をしなければならない（明治32・11・1民刑1904号回答）。

②　重利の特約又は法定重利により，利息を元本に組み入れた場合は，「令和○年○月○日，令和○年○月○日から同年○月○日までの利息の元本組入」を登記原因として債権額増額の変更の登記をすることができる（昭和25・10・20民甲2810号通達，平成21年通達記録例392）。

③　将来発生する特定債権である金銭消費貸借の予約，分割貸付契約，限度貸付契約を変更して，貸付金を増額したときは，債権の同一性があるので，債権額の増額の変更の登記をすることができる。

④　担保限度額（不登83Ⅰ⑤）又は債権の価格（不登83Ⅰ①かっこ書）を増額変更したときは，その旨の登記を申請することができる。

⑵　本問は，上述の③に該当する。なお，限度貸付け，分割貸付けとは，貸付限度額をあらかじめ設定しておき，これを数回に分けて貸し出し，最初に定めた貸付限度額まで貸出しを行うものである。「分割貸付け」は貸出し時期と各回の貸出金額があらかじめ確定しているのに対し，「限度貸付け」はそれらが確定していないので貸出総額が定まらず，貸出予定金額を約定するにとどまる。したがって，これらの将来の特定債権に基づく貸付額を変更したとしても，債権の同一性があるので，債権額の増額変更の登記をすることができる。

⑶　なお，債権額の増額による抵当権の変更の登記にあっては，２番抵当権の後順位担保権者である３番抵当権者Ｆ（消滅していない）と２番抵当権に順位譲渡している１番抵当権者Ｘが利害関係人となる。

8　準共有（根）抵当権・共用根抵当権の一部に弁済がなされた場合の登記

	弁済の相手方	登記申請書	
抵当権	原抵当権者（A） 平成21年通達記録例394	登記の目的	１番抵当権変更
		原因	年月日Aの債「権」弁済
		登記事項	変更後の事項 債権額　金400万円（Bの残存債権額）
		権利者	設定者
		義務者	A・B　←Bも申請人となることに注意
		登記の実行	①原抵当権の債権額に抹消の記号を記録 ②原抵当権者に抹消の記号を記録
	一部移転の登記を受けた抵当権者（B） 平成21年通達記録例395	登記の目的	１番抵当権変更
		原因	年月日Bの債権弁済
		登記事項	変更後の事項 債権額　金600万円（Aの残存債権額）
		権利者	設定者
		義務者	A・B　←Aも申請人となることに注意
		登記の実行	①原抵当権の債権額に抹消の記号を記録 ②一部移転の付記登記に抹消の記号を記録
根抵当権	原根抵当権者（A） 登記研究592号185頁	登記の目的	１番根抵当権の根抵当権者をBとする変更
		原因	年月日Aの債権弁済
		登記事項	ナシ　←極度額は減額しない（民398の３Ⅰ）
		権利者	設定者
		義務者	A　←Bは申請人とならないことに注意
		登記の実行	①原根抵当権者に抹消の記号を記録
	一部移転の登記を受けた根抵当権者（B）	登記の目的	１番付記２号根抵当権一部移転抹消
		原因	年月日弁済　←「Bの債権弁済」としないこと
		登記事項	ナシ　←極度額は減額しない
		権利者	A　←「設定者」については争いあり
		義務者	B
		登記の実行	①一部移転の付記登記に抹消の記号を記録
乙及び丙が債務者の共用根抵当権の債務者丙のみが自己の債務の全額を弁済 登記研究682号		登記の目的	１番根抵当権変更
		原因	年月日丙の債「務」弁済
		登記事項	変更後の事項 債務者　何市何町何番何号　乙 ☞極度額は減額しない
		権利者	設定者
		義務者	根抵当権者

⑴　抵当権の場合，弁済を受けなかった抵当権者も義務者に加える理由

抵当権が（準）共有の場合，抵当権変更の登記は（準）共有者の全員が当事者となって申請するのを原則とすること，及び（準）共有抵当権の被担保債権額を抵当権全体として縮減する旨の変更の登記は，弁済を受けずに抵当権者として残存する債権者にとっても，登記記録上，直接不利益を受ける登記であると解することができることを理由とする。

⑵　確定後の根抵当権について一部代位弁済による根抵当権の一部移転登記がされている場合において，債務者が原根抵当権者の有する債権のみを弁済した場合の登記の方法（登記研究592号185頁　質疑応答【7598】）

要旨：　**確定した甲某の根抵当権（原根抵当権）を代位弁済により乙某に一部移転した後，甲某が有する債権についてのみ弁済があった場合には，「年月日甲某の債権弁済」を原因とする「何番根抵当権の根抵当権者を乙某とする変更」登記を申請すべきである。**

問：　確定した甲某の根抵当権（原根抵当権）を代位弁済により乙に一部移転した後，甲某の債権についてのみ弁済があった場合には，**甲某を登記義務者，設定者を登記権利者**として，「**年月日甲某の債権弁済**」を原因とする**根抵当権の変更登記**を申請すべきと考えますが，いかがでしょうか。

答：　御意見のとおりと考えます。なお，登記の目的は，「**何番根抵当権の根抵当権者を乙某とする変更**」とし，登記事項の処理に当たっては，**原根抵当権者甲某に抹消の記号を記録**すべきものと考えます。

⑶　元本確定後の根抵当権について，債務者二人のうち一人が自己の債務を全額弁済した場合に，他の一人のみを債務者とする根抵当権変更の登記をすることについて（登記研究682号　質疑応答【7802】）

要旨：　**甲を根抵当権者とし，乙及び丙をそれぞれ各別の債務者とする根抵当権の設定の登記について，元本確定の登記がされた後，債務者丙が自己の債務についてのみ全額弁済した場合には，乙のみを債務者とする根抵当権変更の登記を行うことができる。**

問：　甲を根抵当権者とし，乙（債務者兼根抵当権設定者）**及び丙を債務者**とする根抵当権の設定の登記について，元本確定の登記がされた後，**債務者丙が自己の債務の全額を弁済**しました。

この場合，丙の債務が消滅したとして根抵当権の債務者を乙のみとする根抵当権の変更の登記をすることは可能と考えますがいかがでしょうか。また，可能とした場合の記録例は，次のとおりでよろしいでしょうか。

１番付記１号　１番根抵当権**変更**
令和何年何月何日第何号
原　因　令和何年何月何日**丙の債務弁済**
債務者　何市何町何番何号　乙

答：　御意見のとおりと考えます。

（六）抵当権の一部移転の登記後に原抵当権の債権が消滅した場合　394

権　利　部（乙区）　（所有権以外の権利に関する事項）			
順位番号	登記の目的	受付年月日・受付番号	権利者その他の事項
1	抵当権設定	令和何年何月何日 第何号	原因　令和何年何月何日金銭消費貸借同日設定 債権額　金2,000万円 利息　年何% 債務者　何市何町何番地 　何某 抵当権者　何市何町何番地 　甲某
付記1号	1番抵当権 一部移転	令和何年何月何日 第何号	原因　令和何年何月何日債権一部譲渡 譲渡額　金800万円 抵当権者　何市何町何番地 　乙某
付記2号	1番抵当権 変更	令和何年何月何日 第何号	原因　令和何年何月何日甲某の債権弁済 債権額　金800万円

（注）１番抵当権の債権額及び抵当権者を抹消する記号（下線）を記録する。

（七）抵当権の一部移転の登記を受けた債権が消滅した場合　395

権　利　部（乙区）　（所有権以外の権利に関する事項）			
順位番号	登記の目的	受付年月日・受付番号	権利者その他の事項
1	抵当権設定	令和何年何月何日 第何号	原因　令和何年何月何日金銭消費貸借同日設定 債権額　金100万円 利息　年何% 債務者　何市何町何番地 　何某 抵当権者　何市何町何番地 　甲某
付記1号	1番抵当権 一部移転	令和何年何月何日 第何号	原因　令和何年何月何日債権一部譲渡 譲渡額　金40万円 抵当権者　何市何町何番地 　乙某
付記2号	1番抵当権 変更	令和何年何月何日 第何号	原因　令和何年何月何日乙某の債権弁済 債権額　金60万円

（注）１番抵当権の債権額及び付記１号の登記を抹消する記号（下線）を記録する。

採点基準

・**満点　35点**

・**配点**

第１欄　30点

１番目に申請した登記　６点

・登記の目的を間違えた場合　－２点

２番目に申請した登記　６点

・登記原因を間違えた場合　－２点

・承諾証明情報が過不足なく添付されていない場合　－２点

・Ｘを申請人に加えなかった場合でも，減点しない

３番目に申請した登記　６点

・登記原因を間違えた場合　－２点

・変更後の事項のうち，原因の記載がない場合　－２点

４番目に申請した登記　６点

・登記の目的を間違えた場合　－２点

５番目に申請した登記　６点

・承諾証明情報が過不足なく添付されていない場合　－２点

・登録免許税額を間違えた場合　－２点

第２欄　２点

第３欄　１点

第４欄　２点（各１点）

【重要】司法書士試験筆記試験記述式問題の配点の変更について

令和５年12月４日に法務省から以下の発表がございました。

令和６年度以降に実施する司法書士試験筆記試験午後の部の記述式問題の配点を以下のとおり変更するので、あらかじめお知らせします。

なお、午後の部の試験時間（３時間）には変更はありません。

【変更内容】　「２問で70点満点」から「２問で140点満点」に変更します。

なお，本書の採点基準につきましては，「２問で70点満点」としてます。

第37問　商業登記　記述式

論点

1　前提となる申請会社の判断

⑴　単一株式発行・非公開（会２⑤）・非大会社（会２⑥，資本金の額金１億円，別紙７の７）

⑵　機関設計

①　取締役会設置会社（任意，会327Ⅰ）

②　監査役設置会社（必置，会327Ⅱ本文），業務監査権限アリ（別紙１，会389Ⅰ，911Ⅲ⑰イ）

⑶　現に株券を発行している株券発行会社（別紙１，別紙４の５）

⑷　公告をする方法→官報（別紙１）

2　取締役及び代表取締役の変更の登記

⑴　代表取締役たる取締役乙野二郎破産手続開始決定（別紙４の４）→非欠格事由（会331Ⅰ参照）→委任の終了により退任（会330→民653②）

⑵　取締役丙野三郎保佐開始の審判（別紙４の３）→非欠格事由（会331Ⅰ②参照），委任の終了事由ではない（民330→民653③）→辞任（別紙７の１）→残存取締役２名（会331Ⅴ）→権利義務取締役（会346Ⅰ）→解任不可

※取締役の権利義務を有する者については，株主総会の決議により「解任」することはできない（昭和35・10・20民四197号回答）。

3　監査役の変更の登記

⑴　唯一の監査役の補欠規定による退任（会336Ⅲ，別紙４の８⑵，７の５・６）

唯一の監査役の補欠として選任された補欠監査役にも，定款の補欠監査役の任期短縮規定の適用がある（商業登記ハンドブック第４版449頁）。

⑵　本人確認証明書の添付の要否→必要（商登規61Ⅶ，新任，印鑑証明書の添付なし）

4　取締役等の会社に対する責任の免除に関する規定の設定の登記

⑴　設定できる会社

「取締役が２人以上」ある，「監査役設置会社」（監査役の監査の範囲を会計に関するものに限定する旨の定款の定めがある会社を含まない，会２⑨かっこ書），監査等委員会設置会社又は指名委員会等設置会社（会426Ⅰ）→申請会社は取締役会設置会社（会331Ⅴ）＋会計限定の定めナシ（別紙１，会911Ⅲ⑰イ）

⑵　対象役員→取締役，会計参与，監査役，執行役又は会計監査人（会426Ⅰ，423Ⅰかっこ書）

5　株式の譲渡制限に関する規定の変更の登記

「親会社の取締役会」を承認機関とする定款の有効性→「当該会社の機関以外の機関」を承認機関とすることは不可（会107Ⅰ①・Ⅱ①イ，139Ⅰただし書，論点解説新・会社法63頁）

6　株式の分割及びこれと同時にする発行可能株式総数の変更，単元株式数の設定による変更登記

⑴　株式分割の決議機関→取締役会（会183Ⅱ）

⑵　取締役会決議による株式の分割と同時にする発行可能株式総数の変更の可否→単一株式発行会社，株式分割の割合の範囲（会184Ⅱ）→可

⑶　取締役会決議による株式の分割と同時にする単元株式数の設定の可否→議決権数に変化なし→可（会191）

7　株券を発行する旨の定めの廃止の登記

⑴　決議機関・決議要件→株主総会の「特別決議」による定款変更（会214，466，309Ⅱ⑪）

⑵　現に株券を発行している会社→定款変更の効力発生日の「２週間前」までに株券廃止公告「かつ」通知（会218Ⅰ，別紙４の５）→会社法第218条第１項の規定による「公告」をしたことを証する書面のみ添付書類（商登63前段）

⑶　効力発生日前の登記申請の可否→不可（第２欄で申請）

8　準備金の資本組入れによる変更登記

⑴　決議機関・決議要件→株主総会の普通決議（会448Ⅰ・Ⅱ，309Ⅰ）

⑵　「利益」準備金の資本組入れの可否→可

平成21年４月１日施行の会社計算規則の改正により可能となった（旧会計規48→新会計規25Ⅰ①）。

⑶　債権者異議手続の要否→「減少する準備金（2,500万円）」の「一部（2,000万円）」を組入れ→必要（会449Ⅰ本文かっこ書，別紙４の６）→添付書面ではない

⑷　効力発生日前の登記申請の可否→不可（第２欄で申請）

9　公告をする方法の変更の登記

⑴　発行地の限定→有効

⑵　複数の公告媒体を定めることの可否→「又は」不可，「及び」は可

公告方法の定め方としては，具体的かつ明確に特定できるように定めなければならず，「Ａ又はＢ」のような選択的定めは認められない（大正５・12・19民1962号回答，登記研究49号32頁）。

⑶　期限付決議の可否→可

10　株主名簿管理人の設置による変更の登記

(1)　設置の要件→①定款（会123，商登64）＋②選定決議（商登46Ⅱ）＋③契約（商登64）

(2)　銀行以外の会社を株主名簿管理人に選定することの可否→可

解答例

※　本来の解答例は太字で記載してある部分です。答案作成に際して注意すべき点を活字のポイントを小さくして記載してありますので，参考にしてください。なお，＜×○○＞と記載してあるのは，間違いの解答例です。同じ間違いをしていないかどうかを確認してください。また，＜▽○○＞と記載してあるのは，間違いとまでは言えませんが，受験生としては妥当でない解答例です。

※　単に「注」とあるのは，問題文中の（答案作成に当たっての注意事項）を意味しています。

第１欄　←令和６年５月23日に申請した登記の申請書

【登記の事由】←商登17Ⅱ③

☞注４で，区ごとに整理して記載する（商登規35Ⅱ）ことを要しないとされている。

＜×株式の譲渡制限に関する規定の変更＞　←登記申請不可→第３欄

取締役等の会社に対する責任の免除に関する規定の設定

株式の分割

発行可能株式総数の変更

単元株式数の設定

取締役及び代表取締役の変更

＜×株券を発行する旨の定めの廃止＞　←効力発生日（７月１日）に注意→第２欄

＜×利益準備金の資本組入れ＞　←効力発生日（６月20日）に注意→第２欄

【登記すべき事項】←商登17Ⅱ④，注３の指示により申請書に直接記載する（改正商登17Ⅲの適用ナシ）

令和６年５月16日設定

取締役等の会社に対する責任の免除に関する規定

当会社は，会社法第426条の規定により，取締役会の決議をもって同法第423条の行為に関する取締役（取締役であった者を含む。）の責任を法令の限度内において免除することができる。

当会社は，会社法第426条の規定により取締役会の決議をもって同法第423条の行為に関する監査役（監査役であった者を含む。）の責任を法令の限度内において免除することができる。

令和６年５月17日＜×16日＞　**変更**

発行済株式の総数　１万株＜×8000株＞　←2000株＋（2000株×４＝）8000株

同日変更

発行可能株式総数　５万株　←１万株×５

同日設定

単元株式数　５株　←2,000議決権＝１万÷５，１万株÷200＝50株

＜×取締役丙野三郎令和６年５月10日資格喪失・退任＞

☞別紙４の３，欠格事由（旧会331Ⅰ②参照），委任の終了事由（民653③）ではない。

取締役乙野二郎（破産手続開始の決定により）**令和６年５月11日退任**<×資格喪失>

☞別紙４の４，会330→民653②

代表取締役乙野二郎（資格喪失により）**同日退任**

【課税標準金額】←商登17Ⅱ⑥後段

なし　←注８の指示

【登録免許税の額】←商登17Ⅱ⑥前段

金４万円

内訳　役員変更分　　金１万円

その他変更分　金３万円

☞取締役及び代表取締役の変更の登記は，申請会社が資本金の額が１億円以下の１億円の会社であるから，役員変更分として申請件数１件につき「金１万円」である（登録税別表第一・二十四・(一)・カ)。

☞「取締役等の会社に対する責任の免除に関する規定の設定」，「株式の分割」，「発行可能株式総数の変更」及び「単元株式数の設定」の登記は，その他の登記事項の変更分として，申請件数１件につき「金３万円」である（同ツ)。

☞したがって，合計「金４万円」である。なお，本問は定額課税のみであるから，本来はその内訳の記載を要しないが，本問では注５の指示によりその内訳の記載が求められているので，その記載を要する。

【添付書面の名称及び通数】

株主総会議事録　１通

☞取締役等の会社に対する責任の免除に関する規定を設定する旨の定款変更決議を証するため（商登46Ⅱ),「別紙２」の株主総会議事録を添付する。

株主の氏名又は名称，住所及び議決権数等を証する書面（株主リスト）　１通

☞商登規61Ⅲ

取締役会議事録　１通

☞株式の分割決議，発行可能株式総数を変更し，単元株式数を設定する旨の定款変更決議をしたことを証するため,「別紙３」の取締役会議事録を添付する（商登46Ⅱ)。

<×基準日公告をしたことを証する書面>　←別紙４の１（会124Ⅲ)，添付書面ではない

破産手続開始決定書謄本<×（確定証明書付）>　**１通**　←商登54Ⅳ

委任状　１通　←商登18，注10，注11，注６の示唆（商登規35の２Ⅱ，商登24⑦)

第２欄　←令和６年７月４日に申請した登記の申請書

【登記の事由】

（利益）準備金の資本組入れ

株券を発行する旨の定めの廃止

公告をする方法の変更

株主名簿管理人の設置

<×取締役の変更>

監査役の変更

【登記すべき事項】

令和６年６月20日<×５月16日>変更

　資本金の額　金１億2000万円<×１億2500万円>　←１億円＋2000万円

令和６年７月１日<×５月16日>株券を発行する旨の定め廃止

令和６年７月１日<×６月27日>変更

　公告をする方法

　　官報及び東京都内において発行する毎朝新聞に掲載してする

令和６年６月29日<×６月27日>株主名簿管理人を設置　←別紙７の２

　株主名簿管理人の氏名又は名称及び住所並びに営業所　←氏名を抜かさない

　　東京都中央区銀座三丁目３番３号

　　　中央信託株式会社　本店

<×取締役丙野三郎令和６年５月31日辞任>　←別紙７の１，権利義務（会346Ⅰ）

<×取締役丙野三郎令和６年６月27日解任>　←権利義務取締役の解任は不可

監査役戊野五郎（任期満了により）令和６年６月27日退任

　☞会336Ⅲ，別紙４の８(2)，７の５・６

同日監査役田中太郎就任

【課税標準金額】

金2,000万円

　☞利益準備金の資本組入れにより「増加した資本金の額」金2,000万円である。

【登録免許税の額】

金20万円

　内訳　資本金増加分　金14万円

役員変更分　　金３万円＜×１万円＞
その他変更分　金３万円

☞利益準備金の資本組入れによる資本金の増加の登記は，増加した資本金の額金2,000万円に1000分の７を乗じた額であり，「金14万円」である（登録税別表第一・二十四・(一)・ニ)。

☞資本金の額が金１億円を超えることになる資本金の額の増加の登記と同時に申請された場合の株式会社の役員変更登記の登録免許税は，資本金の額の増加の原因年月日と取締役等の役員変更の事実が生じた日との前後によりその税額を決することとされている（登記研究433号137頁)。したがって，本問においては，申請会社の資本金の額は，役員変更の事実が生じた時点（令和６年６月27日）において，金１億円を超過しているので，資本金の額が金１億円を超過する会社の役員変更分（「監査役の変更」）として，申請件数１件につき「金３万円」となる（同カ)。

☞「株券を発行する旨の定めの廃止」，「公告をする方法の変更」，「株主名簿管理人の設置」の登記は，その他の登記事項の変更分として，申請件数１件につき「金３万円」である（同ツ)。

☞したがって，合計「金20万円」である。なお，なお，定率課税と定額課税が混在する場合には，実務上登録免許税の内訳を記載するとされているため，注５の指示がなくても，内訳を記載する必要がある。

【添付書面の名称及び通数】

株主総会議事録　２通＜×１通，▽３通＞

☞株券を発行する旨の定めを廃止する旨の定款変更決議及び利益準備金の資本組入れ決議を証するため（商登46Ⅱ)，「別紙２」の株主総会議事録を添付する。

☞また，公告をする方法を変更する旨の定款変更決議及び監査役の選任決議（商登46Ⅱ）並びに監査役戊野五郎の退任時期を証するため（商登54Ⅳ)，「別紙５」の株主総会議事録を添付する。

☞なお，監査役戊野五郎が補欠監査役として選任されたこと（別紙７の５）を証するために，令和５年６月25日開催の定時株主総会議事録を添付する必要はないと解する。

株主の氏名又は名称，住所及び議決権数等を証する書面（株主リスト）　２通＜▽１通＞

☞商登規61Ⅲ，注７②の指示

株券廃止＜×提供＞**公告**＜×及び通知＞**をしたことを証する書面　１通**

☞別紙４の５により，令和６年５月17日付官報により，令和６年７月１日付でその株式に係る株券を発行する旨の定款の定めを廃止する旨等の会社法上必要な事項を公告したことを証するため（商登63前段)，添付する。

減少に係る利益準備金が計上されていたことを証する書面　１通
＜×資本金の額が会社法及び会社計算規則の規定に従って計上されたことを証する書面＞

☞減少に係る利益準備金の額が計上されていたことを証する書面を添付する(別紙４の７，７の４，商登69)。具体的には，代表者の作成に係る証明書等がこれに該当する（**平成18・３・31民商782号通達・第二部・第四・２・(２)・ア・(イ)・ｃ**)。

☞なお，資本金の額の増加による変更の登記の申請書には，資本金の額が会社法及び会社計算規則の規定に従って計上されたことを証する書面を添付すべきものとされている（商登規61Ⅸ）が，上記書面でその事実は明らかとなるため，別途添付することを要しないとされている（登記研究701号19頁）。

<×公告及催告をしたことを証する書面>　←別紙４の６，７の３

☞準備金の減少に際して債権者異議手続をとったときであっても，準備金の資本組入れによる変更の登記の申請書には，債権者異議手続をしたことを証する書面を添付することを要しないとされている（**平成18・３・31民商782号通達・第二部・第四・２・（２）・ア・（イ）・ｃ**）。準備金の額については登記すべき事項とされていないため，資本金の額の増加についてのみ明らかとなっていれば，準備金の額の減少の手続については，これを証する必要がないからである。

定款　１通

☞監査役の退任を証する書面（商登54Ⅳ）として，補欠監査役の任期短縮規定を証する定款を添付する（別紙５第４号議案の記載参照）。

☞また，定款に株主名簿管理人を置く旨の定めがあることを証するためにも添付を要する（商登64，注７①の指示）。

取締役会議事録　１通

☞株主名簿管理人を選定したことを証するため（商登46Ⅱ），「別紙６」の取締役会議事録を添付する。

株主名簿管理人との契約を証する書面　１通

☞別紙７の２により，申請会社と中央信託株式会社との間で株式事務委託契約が締結されたことを証するために添付する（商登64）。

監査役の就任承諾書　１通<×株主総会議事録の記載を援用する>

☞商登54Ⅰ，注７③の指示，新任・住所の記載ナシ→援用不可（注７①の指示）

本人確認証明書　１通　←新任，印鑑証明書の添付ナシ（商登規61Ⅶ）

委任状　１通　←商登18，注10，注11，注６の示唆（商登規35の２Ⅱ，商登24⑦）

第３欄　申請を代理すべきでない登記及びその理由

<×ない>　←問３なお書の指示

①←問３なお書の指示　株式の譲渡制限に関する規定の変更の登記

申請会社では，令和６年５月16日開催の臨時株主総会において，株式の譲渡制限に関する規定の譲渡承認機関を申請会社の親会社の取締役会に変更する旨の定款変更決議を行っている<別紙２第１号議案>が，譲渡承認機関を「当該会社の機関以外」の親会社の取締役会とすることは認められていないからである。

☞会107Ⅱ①イ，139Ⅰただし書

②　取締役丙野三郎の解任による退任の登記

申請会社では，令和６年６月27日開催の定時株主総会において，取締役丙野三郎を解任する旨の決議を行っている<別紙５第３号議案>が，この時点で，取締役丙野三郎は「取締役の権利義務を有する者」となっているため，解任することはできないからである。

☞昭和35・10・20民四197号回答

×取締役丙野三郎の資格喪失又は委任の終了による退任の登記（別紙４の３），取締役丙野三郎の辞任による退任の登記（別紙７の１）

☞株主総会又は取締役会の決議に基づく事項ではない

論点の検討

1　取締役及び代表取締役の変更

(1)　取締役が「保佐開始の審判」を受けた場合の取締役の地位

①　令和３年３月１日施行の改正により，従前，「成年被後見人若しくは被保佐人又は外国の法令上これらと同様に取り扱われている者は，取締役となることができない。」とされていた規定（会331Ⅰ②）が削除された。

②　この改正は，これまで，各種の法律において，後見制度又は保佐制度を利用することにより，一定の資格や職業を失ったり，営業許可等が取得できなくなったりするなどの権利制限に関する規定が定められていたが，令和元年６月７日に成立した「成年被後見人等の権利の制限に係る措置の適正化等を図るための関係法律の整備に関する法律」（令和元年６月14日法律第37号）により，上記の権利制限に関する規定の大部分が削除され，今後は，各資格・職種・営業許可等に必要な能力の有無を個別的・実質的に審査し，判断されることとされたことから，取締役等の欠格事由についても見直しがなされたものである。

③　したがって，本問の場合，別紙４の３に，「取締役丙野三郎が保佐開始の審判を受け，令和６年５月10日，当該審判は確定した」とあるが，上記の改正より，「被保佐人」は取締役の欠格事由ではなくなったし（会331Ⅰ②），受任者が保佐開始の審判を受けたことは委任の当然終了事由ではないことから（会330→民653③参照），取締役丙野三郎は保佐開始の審判を受け，それが確定しても，取締役を退任することはないので，取締役丙野三郎につき，退任の登記を申請する必要はない。

(2)　取締役が「破産手続開始の決定」を受けた場合の取締役の地位

破産手続開始の決定を受け，いまだ復権していない者は，会社法により取締役の欠格事由から除外されたため，会社法においては取締役となることができる。

ところで，株式会社と取締役との関係は委任に関する規定に従うとされているので（会330），破産手続開始の決定は，民法上の委任の終了事由に該当することから（民653②），破産手続開始の決定を受けた場合，取締役は，「退任」を原因として退任することになる。

しかし，上述のとおり，破産手続開始の決定を受け，委任関係の終了を原因として退任しても，取締役となる資格がないわけではないので，再度，この者を取締役として選任することも差し支えない（論点解説・新会社法280頁）。

(3)　代表取締役の地位

代表取締役は，取締役たる資格の存在がその地位の前提をなすので（会362Ⅲ），取締役たる資格の喪失により，代表取締役たる資格も喪失することになる。

(4)　本問の検討

①　別紙４の３により，取締役丙野三郎は任期中に保佐開始の審判を受け，令和６年５月10日に当該審判は確定している。しかし，被保佐人となっても，取締役の欠格事由には該当しないので，丙野三郎が取締役の資格を喪失することはない。

② また，別紙４の４により，取締役乙野二郎について，任期中である令和６年５月11日午後５時に東京地方裁判所において破産手続開始の決定がなされている。破産手続開始の決定を受けたことは取締役の欠格事由には当たらないが，委任の終了原因となるので，取締役乙野二郎は，同日付で退任する。

③ また，別紙１より取締役乙野二郎は，代表取締役でもあるので，同日付で取締役の資格を喪失して代表取締役も退任する。したがって，同日付で取締役乙野二郎及び代表取締役乙野二郎の退任登記を申請する。

２ 取締役の権利義務を有する者の解任の可否

⑴ 取締役等の権利義務を有する者の意義

① 取締役が欠けた場合又は法律若しくは定款に定めた取締役の員数（取締役会設置会社においては３人，会331Ⅴ）が欠けた場合には，任期の満了又は辞任により退任した取締役は，新たに選任された取締役が就任するまで，なお取締役としての権利義務を有する（会346Ⅰ）。

② この規定は，取締役は会社のために忠実にその職務を遂行する義務を負う者であることから（会355），後任者に職務引継がなされるまで，取締役としての権利義務を課したものである。よって，死亡は当然であるが，解任，欠格事由に該当した場合には，会社法第346条第１項は適用されない。これらの事由に該当した取締役は会社からの信用を失っており，このような者に権利義務を課すことは会社の業務遂行等に支障を来してしまうことになり，会社法第346条第１項の趣旨に反するからである。破産手続開始決定による委任関係の終了の場合も取締役としての権利義務を有しない（会346Ⅰ参照）。

⑵ 取締役の権利義務を有する者を解任することの可否

① 取締役等の権利義務を有する者の法的地位は，その職務権限及び権利義務が通常の取締役等と同じであることから，登記実務は，その者が依然として取締役等の権利義務を有していることを登記記録上に記録しておく必要があるため，その者の退任の登記を申請することはできないとしている（昭和35・10・20民四197号回答）。

② また，取締役等の権利義務を有している者が辞任したり，その者を「解任」することはできないとされている（昭和34・９・23民甲2136号回答，昭和35・10・20民四197号回答，昭和39・10・３民甲3197号回答）。取締役等の権利義務を有する者は，会社法第346条第１項に基づく法律上の地位であるため，これに反することはできないからであり，また，もし，その者の信任の喪失等によって解任する必要が生じた場合には，後任者を選任すれば足りるからである（商業・法人登記先例解説総覧466頁参照）。

⑶ 本問の検討

① 別紙５により，令和６年６月27日開催の定時株主総会で，取締役丙野三郎を解任する旨の決議がなされている。しかし，別紙７の１によれば，取締役丙野三郎は，任期中の令和６年５月31日，申請会社に辞任届を提出しており，また，別紙１により，申請会社は取締役会設置会社であるため，取締役は３人以上でなければならず，取締役丙野三郎の辞任に

より，この取締役の法定員数を欠くこととなるため，取締役丙野三郎は取締役の権利義務を有することになる。

② したがって，取締役の権利義務を有する丙野三郎を解任する旨の当該決議は，その内容が法令に反するものとなり，無効であり，取締役丙野三郎の解任の登記は，司法書士として登記の申請を代理すべきでない登記となる。

3 監査役の退任及び選任

⑴ 監査役の任期は，選任後４年以内に終了する事業年度のうち最終のものに関する定時株主総会の終結の時までである（会336Ⅰ）。なお，公開会社でない株式会社においては，定款によって，当該任期を選任後10年以内に終了する事業年度のうち最終のものに関する定時株主総会の終結の時まで伸長することができる（会336Ⅱ）。

⑵ また，定款によって，任期の満了前に退任した監査役の補欠として選任された監査役の任期を退任した監査役の任期の満了する時までとすることができる（会336Ⅲ）。

補欠監査役には２種類の場合があり，①任期中に退任する場合に備える後任者の予選の場合（会329Ⅲ）と，②任期中に退任した者の後任監査役の選任の場合がある。

そして，②の補欠監査役の任期が短縮される場合の要件は，Ⓐ定款に補欠監査役の任期を前任者の任期の満了すべき時までとする定めがあり（会336Ⅲ），Ⓑ前任者の後任として，Ⓒ補欠であることを明示して（その任期を前任者の残存任期として）選任されることである。会社法においては，唯一の監査役の補欠として選任された補欠監査役にも，定款の補欠監査役の任期短縮規定の適用があるとされた（商業登記ハンドブック第４版449頁）。

なお，①の任期中に退任する場合に備える後任者の予選の場合には，上記Ⓐから©の要件に加えて，法律又は定款で定めた監査役の員数を欠く場合であることが要件とされている（会329Ⅲ）が，任期中に退任した者の後任監査役の選任の場合には，法律又は定款で定めた監査役の員数を欠く場合であることは要件とされていない。

⑶ 本問の検討

① 別紙４の８⑵より，定款に「任期満了前に退任した監査役の補欠として選任された監査役の任期は，前任者の任期が満了すべき時までとする。」旨の規定がある。そして，別紙７の５より，監査役戊野五郎は，「監査役山田花子の後任の補欠監査役として選任されている」ことがわかる。

② したがって，監査役戊野五郎の任期は，選任（前任者山田花子の選任時：令和２年６月25日）後４年以内に終了する事業年度のうち最終のものに関する定時株主総会（令和６年６月27日）の終結時に満了する。

③ そして，別紙５より，令和６年６月27日開催の定時株主総会で，監査役として田中太郎が選任され，席上その就任を承諾した旨の記載があるので，監査役戊野五郎については令和６年６月27日付けで任期満了による退任の登記を，監査役田中太郎については同日付けで就任の登記を申請する。

4　取締役等の会社に対する責任の免除に関する規定の設定

(1)　取締役等の会社に対する責任の免除

①　取締役，会計参与，監査役，執行役又は会計監査人（以下，取締役等という。）は，その任務を怠ったときは，株式会社に対し，これによって生じた損害を賠償する責任を負う（任務懈怠責任，会423Ⅰ）。

②　そして，この責任は，原則として総株主の同意がなければ，これを免除することができない（会424）が，Ⓐ株主総会の特別決議による一部免除（会425，309Ⅱ⑧），Ⓑ定款の定めに基づく取締役等による一部免除（会426），Ⓒ定款の定めに基づき非業務執行取締役等と締結する責任限定契約（会427）により，その責任を事後的に一部免除し，あるいは，あらかじめ限定する旨の契約を締結しておくことができる。

③　Ⓑ及びⒸの定款の定めは登記事項とされているため（会911Ⅲ㉔㉕），株式会社が定款を変更して上記Ⓑ及びⒸの定款の定めを設定した場合には，その旨の登記を申請しなければならない。

(2)　取締役等の会社に対する責任の免除に関する規定の設定

①　監査役設置会社（取締役が２人以上ある場合に限る。），監査等委員会設置会社又は指名委員会等設置会社においては，定款によって，会社法第423条第１項の役員等（取締役，会計参与，監査役，執行役又は会計監査人）の責任について，取締役（当該責任を負う取締役を除く。）の過半数の同意（取締役会設置会社では取締役会決議）によって免除することができる旨を定めることができる（会426Ⅰ）。

②　ここでいう「監査役設置会社」とは，監査役を置く株式会社（その監査役の監査の範囲を会計に関するものに限定する旨の定款の定めがあるものを除く。）又は会社法の規定により監査役を置かなければならない株式会社のことである（会２⑨）ので，定款に監査役の監査の範囲を会計に関するものに限定する旨の定め（会389Ⅰ）がある株式会社を含まない。したがって，監査役の監査の範囲を会計に関するものに限定する旨の定款の定めがある株式会社は，上記の取締役の責任免除規定を設けることができない。

③　また，会社法第426条の役員等の責任免除に関する規定の設定登記を申請する際に，２人以上の取締役の登記がない場合，当該登記の申請は受理されないが，取締役の会社に対する責任の免除に関する規定の設定の登記後に，取締役が１名となった場合でも，直ちに当該規定の廃止義務が生じるわけではなく，適宜取締役を補充すれば足りる（商業登記ハンドブック第４版510頁）。

(3)　取締役等の会社に対する責任の免除に関する規定の設定手続

取締役等の会社に対する責任の免除に関する規定を設定するには，定款変更が必要であるから，株主総会の特別決議が必要となる（会466，309Ⅱ⑪）。特別決議は，当該株主総会において議決権を行使することができる株主の議決権の過半数（３分の１以上の割合を定款で定めた場合には，その割合以上）を有する株主が出席し，出席した当該株主の議決権の３分の２（これを上回る割合を定款で定めた場合には，その割合）以上に当たる多数によって，行う必要がある。

⑷　本問の検討

①　別紙２により，令和６年５月16日開催の臨時株主総会で，取締役の責任の免除に関する規定を設定する旨の定款変更決議をしている。

②　この決議は，当該株主総会において議決権を行使することができる株主の議決権の過半数を有する株主（議決権ある株主全員）が出席し，出席した当該株主の議決権の３分の２以上に当たる多数（満場一致）によってなされており，定款変更決議の要件を満たしている。

③　また，別紙１，別紙４の３・４により，申請会社は，監査役設置会社であり，定款変更決議時に取締役が３名いる。したがって，令和６年５月16日付で取締役等の責任の免除に関する規定を設定する旨の定款変更決議の効力が生じているので，その旨の登記を申請する。

5　株式の譲渡制限に関する規定の変更の登記

⑴　株式の譲渡制限に関する規定の変更

①　株式の譲渡制限に関する規定の変更は，株主総会の特別決議により，定款を変更することによって行う（会466，309Ⅱ⑪）。

②　また，当該規定を設定する場合とは異なり，株主及び新株予約権者に対する通知又は公告や（会116Ⅰ①，会118Ⅰ①），株券提供公告（会219Ⅰ①）をする必要はない。

⑵　親会社の取締役会を譲渡承認機関とする株式の譲渡制限に関する規定の変更の可否

①　株式の譲渡制限に関する規定がある場合において，株式会社が株主からの承認の請求（会136Ⅰ）又は株式取得者からの承認の請求（会137Ⅰ）の承認をする場合の会社の機関（以下，「譲渡承認機関」という。）は，原則として，株主総会（取締役会設置会社にあっては，取締役会）となるが（会139Ⅰ本文），定款で，代表取締役と定めることや，取締役会設置会社において株主総会と定めることもできるとされている（会139Ⅰただし書）。

②　しかし，この定款の定めは，あくまで，当該株式会社としての決定をどの機関において行うこととするかを定めることを認めているだけであり，当該株式会社の決定とはいえないような決め方を定めること（例えば，第三者を譲渡承認機関とすることなど）はできないものと解されている（論点解説新・会社法63頁）。したがって，「当該株式会社の親会社の取締役会」を譲渡承認機関とすることを定めることはできない。

⑶　本問の検討

①　別紙２により，申請会社は，令和６年５月16日開催の臨時株主総会で，株式の譲渡制限に関する規定を変更する旨を決議している。しかし，この決議では，譲渡承認機関を「取締役会」から「当会社の親会社の取締役会」に変更する旨を定めており，「当会社の親会社の取締役会」は，当該株式会社の決定とはいえないような決め方に該当する。

②　したがって，当該株式会社の親会社の取締役会を譲渡承認機関とすることを定めること

はできず，株式の譲渡制限に関する規定の変更の登記は，司法書士として登記の申請を代理すべきでない事項となる。

6　株式の分割及びこれと同時にする発行可能株式総数の変更，単元株式数の設定

⑴　株式の分割の意義

①　株式の分割とは，現在の株式を細分化して，従来よりも株式の単位を小さくすることをいう。

②　株式無償割当てと異なり，増加する株式の種類は分割する株式と同じ種類の株式でなければならず，会社が保有する自己株式についても分割の効果が生ずる。

③　なお，種類株式発行会社である場合には，すべての種類の株式について分割するのではなく，特定の種類の株式についてのみ分割することもできる（会183Ⅱ③)。

⑵　取締役会設置会社における株式の分割の手続

①　取締役会の決議

取締役会設置会社が株式の分割をしようとするときは，その都度，取締役会の決議によって，次に掲げる事項を定めなければならない（会183Ⅱ)。

ア　株式の分割により増加する株式の総数の株式の分割前の発行済株式（種類株式発行会社にあっては，下記ウの種類の発行済株式）の総数に対する割合及び当該株式の分割に係る基準日

イ　株式の分割がその効力を生ずる日

ウ　株式会社が種類株式発行会社である場合には，分割する株式の種類

②　効力発生日

株式の分割の効力は，取締役会で定めた株式の分割がその効力を生ずる日（上記①イ）に生じ，基準日において株主名簿に記載され，又は記録されている株主（種類株式発行会社にあっては，基準日において株主名簿に記載され，又は記録されている種類株主）は，株式の分割がその効力を生ずる日に，基準日に有する株式（種類株式発行会社にあっては，分割する株式の種類の株式）の数に株式の分割により増加する株式の総数の株式の分割前の発行済株式（種類株式発行会社にあっては，その種類の発行済株式）の総数に対する割合を乗じて得た数の株式を取得する（会184Ⅰ)。

⑶　株式の分割と同時にする取締役会の決議による発行可能株式総数を増加する旨の定款変更

株式会社（現に２以上の種類の株式を発行していない会社）は，会社法第466条の規定にかかわらず，株主総会の決議によらないで，株式の分割がその効力を生ずる日における発行可能株式総数を，その日の前日の発行可能株式総数に株式の分割により増加する株式の総数の株式の分割前の発行済株式（種類株式発行会社にあっては，その種類の発行済株式）の総数に対する割合を乗じて得た数の範囲内で増加する定款の変更をすることができる（会184Ⅱ)。

発行可能株式総数を株式の分割の割合に応じて増加する数より大きな数に増加する旨の定款変更の決議がある取締役会議事録を添付してなされた株式分割による変更登記の申請は，

受理されない（登記研究648号122頁）。

⑷　株式の分割と同時にする取締役会の決議による単元株式数を設定する旨の定款変更

株式会社は，次のいずれにも該当する場合には，会社法第466条の規定にかかわらず，株主総会の決議によらないで，単元株式数（種類株式発行会社にあっては各種類の株式の単元株式数）についての定款の定めを設ける定款の変更をすることができる（会191）。

①　株式の分割と同時にするものであること

②　定款変更の前後において各株主の議決権の数が減少しないこと

なお，単元株式数は，1,000株及び発行済株式の総数の200分の１に当たる数を超えることはできない（会188Ⅱ，会施規34，登記研究735号52頁）。

⑸　本問の検討

①　別紙３により，令和６年５月16日開催の取締役会で，令和６年５月17日付で，株式１株を５株に分割する旨の決議，当該株式の分割と同時に発行可能株式総数を増加する旨及び単元株式数を設定する旨の定款変更決議がそれぞれなされている。

②　別紙１により，申請会社は，取締役会設置会社であり，また，現に２以上の種類の株式を発行している種類株式発行会社でないため，このような決議をすることも差し支えない。

③　また，発行可能株式総数の変更は，１万株を５万株とするものであり，株式の分割の割合に応じて増加しているので，問題はない。

④　さらに，単元株式数についても，1,000株及び発行済株式の総数（10,000株）の200分の１に当たる数（50）を超えておらず，また，株式の分割の割合に応じた数（５株）を設定しており，定款変更の前後において各株主の議決権の数が減少しないので，問題はない。

⑤　したがって，令和６年５月17日付で，株式の分割，当該株式の分割と同時に発行可能株式総数を増加する旨及び単元株式数を設定する旨の定款変更決議の効力が生じるので，株式の分割，発行可能株式総数の変更及び単元株式数の設定の登記をそれぞれ申請する。

⑥　なお，株式の分割により増加する株式の総数は，株式の分割前の普通株式の発行済株式の数に４を乗じた数（8,000株）であるので，発行済株式の総数は，2,000株＋8,000株＝１万株となる。

7　株券を発行する旨の定めの廃止の登記

⑴　株券発行会社の意義

①　株式会社は，その株式（種類株式発行会社にあっては，全部の種類の株式）に係る株券を発行する旨を定款で定めることができる（会214）。そして，定款で定めた場合にのみ，株式会社はその株式に係る株券を発行することができる。このように，その株式に係る株券を発行する旨の定款の定めがある株式会社を株券発行会社という（会117Ⅶ）。

②　なお，株券発行会社であっても，Ⓐ公開会社でなく，かつ，１人の株主からもその株式に係る株券の発行の請求がないために一切の株式に係る株券を発行していない株式会社（会215Ⅳ），Ⓑ公開会社か公開会社でないかにかかわらず，すべての株主からその有する株式

に係る株券の所持を希望しない旨の申出があった株式会社（会217）のように現実に株券を発行していない株券発行会社もある。

⑵　株券を発行する旨の定めの廃止の手続

ア　株主総会の定款変更決議

株券発行会社が，その株式（種類株式発行会社にあっては，全部の種類の株式）に係る株券を発行する旨の定款の定めを廃止するには，株主総会の特別決議によって，株券を発行する旨の定款の定めを廃止しなければならない（会466，309Ⅱ⑪）。

イ　株券を廃止する旨の公告及び通知

株式の全部について株券を発行していない場合を除き，当該定款変更の効力が生じる日の２週間前までに，次の事項を公告し，かつ，株主及び登録株式質権者に対し各別に通知しなければならない（会218Ⅰ）。

①　その株式（種類株式発行会社にあっては，全部の種類の株式）に係る株券を発行する旨の定めを廃止する旨

②　定款の変更がその効力を生じる日

③　定款の変更がその効力を生じる日において当該株式会社の株券は無効となる旨

なお，この公告及び通知は，定款の変更に係る株主総会の決議に先立って行うこともでき（登記情報549号51頁，論点解説新・会社法663頁参照），この場合には，株主総会の決議により直ちに株券を発行する旨の定めの廃止の効力を生じさせることができる（商業登記ハンドブック第４版262頁参照）。

ウ　効力発生

株券を発行する旨の定款の定めの廃止は，定款の変更がその効力を生じる日にその効力を生じる。そして，同日をもって当該株券は無効となる（会218Ⅱ）。

⑶　本問の検討

①　別紙２により，令和６年５月16日開催の臨時株主総会で，令和６年７月１日付で，株券を発行する旨の定款の定めを廃止する旨を決議している。

②　当該株主総会において議決権を行使することができる株主の議決権の過半数を有する株主（議決権ある株主全員）が出席し，出席した当該株主の議決権の３分の２以上に当たる多数（満場一致）によってなされており，定款変更決議の要件を満たしている。

③　また，別紙４の５により，申請会社は，現に株券を発行しており，令和６年５月17日，官報により令和６年７月１日付でその株式に係る株券を発行する旨の定款の定めを廃止する旨等の会社法上必要な事項を公告及び通知をしている。したがって，令和６年７月１日付で株券を発行する旨の定款の定めの廃止の効力が生じるので，同日付でその旨の登記を申請する。

8　利益準備金の資本組入れによる変更の登記

(1)　準備金の資本組入れの意義

①　準備金とは，法律の規定や定款又は株主総会の決議等により，会社に留保されるべき一定の金額であって，資本準備金及び利益準備金の総称である（会445Ⅳ参照）。

②　利益準備金とは，貸借対照表中，純資産の部の株主資本（会計規76Ⅰ①イ）に係る項目のうち利益剰余金（会計規76Ⅱ④）に分類される項目であって，その他利益剰余金（会計規76Ⅴ②）以外の項目をいう（会計規76Ⅴ①）。

③　準備金の資本組入れとは，準備金の額を減少し，減少する準備金の額の全部又は一部を資本金とすることをいう（会448Ⅰ②）。

(2)　準備金の額の資本組入れの手続

ア　株主総会の普通決議

①　株式会社は，株主総会の普通決議によって，準備金の額を減少することができ，この場合，次に掲げる事項を定めなければならない（会448Ⅰ，309Ⅰ，会計規25Ⅰ①，28Ⅱ，平成21・3・27民商765号通達）。

Ⓐ　減少する準備金の額

Ⓑ　減少する準備金の額の全部又は一部を資本金とするときは，その旨及び資本金とする額

Ⓒ　準備金の額の減少がその効力を生ずる日

ただし，上記Ⓐの額は，Ⓒの日における準備金の額を超えることができない（会448Ⅱ）。

②　なお，株式の発行と同時にする場合であって，効力発生日後の準備金の額が当該日前の準備金の額を下回らない場合には，取締役の決定（取締役会設置会社にあっては，取締役会の決議）によることができる（会448Ⅲ）。

イ　債権者異議手続

①　株式会社が準備金の額を減少する場合（減少する準備金の額の全部を資本金とする場合を除く。）には，当該株式会社の債権者は，当該株式会社に対し，準備金の額の減少について異議を述べることができる（会449Ⅰ本文）。

②　ただし，準備金の額のみを減少する場合であって，定時株主総会において，上記ア①に掲げる事項を定め，かつ，減少する準備金の額が当該定時株主総会の日における欠損の額として法務省令で定める方法により算定される額を超えない場合には，債権者は異議を述べることができない（会449Ⅰただし書）。

③　債権者異議手続を要する場合には，株式会社は，一定の事項を官報に公告し，かつ，知れている債権者には，各別にこれを催告しなければならない（会449Ⅱ）。ただし，株式会社がその公告を官報のほか，定款で定めた公告方法に従い，時事に関する事項を掲載する日刊新聞紙に掲載する方法又は電子公告による方法によりするときは，知れている債権者に対する各別の催告は，することを要しない（会449Ⅲ，939Ⅰ②③）。

④　そして，債権者が所定の期間内に異議を述べなかった場合には，当該債権者は，準備金の額の減少を承認したものとみなされるが（会449Ⅳ），異議を述べたときは，株式会社は，当該債権者に対し，弁済し，若しくは相当の担保を提供し，又は当該債権者に弁済を受けさせることを目的として信託会社等に相当の財産を信託しなければならない（会449Ⅴ本文）。ただし，当該準備金の額の減少をしても異議を述べた債権者を害するおそれがないときは，担保の提供等を要しない（会449Ⅴただし書）。

ウ　効力発生日

準備金の額の減少の効力は，債権者の異議手続が終了していない場合を除き，準備金の額の減少を決議した株主総会で定めた準備金の額の減少がその効力を生ずる日に生ずる（会44Ⅵ②）。

⑶　本問の検討

①　別紙２により，令和６年５月16日開催の臨時株主総会で，令和６年６月20日付で，利益準備金2,500万円を減少し，そのうちの一部である金2,000万円を資本金の額とする旨を決議している。

②　この決議は，議決権を行使することができる株主の議決権の過半数を有する株主（議決権のある株主全員）が出席し，出席した当該株主の議決権の過半数（満場一致）をもってなされており，有効に成立している。

③　また，別紙４の７により，決議日における利益準備金の額は金2,500万円であり，別紙７の４により，効力発生日である令和６年６月20日における利益準備金の額も金2,500万円である。

④　そして，別紙４の６により，令和６年５月10日，官報により利益準備金の額の減少の内容及び債権者が公告掲載の翌日から1か月以内に異議を述べることができる旨その他計算書類に関する事項を公告し，かつ，知れている債権者には，各別にこれを催告している。

⑤　なお，別紙７の３によれば，利益準備金の額の減少の公告及び通知に対し，所定の期日までに異議を述べた債権者はいなかった。したがって，令和６年５月16日開催の臨時株主総会において定めた効力発生日である令和６年６月20日付で利益準備金の額の減少による資本金の額の増加の効力が生じるので，利益準備金の資本組入れによる変更の登記を申請する。

９　公告をする方法の変更の登記

⑴　公告をする方法

会社は，公告方法として，①官報に掲載する方法，②時事に関する事項を掲載する日刊新聞紙に掲載する方法，③電子公告による方法のいずれかを定款で定めることができる（会939Ⅰ）。

定款に公告方法の定めがない会社の公告方法は，官報に掲載する方法となる（会939Ⅳ）。

⑵　公告をする方法の定め方

①　公告をする方法は，一種又は数種の新聞を特定し又は特定できるように定款に記載又は記録しなければならず，「A新聞又はB新聞に掲載してする」と定めるような不確定な定めはすることができない（大正５・12・19民1962号回答）。

☞なお，「A及びB」のような複数のものを併存的に定める場合や「A新聞が廃刊又は休刊の時はB新聞に掲載する」というような明確な事由を特定することができるものは認められている。

②　「東京都において発行する日本経済新聞に掲載してする」というように，全国で発行される新聞を，発行地を特定した上で公告をする方法とすることができる。

☞発行地を指定しないと，各地で発行する全国紙にあっては，その全部に公告を掲載することになる（昭和34・９・４民甲1974号回答参照）。

⑶　公告をする方法の変更

①　公告方法を定款に定めていない会社が公告方法を定款に設ける場合，又は定款に定めた公告方法を変更する場合には，定款変更が必要となる。そして，この定款変更には，株主総会の特別決議（当該株主総会において議決権を行使することができる株主の議決権の過半数（３分の１以上の割合を定款で定めた場合にあっては，その割合以上）を有する株主が出席し，出席した当該株主の議決権の３分の２（これを上回る割合を定款で定めた場合にあっては，その割合）以上に当たる多数）を必要とする（会466，309Ⅱ⑪）。

②　なお，株主総会の決議には，一般に条件や期限を付すことができ（最判昭和37・３・８），この場合には，条件が成就し，又は，期限の到来により定款変更決議の効力が生じる。

⑷　本問の検討

①　別紙５により，令和６年６月27日開催の定時株主総会で，令和６年７月１日付で会社の公告方法を「当会社の公告は，官報及び東京都内において発行する毎朝新聞に掲載してする」に変更する旨の定款変更決議をしている。

②　この決議は，当該株主総会において議決権を行使することができる株主の議決権の過半数を有する株主（議決権ある株主全員）が出席し，出席した当該株主の議決権の３分の２以上に当たる多数（満場一致）によってなされており，定款変更決議の要件を満たしている。したがって，期限の到来する令和６年７月１日付で会社の公告方法を変更する旨の定款変更決議の効力が生じるので，同日付でその旨の登記を申請する。

10　取締役会設置会社における株主名簿管理人の設置の登記

⑴　株主名簿管理人の意義

①　株主名簿管理人とは，株式会社に代わって株主名簿の作成・管理等の株主名簿に関する事務のほか，株式会社が新株予約権を発行する場合には，新株予約権原薄に関する事務を行う者をいい，株式会社は，定款で，株主名簿管理人を置く旨を定め，これらの事務を株主名簿管理人に委託することができる（会123，251）。

②　株式会社は，本来株主名簿をその本店に備え置かなければならないが，株主名簿管理人

がある場合にあっては，株主名簿管理人の営業所に備え置けばよい（会125Ⅰ）。

③　また，株主名簿管理人の資格は特に法定されていないので，銀行ではない会社を株主名簿管理人とすることも可能である。

⑵　株主名簿管理人の設置の手続

①　株主総会の定款変更決議

株主名簿管理人を新たに設置するには，株主名簿管理人を置く旨を定款で定めなければならないので，定款変更が必要となる（会123，466，309Ⅱ⑪）。

そして，この定款変更には，株主総会の特別決議（当該株主総会において議決権を行使することができる株主の議決権の過半数（３分の１以上の割合を定款で定めた場合にあっては，その割合以上）を有する株主が出席し，出席した当該株主の議決権の３分の２（これを上回る割合を定款で定めた場合にあっては，その割合）以上に当たる多数）を必要とする（会466，309Ⅱ⑪）。

②　取締役会の決議

定款変更決議で具体的な株主名簿管理人及び株主名簿に関する事務委託契約の締結に必要な事項を定めなかった場合には，取締役会の決議によりこれらの事項を決定しなければならない（会362Ⅱ①）。

③　株主名簿管理人との事務委託契約の締結

取締役会の決議に基づき，会社の代表者が当該株主名簿管理人との間で事務委託契約を締結しなければならない。

④　効力発生

株主名簿管理人の設置は，③の契約を締結することにより，その効力が生じる。

⑶　本問の検討

①　別紙５により，令和６年６月27日開催の定時株主総会で，株主名簿管理人を置く旨，株主名簿管理人及びその事務取扱場所は，取締役会の決議によって選定する旨を定める定款変更決議がなされている。

②　この決議は，当該株主総会において議決権を行使することができる株主の議決権の過半数を有する株主（議決権ある株主全員）が出席し，出席した当該株主の議決権の３分の２以上に当たる多数（満場一致）によってなされており，定款変更決議の要件を満たしている。

③　また，別紙６により，同日開催の取締役会で，株主名簿管理人及びその事務取扱場所を選定する旨の決議がなされている。

④　そして，別紙７の２により，令和６年６月29日，中央信託株式会社と株式事務委託契約を締結している。このように，銀行以外の会社を株主名簿管理人に選定することも差し支えない。

⑤　したがって，当該契約を締結した日をもって，株主名簿管理人の設置の効力が生じるので，その旨の登記を申請する。

採点基準

- **満点　35点**
- **配点**

第１欄　16点
　登記の事由　３点
　登記すべき事項　７点
　課税標準金額　１点
　登録免許税の額　１点
　添付書面の名称及び通数　４点
第２欄　15点
　登記の事由　３点
　登記すべき事項　６点
　課税標準金額　１点
　登録免許税の額　１点
　添付書面の名称及び通数　４点
第３欄　４点（各２点）

著者紹介　**簗瀬徳宏**（やなせ・とくひろ）

東京法経学院司法書士講座専任講師。短期合格を実現するための独自指導法を確立し，「簗瀬式最速合格法」と呼ばれる。本学院名古屋校通学講座「全日制・答練」の講義，通信教育「最短合格講座」をはじめとして，多数の講座を担当。

【本書に関するお問合せについて】

本書の正誤に関するご質問は，書面にて下記の送付先まで郵送もしくはFAXでご送付ください。なお，その際にはご質問される方のお名前，ご住所，ご連絡先電話番号（ご自宅／携帯電話等），FAX番号を必ず明記してください。

また，お電話でのご質問および正誤のお問合せ以外の書籍に関する解説につきましてはお受けいたしかねます。あらかじめご了承くださいますようお願い申し上げます。

【ご送付先】

〒162-0845
東京都新宿区市谷本村町3-22　ナカバビル1F
東京法経学院
「司法書士 最強の模試2024」編集係　宛
FAX：03-3266-8018

司法書士 最強の模試2024

令和6年3月9日　初版発行

著　者　簗瀬徳宏
発行者　立石寿純
発行所　東京法経学院
〒162-0845
東京都新宿区市谷本村町3-22 ナカバビル1F
TEL 03-6228-1164（代表）
FAX 03-3266-8018
郵便振替口座 00120-6-22176

＊乱丁，落丁の場合はお取り替えいたします。

印刷 ワコー／製本 根本製本

ISBN978-4-8089-1620-6